"十二五"国家重点图书出版规划项目

应用统计工程前沿丛书

风险模型：
基于R的保险损失预测

孟生旺 著

清华大学出版社
北京

内 容 简 介

保险是经营风险的行业,风险的评估和定价是保险公司最为核心的竞争力。本书以保险业为研究对象,讨论了相应的风险模型及其应用,主要包括损失概率、损失次数、损失金额和累积损失的分布模型以及它们的预测模型,同时还探讨了巨灾损失和相依风险的建模问题。在实证研究中,以 R 语言为计算工具,提供了详细的程序代码,方便读者再现完整的计算过程。

本书适合风险管理、保险与精算等相关专业的高年级学生、研究人员或从业人员参考。

本书封面贴有清华大学出版社防伪标签,无标签者不得销售。
版权所有,侵权必究。举报: 010-62782989,beiqinquan@tup.tsinghua.edu.cn。

图书在版编目(CIP)数据

风险模型: 基于 R 的保险损失预测/孟生旺著. —北京: 清华大学出版社,2017(2023.8 重印)
(应用统计工程前沿丛书)
ISBN 978-7-302-48206-2

Ⅰ. ①风… Ⅱ. ①孟… Ⅲ. ①保险业－风险管理－研究 Ⅳ. ①F840.323

中国版本图书馆 CIP 数据核字(2017)第 209666 号

责任编辑: 魏贺佳
封面设计: 傅瑞学
责任校对: 刘玉霞
责任印制: 杨　艳

出版发行: 清华大学出版社
网　　址: http://www.tup.com.cn, http://www.wqbook.com
地　　址: 北京清华大学学研大厦 A 座　　邮　编: 100084
社 总 机: 010-83470000　　邮　购: 010-62786544
投稿与读者服务: 010-62776969, c-service@tup.tsinghua.edu.cn
质量反馈: 010-62772015, zhiliang@tup.tsinghua.edu.cn
印 装 者: 三河市东方印刷有限公司
经　　销: 全国新华书店
开　　本: 170mm×230mm　　印　张: 27.75　　字　数: 513 千字
版　　次: 2017 年 9 月第 1 版　　印　次: 2023 年 8 月第 3 次印刷
定　　价: 99.00 元

产品编号: 076146-02

"应用统计工程前沿丛书"
编委会

顾问：袁 卫　吴喜之　易丹辉　胡飞芳

主任：赵彦云　金勇进

委员：王晓军　张 波　孟生旺　许王莉　吕晓玲

　　　蒋 妍　李静萍　王 星　肖宇谷

为中国的应用统计开拓奋进

("应用统计工程前沿丛书"代序)

改革开放以来,我国统计事业取得了突飞猛进的发展。市场化、全球化和信息技术与网络经济的蓬勃发展,使统计在经济、社会、管理、医学、生物、农业、工程等领域中的应用迎来了又一春天。2011年2月,国务院学位委员会第28次会议通过了新的《学位授予和人才培养学科目录(2011)》,将统计学上升为一级学科,这是国家对统计学科建设与发展的重大支持,它将全面推动统计学理论方法和应用研究的深入发展。

一

长期以来,我国统计学科主要在经济学、理学和医学等门类下发展,未来进一步发展,一级统计学科将成为一面旗帜。世界上先进国家的实践充分表明,统计广泛应用在各个学科,在信息网络技术与计算机强大能力的推动下,统计学科发展特别是统计的应用正展示出一种前所未有的时代特征,它将为创造新的人类文明、提升人类发展能力做出新的重要贡献。

新中国把中国从一盘散沙凝聚成高度集中的国家,推行计划经济发展模式。这一时期,统计直接为计划服务,为政府各级管理部门,为企事业单位的计划管理,为市场资源配置,为消费、投资的安排等提供全面系统的服务,因此在经济社会管理中发挥了重要作用。但是,由于权力至上的落后观念和体系机制呆滞,统计的科学性不被重视,统计数据搜集整理的简单化和主观操作造成了很多不良的后果。改革开放之后,市场的作用强化了统计的社会影响和地位,但是,惯性的从上向下的主观思维方式仍然没有彻底的改观,因此,统计的科学应用仍然需要依靠内生发展的强大魅力不断深入和扩大。

近年来,全球化进一步加速了经济结构的转型与效率的提高。事实上,一国的稳步可持续发展离不开扎实的基础。在当今的信息化网络化时代,信息基础设施及其运用效率成为基础的基础,伴随而来的是统计在搜集数据、整理数据、分析数据上发挥的重要基础性作用。电子金融、电子政务、电子商务、网上购物、微博等一系列以网络信息技术为支撑的经济社会活动创造了大数据的新时代,计算机科学、数据库技术、大数据统计分析成为新时代发展的耀眼之星,统计学理论方法在海量数据挖掘分析、高维分析和复杂系统模型分析,以及时空的统计图示图解分析等方面正显示出强劲发展的能量,应该讲现时期是统计应用最好的发展机遇,它将大大提高人类发展的创造力、生产力,造福社会、造福人类。

二

在发展非凡的年代,谁能插上翅膀自由翱翔,谁能潜下海底自由鱼跃,统计学科需当仁不让,测度方位、穿透迷雾、指引方向、科学决策,助国家繁荣昌盛,立世界之林,这是当今中国人民大学统计学科建设的基本认知和理念。中国人民大学统计学科成立于1950年,已有60多年的发展历程,为共和国建设培养了大批优秀人才。他们广泛分布在政府部门以及银行、保险、证券、数据调查与咨询等商业企业,发挥了骨干作用。几代人大统计学人的辉煌历程和奉献,铸就了中国人民大学应用统计的特色,其作为国家应用统计重点学科、教育部重点研究基地和国家统计局重点研究基地,在融入世界一流队列、开拓中国应用、培养高精尖应用统计人才、全方位支持国家建设和发展中,做出了重要的贡献。

今天,中国人民大学统计学科布局不仅深入经济社会发展领域和保险精算与金融风险管理领域,而且已经扩展到人文社会科学的许多领域,如法律、新闻、政治学、伦理学、教育学、心理学、文献计量等,展示出应用统计在量化人文社会科学研究中的重要作用。同时,我们也在生物、医学与公共健康领域开展了深入的统计交叉应用研究。建设扎实的概率论与数理统计基础,发展强大的应用统计是中国人民大学统计学院继往开来的基本目标。

三

为了系统总结和凝练中国人民大学在统计学各个领域的科研成果,引领和推动我国统计学学科建设,提高统计学在人文社会科学与自然科学各领域科学研究,以及在管理、决策支持等方面应用的科学化和普及水平,促进统计学及其交叉学科人才培养,我们组织编写了这套"应用统计工程前沿丛书"。丛书选题覆盖应用统计学的主要分支领域,如人文、社会、政治、经济、金融、管理、法律、教育、生物、卫生、网络、数据挖掘等,力求在科学性、应用性、创新性、前沿性和可读性上形成特色。

丛书针对各领域的实际问题,着重统计学方法、模型的创新、设计和应用。在应用领域的具体统计问题研究上,积极发展统计应用流程科学,强调应用背景描述清晰,基础问题明确,发挥对微观数据、大量数据归纳探索与挖掘的统计方法作用,发展标准化的统计思维方法,创建应用领域的重要统计模型,深入解决问题,推动应用领域适应信息社会的高速发展。我们首次提出应用统计工程一词。工程是将自然科学原理应用到工农业生产部门中去而形成的各学科的总称。"工程"是科学的某种应用,通过这一应用,使自然界的物质和能源的特性能够通过各种结构、机器、产品、系统和过程,以最短的时间和少而精的人力做出高效、可靠且对人类有用的东西。我们强调应用统计的工程性,也就是强调统计的实际应用价值、科学流程与先进的统计应用技术。

丛书要反映统计学科多个前沿领域的科研进展,反映信息化和网络化背景下在诸多统计学应用领域产生的新的统计学问题及其方法和模型的发展,以及在人文社会科学各个领域的开创性应用研究。丛书选题覆盖了应用统计学的各主要分支学科和主要新兴应用领域,系统总结和凝练应用统计的专门技术方法,引领和推动我国大数据中的统计科学方法及其应用,提高网络信息统计处理与网络经济活动与经营活动的统计科学分析能力,提高统计学在企业经营管理、市场营销、科学决策,以及全面提升综合竞争力方面的作用,提高统计学在宏观经济产业政策、货币政策、收入分配政策等重大政策制定与效果分析,以及全面提升我国国际竞争力和国家软实力方面的作用。

本套丛书主要面向统计学及其交叉学科领域的科研人员、研究生和高年级本科生,以及在实际工作中需要应用统计学理论与方法的各领域专业人士。丛书在理论方法与应用领域深入结合研究上,强调增加关键点的细节内容,突出以统计知识为核心的应用领域的统计知识体系建设。丛书在内容上力求拥有清晰的逻辑结构;对方法、概念和统计问题的描述增加相关概念知识和应用背景及交叉学科知识运用的铺垫;同时给出相关参考文献或推荐阅读书目,以帮助有兴趣的读者进一步深入学习。奉献给相关专业的读者能读懂并能够学以致用的应用统计,这是本丛书追求的重要目标之一。

赵彦云　吕晓玲

2014 年 12 月

前 言

保险是经营风险的行业,风险的评估和定价是保险公司最核心的竞争力。风险的内涵十分丰富,可以从不同的角度进行划分和归类。以保险风险为例,可以分为财产风险、人身风险、责任风险、信用风险等。本书所谓的风险,主要是指保险风险,或者更具体地说,是指保险损失的风险。保险损失具体表现为损失概率、损失次数和损失金额的大小,相应地,风险模型也就包括损失概率模型、损失次数模型、损失金额模型和累积损失模型。本书讨论的风险模型虽然以财产与责任保险业务为主要背景,但也可以扩展到信用风险评估和金融风险管理等领域,具有更加广泛的应用价值。

作者在中国人民大学统计学院为风险管理与精算专业的研究生讲授"风险模型"课程已有十余年,在此期间先后完成了包括国家社会科学基金重大项目、国家自然科学基金面上项目、教育部人文社会科学重点研究基地重大项目在内的十余项风险管理与精算方向的研究课题,取得了一定的研究成果。本书就是结合作者十余年的"风险模型"教学经验和部分课题的研究成果撰写而成。

全书共由十三章内容构成,主要介绍了风险模型的理论性质、数据拟合方法以及基于 R 的实际应用,适合风险管理、保险和精算等相关专业的研究生以及精算师、风险管理师等专业人士参考。

在写作过程中,注重内容的完整性、系统性和前沿性,强调理论模型在解决实际风险管理问题中的应用。为了方便读者重现有关实证分析的具体过程,提供了完整的 R 程序代码和数据集,可以通过书中提供的链接地址下载。

本书的部分内容是作者主持完成的下述科研项目的阶段性成果:国家社会科学基金重大项目"巨灾保险的精算统计模型及其应用研究"(16ZDA052),教育部人文社会科学重点研究基地重大项目"基于大数据的精算统计模型与风险管理问题研究"(16JJD910001)。

对于本书可能存在的任何缺陷,作者负有不可推卸之责任,欢迎各位读者批评指正,以期再版时得以修正。今后如有补充或更新材料,将及时在作者的新浪博客上(http://blog.sina.com.cn/mengshw)发布。

孟生旺

中国人民大学统计学院教授,博士生导师

中国人民大学应用统计科学研究中心研究员

甘肃省"飞天学者"特聘计划兰州财经大学讲座教授

目 录

第 1 章 风险度量 … 1

- 1.1 描述随机变量的函数 … 2
  - 1.1.1 分布函数 … 2
  - 1.1.2 概率密度函数 … 4
  - 1.1.3 生存函数 … 5
  - 1.1.4 概率母函数 … 6
  - 1.1.5 矩母函数 … 7
  - 1.1.6 危险率函数 … 8
- 1.2 常用的风险度量方法 … 9
  - 1.2.1 VaR … 10
  - 1.2.2 TVaR … 14
  - 1.2.3 基于扭曲变换的风险度量 … 19

第 2 章 损失金额分布模型 … 31

- 2.1 常用的损失金额分布 … 32
  - 2.1.1 正态分布 … 32
  - 2.1.2 指数分布 … 33
  - 2.1.3 伽马分布 … 35
  - 2.1.4 逆高斯分布 … 37
  - 2.1.5 对数正态分布 … 39
  - 2.1.6 帕累托分布 … 41
  - 2.1.7 韦布尔分布 … 42
- 2.2 新分布的生成 … 44
  - 2.2.1 函数变换 … 44
  - 2.2.2 混合分布 … 50
- 2.3 免赔额的影响 … 53
- 2.4 赔偿限额的影响 … 60
- 2.5 通货膨胀的影响 … 65

第 3 章 损失次数分布模型 70

3.1 $(a, b, 0)$ 分布类 71
3.1.1 泊松分布 71
3.1.2 二项分布 74
3.1.3 负二项分布 76
3.1.4 几何分布 79

3.2 $(a, b, 1)$ 分布类 80
3.2.1 零截断分布 81
3.2.2 零调整分布 83

3.3 零膨胀分布 84

3.4 复合分布 85
3.4.1 复合分布的概率计算 86
3.4.2 复合分布的比较 89

3.5 混合分布 95

3.6 免赔额对损失次数模型的影响 99
3.6.1 免赔额对 $(a, b, 0)$ 分布类的影响 100
3.6.2 免赔额对 $(a, b, 1)$ 分布类的影响 100
3.6.3 免赔额对复合分布的影响 101

第 4 章 累积损失分布模型 103

4.1 集体风险模型 104
4.1.1 精确计算 105
4.1.2 参数近似 111
4.1.3 Panjer 递推法 117
4.1.4 傅里叶近似 126
4.1.5 随机模拟 131

4.2 个体风险模型 138
4.2.1 卷积法 138
4.2.2 参数近似法 141
4.2.3 复合泊松近似法 143

第 5 章 损失分布模型的参数估计 147

5.1 参数估计 148

  5.1.1 极大似然法 ………………………………………………… 148

  5.1.2 矩估计法 …………………………………………………… 156

  5.1.3 分位数配比法 ……………………………………………… 157

  5.1.4 最小距离法 ………………………………………………… 158

 5.2 模型的评价和比较 ………………………………………………… 162

第 6 章 巨灾损失模型 …………………………………………………… 166

 6.1 广义极值分布 ……………………………………………………… 167

  6.1.1 极值分布函数 ……………………………………………… 169

  6.1.2 极大吸引域 ………………………………………………… 171

  6.1.3 区块最大化方法 …………………………………………… 172

 6.2 广义帕累托分布 …………………………………………………… 173

  6.2.1 分布函数 …………………………………………………… 173

  6.2.2 超额损失的分布 …………………………………………… 174

  6.2.3 更大阈值下超额损失的分布 ……………………………… 177

  6.2.4 尾部生存函数 ……………………………………………… 178

  6.2.5 风险度量 …………………………………………………… 178

  6.2.6 参数的极大似然估计 ……………………………………… 179

  6.2.7 尾部指数的 Hill 估计 ……………………………………… 180

  6.2.8 尾部生存函数的 Hill 估计 ………………………………… 182

 6.3 偏正态分布和偏 t 分布 …………………………………………… 189

第 7 章 损失预测的广义线性模型 ………………………………………… 195

 7.1 广义线性模型的结构 ……………………………………………… 196

  7.1.1 指数分布族 ………………………………………………… 197

  7.1.2 连接函数 …………………………………………………… 203

 7.2 模型的参数估计方法 ……………………………………………… 204

  7.2.1 极大似然估计 ……………………………………………… 204

  7.2.2 牛顿迭代法 ………………………………………………… 206

  7.2.3 迭代加权最小二乘法 ……………………………………… 207

  7.2.4 牛顿迭代法与迭代加权最小二乘法的比较 ……………… 212

  7.2.5 离散参数的估计 …………………………………………… 212

  7.2.6 参数估计值的标准误 ……………………………………… 213

 7.3 模型的比较与诊断 ………………………………………………… 213

7.3.1　偏差 …………………………………………………………………… 214
　　7.3.2　模型比较 ………………………………………………………………… 218
　　7.3.3　伪判定系数 ……………………………………………………………… 221
　　7.3.4　残差 …………………………………………………………………… 223
　　7.3.5　Cook 距离 ……………………………………………………………… 225
　　7.3.6　连接函数的诊断 ………………………………………………………… 225

第 8 章　损失金额预测模型 …………………………………………………………… 227

8.1　线性回归模型 ………………………………………………………………… 228
　　8.1.1　模型设定 ………………………………………………………………… 228
　　8.1.2　参数估计 ………………………………………………………………… 230
　　8.1.3　连接函数 ………………………………………………………………… 230
　　8.1.4　模拟数据分析 …………………………………………………………… 231
8.2　损失金额预测的伽马回归 …………………………………………………… 234
　　8.2.1　模型设定 ………………………………………………………………… 234
　　8.2.2　迭代加权最小二乘估计 ………………………………………………… 235
　　8.2.3　模拟数据分析 …………………………………………………………… 236
8.3　损失金额预测的逆高斯回归 ………………………………………………… 238
　　8.3.1　模型设定 ………………………………………………………………… 240
　　8.3.2　迭代加权最小二乘估计 ………………………………………………… 241
　　8.3.3　模拟数据分析 …………………………………………………………… 241
　　8.3.4　GAMLSS 的应用 ………………………………………………………… 244
8.4　有限赔款预测模型 …………………………………………………………… 248
8.5　混合损失金额预测模型 ……………………………………………………… 252
8.6　应用案例 ……………………………………………………………………… 256
　　8.6.1　数据介绍 ………………………………………………………………… 256
　　8.6.2　描述性分析 ……………………………………………………………… 259
　　8.6.3　案均赔款的预测模型 …………………………………………………… 261
　　8.6.4　案均赔款对数的预测模型 ……………………………………………… 266

第 9 章　损失概率预测模型 …………………………………………………………… 271

9.1　基于个体观察数据的损失概率预测 ………………………………………… 273
　　9.1.1　伯努利分布 ……………………………………………………………… 273
　　9.1.2　伯努利分布假设下的逻辑斯谛回归 …………………………………… 273

9.1.3 迭代加权最小二乘估计 …………………………………… 275
  9.1.4 模拟数据分析 …………………………………………… 276
  9.1.5 不同风险暴露时期的处理 ……………………………… 278
 9.2 基于汇总数据的损失概率预测 ………………………………… 282
  9.2.1 二项分布 ………………………………………………… 282
  9.2.2 二项分布假设下的逻辑斯谛回归 ……………………… 283
  9.2.3 迭代加权最小二乘估计 ………………………………… 285
  9.2.4 模拟数据分析 …………………………………………… 286
 9.3 损失概率预测模型的解释 ……………………………………… 290
 9.4 损失概率预测模型的评价 ……………………………………… 292
  9.4.1 偏差 ……………………………………………………… 292
  9.4.2 分类表 …………………………………………………… 292
  9.4.3 Hosmer-Lemeshow 统计量 ……………………………… 295
 9.5 其他连接函数 …………………………………………………… 296
 9.6 过离散问题 ……………………………………………………… 299
 9.7 应用案例 ………………………………………………………… 300

第 10 章 损失次数预测模型 …………………………………………… 306
 10.1 泊松回归模型 ………………………………………………… 307
  10.1.1 泊松分布 ……………………………………………… 307
  10.1.2 模型设定 ……………………………………………… 308
  10.1.3 迭代加权最小二乘估计 ……………………………… 309
  10.1.4 抵消项 ………………………………………………… 310
  10.1.5 模型参数的解释 ……………………………………… 311
  10.1.6 模拟分析 ……………………………………………… 311
 10.2 过离散损失次数预测模型 …………………………………… 314
  10.2.1 负二项Ⅰ型分布 ……………………………………… 315
  10.2.2 负二项Ⅱ型分布 ……………………………………… 317
  10.2.3 迭代加权最小二乘估计 ……………………………… 318
  10.2.4 模型参数的解释 ……………………………………… 319
  10.2.5 模拟分析 ……………………………………………… 320
 10.3 零截断与零膨胀损失次数预测模型 ………………………… 322
  10.3.1 零截断回归模型 ……………………………………… 322
  10.3.2 零膨胀回归模型 ……………………………………… 324

10.3.3　零调整回归模型 ·· 329
　10.4　混合损失次数预测模型 ·· 333
　10.5　应用案例 ·· 335
　　　10.5.1　描述性分析 ·· 335
　　　10.5.2　索赔频率预测模型 ··· 337

第 11 章　累积损失的预测模型 ·· 342

　11.1　Tweedie 回归 ·· 343
　11.2　零调整逆高斯回归 ··· 351
　11.3　应用案例 ·· 356
　　　11.3.1　描述性分析 ·· 356
　　　11.3.2　纯保费的预测模型 ··· 358

第 12 章　相依风险模型 ·· 366

　12.1　Copula ··· 367
　12.2　生存 Copula ·· 372
　12.3　相依性的度量 ··· 374
　　　12.3.1　线性相关系数 ··· 374
　　　12.3.2　秩相关系数 ·· 375
　　　12.3.3　尾部相依指数 ··· 376
　12.4　常见的 Copula 函数 ·· 377
　　　12.4.1　正态 Copula ·· 377
　　　12.4.2　t-Copula ·· 377
　　　12.4.3　Clayton Copula ··· 377
　　　12.4.4　Frank Copula ·· 378
　　　12.4.5　Gumbel Copula ··· 378
　　　12.4.6　FGM Copula ··· 379
　　　12.4.7　厚尾 Copula ·· 379
　12.5　阿基米德 Copula ··· 379
　12.6　Copula 的随机模拟 ··· 381
　12.7　Copula 的参数估计 ··· 386
　12.8　Copula 的应用 ··· 388

第 13 章　贝叶斯风险模型 ·· 396

　13.1　先验分布的选择 ·· 397

13.2 MCMC 方法简介 ·········· 399
 13.2.1 Gibbs 抽样 ·········· 400
 13.2.2 Metropolis-Hastings 算法 ·········· 400
 13.2.3 Hamiltonian Monte Carlo 算法 ·········· 401
 13.2.4 收敛性的诊断 ·········· 401
13.3 模型评价 ·········· 403
13.4 贝叶斯模型的应用 ·········· 403

索引 ·········· 420

参考文献 ·········· 423

第1章　风险度量

保险是经营风险的行业，风险的评估和度量是保险公司最核心的竞争力。风险的内涵十分丰富，可以从不同的角度进行划分和归类，以保险风险为例，可以分为财产风险、人身风险、责任风险、信用风险等。本书所谓的风险，主要是指保险风险，或者更具体地说，是指保险损失的风险。

风险通常被定义为事件发生结果的不确定性。对于保险而言，风险是指保险损失的不确定性，具体表现为保险事故发生与否的不确定性，事故发生时间的不确定性，事故发生地点的不确定性，事故发生次数的不确定性，以及损失金额的不确定性。

随机变量是描述不确定性的常用工具，所以保险损失也可以用随机变量进行描述。为此，本章首先介绍描述随机变量的有关函数，包括分布函数、概率密度函数、生存函数、概率母函数、矩母函数和危险率函数，然后介绍一些常用的风险度量方法，包括 VaR、TVaR 和基于扭曲变换的风险度量方法。描述随机变量的这些函数都可以完整刻画损失的分布情况，而风险度量则是对这些函数的一种高度概括，它通过一个实值来反映风险的大小，可以更加容易地应用于实际的风险管理。

1.1 描述随机变量的函数

对于保险而言，损失随机变量一般是非负的，可以分为连续型变量（如损失金额）和离散型变量（如损失次数）两大类。当然，也存在一些混合型损失随机变量，如保单的累积损失，一方面在零点有一个较高的概率堆积，另一方面在大于零的部分又是连续的。无论是哪种类型的损失随机变量，都可以用一个函数进行描述。本节主要介绍刻画损失随机变量的常用函数，如分布函数、概率密度函数、生存函数、概率母函数、矩母函数、危险率函数，这些函数是建立风险模型的基本工具。

1.1.1 分布函数

令 X 表示损失随机变量，则其分布函数定义为

$$F(x) = \Pr(X \leqslant x)$$

上式表明，损失随机变量 X 的分布函数就是 X 小于或等于 x 的概率。

【例 1-1】 随机变量 X 的取值范围为 $(10, 30, 40, 70, 90)$，取每个值的概率均为 $1/5$，求 X 的分布函数。

【解】 根据分布函数的定义，随机变量 X 的分布函数如下：

$$F(10) = \Pr(X \leqslant 10) = 1/5 = 0.2$$
$$F(30) = \Pr(X \leqslant 30) = 2/5 = 0.4$$
$$F(40) = \Pr(X \leqslant 40) = 3/5 = 0.6$$

$$F(70) = \Pr(X \leqslant 70) = 4/5 = 0.8$$
$$F(90) = \Pr(X \leqslant 90) = 5/5 = 1$$

绘制分布函数的 R 程序代码如下,其中函数 ecdf() 表示**经验累积分布函数**(empirical cumulative distribution function)。输出结果如图 1-1 所示,其中横轴表示随机变量 x 的取值,纵轴表示分布函数 $F(x)$ 的取值。

```
♯随机变量的取值
x = c(10, 30, 40, 70, 90)

♯绘制分布函数
plot(ecdf(x), main = '', ylab = 'F(x)')
```

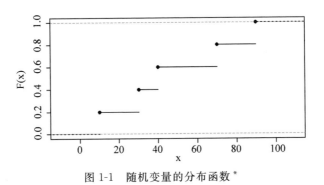

图 1-1 随机变量的分布函数*

【**例 1-2**】 假设损失服从伽马分布,形状参数为 shape＝2,比率参数为 rate＝1/3,绘制其分布函数,并计算损失小于 10 的概率和损失大于 4 的概率。

【**解**】 在 R 程序中,可以用函数 pgamma() 计算伽马分布的分布函数。在该函数中,第一个参数默认为形状参数 shape,第二个参数默认为比率参数 rate,相应地,伽马分布的均值等于形状参数除以比率参数。

绘制分布函数的 R 程序代码如下,输出结果如图 1-2 所示,其中横轴表示随机变量 x 的取值,纵轴表示分布函数 $F(x)$ 的取值。

```
curve(pgamma(x, 2, 1/3), lwd = 2, xlim = c(0, 20), ylab = 'F(x)')
```

伽马分布的第二个参数也可以表示为尺度参数 scale,此时在程序代码中必须明确声明 scale＝1/rate。譬如,在本例的程序代码中,如果使用 scale 参数,则伽马分布函数应该表示为 pgamma(x, shape＝2, scale＝3)。计算损失概率的程序代

---

* 本图为上述代码运行后直接输出的结果。本书中为了使程序代码简洁明了、重点突出,均省略了对图片、字体等进行修饰的代码,后文类似情况不再赘述。

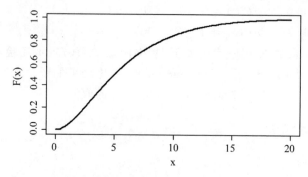

图 1-2　随机变量的分布函数

码及结果如下。

```
#计算损失小于10 的概率
pgamma(10, 2, 1/3)
##[1] 0.8454127

#计算损失大于4 的概率
1 - pgamma(4, 2, 1/3)
##[1] 0.61506
```

1.1.2　概率密度函数

对于非负的连续型损失随机变量 X，其分布函数为 $F(x)$，如果存在非负可积函数 $f(x)$，使得对于任意实数 x 有

$$F(x) = \int_0^x f(t) \mathrm{d}t$$

则称 $f(x)$ 为损失随机变量 X 的概率密度函数，也简称密度函数。

损失随机变量的概率密度函数具有下述性质：

(1) $f(x) \geqslant 0$

(2) $\int_0^\infty f(x) \mathrm{d}x = 1$

(3) $F(x_2) - F(x_1) = \int_{x_1}^{x_2} f(x) \mathrm{d}x, x_1 \leqslant x_2$

(4) 若 $f(x)$ 在点 x 处连续，则有 $F'(x) = f(x)$

【例 1-3】　假设损失金额服从伽马分布，形状参数为 shape＝2，比率参数为 rate＝1/3，绘制其密度函数。

【解】　伽马分布的密度函数可以用函数 dgamma() 计算。绘制上述伽马密度函数的 R 程序代码如下，输出结果如图 1-3 所示，其中横轴表示随机变量 x 的取值，纵轴表示密度函数 $f(x)$ 的取值。

```
curve(dgamma(x, 2, 1/3), lwd = 2, xlim = c(0, 20), ylab = 'f(x)')
```

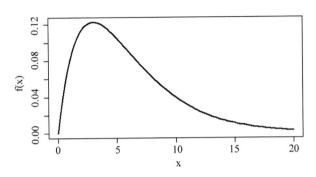

图 1-3　随机变量的密度函数

【例 1-4】 假设损失服从伽马分布，形状参数为 shape＝2，比率参数为 rate＝1，绘图比较其分布函数与密度函数。

【解】 绘制分布函数和密度函数的 R 程序代码如下，输出结果如图 1-4 所示，其中横轴表示损失随机变量 x 的取值，纵轴表示分布函数 $F(x)$ 和密度函数 $f(x)$ 的取值。

```
curve(pgamma(x, 2, 1), xlim = c(0, 6), ylim = c(0, 1), ylab = "")
curve(dgamma(x, 2, 1), lty = 2, add = TRUE)
legend(4, 0.8, c("F(x)", "f(x)"), lty = 1:2, box.col = "white")
```

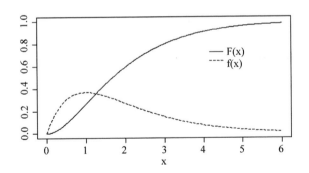

图 1-4　分布函数 $F(x)$ 和密度函数 $f(x)$

1.1.3　生存函数

损失随机变量 X 的生存函数 $\overline{F}(x)$ 定义为

$$\bar{F}(x) = \Pr(X > x) = 1 - F(x)$$

上式表明,生存函数就是损失随机变量 X 大于 x 的概率。

【例 1-5】 假设损失服从伽马分布,形状参数为 shape=2,比率参数为 rate=1,绘图比较其生存函数与分布函数。

【解】 绘图的 R 程序代码如下,输出结果如图 1-5 所示,其中横轴表示损失随机变量的取值,纵轴表示分布函数和生存函数的取值。

```
curve(pgamma(x, 2, 1), xlim = c(0, 8), ylim = c(0, 1), ylab = "")
curve(1 - pgamma(x, 2, 1), lty = 2, add = TRUE)
legend(5, 0.6, c("分布函数", "生存函数"), lty = 1:2, box.col = "white")
```

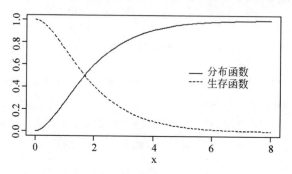

图 1-5 生存函数与分布函数

对于非负的损失随机变量 X,损失的期望可以通过分布函数 $F(x)$、密度函数 $f(x)$ 或生存函数 $S(x)$ 计算如下:

$$E(X) = \int_0^\infty x \mathrm{d}F(x) = \int_0^\infty x f(x) \mathrm{d}x = \int_0^\infty \bar{F}(x) \mathrm{d}x \tag{1.1}$$

1.1.4 概率母函数

概率母函数主要用于刻画离散型损失随机变量,如损失次数 N。

对于损失次数随机变量 N,令 $p_k = \Pr(N=k)$ 表示发生 k 次损失的概率,则 N 的概率母函数定义为

$$P_N(z) = E(z^N) = \sum_{k=0}^\infty p_k z^k \tag{1.2}$$

随机变量 N 等于 k 的概率可以通过概率母函数的 k 阶导数在零点的值求得:

$$p_k = \Pr(X=k) = \frac{P^{(k)}(0)}{k!} \tag{1.3}$$

假设保单组合有 n 份保单,每份保单的索赔次数 $X_1, X_2, \cdots, X_n$ 是相互独立的

随机变量，则保单组合的索赔次数之和可以表示为

$$S_n = \sum_{i=1}^{n} X_i$$

保单组合的索赔次数之和 S_n 的概率母函数可以表示为每份保单的索赔次数的母函数之积：

$$P_{S_n}(z) = E(z^{S_n}) = E(z^{\sum_{i=1}^{n} X_i}) = P_{X_1}(z)P_{X_2}(z)\cdots P_{X_n}(z) \qquad (1.4)$$

假设保单组合在一个保险期间发生的事故次数用随机变量 N 表示，每次事故导致的索赔次数用独立同分布的随机变量 $X_1, X_2, \cdots, X_N$ 表示，母函数为 $P_X(z)$，则保单组合的索赔次数之和可以表示为

$$S_N = \sum_{i=1}^{N} X_i$$

索赔次数之和 S_N 的概率母函数可以表示为

$$P_{S_N}(z) = P_N[P_X(z)] \qquad (1.5)$$

即

$$\begin{aligned}
P_{S_N}(z) &= E(z^{S_N}) \\
&= E(z^{\sum_{i=1}^{N} X_i}) \\
&= E[E(z^{\sum_{i=1}^{N} X_i} \mid N)] \\
&= E\{[P_X(z)]^N\} \\
&= P_N[P_X(z)]
\end{aligned}$$

1.1.5 矩母函数

随机变量 X 的矩母函数定义为

$$M(t) = E(e^{tX}), \quad t \in R \qquad (1.6)$$

应用级数展开，有

$$e^{tX} = 1 + tX + \frac{t^2 X^2}{2!} + \frac{t^3 X^3}{3!} + \cdots + \frac{t^n X^n}{n!} + \cdots$$

所以，X 的矩母函数可以表示为

$$M(t) = E(e^{tX}) = 1 + tE(X) + \frac{t^2 E(X^2)}{2!} + \frac{t^3 E(X^3)}{3!} + \cdots + \frac{t^n E(X^n)}{n!} + \cdots$$

上式表明，矩母函数的 n 阶导数在零点的值就是随机变量 X 的 n 阶原点矩，即有

$$E(X^n) = \frac{d^n M(t)}{dt^n}\bigg|_{t=0}$$

容易证明,矩母函数与概率母函数之间存在下述变换关系:

$$M_X(t) = P_X(e^t) \tag{1.7}$$

$$P_X(z) = M_X(\ln z) \tag{1.8}$$

与概率母函数类似,对于 n 个相互独立的随机变量 $X_1, X_2, \cdots, X_n$,它们之和的矩母函数等于各自的矩母函数的乘积:

$$M_{S_n}(t) = M_{X_1}(t) M_{X_2}(t) \cdots M_{X_n}(t) \tag{1.9}$$

1.1.6 危险率函数

随机变量 X 的危险率函数是密度函数与生存函数之比,即为

$$h(x) = \frac{f(x)}{\overline{F}(x)} \tag{1.10}$$

由上述定义可知

$$h(t) = -[\ln \overline{F}(t)]'$$

对上式两边积分,有

$$\int_0^x h(t)\mathrm{d}t = -\ln \overline{F}(t) \Big|_0^x$$

由此可见,生存函数可以用危险率函数表示如下:

$$\overline{F}(x) = \exp\left[-\int_0^x h(t)\mathrm{d}t\right] \tag{1.11}$$

【例 1-6】 假设损失金额服从参数为 θ 的指数分布,求危险率函数。

【解】 指数分布的密度函数和生存函数分别如下:

$$f(x) = \theta \mathrm{e}^{-\theta x}$$

$$\overline{F}(x) = \mathrm{e}^{-\theta x}$$

由危险率函数的定义可知,指数分布的危险率函数是一个常数,即

$$h(x) = \frac{f(x)}{\overline{F}(x)} = \theta$$

【例 1-7】 假设损失服从伽马分布,形状参数为 shape＝2,比率参数为 rate＝1,绘制其危险率函数。

【解】 绘图的 R 程序代码如下,输出结果如图 1-6 所示,其中横轴表示随机变量 x 的取值,纵轴表示危险率函数 $h(x)$ 的取值。

```
curve(dgamma(x, 2, 1)/(1 - pgamma(x, 2, 1)), xlim = c(0, 10), ylab = 'h(x)')
```

根据危险率函数,可以定义如下的**累积危险率函数**(cumulative hazard function):

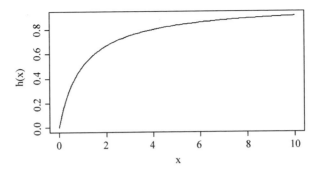

图 1-6　随机变量的危险率函数

$$H(t) = \int_0^t h(s)\,\mathrm{d}s \tag{1.12}$$

应用累积危险率函数,可以把生存函数表示为

$$\bar{F}(t) = \exp[-H(t)] \tag{1.13}$$

1.2　常用的风险度量方法

风险度量(risk measure)是把一个代表风险的随机变量转化为一个实值的过程。假设 X 表示风险随机变量,ρ 表示风险度量方法,r 为风险度量值,则风险度量过程可以表示为

$$r = \rho(X)$$

一个好的风险度量方法应该满足特定的条件,至少应保证不会出现自相矛盾的结果。满足这些特定条件的风险度量方法称作一致性风险度量方法。一致性风险度量方法是指满足下述条件的风险度量方法:

(1) 次可加性:$\rho(X+Y) \leqslant \rho(X)+\rho(Y)$;
(2) 单调性:若 $X \leqslant Y$,则 $\rho(X) \leqslant \rho(Y)$;
(3) 正齐次性:$\rho(cX)=c\rho(X)$,$c>0$ 为常数;
(4) 平移不变性:$\rho(X+c)=\rho(X)+c$,c 为常数。

次可加性表明,如果两个风险之间不存在完全的相关关系,则将它们合并在一起之后,会存在风险的分散作用,即当一个风险导致损失时,另一个风险未必会导致损失。在这种情况下,两个风险合并之后的风险度量值将小于它们各自的风险度量值之和。只有当两个风险之间完全相关时,两个风险合并之后的风险度量值等于它们各自的风险度量值之和。

单调性表明,如果风险 X 导致的损失总是小于风险 Y 导致的损失,则风险 X 的风险度量值一定要小于风险 Y 的风险度量值。

正齐次性表明,当损失金额使用不同的货币单位进行表示时,只需将风险度量值乘以相应的汇率即可。譬如,如果 X 是用美元表示的损失金额随机变量,cX 是用人民币表示的损失金额随机变量,则 cX 的风险度量值是 X 的风险度量值的 c 倍,其中 c 表示人民币与美元的汇率。

平移不变性表明,给风险增加一个固定的常数以后,等价于对风险度量值也增加一个固定的常数。

下面介绍几种常用的风险度量方法,包括 VaR、TVaR 和基于扭曲变换的风险度量方法。

1.2.1 VaR

在风险度量中,VaR(Value at Risk)的应用比较普遍,通常用于描述一定置信水平下的最大可能损失。

VaR 事实上就是随机变量的分位数,譬如,如果损失随机变量 X 的 95% 分位数为 2 500 元,则用 VaR 可以表示为 $\text{VaR}_{95\%}(X) = 2\,500$,其含义是损失超过 2 500 元的概率为 5%,也就是说,在 95% 的置信水平下,最大可能损失为 2 500 元。

下面用 $\text{VaR}_p(X)$ 表示损失随机变量的 p 分位数,严格的数学定义如下:

$$\text{VaR}_p(X) = \inf\{x \in R \mid F(x) \geqslant p\} = \inf\{x \in R \mid \overline{F}(x) < 1-p\} \quad (1.14)$$

直观地讲,$\text{VaR}_p(X)$ 表示损失不超过它的概率大于或等于 p,或者说,损失超过它的概率小于 $1-p$。

对于连续型随机变量,$\text{VaR}_p(X)$ 的计算较为简单,即从下述方程中求解出相应的 x 即可:

$$F(x) = p$$

即

$$\text{VaR}_p(X) = F^{-1}(p)$$

式中,$F^{-1}(\cdot)$ 表示分布函数的反函数。

【例 1-8】 假设损失随机变量 X 服从正态分布,均值为 33,标准差为 109,计算 95% 水平下的 VaR。

【解】 正态分布经过标准化处理之后服从标准正态分布,正态分布的 VaR 经过标准化处理之后将等于标准正态分布的 VaR。用 F 表示正态分布的分布函数,用 Φ 表示标准正态分布的分布函数,则由 $F(\text{VaR}_{0.95}) = 0.95$ 可知

$$\Phi\left(\frac{\text{VaR}_{0.95} - 33}{109}\right) = 0.95$$

可得

$$\frac{\text{VaR}_{0.95} - 33}{109} = 1.644\,9$$

即
$$\mathrm{VaR}_{0.95} = 212.29$$

上式表明,在95%水平下损失随机变量 X 的 VaR 是212.29,即损失不超过该值的概率为95%。

【例1-9】 假设损失随机变量 X 服从参数为($\theta = 40, \gamma = 2.2$)的帕累托分布,帕累托的分布函数如下:
$$F(x) = 1 - \left(\frac{\theta}{\theta + x}\right)^\gamma$$

计算95%水平下的 VaR。

【解】 由 $F(\mathrm{VaR}_{0.95}) = 0.95$ 可知
$$1 - \left(\frac{\theta}{\theta + \mathrm{VaR}_{0.95}}\right)^\gamma = 0.95$$

将帕累托分布的有关参数代入上式,容易求得 $\mathrm{VaR}_{0.95} = 116.11$。

本例的分布函数及其95%水平下的 VaR 如图1-7所示,其中横轴表示随机变量 X 的取值,纵轴表示帕累托分布函数 $F(x)$ 的取值。水平虚线是95%的分位数水平,垂直虚线与横轴的交点表示95%水平下的 VaR,等于116.11。

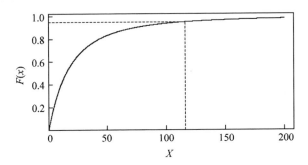

图1-7 连续型随机变量的分布函数与 VaR

对于离散型或混合型损失随机变量,VaR 的计算相对复杂一些,下面通过两个示例说明计算 VaR 的基本原理。

【例1-10】 假设损失随机变量 X 取值为100,200和300的概率分别为0.2,0.3和0.5。计算60%水平下的 VaR。

【解】 损失随机变量 X 的分布函数如图1-8所示。从该图纵轴0.6的位置画一条水平线,该水平线与分布函数的交点对应于横轴上的300,所以60%水平下的 VaR 等于300。

应用同样的方法,从图1-8容易看出,20%水平下的 VaR 为100;大于20%且小于等于50%水平下的 VaR 均为200;超过50%水平下的 VaR 均为300。

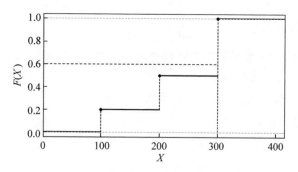

图 1-8 离散型随机变量的分布函数与 VaR

【例 1-11】 图 1-9 是一个混合型随机变量的分布函数,在 $(0,1)$ 区间上服从参数为 0.5 的指数分布;在 $(1,2)$ 区间上没有取值,所以分布函数是一条水平线,水平线的高度是参数为 0.5 的指数分布在 $X=1$ 处的值,即为 $1-\exp(-1/2)=0.3934$;在 $(2,5)$ 区间上是参数为 0.25 的指数分布;在 $X=5$ 处有一个概率堆积;在 $(5,+\infty)$ 区间上又是参数为 0.5 的指数分布。计算 39.34% 和 80% 水平下的 VaR。

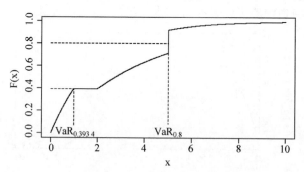

图 1-9 混合型随机变量的分布函数与 VaR

【解】 对于图 1-9 的分布函数,在纵轴上找到分位数水平(如 80%),然后从该点出发画条水平线,在该水平线与分布函数的交叉点上画条竖线,该竖线与横轴的交叉点就是所求的分位数,即 VaR。从该图可以看出,39.34% 的分位数等于 1,即 $\text{VaR}_{0.3934}(X)=1$;80% 的分位数等于 5,即 $\text{VaR}_{0.8}(X)=5$。

在图 1-9 中,从 39.34% 的分位数水平划出的水平线与分布函数曲线有无穷多个交点,此时,VaR 应该是所有交点中的最小值,在该图中即为 1。

绘制图 1-9 的 R 程序代码如下,输出结果如图 1-9 所示。

```
#定义 x 的取值
x = seq(0, 10, 0.001)
```

```
#计算混合型随机变量的分布函数
Fx = ifelse(x <= 1, 1 - exp(-x/2),
        ifelse(x <= 2, 0.3934,
            ifelse(x <= 5, 1 - exp(-x/4),
                1 - exp(-x/2))))
#绘图
plot(x, Fx, type = "l", ylab = "F(x)", xlab = "x")
text(c(1, 5), c(0, 0), c(expression(VaR[0.3934]), expression(VaR[0.8])))
lines(c(0, 1), c(0.3934, 0.3934), lty = 2)
lines(c(1, 1), c(0, 0.3934), lty = 2)
lines(c(0, 5), c(0.8, 0.8), lty = 2)
lines(c(5, 5), c(0, 0.8), lty = 2)
```

如前所述,一个好风险度量方法应该满足一致性要求,但 VaR 不是一致性风险度量,因为它不满足一致性风险度量所要求的次可加性。这可以通过一个简单的反例来说明。不妨假设 X 和 Y 是两个相互独立的随机变量,它们的取值及其概率分布如下:

$$X = \begin{cases} 0, & \Pr = 0.9 \\ 100, & \Pr = 0.1 \end{cases}$$

$$Y = \begin{cases} 0, & \Pr = 0.9 \\ 100, & \Pr = 0.1 \end{cases}$$

由此可得 $X+Y$ 的取值及其概率分布如下:

$$X+Y = \begin{cases} 0, & \Pr = 0.81 \\ 100, & \Pr = 0.18 \\ 200, & \Pr = 0.01 \end{cases}$$

容易看出,在 90% 水平下,X 和 Y 的 VaR 均为 0,即

$$\mathrm{VaR}_{0.9}(X) = \mathrm{VaR}_{0.9}(Y) = 0$$

但在 90% 水平下,$X+Y$ 的 VaR 为 100,即

$$\mathrm{VaR}_{0.9}(X+Y) = 100$$

显然,$\mathrm{VaR}_{0.9}(X+Y) > \mathrm{VaR}_{0.9}(X) + \mathrm{VaR}_{0.9}(Y)$,这表明 VaR 不满足次可加性。

不满足一致性要求的风险度量可能导致相互矛盾的结果。不妨假设风险 A 和 B 的损失分布如表 1-1 所示。容易看出,在 95% 水平下,VaR(A) = 20 < VaR(B) = 50,即风险 A 小于风险 B。但在 99% 水平下,VaR(A) = 200 > VaR(B) = 170,即风险 A 大于风险 B。这就意味着不同分位数水平下的风险度量结果是相互矛盾的。

表 1-1 风险 A 和 B 的损失分布

风险 A		风险 B	
损失	概率	损失	概率
20	95%	50	95%
100	2%	160	2%
200	2%	170	2%
300	1%	300	1%

虽然 VaR 在一般情况下不满足次可加性,不是一致性风险度量,但当损失服从正态分布或椭圆分布时,VaR 将是一致性风险度量。

1.2.2 TVaR

TVaR(Tail Value at Risk)是在 VaR 的基础上定义的,是指超过 VaR 的损失的期望值,即 TVaR 是最坏的 $100(1-p)\%$ 损失的期望值。损失随机变量 X 的 TVaR 定义如下:

$$\text{TVaR}_p(X) = E[X \mid X > \text{VaR}_p(X)] \tag{1.15}$$

如果 X 是连续分布,则 TVaR 可以表示为

$$\begin{aligned}
\text{TVaR}_p(X) &= E(X \mid X > \text{VaR}_p) \\
&= \frac{\int_{\text{VaR}_p}^{\infty} x f(x) \mathrm{d}x}{1 - F(\text{VaR}_p)} \\
&= \frac{\int_{\text{VaR}_p}^{\infty} x f(x) \mathrm{d}x}{1 - p}
\end{aligned} \tag{1.16}$$

不难看出,$\text{TVaR}_p(X)$ 就是 X 最右端 $100(1-p)\%$ 损失的平均值。

经过适当变形,TVaR 还可以表示为

$$\text{TVaR}_p(X) = \frac{\int_p^1 \text{VaR}_u(X) \mathrm{d}u}{1 - p} \tag{1.17}$$

上述变形过程如下:

$$\begin{aligned}
\text{TVaR}_p(X) &= \frac{\int_{\text{VaR}_p}^{\infty} x f(x) \mathrm{d}x}{1 - p} \\
&= \frac{\int_{\text{VaR}_p}^{\infty} x \mathrm{d}F(x)}{1 - p} \quad (\diamondsuit\, F(x) = u \Rightarrow x = \text{VaR}_u(X)) \\
&= \frac{\int_p^1 \text{VaR}_u(X) \mathrm{d}u}{1 - p}
\end{aligned}$$

上式表明，TVaR 是在 $(p,1)$ 区间上的 VaR 的算数平均数。

从 TVaR 的定义可知，TVaR 在数值上大于 VaR，它们之间具有下述关系：

$$\text{TVaR}_p(X) = \text{VaR}_p(X) + \frac{1}{1-p} E\{[X - \text{VaR}_p(X)]_+\} \tag{1.18}$$

式(1.18)的证明过程如下：

$$\begin{aligned} E\{[X - \text{VaR}_p(X)]_+\} &= \int_{\text{VaR}_p(X)}^{\infty} [x - \text{VaR}_p(X)] dF(x) \\ &= \int_p^1 [\text{VaR}_\xi(X) - \text{VaR}_p(X)] d\xi \\ &= \int_p^1 \text{VaR}_\xi(X) d\xi - (1-p) \text{VaR}_p(X) \\ &= (1-p) \text{TVaR}_p(X) - (1-p) \text{VaR}_p(X) \end{aligned}$$

上式经变形即得式(1.18)。

对式(1.18)进一步变形，还可以得到 TVaR 的另一个计算公式：

$$\text{TVaR}_p(X) = \text{VaR}_p(X) + \frac{P[X > \text{VaR}_p(X)]}{1-p} E[X - \text{VaR}_p(X) \mid X > \text{VaR}_p(X)]$$

TVaR 是一致性风险度量，满足一致性风险度量的四条性质。下面仅证明 TVaR 满足次可加性，即

$$\text{TVaR}_p(X+Y) \leqslant \text{TVaR}_p(X) + \text{TVaR}_p(Y) \tag{1.19}$$

假设用 X 表示保险公司的损失随机变量，分布函数为 $F(x)$，生存函数为 $\bar{F}(x)$。用 D 表示保险公司的经济资本。经济资本是为了使得保险公司的破产概率小于一个给定的值而需要准备的资本。假设把实际损失超过经济资本的部分通过再保险的方式转移给再保险公司，则保险公司需要支付的再保险费应该为

$$\begin{aligned} E[(X-D)_+] &= \int_D^{\infty} (x-D) dF(x) \\ &= \int_D^{\infty} x dF(x) - D\bar{F}(D) \\ &= -\int_D^{\infty} x d\bar{F}(x) - D\bar{F}(D) \\ &= -x\bar{F}(x)\Big|_D^{\infty} + \int_D^{\infty} \bar{F}(x) dx - D\bar{F}(D) \\ &= \int_D^{\infty} \bar{F}(x) dx \end{aligned}$$

进一步假设经济资本要求的回报率为 i，则保险公司的总成本支出包括两部分，一部分是经济资本的利息，另一部分是再保险的纯保费。为此，保险公司的总成本支出可以表示为

$$C = iD + E[(X-D)_+] = iD + \int_D^{\infty} \bar{F}(x) dx \tag{1.20}$$

为了使得保险公司的成本最小化，上式关于 D 求偏导并令其等于零，即得
$$i - \bar{F}(D) = 0 \Rightarrow \bar{F}(D) = i \Rightarrow F(D) = 1 - i$$

上式表明，保险公司的最优经济资本可以表示为损失随机变量 X 的 $1-i$ 分位数，即
$$D^* = \text{VaR}_{1-i}(X)$$

这就意味着，当保险公司的经济资本为 $D^* = \text{VaR}_{1-i}(X)$ 时，保险公司的总成本支出最小。相应的最小成本支出为

$$\begin{aligned}
C^* &= iD^* + E[(X - D^*)_+] \\
&= i\text{VaR}_{1-i}(X) + E\{[X - \text{VaR}_{1-i}(X)]_+\} \\
&= i\left(\text{VaR}_{1-i}(X) + \frac{1}{i}E\{[X - \text{VaR}_{1-i}(X)]_+\}\right) \\
&= i\text{TVaR}_{1-i}(X)
\end{aligned}$$

由 $C^* \leqslant C$ 可知
$$i\text{TVaR}_{1-i}(X) \leqslant iD + E[(X - D)_+]$$

令 $p = 1 - i$，上式可以变形为
$$\text{TVaR}_p(X) \leqslant D + \frac{1}{1-p}E[(X - D)_+]$$

在上式中，令 $D = \text{VaR}_p(X) + \text{VaR}_p(Y)$，可得

$$\begin{aligned}
\text{TVaR}_p(X+Y) &\leqslant [\text{VaR}_p(X) + \text{VaR}_p(Y)] \\
&\quad + \frac{1}{1-p}E\{[X + Y - \text{VaR}_p(X) - \text{VaR}_p(Y)]_+\} \\
&\leqslant [\text{VaR}_p(X) + \text{VaR}_p(Y)] + \frac{1}{1-p}E\{[X - \text{VaR}_p(X)]_+\} \\
&\quad + \frac{1}{1-p}E\{[Y - \text{VaR}_p(Y)]_+\} \\
&= \text{TVaR}_p(X) + \text{TVaR}_p(Y)
\end{aligned}$$

上式表明，TVaR 满足一致性风险度量的次可加性要求。

在连续型随机变量的情形下，TVaR 可以解释为"大于 VaR 的那部分损失的平均值"。连续型随机变量的 VaR 和 TVaR 比较容易计算，在离散随机变量的情况下，可以应用式(1.18)计算 TVaR。

【例 1-12】 假设损失随机变量 X 服从均值为 μ，标准差为 σ 的正态分布，证明 X 的 $\text{TVaR}_p(X)$ 可以表示为
$$\text{TVaR}_p(X) = \mu + \frac{\sigma}{1-p}\phi[\Phi^{-1}(p)]$$

其中，ϕ 和 Φ 分别表示标准正态分布的密度函数和分布函数。

【解】 在计算 TVaR 之前，首先计算 VaR。

令 $Z = \dfrac{X-\mu}{\sigma}$，则由 $\Pr[X \leqslant \mathrm{VaR}_p(X)] = p$ 可知：

$$\Pr\left[Z \leqslant \dfrac{\mathrm{VaR}_p(X) - \mu}{\sigma}\right] = p$$

$$\Phi^{-1}(p) = \dfrac{\mathrm{VaR}_p(X) - \mu}{\sigma}$$

由此可得正态分布的 VaR 为

$$\mathrm{VaR}_p(X) = \mu + \sigma \Phi^{-1}(p)$$

由 TVaR 的定义可得

$$\begin{aligned}
\mathrm{TVaR}_p(X) &= \dfrac{\displaystyle\int_p^1 \mathrm{VaR}_u(X)\,\mathrm{d}u}{1-p} \\
&= \dfrac{\displaystyle\int_p^1 [\mu + \sigma \Phi^{-1}(u)]\,\mathrm{d}u}{1-p} \\
&= \mu + \dfrac{\sigma}{1-p}\int_p^1 \Phi^{-1}(u)\,\mathrm{d}u \quad (\text{令 } u = \Phi(x)) \\
&= \mu + \dfrac{\sigma}{1-p}\int_{\Phi^{-1}(p)}^{\infty} x\phi(x)\,\mathrm{d}x \\
&= \mu + \dfrac{\sigma}{1-p}\phi[\Phi^{-1}(p)]
\end{aligned}$$

在最后一行的变形中，用到了下述结论：

$$\begin{aligned}
\int_{\Phi^{-1}(p)}^{\infty} x\phi(x)\,\mathrm{d}x &= \dfrac{1}{\sqrt{2\pi}}\int_{\Phi^{-1}(p)}^{\infty} x\mathrm{e}^{-x^2/2}\,\mathrm{d}x \\
&= -\dfrac{\mathrm{e}^{-x^2/2}}{\sqrt{2\pi}}\bigg|_{\Phi^{-1}(p)}^{\infty} \\
&= \dfrac{1}{\sqrt{2\pi}}\mathrm{e}^{-\frac{[\Phi^{-1}(p)]^2}{2}} \\
&= \phi[\Phi^{-1}(p)]
\end{aligned}$$

【例 1-13】 假设损失只取 $1,2,3,4,5,6,7,8,9,10$ 这十个数值，且每个取值出现的概率均为 10%。基于这组损失数据计算在 $80\%,85\%,90\%$ 和 95% 水平下的 VaR 和 TVaR。

【解】 根据 VaR 的定义容易求得：

$$\mathrm{VaR}_{0.80} = 8, \quad \mathrm{VaR}_{0.85} = \mathrm{VaR}_{0.90} = 9, \quad \mathrm{VaR}_{0.95} = 10$$

应用式(1.18)，TVaR 可以分别计算如下：

$$\mathrm{TVaR}_{0.80} = \mathrm{VaR}_{0.80} + \dfrac{0 \times 8/10 + 1 \times 1/10 + 2 \times 1/10}{1 - 0.80} = 9.5$$

$$\text{TVaR}_{0.85} = \text{VaR}_{0.85} + \frac{0 \times 9/10 + 1 \times 1/10}{1 - 0.85} = 9.667$$

$$\text{TVaR}_{0.90} = \text{VaR}_{0.90} + \frac{0 \times 9/10 + 1 \times 1/10}{1 - 0.90} = 10$$

$$\text{TVaR}_{0.95} = \text{VaR}_{0.95} + \frac{0}{1 - 0.95} = 10$$

【例 1-14】 损失随机变量 X 的分布如下,在 90% 和 95% 的水平下计算 VaR 和 TVaR。

$$X = \begin{cases} 0, & \Pr = 0.9 \\ 100, & \Pr = 0.06 \\ 1\,000, & \Pr = 0.04 \end{cases}$$

【解】 在 90% 的水平下,VaR=0,故

$$\text{TVaR}_{0.90} = \frac{0.06 \times 100 + 0.04 \times 1\,000}{0.10} = 460$$

在 95% 的水平下,右尾 5% 的损失由两部分组成(参见图 1-10),其中 4% 的损失等于 1 000,1% 的损失等于 100,故有

$$\text{TVaR}_{0.95} = \frac{0.01 \times 100 + 0.04 \times 1\,000)}{0.05} = 820$$

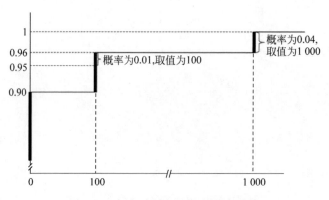

图 1-10 损失随机变量 X 的分布函数

【例 1-15】 用形状参数为 shape=2,尺度参数为 scale=1 000 的伽马分布生成 100 个随机数,并基于该组随机数绘制 VaR 和 TVaR 随着分位数水平 p 变化的曲线。

【解】 绘图的 R 程序代码如下,输出结果如图 1-11 所示,其中横轴表示分位数水平 p,纵轴表示 VaR 和 TVaR 取值。

```
#生成随机数
set.seed(121)
```

```
x <- rgamma(100, shape = 2, scale = 1000)
p <- seq(0.01, 0.99, 0.001)
n <- length(p)

#计算 VaR 和 TVaR
VaR = TVaR = NULL
for (j in 1:n) {
    VaR[j] = quantile(x, p[j])
    TVaR[j] = VaR[j] + mean((x - VaR[j]) * (x > VaR[j]))/(1 - p[j])
}

#绘图
plot(p, VaR, type = "s", ylab = "", lty = 1)
lines(p, TVaR, type = "s", lty = 2)
legend("topleft", c("VaR", "TVaR"), lty = c(1, 2), bty = "n")
```

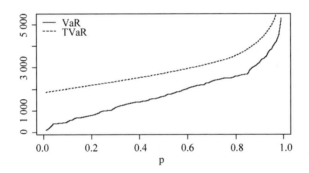

图 1-11 VaR 和 TVaR 随着分位数水平 p 的变化

从图 1-11 可以看出，VaR 随着分位数水平的增加逐渐增加，但变化过程是不平滑的，而 TVaR 随着分位数水平的增加平滑增加。这也从另一个角度说明了 TVaR 作为风险度量的优越性。

1.2.3 基于扭曲变换的风险度量

假设 $g(\cdot)$ 是定义在 $[0,1]$ 区间上的递增凹函数，即满足 $g'(\cdot) \geqslant 0, g''(\cdot) \leqslant 0$，且 $g(0)=0, g(1)=1$，则称 $g(\cdot)$ 为扭曲函数。

假设 X 是一个非负随机变量，则基于扭曲变换的风险度量为

$$\rho(X) = \int_0^\infty g[\overline{F}(x)] \mathrm{d}x \tag{1.21}$$

【例 1-16】 验证 $g(t)=t^{1/2}$ 是一个扭曲函数。

【解】 当 $0 \leqslant t \leqslant 1$ 时，$g(t)=t^{1/2}$ 满足扭曲函数的条件，即有

$$g(0) = 0$$
$$g(1) = 1$$
$$g'(t) = \frac{1}{2}t^{-1/2} \geqslant 0$$
$$g''(t) = -\frac{1}{4}t^{-3/2} \leqslant 0$$

上述扭曲函数的形状如图 1-12 所示。

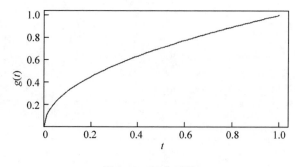

图 1-12 扭曲函数

经过扭曲变换以后的随机变量记为 X^*,其生存函数为 $g[\overline{F}_X(x)]$,相应地,其密度函数可以表示为

$$f_{X^*}(x) = -\{g[\overline{F}_X(x)]\}' = g'[\overline{F}_X(x)]f_X(x) \qquad (1.22)$$

上式表明,X^* 的密度函数事实上就是对原密度函数的一种加权,权重为 $g'[\overline{F}_X(x)]$。对该权重函数关于 x 求导可得其大于等于零,即

$$\{g'[\overline{F}_X(x)]\}' = g''[\overline{F}_X(x)]\overline{F}'_X(x) \geqslant 0$$

由此可见,扭曲变换可以看作是对原密度函数的一种加权平均,并对密度函数的右尾赋予相对较大的权重。

【例 1-17】 假设损失服从指数分布,生存函数和密度函数分别为

$$\overline{F}(x) = e^{-x/\theta}, \quad f(x) = \frac{1}{\theta}e^{-x/\theta}$$

扭曲函数为 $g(t) = t^{1/2}$,求扭曲变换以后的生存函数和密度函数。

【解】 扭曲后的生存函数和密度函数分别为

$$g[\overline{F}(x)] = e^{-x/(2\theta)}$$

$$\tilde{f}(x) = \frac{1}{2\theta}e^{-x/(2\theta)}$$

扭曲变换前后的生存函数和密度函数如图 1-13 所示。可见,经过扭曲变换以后,生存函数的尾部更长更厚,所以对应的期望损失更大。

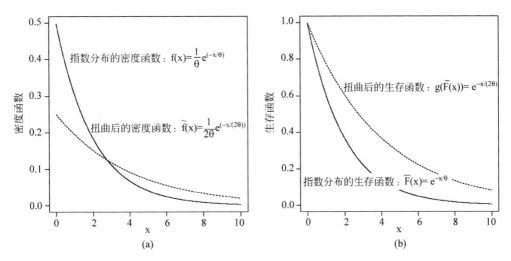

图 1-13 指数分布的(a)密度函数和(b)生存函数在扭曲变换前后的比较

绘制图 1-13 的 R 程序代码如下:

```
x = seq(0.01, 10, 0.001)

# 计算密度函数
theta = 2
f1 = 1/theta * exp( - x/theta)              # 指数分布的密度函数
f2 = 1/(2 * theta) * exp( - x/(2 * theta))  # 扭曲变换后的密度函数
par(mfrow = c(1, 2))

# 绘制密度函数
plot(x, f1, pch = "", ylab = "密度函数")
lines(x, f1, lty = 1)
lines(x, f2, lty = 2)
text(3.5, 0.4, expression(paste(指数分布的密度函数:f(x) == frac(1, theta), " ",
e^( - x/theta))))
text(6.5, 0.15, expression(paste(扭曲后的密度函数:tilde(f)(x) == frac(1, 2 *
theta), " ", e^( - x/(2 * theta)))))

# 计算生存函数
s1 = exp( - x/a)                # 指数分布的生存函数
s2 = s1^0.5                     # 扭曲变换后的生存函数

# 绘制生存函数
plot(x, s1, pch = "", ylab = "生存函数")
lines(x, s1, lty = 1)
```

```
lines(x, s2, lty = 2)
text(4, 0.15, expression(paste(指数分布的生存函数:bar(F)(x) == e^{-x/theta})))
text(6, 0.6, expression(paste(扭曲后的生存函数:g(bar(F)(x)) == e^{-x/(2 * theta)}))))
```

可以证明,当且仅当扭曲函数 $g(\cdot)$ 是凹函数时,基于扭曲变换的风险度量满足次可加性。容易看出,VaR 对应的扭曲函数如下:

$$g(t) = \begin{cases} 0, & 0 \leqslant t < 1-\alpha \\ 1, & 1-\alpha \leqslant t < 1 \end{cases}$$

上述扭曲函数不是凹函数,因此 VaR 不满足次可加性。生存函数经上述扭曲函数变换后的形式如图 1-14 所示。在该图中,原生存函数是参数为 1 的标准指数分布。

TVaR 对应的扭曲函数如下:

$$g(t) = \begin{cases} \dfrac{t}{1-\alpha}, & 0 \leqslant t < 1-\alpha \\ 1, & 1-\alpha \leqslant t < 1 \end{cases}$$

上述扭曲函数是凹函数,因此 TVaR 满足次可加性。生存函数经上述扭曲函数变换后的形式如图 1-14 所示。绘制图 1-14 的 R 程序代码如下。

```
x = seq(0, 10, 0.01)
alpha = 0.95

#指数分布的生存函数
S = exp(-x)

#VaR 扭曲后的生存函数
S1 = ifelse(S < 1 - alpha, 0, 1)

#TVaR 扭曲后的生存函数
S2 = ifelse(S < 1 - alpha, S/(1 - alpha), 1)

#绘图
plot(x, S, type = "l", lty = 1, ylab = "")
lines(x, S1, lty = 2)
lines(x, S2, lty = 3)
legend(5, 0.6, c("标准指数分布的生存函数", "VaR 扭曲后的生存函数", "TVaR 扭曲后的生存函数"), lty = c(1, 2, 3), bty = "n")
```

由式(1.17)可知,TVaR 可以表示为 VaR 的算数平均数。基于扭曲函数的风险度量经过适当变换,也可以表示为 VaR 的一种平均数:

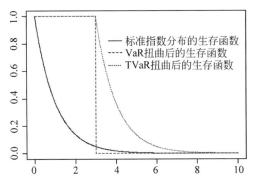

图 1-14 VaR 和 TVaR 的扭曲函数比较

$$\begin{aligned}\rho(X) &= \int_0^\infty g[S(x)]\mathrm{d}x \\ &= xg[S(x)]\Big|_0^\infty - \int_0^\infty x\mathrm{d}g[S(x)] \\ &= -\int_0^\infty x\mathrm{d}g[S(x)] = -\int_1^0 \mathrm{VaR}_{1-u}(X)\mathrm{d}g(u) \quad (\diamondsuit\, u = S(x)) \\ &= \int_0^1 \mathrm{VaR}_{1-u}(X)\mathrm{d}g(u)\end{aligned}$$

在 TVaR 中,积分区间是 $[p,1]$,表示仅对右尾的 VaR 计算平均数,而上式表明,在基于扭曲函数的风险度量中,积分区间是 $[0,1]$,表示对所有分位数水平下的 VaR 计算平均数。由此可见,基于扭曲变换的风险度量更加全面地利用了损失分布函数所包含的信息。

在扭曲变换的风险度量方法中,有两个比较特殊的扭曲函数,即**比例危险率变换**(proportional hazard transform,PH 变换)和王变换。

1. PH 变换

PH 变换的扭曲函数为

$$g(t) = t^{1/r}, \quad r \geqslant 1$$

对于损失随机变量 X,与 PH 变换相对应的风险度量值为

$$\rho(X) = \int_0^\infty [\overline{F}(x)]^{1/r}\mathrm{d}x \qquad (1.23)$$

在 PH 变换中,r 称作风险厌恶系数。r 越大,PH 变换的风险度量值越大,这是因为

$$\frac{\mathrm{d}\rho(X)}{\mathrm{d}r} = -\frac{1}{r^2}\int_0^\infty [\overline{F}(x)]^{1/r}\ln[\overline{F}(x)]\mathrm{d}x > 0$$

上述变换之所以称作比例危险率变换,是因为变换后的生存函数 $[\overline{F}(x)]^{1/r}$ 所对应的危险率 $h^*(x)$ 是变换前的生存函数 $\overline{F}(x)$ 所对应的危险率 $h(x)$ 的一个比

例,即 $h^*(x) = h(x)/r$。

2. 王变换

王变换对应的扭曲函数如下：
$$g(t) = \Phi[\Phi^{-1}(t) + k]$$
式中,k 是一个实数,通常使用标准正态分布的某个分位数,如 $k = \Phi^{-1}(\alpha)$,其中 α 是事先选定的分位数水平,譬如当 $\alpha = 0.95$ 时,$k = 1.65$。

对于损失随机变量 X,与王变换相对应的风险度量值为
$$\rho(X) = \int_0^\infty \Phi\{\Phi^{-1}[\overline{F}(x)] + k\}\mathrm{d}x \tag{1.24}$$

容易证明,基于王变换的风险度量值随着 k 的增大而增大,即
$$\frac{\mathrm{d}\rho(X)}{\mathrm{d}k} = \int_0^\infty \phi\{\Phi^{-1}[\overline{F}(x)] + k\}\mathrm{d}x > 0$$
所以 k 称作风险厌恶系数。

【例 1-18】 假设损失服从伽马分布,形状参数为 shape＝2,尺度参数为 scale＝1 000,绘制 PH 变换的风险度量和王变换的风险度量随着风险厌恶系数变化的曲线。

【解】 绘图的 R 程序代码如下,输出结果如图 1-16 所示,横轴为风险厌恶系数,纵轴为两种变换的风险度量值。

```
# 定义伽马分布的生存函数
S = function(x) 1 - pgamma(x, shape = 2, scale = 1000)

# PH 变换的风险度量值
PH = NULL
r = seq(1, 10, 0.1)  # 风险厌恶系数
for (i in 1:length(r)) {
    S_PH = function(x) (S(x))^(1/r[i])
    PH[i] = integrate(S_PH, 0, Inf) $ value
}

# Wang 变换的风险度量值
Wang = NULL
alpha = seq(0.50, 0.99, 0.01)
k = qnorm(alpha)     # 风险厌恶系数
for (i in 1:length(k)) {
    S_Wang = function(x) pnorm(qnorm(S(x)) + k[i])
    Wang[i] = integrate(S_Wang, 0, Inf) $ value
}

# 绘图
par(mfrow = c(1, 2))
plot(r, PH, type = 'l')
plot(alpha, Wang, type = 'l')
```

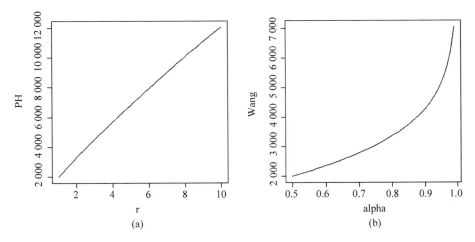

图 1-15 (a)PH 变换和(b)王变换的风险度量值

【例 1-19】 用形状参数为 shape＝2，尺度参数为 scale＝1 000 的伽马分布生成 500 个随机数，并基于该组随机数绘制 PH 变换的风险度量和王变换的风险度量随着风险厌恶系数变化的曲线。

【解】 绘图的 R 程序代码如下，输出结果如图 1-16 所示，横轴为风险厌恶系数，纵轴为两种变换的风险度量值。

```
#生成随机数
set.seed(121)
x = rgamma(500, shape = 2, scale = 1000)
PH = Wang = NULL

#伽马分布的生存函数
S = seq(1, 1/length(x), -1/length(x))

#PH 风险度量
r = seq(1, 10, 0.1)  #PH 风险厌恶系数
for (j in 1:length(r)) {
    PH[j] = sum(diff(sort(c(0, x))) * S^(1/r[j]))
}

#王风险度量
alpha = seq(0.50, 0.99, 0.01)
k = qnorm(alpha)     #王风险厌恶系数
for (i in 1:length(k)) {
    Wang[i] = sum(diff(sort(c(0, x))) * pnorm(qnorm(S) + k[i]))
}
```

```
# 绘图
par(mfrow = c(1, 2))
plot(r, PH, type = "l")
plot(alpha, Wang, type = "l")
```

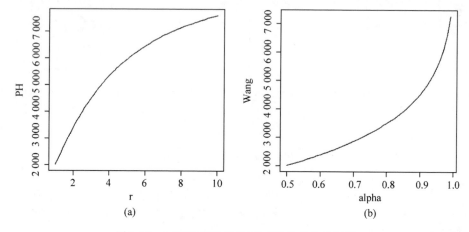

图 1-16 (a)PH 变换和(b)王变换的风险度量值

图 1-15 和图 1-16 是基于同一个伽马分布的风险度量值,区别在于图 1-15 是基于完整的分布函数计算的风险度量值,而图 1-16 是基于 500 个随机样本计算的风险度量值。可以看出,基于随机样本的 PH 风险度量值与真实的 PH 风险度量值差异较大,而基于随机样本的王风险度量值与真实的王风险度量值比较接近。

【例 1-20】 假设损失分布的均值为 10,标准差为 10。
(1)用矩估计法估计伽马分布和对数正态分布的参数。
(2)在不同的分位数水平下,比较伽马分布和对数正态分布的 VaR、TVaR。
(3)在不同的风险厌恶水平下,比较伽马分布和对数正态分布的 PH 风险度量值。
(4)在不同的分位数水平下,比较伽马分布和对数正态分布的王风险度量值。

【解】 (1)估计伽马分布和对数正态分布的参数。有关 R 程序代码如下,输出结果如图 1-17 所示。

```
mu = 10
sigma = 10

# 求解对数正态分布参数矩估计的方程组
flnorm = function(x) {
    meanlog = x[1]
```

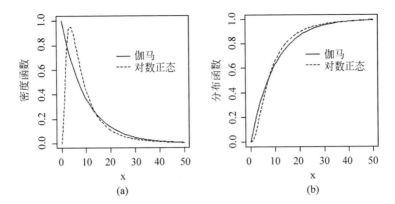

图 1-17　伽马分布和对数正态分布的(a)密度函数和(b)分布函数

```
    sdlog = x[2]
    #均值相等的函数 f1 = 0
    f1 = exp(meanlog + sdlog^2/2) - mu
    #方差相等的函数 f2 = 0
    f2 = exp(2 * meanlog + 2 * sdlog^2) - exp(2 * meanlog + sdlog^2) - sigma^2
    c(f1, f2)
}
#调用 rootSolve 程序包求解上述方程组
library(rootSolve)
par = multiroot(flnorm, start = c(4, 3))$root

#对数正态的密度函数和分布函数
flnorm = function(x) dlnorm(x, meanlog = par[1], sdlog = par[2])
Flnorm = function(x) plnorm(x, meanlog = par[1], sdlog = par[2])

#伽马分布参数的矩估计
shape = (mu/sigma)^2
rate = mu/sigma^2

#伽马的密度函数和分布函数
fgam = function(x) dgamma(x, shape = shape, rate = rate)
Fgam = function(x) pgamma(x, shape = shape, rate = rate)

#绘图
par(mfrow = c(1, 2))
x = seq(0, 50, 1)
plot(x, fgam(x), type = "l", ylab = "密度函数")
lines(x, flnorm(x), lty = 2)
```

```
legend(20, 0.08, c("伽马", "对数正态"), lty = 1:2, box.col = 'white')

plot(x, Fgam(x), type = "l", ylab = "分布函数")
lines(x, Flnorm(x), lty = 2)
legend(20, 0.8, c("伽马", "对数正态"), lty = 1:2, box.col = 'white')
```

(2) 计算伽马分布和对数正态分布的 VaR 和 TVaR。有关 R 程序代码如下，输出结果如图 1-18 所示。

```
# 在不同分位数水平下计算伽马的 VaR
alpha = seq(0.01, 0.99, 0.01)
gaVaR = NULL
for (i in 1:length(alpha)) {
    gaVaR[i] = qgamma(alpha[i], shape = shape, rate = rate)
}

# 在不同分位数水平下计算对数正态的 VaR
lnVaR = NULL
for (i in 1:length(alpha)) {
    lnVaR[i] = qlnorm(alpha[i], meanlog = par[1], sdlog = par[2])
}

# 在不同分位数水平下计算伽马的 TVaR
alpha = seq(0.01, 0.99, 0.01)
Egamma = function(x) {
    x * dgamma(x, shape = shape, rate = rate)
}
gaTVaR = NULL
for (i in 1:length(alpha)) {
    s = integrate(Egamma, lower = gaVaR[i], upper = Inf)
    gaTVaR[i] = s$value/(1 - alpha[i])
}

# 在不同分位数水平下计算对数正态的 TVaR
Elnorm = function(x) {
    x * dlnorm(x, meanlog = par[1], sdlog = par[2])
}
lnTVaR = NULL
for (i in 1:length(alpha)) {
    s = integrate(Elnorm, lower = lnVaR[i], upper = Inf)
    lnTVaR[i] = s$value/(1 - alpha[i])
}
```

```
#绘图
par(mfrow = c(1, 2))
plot(alpha, gaVaR, type = "l", xlab = "alpha", ylab = "VaR")
lines(alpha, lnVaR, type = "l", lty = 2)
legend(0.1, 40, c("伽马", "对数正态"), lty = 1:2, box.col = 'white')
plot(alpha, gaTVaR, xlab = "alpha", ylab = "TVaR", type = "l")
lines(alpha, lnTVaR, lty = 2)
legend(0.1, 50, c("伽马", "对数正态"), lty = 1:2, box.col = 'white')
```

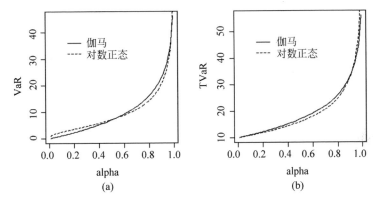

图 1-18　伽马分布和对数正态分布在不同分位数水平下的(a)VaR 和(b)TVaR

（3）计算伽马分布和对数正态分布的 PH 风险度量值。有关 R 程序代码如下，输出结果如图 1-19 所示。

```
#伽马的 PH 风险度量值
r = seq(1, 10, 0.1)
gaPH = NULL
for (i in 1:length(r)) {
    gas = function(x) {
        (1 - pgamma(x, shape = shape, rate = rate))^(1/r[i])
    }
    gaPH[i] = integrate(gas, 0, Inf) $ value
}

#对数正态的 PH 风险度量值
lnPH = NULL
for (i in 1:length(r)) {
    lns = function(x) {
        (1 - plnorm(x, meanlog = par[1], sdlog = par[2]))^(1/r[i])
    }
    lnPH[i] = integrate(lns, 0, Inf, stop.on.error = FALSE) $ value
```

```
}

plot(r, gaPH, type = "l", xlab = "r", ylab = "PH")
lines(r, lnPH, type = "l", lty = 2)
legend(6, 40, c("伽马","对数正态"), lty = 1:2, box.col = 'white')
```

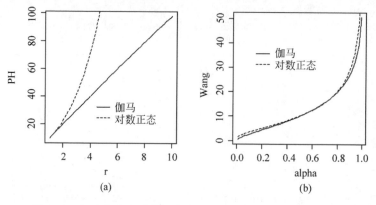

图 1-19　伽马分布和对数正态分布的(a)PH 和(b)王风险度量

(4) 计算伽马分布和对数正态分布的王风险度量值。有关 R 程序代码如下，输出结果如图 1-19 所示。

```
#伽马的王风险度量
alpha = seq(0.01, 0.99, 0.01)
k = qnorm(alpha)
gaWang = NULL
gaS = function(x) 1 - pgamma(x, shape = shape, rate = rate)
for (i in 1:length(alpha)) {
    gaws = function(x) pnorm(qnorm(gaS(x)) + k[i])
    gaWang[i] = integrate(gaws, 0, Inf) $ value
}

#对数正态的王风险度量
lnWang = NULL
lnS = function(x) 1 - plnorm(x, meanlog = par[1], sdlog = par[2])
for (i in 1:length(alpha)) {
    lnws = function(x) pnorm(qnorm(lnS(x)) + k[i])
    lnWang[i] = integrate(lnws, 0, Inf) $ value
}

#绘图
plot(alpha, gaWang, type = "l", xlab = "alpha", ylab = "Wang")
lines(alpha, lnWang, type = "l", lty = 2)
legend(0.1, 40, c("伽马","对数正态"), lty = c(1, 2), box.col = 'white')
```

第2章 损失金额分布模型

保险损失具体表现为损失概率、损失次数或损失金额,相应地,风险模型也就包括损失概率模型、损失次数模型、损失金额模型以及累积损失模型。

保险事故发生以后,通常会导致经济损失。根据保险合同的约定,保险公司需要对保险事故所造成的经济损失进行赔偿。损失金额就是指保险公司根据保险合同的约定向被保险人支付的赔款。损失金额通常用非负的连续型随机变量进行描述。损失金额的分布类型多种多样,有些可以用常见的分布(如伽马分布和对数正态分布)进行描述,有些则需要重新构建新的分布模型。

本章首先介绍一些常用的损失金额分布模型,然后在此基础上讨论如何生成新的分布模型。考虑到实际保险合同中有可能包含一些特殊的保险条款,如免赔额条款和赔偿限额条款,此外,损失金额还可能受到通货膨胀的影响,为此,本章在最后将探讨免赔额、赔偿限额和通货膨胀等因素对损失金额分布模型的影响。

2.1 常用的损失金额分布

常用的损失金额分布模型有:正态分布、指数分布、伽马分布、逆高斯分布、对数正态分布、帕累托分布和韦布尔分布。本节主要介绍这些分布模型的基本性质。

2.1.1 正态分布

正态分布虽然较少直接应用于描述损失金额数据,但在损失模型的理论和应用研究中发挥着十分重要的作用。

正态分布的密度函数如下:

$$f(x) = \frac{1}{\sigma\sqrt{2\pi}}\exp\left[-\frac{1}{2}\left(\frac{x-\mu}{\sigma}\right)^2\right], \quad -\infty < x < \infty \qquad (2.1)$$

式中,μ 是正态分布的均值,也称作位置参数,$\sigma > 0$ 是正态分布的标准差,也称作尺度参数。

正态分布的矩母函数可以表示为

$$M(t) = \exp\left(\mu t + \frac{1}{2}\sigma^2 t^2\right) \qquad (2.2)$$

正态分布的均值、方差和偏度分别如下:

$$E(X) = \mu$$
$$\mathrm{Var}(X) = \sigma^2$$
$$\kappa = 0$$

正态分布经过线性变换以后仍然是正态分布,也就是说,如果 X 服从正态分布,即 $X \sim N(\mu, \sigma^2)$,则对其实施线性变换以后,$a+bX$ 仍然服从正态分布,即

$$a + bX \sim N(a+b\mu, b^2\sigma^2)$$

在均值给定的条件下,标准差越大,分布的离散程度越高,如图 2-1 所示。在该图中,三个正态分布的均值为 100,但标准差各不相同,分别为 30,40 和 50。绘制该图的 R 程序代码如下。

```
curve(dnorm(x, mean = 100, sd = 50), xlim = c(-60, 300), ylim = c(0, 0.015),
xlab = '', ylab = '')
curve(dnorm(x, mean = 100, sd = 40), lty = 2, add = TRUE)
curve(dnorm(x, mean = 100, sd = 30), lty = 3, add = TRUE)
legend(150, 0.015, c('sigma = 50', 'sigma = 40', 'sigma = 30'), lty = 1:3, box.col
 = 'white')
```

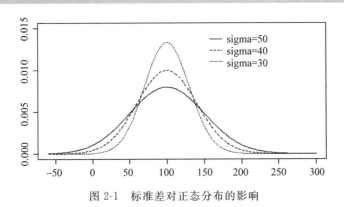

图 2-1 标准差对正态分布的影响

2.1.2 指数分布

假设损失金额 X 服从参数为 θ 的指数分布,则其分布函数和密度函数分别为

$$F(x) = 1 - \exp(-\theta x) \tag{2.3}$$

$$f(x) = \theta \exp(-\theta x) \tag{2.4}$$

式中,$\theta > 0$ 表示指数分布的比率参数,$x > 0$。

指数分布的矩母函数为

$$M(t) = \frac{\theta}{\theta - t} \tag{2.5}$$

指数分布的 k 阶原点矩为

$$E(X^k) = \frac{k!}{\theta^k}$$

相应地,指数分布的均值和方差分别为

$$E(X) = \frac{1}{\theta}$$

$$\mathrm{Var}(X) = \frac{1}{\theta^2}$$

指数分布的变异系数为 CV=1，偏度系数为 $\kappa=2$，偏度系数是变异系数的 2 倍，即 $\kappa=2CV$。

指数分布随着比率参数 θ 的减小，其均值和方差不断增大，尾部也越来越厚，如图 2-2 所示。绘制该图的 R 程序代码如下，指数分布只有一个参数，默认为比率参数（rate）。

```
x = seq(0.01, 10, 0.01)
plot(x, dexp(x, 1/2), type = 'l', xlab = 'x', ylab = 'f(x)', ylim = c(0, 0.5))
lines(x, dexp(x, 1), lty = 2)
lines(x, dexp(x, 2), lty = 3)
legend(4, 0.5, c('theta = 1/2', 'theta = 1', 'theta = 2'), lty = 1:3, box.col = 'white')
```

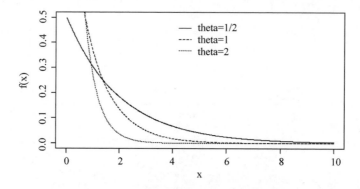

图 2-2　比率参数对指数分布的影响

指数分布具有下述性质：

（1）如果在单位时间内损失次数服从参数为 θ 的泊松分布，则相邻两次损失之间的时间间隔服从比率参数为 θ 的指数分布。因此，如果单位时间内平均发生 θ 次损失（泊松分布的均值），则相邻两次损失之间的平均时间间隔为 $1/\theta$（指数分布的均值）。

（2）指数分布具有无记忆性。如果用指数分布描述保单持有人的损失金额，则免赔额 d 的使用不会影响保险公司对每次事故的期望赔款，它始终是一个与 d 无关的常数。

不妨令 Y 表示实施免赔额 d 之后保险公司的赔款，即 $Y=(X-d\,|\,X>d)$，则 Y 的生存函数与 X 的生存函数相等，即有

$$\Pr(Y>x) = \Pr(X-d>x \mid X>d)$$
$$= \frac{\Pr(X>x+d)}{\Pr(X>d)}$$

$$= \frac{\overline{F}(x+d)}{\overline{F}(d)}$$

$$= \frac{e^{-\theta(x+d)}}{e^{-\theta x}}$$

$$= e^{-\theta x}$$

因为实施免赔额前后的生存函数相同,所以它们的期望损失也就相同。

(3) 指数分布的众数恒为零,这使得指数分布在拟合损失金额数据时缺乏足够的灵活性。

2.1.3 伽马分布

假设损失金额 X 服从伽马分布,则其密度函数可以表示为

$$f(x) = \frac{\theta^\alpha x^{\alpha-1}}{\Gamma(\alpha)} e^{-\theta x} \tag{2.6}$$

式中,$\alpha>0$ 表示形状参数,$\theta>0$ 表示比率参数,$x>0$。

伽马分布的矩母函数为

$$M(t) = \left(\frac{\theta}{\theta - t}\right)^\alpha \tag{2.7}$$

伽马分布的 k 阶原点矩为

$$E(X^k) = \frac{\Gamma(\alpha+k)}{\theta^k \Gamma(\alpha)}$$

相应地,伽马分布的均值和方差分别为

$$E(X) = \frac{\alpha}{\theta}$$

$$\mathrm{Var}(X) = \frac{\alpha}{\theta^2}$$

伽马分布的变异系数为

$$\mathrm{CV} = \alpha^{-1/2}$$

伽马分布的偏度系数为

$$\kappa = 2\alpha^{-1/2}$$

可见,伽马分布的偏度系数是变异系数的 2 倍,即 $\kappa=2\mathrm{CV}$。

在 R 程序代码中,伽马分布的密度函数的默认表示方式是 dgamma(x, shape, rate),其中 shape 表示形状参数,rate 表示比率参数,相应地,伽马分布的均值为 shape/rate。譬如,对于形状参数为 2,比率参数为 1/100 的伽马分布,其密度函数可以表示为 dgmma(x, shape = 2, rate = 1/100),或者简写为 dgmma(x, 2, 1/100)。伽马分布的密度函数还可以表示为 dgamma(x, shape, scale),其中 shape 是形状参数,scale 是尺度参数,相应地,伽马分布的均值为 shape×scale。譬

如,对于形状参数为 2,尺度参数为 100 的伽马分布,其密度函数可以表示为 dgmma(x, shape=2, scale=100)。伽马分布的比率参数与尺度参数互为倒数。在 R 程序代码中,如果没有明确定义,伽马分布的第二个参数默认为比率参数(rate)。

不同参数取值时伽马分布的密度函数如图 2-3 所示,图中 alpha 和 theta 分别表示形状参数和比率参数。绘制该图的 R 程序代码如下。

```
par(mfrow = c(1, 2))
x = seq(0.01, 15, 0.01)
plot(x, dgamma(x, 2, 1/2), type = "l", xlab = "x", ylab = "f(x)", ylim = c(0,
0.7))
lines(x, dgamma(x, 2, 1), lty = 2)
lines(x, dgamma(x, 2, 2), lty = 3)
legend(3, 0.7, c("alpha = 2, theta = 1/2", "alpha = 2, theta = 1", "alpha = 2,
theta = 2"), lty = 1:3, box.col = "white")

plot(x, dgamma(x, 1, 1/2), type = "l", xlab = "x", ylab = "f(x)", ylim = c(0,
0.5))
lines(x, dgamma(x, 2, 1/2), lty = 2)
lines(x, dgamma(x, 3, 1/2), lty = 3)
legend(3, 0.5, c("alpha = 1, theta = 1/2", "alpha = 2, theta = 1/2", "alpha = 3,
theta = 1/2"), lty = 1:3, box.col = "white")
```

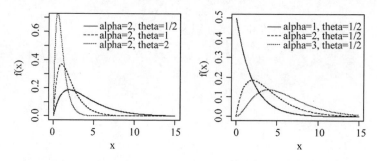

图 2-3　伽马分布的密度函数

伽马分布具有下述性质:

(1) 当形状参数 α 趋于无穷大时,伽马分布近似于正态分布。

(2) 当形状参数 $\alpha=1$ 时,伽马分布就是比率参数为 θ 的指数分布。

(3) 当形状参数 $\alpha=n/2$,比率参数 $\theta=1/2$ 时,伽马分布就是卡方分布,均值为 n,方差为 $2n$。

(4) 当比率参数或尺度参数相同时,伽马分布具有可加性,即如果 X_1 服从参数为 (α_1,θ) 的伽马分布,X_2 服从参数为 (α_2,θ) 的伽马分布,则 X_1+X_2 服从参数为

($\alpha_1+\alpha_2$,θ)的伽马分布。

(5) 伽马分布乘以一个正常数 r 以后，仍然是伽马分布，形状参数 α 不变，比率参数 θ 变为 θ/r。

(6) 当形状参数 $\alpha>1$ 时，伽马分布有非零的众数$(\alpha-1)/\theta$；当形状参数 $\alpha\leqslant 1$ 时，伽马分布的众数为零。

2.1.4 逆高斯分布

假设损失金额 X 服从参数为(α,θ)的逆高斯分布，则其密度函数和分布函数可以分别表示为

$$f(x) = \frac{\alpha}{\sqrt{2\pi\theta x^3}}\exp\left[\frac{-(\alpha-\theta x)^2}{2\theta x}\right] \quad (2.8)$$

$$F(x) = \Phi\left(\frac{-\alpha}{\sqrt{\theta x}}+\sqrt{\theta x}\right)+\exp(2\alpha)\Phi\left(\frac{-\alpha}{\sqrt{\theta x}}-\sqrt{\theta x}\right) \quad (2.9)$$

式中，$\Phi(\cdot)$ 是标准正态分布的分布函数，$\alpha>0$ 是形状参数，$\theta>0$ 是比率参数，$x>0$。

在 R 的基础包中，没有现成的逆高斯分布的密度函数。下面的 R 程序代码定义了逆高斯分布的密度函数并绘制了不同参数下的图形，结果如图 2-4 所示，alpha 和 theta 分别表示形状参数和比率参数。

```
#定义逆高斯分布的密度函数
dig = function(x, alpha, theta) {alpha/sqrt(2 * pi * theta * x^3) * exp( - (alpha -
theta * x)^2/(2 * theta * x))}

#绘制密度函数的图形
par(mfrow = c(1, 2))
x = seq(0.01, 15, 0.01)
plot(x, dig(x, 2, 1/2), type = 'l', xlab = 'x', ylab = 'f(x)', ylim = c(0, 0.7))
lines(x, dig(x, 2, 1), lty = 2)
lines(x, dig(x, 2, 2), lty = 3)
legend(3, 0.7, c('alpha = 2, theta = 1/2', 'alpha = 2, theta = 1', 'alpha = 2,
theta = 2'), lty = 1:3, box.col = 'white')

plot(x, dig(x, 1, 1/2), type = 'l', lty = 1, xlab = 'x', ylab = 'f(x)', ylim = c(0,
0.5))
lines(x, dig(x, 2, 1/2), lty = 2)
lines(x, dig(x, 3, 1/2), lty = 3)
legend(3, 0.5, c('alpha = 1, theta = 1/2', 'alpha = 2, theta = 1/2', 'alpha = 3,
theta = 1/2'), lty = 1:3, box.col = 'white')
```

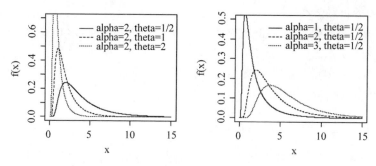

图 2-4 逆高斯分布的密度函数

逆高斯分布的矩母函数为

$$M(t) = \exp\left[\alpha\left(1 - \sqrt{1 - \frac{2t}{\theta}}\right)\right], \quad t \leqslant \frac{\theta}{2}$$

从矩母函数容易看出,逆高斯分布具有可加性,即如果 $\mathrm{IG}(\alpha_1, \theta)$ 和 $\mathrm{IG}(\alpha_2, \theta)$ 分别表示相互独立的两个逆高斯分布,则有

$$\mathrm{IG}(\alpha_1, \theta) + \mathrm{IG}(\alpha_2, \theta) = \mathrm{IG}(\alpha_1 + \alpha_2, \theta)$$

逆高斯分布的均值和方差分别为

$$E(X) = \frac{\alpha}{\theta}$$

$$\mathrm{Var}(X) = \frac{\alpha}{\theta^2}$$

可见,逆高斯分布的均值和方差与伽马分布的均值和方差具有相同的形式。相应地,逆高斯分布的变异系数为

$$\mathrm{CV} = \alpha^{-1/2}$$

逆高斯分布的偏度系数为

$$\kappa = 3\alpha^{-1/2}$$

逆高斯分布的偏度系数是变异系数的 3 倍,即 $\kappa = 3\mathrm{CV}$。因此,在给定均值和方差的情况下,逆高斯分布的尾部比伽马分布更厚。

与伽马分布相比,逆高斯分布具有尖峰厚尾特性,即峰度更高,尾部更厚,如图 2-5 所示,绘图的 R 程序代码如下。

```
par(mfrow = c(1, 2))
curve(dgamma(x, 5, 1/2), xlim = c(0, 30), ylim = c(0, 0.12), ylab = "", xlab = "")
curve(dig(x, 5, 1/2), lty = 2, add = TRUE)
legend(10, 0.12, c("gamma(5, 1/2)", "inv.gauss(5, 1/2)"), lty = 1:2, box.col = "white")
curve(dgamma(x, 5, 1/2), xlim = c(30, 60), ylim = c(0, 0.001), ylab = "", xlab = "")
```

```
curve(dig(x, 5, 1/2), lty = 2, add = TRUE)
legend(30, 0.001, c("gamma(5, 1/2)", "inv.gauss(5, 1/2)"), lty = 1:2, box.col =
"white")
```

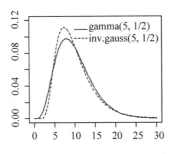
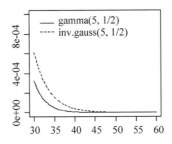

图 2-5 伽马分布(实线)与逆高斯分布(虚线)的比较

2.1.5 对数正态分布

假设损失金额 X 服从参数为 (μ, σ) 的对数正态分布,则其分布函数和密度函数分别为

$$F(x) = \Phi(z)$$
$$f(x) = \frac{1}{x\sigma\sqrt{2\pi}}\exp\left(\frac{-z^2}{2}\right) = \frac{\phi(z)}{\sigma x} \qquad (2.10)$$

式中,$z = \frac{\ln(x)-\mu}{\sigma}$,$-\infty < \mu < \infty$,$\sigma > 0$,$x > 0$,$\Phi(\cdot)$ 表示标准正态分布的分布函数,$\phi(\cdot)$ 表示标准正态分布的密度函数。

对数正态分布的密度函数如图 2-6 所示,绘图的 R 程序代码如下,其中第一个参数 meanlog 表示对数正态分布的参数 μ,第二个参数 sdlog 表示对数正态分布的参数 σ。

```
par(mfrow = c(1, 2))
x = seq(0.01, 15, 0.01)
plot(x, dlnorm(x, 2, 1/2), type = "l", xlab = "x", ylab = "f(x)", ylim = c(0,
0.3))
lines(x, dlnorm(x, 2, 1), lty = 2)
lines(x, dlnorm(x, 2, 2), lty = 3)
legend(2, 0.3, c("meanlog = 2, sdlog = 1/2", " meanlog = 2, sdlog = 1", " meanlog
= 2, sdlog = 2"), lty = 1:3, box.col = "white")

plot(x, dlnorm(x, 1, 2), type = "l", xlab = "x", ylab = "f(x)", ylim = c(0, 0.5))
lines(x, dlnorm(x, 2, 2), lty = 2)
lines(x, dlnorm(x, 3, 2), lty = 3)
```

```
legend(2, 0.5, c("meanlog = 1, sdlog = 2", " meanlog = 2, sdlog = 2", " meanlog =
3, sdlog = 2"), lty = 1:3, box.col = "white")
```

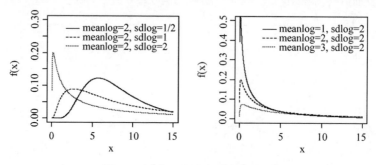

图 2-6 对数正态分布的密度函数

对数正态分布的 k 阶原点矩为

$$E(X^k) = \exp(k\mu + 0.5k^2\sigma^2)$$

相应地,对数正态分布的均值和方差分别为

$$E(X) = \exp(\mu + 0.5\sigma^2)$$

$$\mathrm{Var}(X) = \exp(2\mu + 2\sigma^2) - \exp(2\mu + \sigma^2)$$

对数正态分布的变异系数为

$$\mathrm{CV} = \sqrt{\exp(\sigma^2) - 1}$$

对数正态分布的偏度系数为:

$$\kappa = \mathrm{CV}^3 + 3\mathrm{CV}$$

由此可见,在给定均值和方差的情况下,对数正态分布的偏度系数大于逆高斯分布的偏度系数,当然更大于伽马分布的偏度系数,因此更加适合厚尾损失数据的建模。

对数正态分布还具有下述性质:

(1) 正态分布经指数变换后即为对数正态分布,对数正态分布经对数变换后即为正态分布。

(2) 设 r,t 为正实数,X 是参数为 (μ,σ) 的对数正态分布,则 $Y = rX^t$ 仍然是对数正态分布,参数为 $(t\mu + \ln r, t\sigma)$。

(3) 对数正态分布总是右偏的。

(4) 对数正态分布的均值和方差是其参数 (μ,σ) 的增函数。

(5) 对给定的参数 μ,当 σ 趋于零时,对数正态分布的均值趋于 $\exp(\mu)$,方差趋于零。

(6) 对数正态分布具有非零的众数,即为 $\exp(\mu - \sigma^2)$。

2.1.6 帕累托分布

假设损失金额 X 服从参数为 (α,θ) 的帕累托分布,则其分布函数和密度函数分别为

$$F(x) = 1 - \left(\frac{\theta}{x+\theta}\right)^{\alpha} \tag{2.11}$$

$$f(x) = \frac{\alpha\theta^{\alpha}}{(x+\theta)^{\alpha+1}} \tag{2.12}$$

式中,$\alpha>0, \theta>0, x>0$。

在 R 软件的基础包中,没有现成的帕累托分布。下面的 R 程序代码定义了帕累托分布的密度函数,并绘制了相应的图形,输出结果如图 2-7 所示,alpha 和 theta 分别表示参数 α 和 θ。

```
#定义帕累托分布的密度函数 dpar
dpar = function(x, alpha, theta) {
    alpha * theta^alpha/(x + theta)^(alpha + 1)
}

#绘图
par(mfrow = c(1, 2))
x = seq(0.01, 12, 0.01)
plot(x, dpar(x, 2, 1/2), type = "l", xlab = "x", ylab = "f(x)", ylim = c(0, 0.4))
lines(x, dpar(x, 2, 1), lty = 2)
lines(x, dpar(x, 2, 2), lty = 3)
legend(3, 0.4, c("alpha = 2, theta = 1/2", "alpha = 2, theta = 1", "alpha = 2, theta = 2"), lty = 1:3, box.col = "white")

plot(x, dpar(x, 1, 2), type = "l", xlab = "x", ylab = "f(x)", ylim = c(0, 0.5))
lines(x, dpar(x, 2, 2), lty = 2)
lines(x, dpar(x, 3, 2), lty = 3)
legend(3, 0.5, c("alpha = 1, theta = 1/2", "alpha = 2, theta = 1/2", "alpha = 3, theta = 1/2"), lty = 1:3, box.col = "white")
```

帕累托分布的 k 阶原点矩为

$$E(X^k) = \frac{\theta^k k!}{(\alpha-1)\cdots(\alpha-k)}, \quad -1 < k < \alpha$$

相应地,帕累托分布的均值和方差分别为

$$E(X) = \frac{\theta}{\alpha-1}, \quad \alpha > 1$$

$$\text{Var}(X) = \frac{\alpha\theta^2}{(\alpha-1)^2(\alpha-2)}, \quad \alpha > 2$$

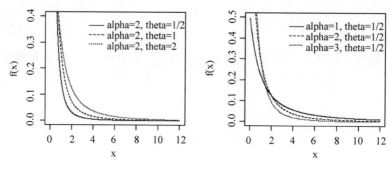

图 2-7 帕累托分布的密度函数

可见,当 $\alpha>1$ 时,帕累托分布的均值不存在,而当 $\alpha>2$ 时,帕累托分布的方差不存在。

帕累托分布的变异系数为

$$\mathrm{CV} = \left(\frac{\alpha}{\alpha-2}\right)^{1/2}$$

帕累托分布的偏度系数为

$$\kappa = \frac{2\alpha+1}{\alpha-3}\left(\frac{\alpha-2}{\alpha}\right)^{1/2} = \frac{2}{\mathrm{CV}}\frac{1-3\mathrm{CV}^2}{\mathrm{CV}^2-3}$$

上式中,由于帕累托分布的变异系数大于 1,即 $\mathrm{CV}>1$,因此上式第二项的分子小于零;而由于偏度系数大于零,所以上式第二项的分母也小于零,即 $\mathrm{CV}^2<3$。这就表明,只有当变异系数的平方在区间 $(1,3)$ 取值时,帕累托分布的偏度系数才是存在的,在其他情况下,偏度系数不存在,这是因为当 $m\geqslant\alpha$ 时,帕累托分布的 m 阶矩不存在。当 $\mathrm{CV}^2\to 3$ 时,帕累托分布的偏度系数趋于无穷大。

帕累托分布还具有下述性质:

(1) 帕累托分布总是右偏的,众数恒为 0。

(2) 帕累托分布乘以正常数 r 以后,仍然是帕累托分布,参数变为 $(\alpha, r\theta)$。

(3) 如果均值 $\mu=E(X)$ 保持不变,当 $\alpha\to\infty$ 时,帕累托分布收敛到比率参数为 $1/\mu$ 的指数分布。

2.1.7 韦布尔分布

假设损失金额 X 服从参数为 (α,θ) 的韦布尔分布,则其分布函数和密度函数分别为

$$F(x) = 1 - \exp(-\alpha x^\theta) \qquad (2.13)$$

$$f(x) = \alpha\theta x^{\theta-1}\exp(-\alpha x^\theta) \qquad (2.14)$$

式中,$\alpha>0, \theta>0, x>0$。

在 R 的基础包中,没有现成的韦布尔分布函数。下面的 R 程序代码定义了韦

布尔分布的密度函数,并绘制了它们的图形,输出结果如图 2-8 所示,alpha 和 theta 分别表示参数 α 和 θ。

```
#定义韦布尔分布的密度函数 dwb
dwb = function(x, alpha, theta) {
    alpha * theta * x^(theta - 1) * exp(-alpha * x^theta)
}

#绘图
par(mfrow = c(1, 2))
x = seq(0.01, 3, 0.01)
plot(x, dwb(x, 1, 1/2), type = "l", xlab = "x", ylab = "f(x)", ylim = c(0, 1.5))
lines(x, dwb(x, 1, 1), lty = 2)
lines(x, dwb(x, 1, 2), lty = 3)
legend(0.5, 1.5, c("alpha = 1, theta = 1/2", "alpha = 1, theta = 1", "alpha = 1,
theta = 2"), lty = 1:3, box.col = "white")

plot(x, dwb(x, 1, 1/5), type = "l", xlab = "x", ylab = "f(x)", ylim = c(0, 0.8))
lines(x, dwb(x, 2, 1/5), lty = 2)
lines(x, dwb(x, 3, 1/5), lty = 3)
legend(0.5, 0.8, c("alpha = 1, theta = 1/5", "alpha = 2, theta = 1/5", "alpha =
3, theta = 1/5"), lty = 1:3, box.col = "white")
```

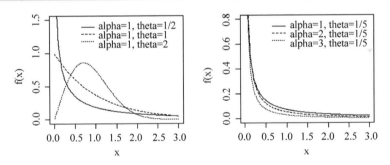

图 2-8 韦布尔分布的密度函数

韦布尔分布的 k 阶原点矩可以表示如下:

$$E(X^k) = \alpha^{-k/\theta}\Gamma\left(1+\frac{k}{\theta}\right)$$

上式表明,韦布尔分布的均值、方差和偏度系数都没有显式的表达式。

韦布尔分布具有下述性质:

(1) 当 $\theta=1$ 时,韦布尔分布就是比率参数为 α 的指数分布。

(2) 韦布尔分布乘以正常数 r 以后,仍然是韦布尔分布,参数变为 $(\alpha/r^\theta, \theta)$。

(3) 如果 $X=\theta Y^\alpha$ 服从标准指数分布(即比率参数为 1 的指数分布),则 Y 服从韦布尔分布。

（4）韦布尔分布在 $\theta=3.6$ 附近呈现大致对称的形状；当 $\theta<3.6$ 时，韦布尔分布将呈现左偏形状；当 $\theta>3.6$ 时，韦布尔分布将呈现右偏形状。

2.2 新分布的生成

损失金额数据的形状千差万别，当前述的损失分布模型不能满足需要时，就需要生成新的分布。生成新分布的方法主要有两种，一种是对随机变量进行函数变换，另一种是对随机变量进行混合。

2.2.1 函数变换

假设函数 $g(\cdot)$ 单调可导，则对于损失金额随机变量 X 实施函数变换以后，得到一个新的随机变量 $Y=g(X)$。Y 的分布函数可以用 X 的分布函数进行表示，即为

$$\begin{aligned} F_Y(y) &= \Pr[g(X) \leqslant y] \\ &= \Pr[X \leqslant g^{-1}(y)] \\ &= F_X[g^{-1}(y)] \end{aligned}$$

Y 的密度函数也可以用 X 的密度函数表示为

$$f_Y(y) = \left| \frac{\mathrm{d}}{\mathrm{d}y}[g^{-1}(y)] \right| f_X[g^{-1}(y)]$$

在生成新的损失金额分布模型时，通常使用的函数变换有尺度变换、幂变换、逆变换、指数变换和对数变换。

1. 尺度变换

若 X 为连续型随机变量，分布函数为 $F_X(x)$，密度函数为 $f_X(x)$，对其实施尺度变换，即令 $Y=\theta X$，其中 $\theta>0$，则 Y 的分布函数为

$$\begin{aligned} F_Y(y) &= \Pr(Y \leqslant y) \\ &= \Pr(\theta X \leqslant y) \\ &= \Pr\left(X \leqslant \frac{y}{\theta}\right) \\ &= F_X\left(\frac{y}{\theta}\right) \end{aligned}$$

Y 的密度函数为

$$\begin{aligned} f_Y(y) &= \frac{\mathrm{d}}{\mathrm{d}y} F_Y(y) \\ &= \frac{1}{\theta} f_X\left(\frac{y}{\theta}\right) \end{aligned}$$

如果一个随机变量乘上一个正的常数 θ 后,其分布类型保持不变,仍然属于原分布族,且只有一个参数变为原来的 θ 倍,其他参数保持不变,那么这个分布称为尺度分布,发生变化的那个参数称为尺度参数。

2. 幂变换

若 X 为连续型随机变量,分布函数为 $F_X(x)$,密度函数为 $f_X(x)$,对其实施幂变换,即令 $Y=X^{1/\tau}$,其中 $\tau>0$,则 Y 的分布函数为

$$\begin{aligned}F_Y(y) &= \Pr(Y \leqslant y) \\ &= \Pr(X^{1/\tau} \leqslant y) \\ &= \Pr(X \leqslant y^\tau) \\ &= F_X(y^\tau)\end{aligned}$$

对上式两边求导数即得 Y 的密度函数为

$$f_Y(y) = \tau y^{\tau-1} f_X(y^\tau)$$

【例 2-1】 假设 X 服从比率参数为 θ 的指数分布,求对其实施幂变换以后的分布函数。

【解】 指数分布 X 的分布函数为

$$F(x) = 1 - \exp(-\theta x)$$

对 X 实施幂变换,即令 $Y=X^\tau$,可以得到 Y 的分布函数为

$$F(y) = 1 - \exp(-\theta y^\tau)$$

上式就是参数为 (θ, τ) 的韦布尔分布。

【例 2-2】 证明对数正态分布经过幂变换和尺度变换之后仍然是对数正态分布。

【解】 令 X 服从参数为 (μ, σ^2) 的对数正态分布,则 $\ln X$ 服从参数为 (μ, σ^2) 的正态分布。

令 $Y=\theta X^t$,则 $\ln Y = \ln\theta + t\ln X$

由此可见,$\ln Y$ 服从参数为 $(t\mu+\ln\theta, t^2\sigma^2)$ 的正态分布,亦即 Y 服从参数为 $(t\mu+\ln\theta, t^2\sigma^2)$ 的对数正态分布。

3. 逆变换

若 X 为连续型随机变量,分布函数为 $F_X(x)$,密度函数为 $f_X(x)$,对其实施逆变换,即令 $Y=X^{-1}$,则 Y 的分布函数为

$$\begin{aligned}F_Y(y) &= \Pr(Y \leqslant y) \\ &= \Pr(X^{-1} \leqslant y) \\ &= \Pr(X \geqslant y^{-1}) \\ &= 1 - F_X(y^{-1})\end{aligned}$$

对上式两边求导数即得 Y 的密度函数为

$$f_Y(y) = y^{-2} f_X(y^{-1})$$

【例 2-3】 求逆指数分布的密度函数。

【解】 应用逆变换公式,由指数分布的密度函数很容易求得逆指数分布的密度函数为

$$f_Y(y) = y^{-2} f_X(y^{-1}) = \frac{\theta}{y^2} \exp\left(\frac{-\theta}{y}\right)$$

与指数分布相比,逆指数分布的尾部更厚。

4. 指数变换

若 X 为连续型随机变量,分布函数为 $F_X(x)$,密度函数为 $f_X(x)$,对其实施指数变换,即令 $Y = \exp(X)$,则当 $y > 0$ 时,Y 的分布函数为

$$\begin{aligned} F_Y(y) &= \Pr(e^X \leqslant y) \\ &= \Pr(X \leqslant \ln y) \\ &= F_X(\ln y) \end{aligned}$$

对上式两边求导数,即得 Y 的密度函数为

$$f_Y(y) = \frac{1}{y} f_X(\ln y)$$

譬如,参数为 (μ, σ) 的正态分布经过指数变换以后就是参数为 (μ, σ) 的对数正态分布。

如果损失随机变量 X 在区间 $(0, \infty)$ 取值,则指数变换之后的随机变量 $\exp(X)$ 将在 $(1, \infty)$ 之间取值。

5. 对数变换

若 X 为连续型随机变量,对其实施对数变换,即令 $Y = \ln(X)$,则当 $y > 0$ 时,Y 的分布函数为

$$\begin{aligned} F_Y(y) &= \Pr(\ln X \leqslant y) \\ &= \Pr(X \leqslant e^y) \\ &= F_Y(e^y) \end{aligned}$$

对上式两边求导数,即得 Y 的密度函数为

$$f_Y(y) = e^y f_X(e^y)$$

如果损失随机变量 X 在区间 $(0, \infty)$ 取值,则对数变换之后的随机变量 $\ln X$ 将在 $(-\infty, \infty)$ 之间取值。

【例 2-4】 假设 X 服从伽马分布,形状参数为 shape $= 3$,比率参数为 rate $= 4$。求对 X 分别实施逆变换和指数变换以后的密度函数。

【解】 对 X 实施逆变换和指数变换的 R 程序代码如下所示,密度函数的输出结果如图 2-9 所示。

```
#伽马分布 X 的密度函数
f = function(x) dgamma(x, 3, 4)

#逆变换后(1/X)的密度函数
f1 = function(x) f(1/x)/x^2

#指数变换后 exp(X)的密度函数
f2 = function(x) f(log(x))/x

#绘图
x = seq(0.01, 5, 0.01)
plot(x, f(x), type = "l", ylim = c(0, 1.5), xlab = "x", ylab = "", main = "")
lines(x, f1(x), lty = 2)
lines(x, f2(x), lty = 3)
legend(2.5, 1.5, c("X", "1/X", "exp(X)"), lty = 1:3, box.col = "white")
```

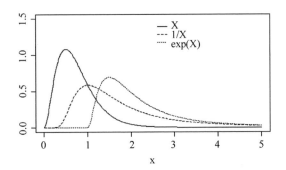

图 2-9 伽马分布(记为 X)经过逆变换(记为 $1/X$)和指数变换(记为 $\exp(X)$)后的密度函数

图 2-9 表明,指数变换和逆变换都会使得分布的右尾更厚。

上述伽马分布和各种变换分布的随机模拟如图 2-10 所示,随机模拟和绘制该图的 R 程序代码如下。

```
#模拟 1000 个服从伽马分布的随机数
set.seed(111)
x = rgamma(1000, 3, 4)

#变换之后的随机数
x1 = 1/x      #逆变换
x2 = exp(x)   #指数变换

#绘图
plot(density(x), type = "l", xlim = c(0, 6), ylim = c(0, 1.5), xlab = "x", ylab = "", main = "")
```

```
lines(density(x1), lty = 2)
lines(density(x2), lty = 3)
legend(3, 1.5, c("X", "1/X", "exp(X)"), lty = 1:3, box.col = "white")
```

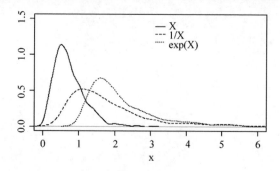

图 2-10 伽马分布(记为 X)及其逆变换(记为 $1/X$)和指数变换(记为 $\exp(X)$)分布的随机模拟

对于前述的伽马分布以及对其进行各种变换以后的分布,它们的分布函数如图 2-11 所示,计算分布函数的 R 程序代码如下。

```
#伽马分布的分布函数
f = function(x) pgamma(x, 3, 4)

#逆变换,Y = 1/X
f1 = function(x) 1 - f(1/x)

#指数变换,Y = exp(X)
f2 = function(x) f(log(x))

#绘图
x = seq(0, 6, 0.01)
plot(x, f(x), type = "l", ylim = c(0, 1), xlab = "x", ylab = "", main = "")
lines(x, f1(x), lty = 2)
lines(x, f2(x), lty = 3)
legend(4, 0.8, c("X", "1/X", "exp(X)"), lty = 1:3, box.col = "white")
```

图 2-11 也表明,逆变换和指数变换使得分布的右尾更厚。

【例 2-5】 假设 X 服从伽马分布,形状参数为 shape=3,比率参数为 rate=4。令 $Y=\exp(X)$,计算:

(1) $Y>10$ 的概率;

(2) Y 的均值和方差;

(3) Y 的 95% 分位数。

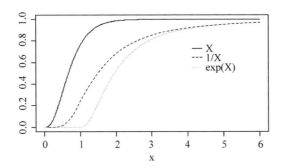

图 2-11 伽马分布(记为 X)经过逆变换(记为 $1/X$)和指数变换(记为 $\exp(X)$)后的分布函数

【解】 求解本题的 R 程序代码如下。

```
#伽马分布的密度函数
f = function(x) dgamma(x, 3, 4)

#指数变换 Y = exp(X)的密度函数 dg
dg = function(x) f(log(x))/x

#计算 Y>10 的概率
integrate(dg, 10, Inf) $ value
##[1] 0.005262549

#计算 Y 的均值为
g1 = function(x) f(log(x))
mu = integrate(g1, 1, Inf) $ value
mu
##[1] 2.37037

#计算 Y 的方差为
g2 = function(x) x * f(log(x))
v = integrate(g2, 0, Inf) $ value - mu^2
v
##[1] 2.381344
```

也可以通过随机模拟的方法求解本例,R 程序代码如下。

```
#首先模拟 100000 个伽马分布的随机数,并进行指数变换
set.seed(111)
y = exp(rgamma(100000, 3, 4))

#计算 y 中大于 10 的比率,即为 Y>10 的概率
length(y[y>10])/length(y)
##[1] 0.00535
```

```
# 计算 y 的均值为
mean(y)
# # [1] 2.3707

# 计算 y 的方差
var(y)
# # [1] 2.2869
```

2.2.2 混合分布

生成新分布的另一种方法是对现有分布进行混合,包括两种混合方法:一种是有限混合,譬如两个正态分布进行混合,或者一个伽马分布与一个对数正态分布进行混合;另一种是无限混合,譬如假设指数分布的比率参数服从伽马分布,就可以得到混合指数分布。

假设随机变量 X_1 的密度函数为 $f_1(x)$,X_2 的密度函数为 $f_2(x)$,则将这两个随机变量进行混合以后的密度函数可以表示为

$$f(x) = pf_1(x) + (1-p)f_2(x)$$

式中,$0 \leqslant p \leqslant 1$。

更一般地,如果 k 个随机变量的密度函数分别为 $f_i(x), i=1,2,\cdots,k$,则将它们混合以后的密度函数可以表示为

$$f(x) = \sum_{i=1}^{k} p_i f_i(x)$$

式中,$0 \leqslant p_i \leqslant 1, \sum_{i=1}^{k} p_i = 1$。

假设随机变量 X 的密度函数为 $f(x;\theta)$,其中 θ 为参数。如果进一步假设参数 θ 是个随机变量,密度函数为 $u(\theta)$,则对 X 进行无限混合以后的密度函数可以表示为

$$f(x) = \int f(x;\theta) u(\theta) d\theta$$

【例 2-6】 两个正态分布的参数分别为 (1,10) 和 (2,20),如果按照 30% 和 70% 的比例把它们进行混合,计算该混合正态分布的 95% 分位数。

【解】 求解本例的 R 程序代码如下,混合正态分布的密度函数如图 2-12 所示。

```
# 混合分布的参数取值
p = 0.3        # 第一个正态分布的比例
m1 = 1         # 第一个正态分布的均值参数
```

```
s1 = 10         #第一个正态分布的标准差参数
m2 = 2          #第二个正态分布的均值参数
s2 = 20         #第二个正态分布的标准差参数

#混合正态分布的密度函数
f = function(x) p * dnorm(x, m1, s1) + (1 - p) * dnorm(x, m2, s2)

#绘图
curve(f, xlim = c(-50, 50), ylim = c(0, 0.04), main = " ")
curve(dnorm(x, m1, s1), lty = 2, add = TRUE)
curve(dnorm(x, m2, s2), lty = 3, add = TRUE)
legend(20, 0.03, c("mixed norm", "norm(1, 10)", "norm(2, 20)"), lty = 1:3)

#定义求解95%分位数的函数F,为混合正态分布的分布函数减0.95
F = function(x) p * pnorm(x, m1, s1) + (1 - p) * pnorm(x, m2, s2) - 0.95

#计算混合正态分布95%的分位数
uniroot(F, interval = c(0, 100)) $ root
##[1] 31.37975
```

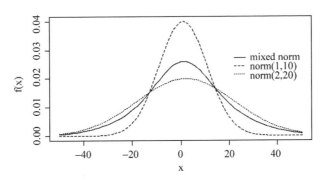

图 2-12　混合正态分布的密度函数

【例 2-7】　假设损失金额的观察值来自两类保单,它们的损失金额分别服从参数为(shape=10,rate=1/3)的伽马分布和参数为($\mu=3,\sigma=2$)的对数正态分布。假设在损失金额的观察值中,80%来自第一类保单,20%来自第二类保单。绘制损失金额观察值的密度函数和分布函数,并计算95%水平的VaR和TVaR。

【解】　求解本例的R程序代码如下,混合分布的密度函数和分布函数如图 2-13 所示。

```
#混合分布的密度函数
f = function(x) 0.8 * dgamma(x, 10, 1/3) + 0.2 * dlnorm(x, 3, 2)
```

```
# 绘制混合分布的密度函数
par(mfrow = c(1, 2))
x = seq(0, 100, 0.1)
curve(f(x), xlim = c(0, 100))

# 混合分布的分布函数
F = function(x) 0.8 * pgamma(x, 10, 1/3) + 0.2 * plnorm(x, 3, 2)

# 绘制混合分布的分布函数
curve(F(x), xlim = c(0, 100))

# 计算混合分布在 95% 水平下的 VaR
F1 = function(x) F(x) - 0.95
VaR = uniroot(F1, c(60, 100)) $ root
VaR
## [1] 77.64038

# 计算混合分布在 95% 水平下的 TVaR
f1 = function(x) x * f(x)
TVaR = integrate(f1, VaR, Inf) $ value/(1 - F(VaR))
TVaR
## [1] 538.7481
```

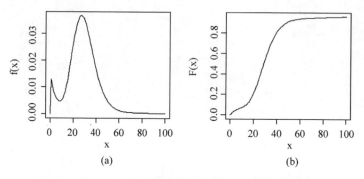

图 2-13 混合分布的(a)密度函数和(b)分布函数

【例 2-8】 假设 Λ 服从伽马分布或逆高斯分布,在给定 Λ 的条件下,$X|\Lambda$ 服从韦布尔分布,条件生存函数为 $S_{X|\Lambda}(x|\lambda) = e^{-\lambda x^\gamma}$。求 X 的分布。

【解】 当 Λ 服从伽马分布时,X 是韦布尔与伽马的混合分布;当 Λ 服从逆高斯分布时,X 是韦布尔与逆高斯的混合分布。

伽马分布的矩母函数为

$$M_\Lambda(t) = (1-\theta t)^{-\alpha}$$

故韦布尔-伽马混合分布的生存函数为

$$S_X(x) = E(e^{-\Lambda x^\gamma})$$
$$= E[e^{(-x^\gamma)\Lambda}]$$
$$= M_\Lambda(-x^\gamma)$$
$$= (1+\theta x^\gamma)^{-\alpha}$$

上式事实上就是 Burr 分布的生存函数，其尾部比韦布尔更厚。

逆高斯分布的矩母函数为

$$M_\Lambda(t) = \exp\left[\alpha\left(1 - \sqrt{1-2\frac{t}{\beta}}\right)\right]$$

故韦布尔-逆高斯混合分布的生存函数为

$$S_X(x) = E(e^{-\Lambda x^\gamma})$$
$$= E[e^{(-x^\gamma)\Lambda}]$$
$$= M_\Lambda(-x^\gamma)$$
$$= \exp\left[\alpha\left(1 - \sqrt{1+2\frac{x^\gamma}{\beta}}\right)\right]$$

2.3 免赔额的影响

对于设有免赔额的保单，当损失小于免赔额时，保险公司的赔款为零。对于超过免赔额的损失，保险公司的赔款等于损失与免赔额之差。本节讨论免赔额对保险公司赔款随机变量的影响。

令 X 表示损失随机变量，分布函数为 $F(x)$，生存函数为 $\overline{F}(x) = 1 - F(x)$，则期望损失可以表示为

$$E(X) = \int_0^\infty x\,dF(x)$$

上式经过变形，期望损失也可以通过生存函数进行计算，即为

$$E(X) = \int_0^\infty \overline{F}(x)\,dx \tag{2.15}$$

上式可以解释为图 2-14 中生存函数曲线下方的面积。在该图中，竖条的高度是 $\overline{F}(x)$，宽度是 dx，竖条的面积是 $\overline{F}(x)dx$。将所有竖条的面积相加就是曲线下方的面积。

令 X 表示实际损失的随机变量，假设免赔额为 d，则保险公司赔款金额的随机变量 Y^L（包含零赔款在内）可以表示为

$$Y^L = \begin{cases} 0, & X \leqslant d \\ X-d, & X > d \end{cases}$$

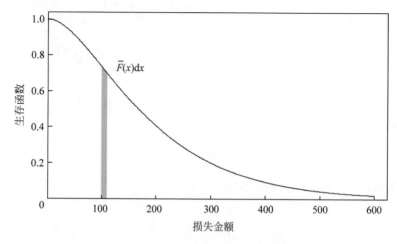

图 2-14　通过生存函数计算期望损失

【例 2-9】 已知损失随机变量服从参数为 0.2 的指数分布，密度函数为 $f(x)=0.2\mathrm{e}^{-0.2x}$，保单的免赔额为 20，求保险公司对该保单每次赔款的期望值。

【解】 保险公司的赔款随机变量 Y^L（包含零赔款在内）可以表示为

$$Y^L = \begin{cases} 0, & X \leqslant 20 \\ X-20, & X > 20 \end{cases}$$

赔款随机变量 Y^L 的期望值为

$$\begin{aligned} E(Y^L) &= \int_0^{20} 0 \times f(x)\mathrm{d}x + \int_{20}^{\infty}(x-20)f(x)\mathrm{d}y \\ &= \int_{20}^{\infty}(x-20)f(x)\mathrm{d}x \\ &= \int_{20}^{\infty}(x-20)0.2\mathrm{e}^{-0.2x}\mathrm{d}x \\ &= 5\mathrm{e}^{-4} \end{aligned}$$

【定理 2-1】 在免赔额为 d 的条件下，赔款随机变量 Y^L 的期望值可以表示为

$$E(Y) = \int_d^{\infty} \bar{F}(x)\mathrm{d}x \tag{2.16}$$

上述期望值也称作止损保费。

【证明】 免赔额为 d 时的期望赔款可以表示为

$$\begin{aligned} E(Y) &= \int_d^{\infty}(x-d)f(x)\mathrm{d}x \\ &= \int_d^{\infty} xf(x)\mathrm{d}x - d\bar{F}(d) \end{aligned}$$

$$= -x\bar{F}(x)\big|_d^\infty + \int_d^\infty \bar{F}(x)\mathrm{d}x - d\bar{F}(d)$$

$$= \int_d^\infty \bar{F}(x)\mathrm{d}x$$

免赔额为 d 时的期望赔款也就是图 2-15 中阴影部分的面积，等于阴影部分中所有竖条面积 $\bar{F}(x)\mathrm{d}x$ 求和。

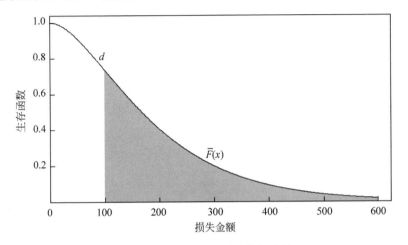

图 2-15　免赔额为 d 时的期望赔款

如果剔除零赔款，则保险公司赔款金额的随机变量 Y^P（不包含零赔款）可以表示为

$$Y^P = \begin{cases} \text{undifined}, & X \leqslant d \\ X - d, & X > d \end{cases}$$

在免赔额为 d 的条件下，Y^P 的期望值是免赔额 d 的函数，称作平均超额损失函数，可以表示为

$$e(d) = E(X - d \mid X > d)$$

【定理 2-2】 平均超额损失函数可以用生存函数表示为

$$e_X(d) = \frac{\int_d^\infty \bar{F}(x)\mathrm{d}x}{\bar{F}(d)} \tag{2.17}$$

【证明】 根据定义，平均超额损失函数可以表示为

$$e_X(d) = \frac{\int_d^\infty (x-d)f(x)\mathrm{d}x}{1 - F(d)}$$

$$= \frac{-(x-d)\bar{F}(x)\big|_d^\infty + \int_d^\infty \bar{F}(x)\mathrm{d}x}{\bar{F}(d)}$$

$$= \frac{\int_d^\infty \bar{F}(x)\mathrm{d}x}{\bar{F}(d)}$$

上式中,$\lim_{x\to\infty} x\bar{F}(x)=0$,即

$$\lim_{x\to\infty} x\bar{F}(x) = \lim_{x\to\infty} x\int_x^\infty f(t)\mathrm{d}t$$

$$= \lim_{x\to\infty}\int_x^\infty xf(t)\mathrm{d}t$$

$$\leqslant \lim_{x\to\infty}\int_x^\infty tf(t)\mathrm{d}t$$

$$= \lim_{x\to\infty}\left[\int_0^\infty tf(t)\mathrm{d}t - \int_0^x tf(t)\mathrm{d}t\right] = 0$$

【例 2-10】 损失金额随机变量 X 的一组观察值为:20,25,26,30,45,50,计算当免赔额分别为 $d=25$ 和 30 时的平均超额损失。

【解】 求解本例的 R 程序代码如下。

```
#损失金额的观察值
x = c(20, 25, 26, 30, 45, 50)

#定义平均超额损失函数 ex
ex = function(x, d) mean(x[x>d] - d)

#计算 d = 25 时的平均超额损失
ex(x, 25)
##[1] 12.75

#计算 d = 30 时的平均超额损失
ex(x, 30)
##[1] 17.5
```

【例 2-11】 求参数为(shape=2,rate=1/3)的伽马分布的平均超额损失函数。

【解】 求解本例的 R 程序代码如下,平均超额损失函数如图 2-16 所示。

```
#定义伽马分布的生存函数
S = function(x) 1 - pgamma(x, 2, 1/3)
```

```
# 计算 d = 2 时的平均超额损失
d = 2
ex = integrate(S, d, Inf) $ value/S(d)

# 绘制平均超额损失函数的曲线
ex = NULL
d = seq(0.1, 20, 0.1)
for (i in 1:length(d)) {
    ex[i] = integrate(S, d[i], Inf) $ value/S(d[i])
}
plot(d, ex, type = "l", col = 2, lwd = 2, ylab = "平均超额损失")
```

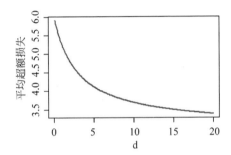

图 2-16　伽马分布的平均超额损失函数

【例 2-12】 求比率参数为 2 的指数分布的平均超额损失函数以及参数为 (5,100) 的帕累托分布的平均超额损失函数。

【解】 求解本例的 R 程序代码如下，平均超额损失函数如图 2-17 所示。

```
# 指数分布的生存函数
S = function(x) exp(-2 * x)

# 指数分布的平均超额损失函数 ex1
ex1 = NULL
d1 = seq(0.1, 5, 0.1) # 免赔额
for (i in 1:length(d1)) {
    ex1[i] = integrate(S, d1[i], Inf) $ value/S(d1[i])
}

# 帕累托分布的生存函数
alpha = 5
theta = 100
S = function(x) (theta/(x + theta))^alpha
```

```
#帕累托分布的平均超额损失函数 ex2
ex2 = NULL
d2 = seq(0.1, 500) #免赔额
for (i in 1:length(d2)) {
    ex2[i] = integrate(S, d2[i], Inf) $ value/S(d2[i])
}

#绘图
par(mfrow = c(1, 2))
plot(d1, ex1, type = "l", ylab = "指数分布的平均超额损失", ylim = c(0, 1))
plot(d2, ex2, type = "l", ylab = "帕累托分布的平均超额损失")
```

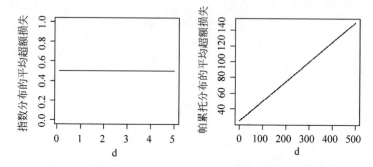

图 2-17　指数分布和帕累托分布的平均超额损失函数

上图表明,帕累托分布的平均超额损失函数是一条直线。指数分布的平均超额损失函数是一个常数,等于其参数的倒数,在本例中为 $1/2=0.5$。

事实上,应用式(2.17)可以直接求得帕累托分布和指数分布的平均超额损失函数。当帕累托分布的形状参数 $\alpha>1$ 时,帕累托分布的平均超额损失函数可以表示为免赔额的线性函数:

$$e(d) = \frac{\int_d^\infty \overline{F}(x)\mathrm{d}x}{\overline{F}(d)}$$

$$= \frac{\int_d^\infty \left(\frac{\theta}{x+\theta}\right)^\alpha \mathrm{d}x}{\left(\frac{\theta}{d+\theta}\right)^\alpha}$$

$$= \frac{\int_d^\infty (x+\theta)^{-\alpha}\mathrm{d}x}{(d+\theta)^{-\alpha}}$$

$$= \frac{d+\theta}{\alpha-1}$$

类似地，指数分布的平均超额损失函数等于指数分布的均值，即为

$$e(d) = \frac{\int_d^\infty \overline{F}(x)dx}{\overline{F}(d)}$$

$$= \frac{\int_d^\infty \exp(-\theta x)dx}{\exp(-\theta d)}$$

$$= \frac{\frac{1}{\theta}\exp(-\theta d)}{\exp(-\theta d)}$$

$$= \frac{1}{\theta}$$

平均超额损失函数在损失分布的选择中具有重要的应用价值，譬如，当样本数据的平均超额损失函数近似等于一个常数时，该数据就可以用指数分布进行描述；当样本数据的平均超额损失函数为一条直线时，该数据就可以用帕累托分布进行描述。

【例 2-13】 证明平均超额损失 $e(x)$ 与危险率 $h(x)$ 具有下述关系：

(1) 如果危险率 $h(x)$ 是 x 的增函数，则平均超额损失 $e(x)$ 是 x 的减函数。

(2) $\lim\limits_{x\to\infty} e(x) = \lim\limits_{x\to\infty} \frac{1}{h(x)}$。

【解】

(1) 平均超额损失函数可以表示为

$$e(x) = \frac{\int_x^\infty \overline{F}(t)dt}{\overline{F}(x)} = \int_0^\infty \frac{\overline{F}(t+x)}{\overline{F}(x)}dt$$

而

$$\frac{\overline{F}(y+x)}{\overline{F}(x)} = \frac{\exp\left[-\int_0^{y+x} h(t)dt\right]}{\exp\left[-\int_0^x h(t)dt\right]}$$

$$= \exp\left[-\int_x^{y+x} h(t)dt\right]$$

$$= \exp\left[-\int_0^y h(z+x)dz\right]$$

所以

$$e(x) = \int_0^\infty \exp\left[-\int_0^t h(z+x)dz\right]dt$$

上式表明，当危险率函数 $h(x)$ 递增时，平均超额损失函数 $e(x)$ 递减。

(2) 由(2.17)可知：

$$\lim_{x\to\infty}e(x) = \lim_{x\to\infty}\frac{\int_x^\infty \overline{F}(t)\mathrm{d}t}{\overline{F}(x)} = \lim_{x\to\infty}\frac{-\overline{F}(x)}{-f(x)} = \lim_{x\to\infty}\frac{1}{h(x)}$$

2.4 赔偿限额的影响

对于设有赔偿限额的保单，当损失小于赔偿限额时，保险公司的赔款金额等于损失金额，而当损失超过赔偿限额时，保险公司的赔款金额将等于赔偿限额。

假设损失随机变量为 X，保单的赔偿限额为 u，则赔款随机变量 Y 可以表示为

$$Y = \begin{cases} X, & X < u \\ u, & X \geqslant u \end{cases}$$

如果赔偿限额为 u，则赔款随机变量 Y 的期望值称作有限期望赔款。

对于损失随机变量 X，有限期望赔款是赔偿限额 u 的函数，随着赔偿限额的变化而变化。为此，可以将有限期望函数定义如下：

$$\mathrm{lev}(u) = E(X \wedge u)$$

上式中，$X \wedge u$ 表示在 X 与 u 之间取最小值，即 $X \wedge u = \min(X, u)$。

随机变量 X 的有限期望函数还可以表示为

$$\mathrm{lev}(u) = \int_0^u x f(x)\mathrm{d}x + u[1 - F(u)]$$

将上式变形，有限期望函数也可以用生存函数表示为

$$\begin{aligned} E(X \wedge u) &= \int_0^u x f(x)\mathrm{d}x + u\overline{F}(u) \\ &= -x\overline{F}(x)\Big|_0^u + \int_0^u \overline{F}(x)\mathrm{d}x + u\overline{F}(u) \\ &= \int_0^u \overline{F}(x)\mathrm{d}x \end{aligned}$$

即

$$\mathrm{lev}(u) = E(X \wedge u) = \int_0^u \overline{F}(x)\mathrm{d}x \tag{2.18}$$

假设损失随机变量 X 的生存函数为 $\overline{F}(x)$，则对于给定的赔偿限额 u，有限期望赔款就是图 2-18 中阴影部分的面积。

【例 2-14】 假设损失随机变量 X 的一组观察值为 20, 25, 26, 30, 45, 50，计算当赔偿限额为 $u=30$ 时的有限期望赔款。

【解】 当 $u=30$ 时，$(x \wedge u)$ 的观察值为 20, 25, 26, 30, 30, 30，其平均值即为有限期望赔款，等于 26.83。

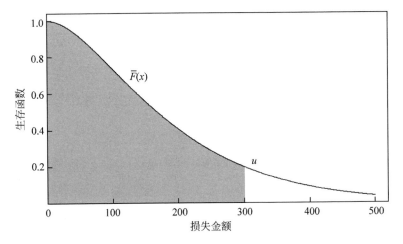

图 2-18 赔偿限额为 u 时的期望赔款

求解本例的 R 程序代码如下：

```
#损失观察值
x = c(20, 25, 26, 30, 45, 50)

#定义有限期望函数 lev
lev = function(x, u) mean(pmin(x, u))

#计算有限期望值
lev(x, 30)
##[1] 26.83333
```

【例 2-15】 假设损失随机变量服从参数为 (shape=2, rate=1/3) 的伽马分布，计算赔偿限额为 5 时的有限期望值，并求该分布的有限期望函数。

【解】 求解本题的 R 程序代码如下，有限期望函数如图 2-19 所示。

```
#定义伽马分布的生存函数
S = function(x) 1 - pgamma(x, 2, 1/3)

#计算 u = 5 时的有限期望值
u = 5
lev = integrate(S, 0, u) $ value
lev
##[1]3.922368

#计算有限期望函数
```

```
lev = NULL
u = seq(0.1, 20, 0.1)
for (i in 1:length(u)) {
    lev[i] = integrate(S, 0, u[i]) $ value
}

#绘图
plot(u, lev, type = "l", ylab = "有限期望值")

#计算和绘制有限期望函数还可以应用 actur 程序包
library(actuar)
u = seq(0.1, 20, 0.1)
lev = levgamma(u, 2, 1/3)
plot(u, lev, type = "l")
```

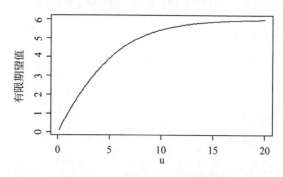

图 2-19 伽马分布的有限期望函数

对于损失随机变量为 X，当赔偿限额从 u_0 增加到 u_1 时，有限期望赔款增加的比例为

$$f = \frac{E(X \wedge u_1)}{E(X \wedge u_0)} \tag{2.19}$$

该比例就是所谓的**增限因子**(increased limit factor)。增限因子在再保险的定价中具有广泛应用价值。

对于损失随机变量 X，如果保险合同中既有免赔额，又有赔偿限额，则保险公司的赔款随机变量需要谨慎定义，尤其需要注意区分有关概念。在保险合同中，赔偿限额是保险公司支付给被保险人的最大赔款金额。譬如，假设保险合同规定的免赔额为 0.5 万元，赔偿限额为 10 万元，则保险公司的最大赔款金额就是为 10 万元。如果实际损失为 0.4 万元，保险公司的赔款为零；如果实际损失为 2 万元，保险公司的赔款为 1.5 万元；如果实际损失为 10.2 万元，保险公司的赔款为 9.7 万元；如果实际损失为 11 万元，保险公司的赔款为 10 万元。

为了与保险合同中赔偿限额的含义保持一致,可以参考图 2-20 定义保险公司的赔款随机变量。该图表明,当实际损失小于免赔额 d 时,保险公司的赔款金额为零;当实际损失大于 u 时,保险公司的赔款金额为 $u-d$;当实际损失 x 大于 d 而小于 u 时,保险公司的赔款金额为 $x-d$。由此可见,保险公司的最大赔款金额为 $u-d$,这也就是保险合同的赔偿限额。注意,这里的赔偿限额为 $u-d$,而非前文使用的 u。

根据图 2-20 可知,对于损失随机变量 X,如果保单的免赔额为 d,赔偿限额为 $u-d$,则保险公司的赔款随机变量 Y 可以定义为

$$Y = \begin{cases} 0, & \text{若 } X \leqslant d \\ X-d, & \text{若 } d < X < u \\ u-d, & \text{若 } X \geqslant u \end{cases}$$

相应地,由图 2-20 可知,保险公司的期望赔款就是该图中阴影部分的面积,可以用公式表示为

$$\int_d^u \overline{F}(x)\mathrm{d}x = \int_0^u \overline{F}(x)\mathrm{d}x - \int_0^d \overline{F}(x)\mathrm{d}x$$

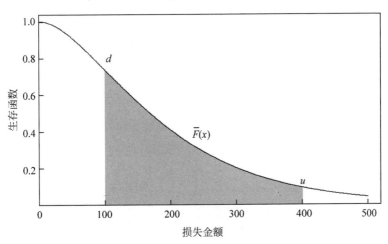

图 2-20　免赔额和赔偿限额下的期望赔款

【**例 2-16**】　假设损失随机变量服从参数为(shape＝300,rate＝1/4)的伽马分布,保单的免赔额为 $d=300$,赔偿限额为 $1\,800$,即 $u=2\,100$,求保险公司期望赔款。

【**解**】　求解本例的 R 程序代码和输出结果如下。保险公司的期望赔款为 900。

```
♯定义生存函数
S = function(x) 1 - pgamma(x, 300, 1/4)
```

```
d = 300
u = 2100

#计算保险公司的期望赔款
ES = integrate(S, d, u) $ value
ES
##[1] 900
```

【例 2-17】 假设保单的损失金额服从参数为(shape＝3,rate＝1/4)的伽马分布。如果保单的免赔额为 $d=2$，赔偿限额为 18，即 $u=20$。模拟保险公司的赔款数据，并基于模拟的赔款数据估计伽马分布的参数。

【解】 求解本例的 R 程序代码如下，输出结果如图 2-21 所示。

```
#模拟赔款数据
set.seed(999)
n = 500              #模拟样本的个数
d = 2
u = 20
Y = NULL
for (i in 1:n) {
    #模拟损失
    X = rgamma(1, 3, 1/4)
    #模拟赔款
    Y[i] = ifelse(X <= d, 0, ifelse(X >= u, u - d, X - d))
}

#保险公司的非零赔款
Y = Y[Y > 0]
hist(Y, breaks = 100) #非零赔款的直方图
```

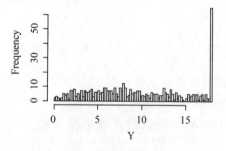

图 2-21 模拟的赔款数据的直方图

下面的 R 程序代码应用 actuar 程序包基于模拟的赔款数据估计模型的参数。

```
#定义保险公司赔款随机变量的密度函数
library(actuar)
dfx = coverage(dgamma, pgamma, deductible = 2, limit = 20)

#定义保险公司赔款随机变量的分布函数
pfx = coverage(cdf = pgamma, deductible = 2, limit = 20)

#参数的极大似然估计
library(fitdistrplus)
fitdist(Y, 'fx', start = list(shape = 1, rate = 1))
## Fitting of the distribution ' fx ' by maximum likelihood
## Parameters:
##         estimate Std. Error
##  shape   2.9996    0.2406
##  rate    0.2463    0.0209
```

由此可见，伽马分布的形状参数的估计值为 2.999 6，比率参数的估计值为 0.246 3，非常接近模拟数据的两个真实参数 3 和 0.25。

2.5 通货膨胀的影响

保险公司的实际赔款很容易受到通货膨胀的影响。通货膨胀可以看做是对损失金额进行了比例变换。为了说明通货膨胀对损失金额模型的影响，下面的定理首先给出损失随机变量经过线性变换以后的有限期望函数。

【定理 2-3】 假设赔偿限额为 u，则损失随机变量 X 经过线性变换以后，$Y=aX+b$ 的有限期望函数为

$$E(Y \wedge u) = aE\left[X \wedge \frac{u-b}{a}\right] + b \tag{2.20}$$

【证明】 对于损失随机变量 Y，在赔偿限额 u 下，保险公司的赔款可以表示为

$$Y \wedge u = \min(aX+b, u)$$
$$= \min(aX, u-b) + b$$
$$= a\min\left[X, \frac{u-b}{a}\right] + b$$

对上式求期望，即得式(2.20)所示的有限期望函数。

令 X 表示原始损失随机变量，生存函数为 $\overline{F}_X(x)$，令 $Y=(1+r)X$ 表示经过通货膨胀调整以后的损失随机变量，生存函数为 $\overline{F}_Y(y)$，则它们的关系如图 2-22 所示。

如果保单的赔偿限额为 u，则经过通货膨胀调整以后，损失 $Y=(1+r)X$ 的有

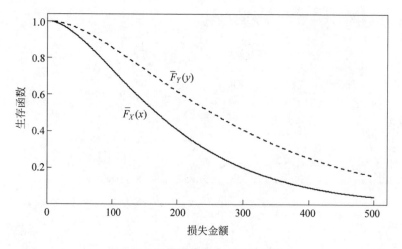

图 2-22 通货膨胀对生存函数的影响

限期望赔款可以表示为

$$E(Y \wedge u) = E[(1+r)X \wedge u] = (1+r)E\left(X \wedge \frac{u}{1+r}\right) \quad (2.21)$$

上式可以通过图 2-23 进行解释，其中 $E\left(X \wedge \frac{u}{1+r}\right)$ 就是深色阴影部分的面积，乘以 $(1+r)$，就包括了浅色阴影部分的面积在内，即等于 $E(Y \wedge u)$。在该图中，实线表示原始损失金额的生存函数 $\overline{F}_X(x)$，虚线表示通货膨胀调整以后损失金额的生存函数 $\overline{F}_Y(y)$。原始损失 X 大于 $u/(1+r)$ 的概率，等于通货膨胀调整以后的损失 Y 大于 u 的概率，即有

$$\overline{F}_X\left(\frac{u}{1+r}\right) = \overline{F}_Y(u)$$

如果原始损失随机变量为 X，保单的免赔额为 d，赔偿限额为 $u-d$，即对于超过 u 的损失，保险公司仅赔偿 $u-d$，通货膨胀率为 r，则保险公司的赔款随机变量（含零赔款在内）可以表示为

$$Y = \begin{cases} 0, & (1+r)X \leqslant d \\ (1+r)X - d, & d < (1+r)X \leqslant u \\ u-d, & (1+r)X > u \end{cases}$$

容易看出，保险公司赔款随机变量的分布函数可以表示为

$$F_Y(y) = \begin{cases} F_X\left(\dfrac{d}{1+r}\right), & y = 0 \\ F_X\left(\dfrac{y+d}{1+r}\right), & 0 < y < u-d \\ 1, & y \geqslant u-d \end{cases}$$

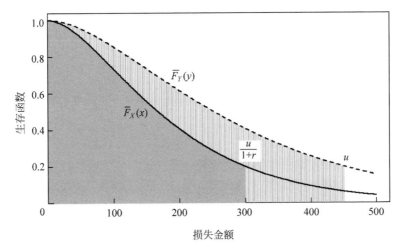

图 2-23 通货膨胀对有限期望赔款的影响

相应地,保险公司赔款随机变量的密度函数可以表示为

$$f_Y(y) = \begin{cases} F_X\left(\dfrac{d}{1+r}\right), & y = 0 \\ \dfrac{1}{1+r} f_X\left(\dfrac{y+d}{1+r}\right), & 0 < y < u - d \\ 1 - F_X\left(\dfrac{u}{1+r}\right), & y = u - d \end{cases}$$

经过通货膨胀调整以后,保险公司的期望赔款(含零赔款在内)可以表示为

$$E(Y \wedge u) - E(Y \wedge d) = (1+r)\left[E\left(X \wedge \dfrac{u}{1+r}\right) - E\left(X \wedge \dfrac{d}{1+r}\right)\right] \quad (2.22)$$

如果保单的免赔额为 d,没有赔偿限额,即 $u = \infty$,则保险公司的期望赔款(含零赔款在内)可以表示为

$$E(Y) - E(Y \wedge d) = (1+r)\left[E(X) - E\left(X \wedge \dfrac{d}{1+r}\right)\right] \quad (2.23)$$

如果保单的免赔额为 d,赔偿限额为 $u-d$,通货膨胀率为 r,则剔除零值的赔款以后,非零赔款的期望值为

$$\dfrac{[E(Y \wedge u) - E(Y \wedge d)]}{1 - F_Y(d)} = \dfrac{(1+r)\left[E\left(X \wedge \dfrac{u}{1+r}\right) - E\left(X \wedge \dfrac{d}{1+r}\right)\right]}{1 - F_X\left(\dfrac{d}{1+r}\right)}$$

(2.24)

如果保单的免赔额为 d,赔偿限额为 $u = \infty$,通货膨胀率为 r,则剔除零值的赔

款以后，非零赔款的期望值为

$$\frac{[E(Y) - E(Y \wedge d)]}{1 - F_Y(d)} = \frac{(1+r)\left[E(X) - E\left(X \wedge \dfrac{d}{1+r}\right)\right]}{1 - F_X\left(\dfrac{d}{1+r}\right)} \quad (2.25)$$

【例 2-18】 假设被保险人的损失 X 服从伽马分布，形状参数为 shape＝2，尺度参数为 scale＝1 000。两份保单如下：

（1）保单 A 的免赔额为 100。

（2）保单 B 的免赔额为 100，赔偿限额为 3 000，即 $d=100, u=3 100$。

分别计算保险公司对保单 A 和保单 B 的期望赔款（含零赔款在内）。如果发生 10% 的通货膨胀，上述结果将如何变化？

【解】 求解本例的 R 程序代码和输出结果如下。

```
#有关参数的取值
shape = 2
scale = 1000
d = 100
u = 3100

#定义生存函数
Sx = function(x) 1 - pgamma(x, shape = shape, scale = scale)

#保险公司对保单 A 的期望赔款
EA1 = integrate(Sx, d, Inf) $ value
EA1
##[1] 1900.16

#保险公司对保单 B 的期望赔款
EB1 = integrate(Sx, d, u) $ value
EB1
##[1] 1670.41

#发生 10% 的通货膨胀以后，保险公司对保单 A 的期望赔款
r = 0.01
EA2 = (1 + r) * (integrate(Sx, 0, Inf) $ value - integrate(Sx, 0, d/(1 + r)) $ value)
EA2
##[1] 1920.16

#发生 10% 的通货膨胀以后，保险公司对保单 B 的期望赔款
r = 0.01
EB2 = (1 + r) * (integrate(Sx, 0, u/(1 + r)) $ value - integrate(Sx, 0, d/(1 + r)) $ value)
```

```
EB2
##[1] 1682.31
```

输出结果表明,保险公司对保单 A 的期望赔款是 1 900,对保单 B 的期望赔款是 1 670。发生 10% 的通货膨胀以后,保险公司对保单 A 的期望赔款是 1 920,对保单 B 的期望赔款是 1 682。

第3章 损失次数分布模型

损失次数是指在一个保险期间内,保单所发生的事故次数或索赔次数。损失次数的取值为非负整数,可以用非负的离散型随机变量进行描述。最常见的损失次数分布模型包括泊松分布、二项分布、负二项分布和几何分布,这些分布的概率计算满足一个相同形式的递推公式,所以称为$(a,b,0)$分布类。

对于某些保险合同,$(a,b,0)$分布类可能无法准确描述它们的损失次数在零点的概率,此时,可以对$(a,b,0)$分布类在零点的概率进行调整,从而得到零截断分布或零调整分布,这些分布的概率计算也满足一个相同形式的递推公式,所以统称为$(a,b,1)$分布类。对零点的概率进行调整的另一种方式是对$(a,b,0)$分布类与零点的退化分布进行混合,从而形成所谓的零膨胀分布。零膨胀分布在零点的概率总是大于$(a,b,0)$分布类在零点的概率。

如果损失次数数据存在较长的右尾,常用的分布类型也将无法很好地拟合数据。为了刻画右尾较长的损失次数数据,可以对常用的分布进行复合或混合,从而生成新的分布,如复合泊松分布和混合泊松分布。

在财产与责任保险合同中,免赔额条款的使用十分普遍。如果保险合同规定了免赔额,则索赔次数将不同于损失次数,即对于小于免赔额的损失,保险公司是不予赔偿的。在这种情况下,需要对损失次数分布模型的参数进行适当调整,从而得到索赔次数的分布模型。

本章首先介绍最基本的损失次数分布模型,即$(a,b,0)$分布类,然后讨论对零点的概率进行调整的$(a,b,1)$分布类和零膨胀分布,再介绍对尾部概率进行调整的复合泊松分布和混合泊松分布,最后讨论免赔额对损失次数模型的影响。

3.1 $(a,b,0)$分布类

$(a,b,0)$分布类包括泊松分布、二项分布、负二项分布和几何分布,其中几何分布是负二项分布的特例。

3.1.1 泊松分布

泊松分布的概率函数为

$$p_k = \frac{\mathrm{e}^{-\lambda}\lambda^k}{k!}, \quad k=0,1,2,\cdots \tag{3.1}$$

式中,p_k表示发生k次损失的概率,λ表示泊松分布的参数。

泊松分布的母函数$P(z)$为

$$P(z) = E(z^N) = \sum_{k=0}^{\infty} p_k z^k = \mathrm{e}^{\lambda(z-1)} \tag{3.2}$$

泊松分布的矩母函数$M(t)$为

$$M(t) = E(\mathrm{e}^{tN}) = \mathrm{e}^{\lambda(\mathrm{e}^t-1)} \tag{3.3}$$

泊松分布的均值、方差和偏度分别为
$$E(N) = \lambda$$
$$\mathrm{Var}(N) = \lambda$$
$$\kappa = \lambda^{-1/2}$$

泊松分布的参数 λ 越大，泊松分布的偏度越小，越接近对称分布，用正态分布近似的效果也越好，如图 3-1 所示，其中竖条表示泊松分布的概率。绘制该图的 R 程序代码如下。

```
x = 0:20
par(mfrow = c(2, 2))
for (lam in c(1, 2, 5, 10)) {
    barplot(dpois(x, lam), names.arg = x, main = paste("lambda = ", lam, sep = ""))
}
```

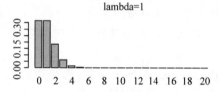
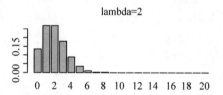
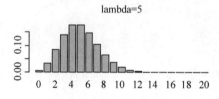
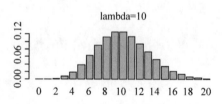

图 3-1　泊松分布的概率函数

【例 3-1】　假设索赔次数 N 服从参数为 $\lambda=2$ 的泊松分布，请计算：

（1）索赔次数等于 3 的概率 $\Pr(N=3)$；

（2）索赔次数小于等于 4 的概率 $\Pr(N\leqslant 4)$；

（3）索赔次数大于等于 3 小于等于 5 的概率 $\Pr(3\leqslant N\leqslant 5)$；

（4）模拟 20 个索赔次数的观察值。

【解】　求解本例的 R 程序代码如下。

```
# 索赔次数等于 3 的概率
dpois(3, lambda = 2)
## [1] 0.180447
```

```
#索赔次数小于等于 4 的概率为
ppois(4, lambda = 2)
##[1] 0.947347

#索赔次数大于等于 3 小于等于 5 的概率
ppois(5, 2) - ppois(2, 2)
##[1] 0.30676

#模拟 20 个索赔次数观察值
set.seed(111)
sim = rpois(20, 2)
sim
##[1] 2 3 1 2 1 2 0 2 2 2 0 2 2 0 0 1 2 1 5 1 2

#对索赔次数的模拟值进行汇总
table(sim)
##sim
##0 1 2 3 5
##4 5 9 1 1
```

【例 3-2】 假设 N_1 和 N_2 相互独立, 分别是参数为 λ_1 和 λ_2 的泊松随机变量, 证明 $N = N_1 + N_2$ 是参数为 $(\lambda_1 + \lambda_2)$ 的泊松随机变量。

【解】 泊松分布的母函数为

$$P(z) = e^{\lambda(z-1)}$$

根据独立性假设, N 的母函数可以表示为

$$\begin{aligned} P_N(z) &= P_{N_1}(z) P_{N_2}(z) \\ &= e^{\lambda_1(z-1)} e^{\lambda_1(z-1)} \\ &= e^{(\lambda_1+\lambda_2)(z-1)} \\ &= e^{\lambda(z-1)} \end{aligned}$$

上式就是参数为 $\lambda = (\lambda_1 + \lambda_2)$ 的泊松分布的母函数。

【例 3-3】 假设两种保险事故相互独立, 它们的总索赔次数 N 服从参数为 λ 的泊松分布, 这两种保险事故发生的概率分别为 p_1 和 p_2。证明这两种事故的索赔次数 N_1 和 N_2 相互独立且均服从泊松分布, 泊松参数分别为 λp_1 和 λp_2。

【解】 首先证明 N_1 和 N_2 服从参数为 λp_1 和 λp_2 泊松分布。

$$\begin{aligned} \Pr(N_1 = n_1) &= \sum_{n=n_1}^{\infty} \Pr(N_1 = n_1 \mid N = n) \Pr(N = n) \\ &= \sum_{n=n_1}^{\infty} \binom{n}{n_1} p_1^{n_1} (1-p_1)^{n-n_1} \frac{e^{-\lambda} \lambda^n}{n!} \end{aligned}$$

$$= \frac{p_1^{n_1} \mathrm{e}^{-\lambda}}{n_1!} \sum_{n=n_1}^{\infty} \frac{(1-p_1)^{n-n_1} \lambda^{n_1+(n-n_1)}}{(n-n_1)!}$$

$$= \mathrm{e}^{-\lambda} \frac{(\lambda p_1)^{n_1}}{n_1!} \sum_{n-n_1=0}^{\infty} \frac{[\lambda(1-p_1)]^{n-n_1}}{(n-n_1)!}$$

$$= \mathrm{e}^{-\lambda} \frac{(\lambda p_1)^{n_1}}{n_1!} \mathrm{e}^{\lambda(1-p_1)}$$

$$= \mathrm{e}^{-\lambda p_1} \frac{(\lambda p_1)^{n_1}}{n_1!}$$

上式表明,N_1 服从参数为 λp_1 的泊松分布,同理可以证明 N_2 服从参数为 λp_2 泊松分布。

下面再证明 N_1 与 N_2 相互独立。

$$\Pr(N_1 = n_1, N_2 = n_2) = \Pr(N_1 = n_1, N_2 = n_2 \mid N = n) \Pr(N = n)$$

$$= \frac{n!}{n_1! n_2!} p_1^{n_1} p_2^{n_2} \frac{\mathrm{e}^{-\lambda} \lambda^n}{n!}$$

$$= \frac{n!}{n_1! n_2!} p_1^{n_1} p_2^{n_2} \frac{\mathrm{e}^{-\lambda(p_1+p_2)} \lambda^{(n_1+n_2)}}{n!}$$

$$= \frac{\mathrm{e}^{-\lambda p_1} (\lambda p_1)^{n_1}}{n_1!} \frac{\mathrm{e}^{-\lambda p_2} (\lambda p_2)^{n_2}}{n_2!}$$

$$= \Pr(N_1 = n_1) \Pr(N_2 = n_2)$$

上式表明,N_1 与 N_2 相互独立。

本例的结论在保险实践中具有重要的应用价值。譬如,假设某险种的索赔次数服从泊松分布,在引入免赔额 d 后,剩余的索赔次数仍将服从泊松分布,只是泊松参数不同而已,即从 λ 变为 $[1-F(d)]\lambda$。又如,假设某险种的索赔次数服从参数为 2 的泊松分布,如果将保险责任减少一项(假设此项责任的索赔次数占总索赔次数的 10%),那么剩余责任的索赔次数仍将服从泊松分布,泊松参数成为 $0.9 \times 2 = 1.8$。

3.1.2 二项分布

二项分布的概率表示在 n 次试验中,成功了 k 次的概率,其概率函数为

$$p_k = \binom{n}{k} p^k (1-p)^{n-k}, \quad k = 0, 1, 2, \cdots, n \tag{3.4}$$

二项分布的概率母函数为

$$P(z) = (1 - p + pz)^n \tag{3.5}$$

二项分布的矩母函数为

$$M(t) = (1 - p + p\mathrm{e}^t)^n \tag{3.6}$$

二项分布的均值、方差和偏度分别为
$$E(N) = np$$
$$\mathrm{Var}(N) = np(1-p)$$
$$\kappa = \frac{1-2p}{\sqrt{np(1-p)}}$$

二项分布的均值越大,其分布形态越接近对称,如图 3-2 所示。绘制该图的 R 程序代码如下。

```
x = 0:15
par(mfrow = c(2, 2))
for (n in c(1, 5, 10, 20)) {
    barplot(dbinom(x, size = n, prob = 0.3), names.arg = x, xlab = "", ylab = "", main = paste("n = ", n, ", p = 0.3", sep = ""))
}
```

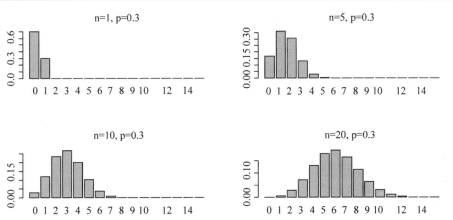

图 3-2　参数 p 给定参数 n 变化时二项分布的概率函数

【例 3-4】　假设损失次数随机变量 N 服从参数为 $(10, 0.2)$ 的二项分布,请计算:

(1) 损失次数等于 3 的概率;
(2) 损失次数大于 3 的概率;
(3) 损失次数小于等于 5 的概率;
(4) 模拟 20 个损失次数观察值。

【解】　求解本例的 R 程序代码如下。

```
#损失次数等于3的概率
dbinom(3, 10, 0.2)
```

```
##[1] 0.2013266

#损失次数大于 3 的概率
1 - pbinom(3, 10, 0.2)
##[1] 0.1208739

#损失次数小于等于 5 的概率
pbinom(5, 10, 0.2)
##[1] 0.9936306

#模拟 20 个损失次数观察值
set.seed(111)
sim = rbinom(20, 10, 0.2)
sim
## [1] 2 3 1 2 2 2 0 2 2 0 2 2 0 0 1 2 1 4 1 2

#对损失次数的模拟值进行汇总
table(sim)
##
##0 1 2 3 4
##4 4 10 1 1
```

3.1.3 负二项分布

负二项分布的概率函数为

$$p_k = \binom{k+r-1}{k} p^r (1-p)^k$$

$$= \frac{(r+k-1)!}{k!(r-1)!} p^r (1-p)^k, \quad k = 0, 1, 2, \cdots \quad (3.7)$$

式中,$r > 0, 0 \leqslant p \leqslant 1$。

负二项分布的均值、方差和偏度分别为

$$E(N) = \frac{r(1-p)}{p}$$

$$\mathrm{Var}(N) = \frac{r(1-p)}{p^2}$$

$$\kappa = \frac{2-p}{\sqrt{r(1-p)}}$$

负二项分布的另一种参数形式是令 $p = 1/(1+\beta)$,此时,负二项分布的概率函数可以表示为

$$p_k = \frac{(r+k-1)!}{k!(r-1)!}\left(\frac{1}{1+\beta}\right)^r\left(\frac{\beta}{1+\beta}\right)^k \qquad (3.8)$$

负二项分布的母函数可以表示为

$$P(z) = (1+\beta-z\beta)^{-r} \qquad (3.9)$$

即

$$\begin{aligned}P(z) &= \sum_{k=0}^{\infty} p_k z^k = \sum_{k=0}^{\infty}\left[\frac{\Gamma(k+r)}{\Gamma(r)\Gamma(k+1)}\left(\frac{1}{1+\beta}\right)^r\left(\frac{\beta}{1+\beta}\right)^k\right]z^k \\ &= \sum_{k=0}^{\infty}\left[\frac{\Gamma(k+r)}{\Gamma(r)\Gamma(k+1)}\left(\frac{1+\beta-z\beta}{1+\beta}\right)^r\left(\frac{z\beta}{1+\beta}\right)^k\right](1+\beta-z\beta)^{-r} \\ &= (1+\beta-z\beta)^{-r}\end{aligned}$$

相应地,负二项分布的均值和方差分别为

$$E(N) = r\beta$$
$$\mathrm{Var}(N) = r\beta(1+\beta)$$

负二项分布的形状受两个参数的共同影响。在给定参数 p 的条件下,参数 r 的取值越大,负二项分布越接近对称,如图 3-3 所示,绘图的 R 程序代码如下。

```
#负二项分布的概率函数随着参数 r 的变化
x = 0:20
par(mfrow = c(2, 2))
for (r in c(1, 2, 3, 4)) {
    barplot(dnbinom(x, r, 0.3), names.arg = x, xlab = "", ylab = "", main = paste
("r = ", r, ", p = 0.3", sep = ""))
}
```

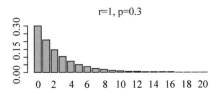
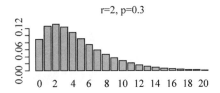
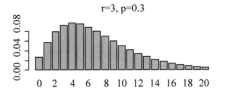
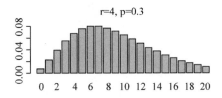

图 3-3 参数 p 给定条件下负二项分布的概率函数

在给定参数 r 的条件下,参数 p 的取值越大,负二项分布的尾部越短,如图 3-4 所示,绘图的 R 程序代码如下。

```
#负二项分布的概率函数随着参数 p 的变化
x = 0:30
par(mfrow = c(2, 2))
for (p in c(2, 3, 4, 5)/10) {
    barplot(dnbinom(x, 3, p), names.arg = x, ylim = c(0, 0.2), xlab = "", ylab = "", main = paste("r = 3, p = ", p, sep = ""))
}
```

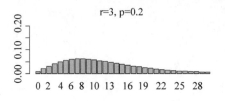
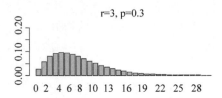
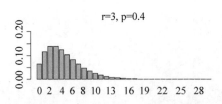
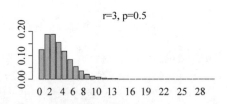

图 3-4　参数 r 给定条件下负二项分布的概率函数

【例 3-5】 假设损失次数随机变量 N 服从参数为 $(r=5, p=0.6)$ 的负二项分布,请计算:

(1) 损失次数等于 3 的概率;

(2) 损失次数小于 3 的概率;

(3) 损失次数小于等于 5 的概率;

(4) 模拟 20 个损失次数观察值。

【解】　求解本例的 R 程序代码如下。

```
#损失次数等于 3 的概率
dnbinom(3, 5, 0.6)
##[1] 0.1741824
```

```
#损失次数大于 3 的概率
1 - pnbinom(3, 5, 0.6)
```

```
##[1] 0.4059136

#损失次数小于等于5的概率
pnbinom(5, 5, 0.6)
##[1] 0.8337614

#模拟 20 个损失次数的观察值
sim = rnbinom(20, 5, 0.6)
sim
##[1] 1 2 4 3 2 7 3 4 6 2 2 3 4 2 2 1 2 1 4 3
```

3.1.4 几何分布

如果负二项分布的参数 $r=1$，则负二项分布就退化为几何分布，相应地，概率函数就简化为

$$p_k = (1-p)^k p, \quad k = 0,1,2,\cdots \quad (3.10)$$

几何分布的概率母函数为

$$P(z) = \frac{p}{1-(1-p)z} \quad (3.11)$$

几何分布的矩母函数为

$$M(t) = \frac{p}{1-(1-p)\mathrm{e}^t} \quad (3.12)$$

几何分布的均值、方差和偏度分别为

$$E(N) = \frac{(1-p)}{p}$$

$$\mathrm{Var}(N) = \frac{(1-p)}{p^2}$$

$$\kappa = \frac{2-p}{\sqrt{(1-p)}}$$

几何分布只有一个参数 p，该参数在 $(0,1)$ 区间取值，参数值越大，几何分布的尾部越短，如图 3-5 所示，绘制该图的 R 程序代码如下。

```
x = 0:20
par(mfrow = c(2, 2))
for (p in c(1, 2, 3, 4)/10) {
    barplot(dgeom(x, p), names.arg = x, xlab = "", ylab = "", main = paste("p = ",
p, sep = ""))
}
```

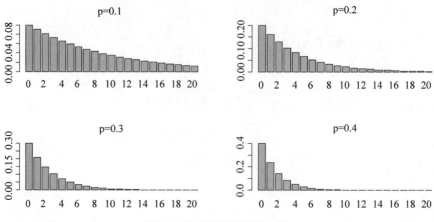

图 3-5 几何分布的概率函数

可以证明,对于泊松分布、二项分布、负二项分布和几何分布,它们的概率函数满足下述的递推关系:

$$p_k = \left(a + \frac{b}{k}\right) p_{k-1}, \quad k = 1, 2, 3, \cdots \tag{3.13}$$

式中,a 和 b 为常数。

满足上述递推关系的分布称作 $(a,b,0)$ 分布类。对于该类分布,只要已知 a,b 和 p_0,就可以通过上述递推关系确定整个概率分布。这些分布所对应的 a,b 和 p_0 的取值如表 3-1 所示。

表 3-1 $(a,b,0)$ 分布类的参数值

分布	a	b	p_0
泊松分布	0	λ	$e^{-\lambda}$
二项分布	$-q/(1-q)$	$(m+1)q/(1-q)$	$(1-q)^m$
负二项分布	$\beta/(1+\beta)$	$(r-1)\beta/(1+\beta)$	$(1+\beta)^{-r}$
几何分布	$\beta/(1+\beta)$	0	$(1+\beta)^{-1}$

可以证明,$(a,b,0)$ 分布类仅包括泊松分布、负二项分布、二项分布和几何分布,其他离散型分布的概率均不满足上述递推关系。

3.2 $(a,b,1)$ 分布类

对 $(a,b,0)$ 分布类在零点的概率进行调整,就可以得到 $(a,b,1)$ 分布类。$(a,b,1)$ 分布类包括零截断分布和零调整分布,它们的概率满足下述递推公式:

$$p_k = p_{k-1}\left(a + \frac{b}{k}\right), \quad k = 2, 3, \cdots \qquad (3.14)$$

上述递推公式从 p_1 开始,常数 a 和 b 的取值如表 3-1 所示。

3.2.1 零截断分布

零截断分布在零点的概率为零,所以其概率函数可以表示为

$$p_0^{\mathrm{T}} = 0$$

$$p_k^{\mathrm{T}} = \frac{p_k}{1 - p_0}, \quad k = 1, 2, \cdots$$

【例 3-6】 已知泊松分布的参数为 $\lambda = 2$,计算零截断泊松分布的概率。

【解】 泊松分布的概率(仅给出小于等于 5 的概率)如表 3-2 所示,零截断泊松分布的概率如表 3-3 所示。

表 3-2 泊松分布的概率

k	0	1	2	3	4	5
p_k	0.135 3	0.270 7	0.270 7	0.180 4	0.090 2	0.036 1

表 3-3 零截断泊松分布的概率

k	0	1	2	3	4	5
$p_k^{\mathrm{T}} = \dfrac{p_k}{1-p_0}$	0	0.313	0.313	0.208 7	0.104 3	0.041 7

【例 3-7】 已知负二项分布的参数为 $(r = 4, p = 0.7)$,计算零截断负二项分布的概率。

【解】 求解本例的 R 程序代码如下。负二项分布和零截断负二项分布的概率如图 3-6 所示。

```
#负二项分布的概率
x = 0:10
p = dnbinom(x, 4, 0.7)
round(p, 3)
## [1] 0.240 0.288 0.216 0.130 0.068 0.033 0.015 0.006 0.003 0.001 0.000

#零截断负二项分布的概率
p0 = p[1]              #零点的概率
pt1 = p[2:11]/(1-p0)   #其他点上的概率
pt = c(0, pt1)
round(pt, 3)
```

```
## [1] 0.000 0.379 0.284 0.171 0.090 0.043 0.019 0.008 0.003 0.001 0.001

#绘图比较负二项和零截断负二项的概率
com = rbind(负二项 = p, 零截断负二项 = pt)
barplot(com, beside = TRUE, names.arg = 0:10, legend.text = TRUE)
```

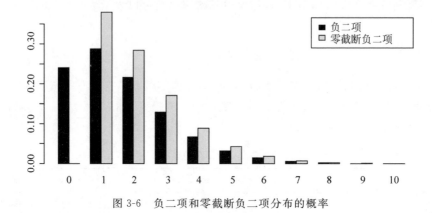

图 3-6　负二项和零截断负二项分布的概率

【例 3-8】 已知泊松分布的参数为 2，请生成 500 个零截断泊松分布的随机数，并求出随机数的分布。

【解】 求解本例的 R 程序代码和输出结果如下。

```
#泊松分布的概率
x = 0:10
p = dpois(x, 2)
round(p, 3)
## [1] 0.135 0.271 0.271 0.180 0.090 0.036 0.012 0.003 0.001 0.000 0.000

#零截断泊松分布的概率
pt = c(0, p[2:11]/(1 - p[1]))
round(pt, 3)
## [1] 0.000 0.313 0.313 0.209 0.104 0.042 0.014 0.004 0.001 0.000 0.000
sum(pt) #检查概率之和是否等于1
## [1] 0.9999904

#抽取500个零截断泊松分布的随机样本
set.seed(123)
x = sample(0:10, size = 500, replace = TRUE, prob = pt)

#计算随机样本的分布
```

```
table(x)
## x
## 1   2   3  4  5  6 7 8
## 161 155 106 43 23 10 1 1
```

上述结果表明，在 500 个随机模拟值中，有 161 个观察值为 1，有 155 个观察值为 2，有 106 个观察值为 3，…，有 1 个观察值为 8。由于是零截断泊松分布，所以在零点没有观察值。

3.2.2 零调整分布

零调整分布在零点的概率可以是 $[0,1]$ 区间上的任意值，记为 p_0^M，所以，零调整分布的概率函数可以表示为

$$p_k^M = \frac{1-p_0^M}{1-p_0}p_k, \quad k=1,2,\cdots$$

【例 3-9】 已知泊松分布的参数为 2，如果把泊松分布在零点的概率调整为 $p_0^M=0.3$，计算零调整泊松分布的概率。

【解】 泊松分布的概率（仅给出小于等于 5 的概率）如表 3-2 所示。零调整泊松分布在零点的概率为 $p_0^M=0.3$，所以，零调整泊松分布的概率（仅给出小于等于 5 的概率）如表 3-4 所示。

表 3-4 零调整泊松分布的概率

k	0	1	2	3	4	5
$p_k^M = \frac{1-p_0^M}{1-p_0}p_k$	0.3	0.219 1	0.219 1	0.146 1	0.073	0.029 2

【例 3-10】 已知负二项分布的参数为 $(r=4, p=0.7)$，计算零调整负二项分布的概率，并绘图比较负二项分布与零调整负二项分布的差异。

【解】 求解本例的 R 程序代码和输出结果如下，负二项分布与零调整负二项分布的比较如图 3-7 所示。

```
# 负二项分布的概率
x = 0:10
p = dnbinom(x, 4, 0.7)
round(p, 3)
## [1] 0.240 0.288 0.216 0.130 0.068 0.033 0.015 0.006 0.003 0.001 0.000

# 零调整负二项分布的概率
```

```
p0 = 0.3 #调整零点的概率
pm = (1 - p0) * p[2:11]/(1 - p[1]) #其他点上的概率
pm = c(p0, pm)
round(pm, 3)
## [1] 0.300 0.265 0.199 0.119 0.063 0.030 0.014 0.006 0.002 0.001 0.000

#绘图比较负二项和零调整负二项的概率
com = rbind(负二项 = p, 零调整负二项 = pm)
barplot(com, beside = TRUE, names.arg = 0:10, legend.text = TRUE)
```

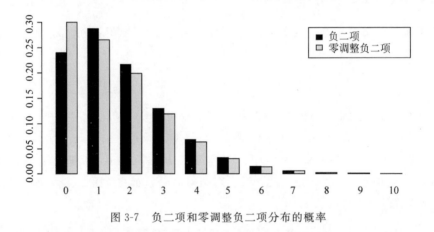

图 3-7　负二项和零调整负二项分布的概率

3.3　零膨胀分布

零膨胀分布是指将$(a,b,0)$分布类在零点的概率膨胀以后得到的概率分布。零膨胀分布可以看作是零点的退化分布与$(a,b,0)$分布类的混合分布,其中零点的退化分布在零点的概率为1。

用 p_k 表示$(a,b,0)$分布类的概率分布,用 q 表示零膨胀参数,则零膨胀分布的概率函数可以表示为

$$p_0^I = q + (1-q)p_0$$
$$p_k^I = (1-q)p_k, \quad k = 1, 2, \cdots$$

式中,零膨胀参数 q 在$[0,1]$区间取值。当零膨胀参数 $q=0$ 时,表示零点的概率没有膨胀,零膨胀分布与$(a,b,0)$分布类等价;当零膨胀参数 $q=1$ 时,零膨胀分布退化为单点分布,即在零点的概率等于1,而在其他所有点上的概率都为零。

【例 3-11】　已知泊松分布的参数为 $\lambda=2$,零膨胀参数为 $q=0.3$,计算零膨胀

泊松分布的概率。

【解】 零膨胀参数为 $q=0.3$，所以零膨胀泊松分布的概率（仅给出小于等于 5 的概率）如表 3-5 所示。

表 3-5 零膨胀泊松分布的概率

k	0	1	2	3	4	5
p_k^I	0.394 7	0.189 5	0.189 5	0.126 3	0.063 2	0.025 3

求解本例的 R 程序代码如下。

```
#泊松分布的概率
x = 0:10
p = dpois(x, 2)
round(p, 3)
# # [1] 0.135 0.271 0.271 0.180 0.090 0.036 0.012 0.003 0.001 0.000 0.000

#零膨胀参数
q = 0.3

#零膨胀分布在零点的概率
zip0 = q + (1 - q) * p[1]
zip0
# #[1] 0.3947347

#零膨胀分布在其他点上的概率
zipk = (1 - q) * p[-1]

#零膨胀分布的概率
round(c(zip0, zipk), 3)
# # [1] 0.395 0.189 0.189 0.126 0.063 0.025 0.008 0.002 0.001 0.000 0.000
```

3.4 复合分布

复合分布的生成过程可以表示为

$$S = M_1 + M_2 + \cdots + M_N$$

上式中，如果把 N 解释为事故次数，把 M_i 解释为第 i 次事故导致的索赔次数，则 S 就表示总的索赔次数。

在损失次数模型中，最常见的复合分布是复合泊松分布，其中 N 服从泊松分布。譬如,当 M_i 服从二项分布时,相应的复合泊松分布称为泊松-二项分布;当 M_i 服从泊松分布时,相应的复合泊松分布称为泊松-泊松分布。

复合分布 S 的母函数可以表示为

$$P_S(z) = P_N[P_M(z)] \tag{3.15}$$

即

$$\begin{aligned}
P_S(z) &= E(z^S) = E[E(z^S \mid N)] \\
&= E[E(z^{M_1+M_2+\cdots+M_N} \mid N)] \\
&= E\{[P_M(z)]^N\} \\
&= P_N[P_M(z)]
\end{aligned}$$

上式中,$P_N(\cdot)$ 表示首分布 N 的概率母函数,$P_M(\cdot)$ 表示次分布 M 的概率母函数。

3.4.1 复合分布的概率计算

如果 N 属于 $(a,b,0)$ 分布类,则复合分布 S 的概率函数 g_k 可以通过下述递推公式计算(Klugman,2012):

$$g_k = \frac{1}{1-af_0} \sum_{i=1}^{k} \left(a + \frac{ib}{k}\right) f_i g_{k-i}, \quad k=1,2,\cdots \tag{3.16}$$

式中,a 和 b 是首分布 N 中的参数,f_i 是次分布 M 的概率函数。

如果首分布 N 属于 $(a,b,1)$ 分布类,则复合分布的概率 g_k 可以通过下述递推公式计算:

$$g_k = \frac{1}{1-af_0} \left\{ [p_1 - (a+b)p_0]f_k + \sum_{i=1}^{k} \left(a + \frac{ib}{k}\right) f_i g_{k-i} \right\}, \quad k=1,2,\cdots$$

式中,$p_i = \Pr(N=i)$ 是首分布 N 的概率函数,a 和 b 由首分布决定,$f_i = \Pr(M=i)$ 是次分布 M 的概率函数。

如果首分布是泊松分布,就可以得到常见的复合泊松分布,其概率递推公式可以简化为

$$g_k = \frac{\lambda}{k} \sum_{i=1}^{k} i f_i g_{k-i}, \quad k=1,2,\cdots \tag{3.17}$$

复合分布在零点的概率可以表示为

$$g_0 = P_N(f_0) \tag{3.18}$$

式中,$P_N(z)$ 是首分布 N 的母函数,f_0 是次分布在零点的概率。

由上式可知,各种复合分布在零点的概率如下:

(1) 复合泊松分布:$g_0 = \exp[\lambda(f_0-1)]$

(2) 复合二项分布:$g_0 = [1+p(f_0-1)]^m$

(3) 复合负二项分布:$g_0 = [1+\beta(1-f_0)]^{-r}$,其中 $\beta=(1-p)/p$

【例 3-12】 假设 N 服从参数为 2 的泊松分布,M 服从参数为 $(r=4,p=0.3)$ 的负二项分布,求 S 的概率分布。

【解】 可以用两种方法求解复合泊松分布的概率,一种方法是自定义递推公式,另一种是调用 actuar 程序包。

(1) 用自定义函数求解复合泊松分布的概率。在下述的 R 程序代码中,lam 表示泊松分布的参数,f0 是次分布在零点的概率,f 是次分布在其他非零点上的概率。

```
#复合泊松分布的递推公式
PO = function (lam, f0, f) {
  cum = g = exp(-lam * (1 - f0))
  k = 0
  repeat {
    k = k + 1
    last = lam / k * sum(1:k * head(f, k) * rev(tail(g, k)))
    g = c(g, last)
    cum = cum + last
    if (cum > 0.9999999) break
  }
  return(g)
}

#负二项分布的概率函数
f0 = dnbinom(0, size = 4, prob = 0.3)      #零点的概率
f = dnbinom(1:500, size = 4, prob = 0.3)   #1:500 的概率

#泊松-负二项分布的概率
g = PO(lam = 2, f0, f)

#绘图
plot(0:(length(g) - 1), g, type = 'h', col = 2, xlim = c(0, 50))
```

(2) 应用 actuar 程序包中的函数 aggregateDist 计算。在下述的程序代码中,method="recursive" 表示用递推法计算复合分布的概率;model.freq="poisson" 表示首分布服从泊松分布,lambda=2 表示泊松参数为 2;model.sev= sev 表示次分布的概率为 sev。代码输出结果如图 3-8 所示。

```
library(actuar)
 #次分布的概率,注意要包含零点的概率
```

```
sev = dnbinom(0:100, 4, 0.3)

#计算复合分布的概率
Fs1 = aggregateDist(method = "recursive", model.freq = "poisson", model.sev =
sev, lambda = 2)

#绘图
par(mfrow = c(1, 3))
plot(0:10, dpois(0:10, 2), type = "h", xlab = "", ylab = "", main = "泊松")
plot(0:50, dnbinom(0:50, size = 4, prob = 0.3), type = "h", xlab = "", ylab = "",
main = "负二项")
plot(diff(Fs1), type = "h", xlab = "", ylab = "", xlim = c(0, 50), main = "泊松-
负二项")
```

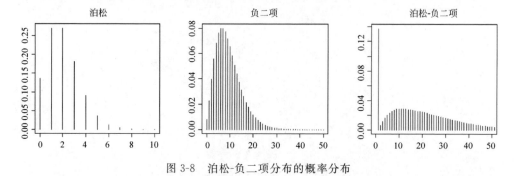

图 3-8　泊松-负二项分布的概率分布

【例 3-13】 假设 N 服从参数为 $(r=2, p=0.5)$ 的零截断负二项分布，M 服从参数为 $(r=4, p=0.7)$ 的负二项分布，求 S 的概率分布。

【解】 应用 actuar 程序包中的函数 aggregateDist 求解本例的程序代码如下，S 的概率函数如图 3-9 所示。

```
#首分布(零截断负二项分布)的参数
r1 = 2
p1 = 0.5

#次分布(负二项分布)的参数
r2 = 4
p2 = 0.7
sev = dnbinom(0:100, r2, p2)

#计算复合分布 S 的概率
```

```
library(actuar)
Fs = aggregateDist(method = "recursive", model.freq = "negative binomial", model.
sev = sev, size = r1, prob = p1, p0 = 0)

#绘图
par(mfrow = c(1, 3))
plot(0:10, c(0, dnbinom(1:10, r1, p1)/(1 - dnbinom(0, r1, p1))), type = "h", xlab
= "", ylab = "", main = " 零截断负二项")
plot(0:10, dnbinom(0:10, r2, p2), type = "h", xlab = "", ylab = "", main = "负二
项")
plot(diff(Fs), type = "h",xlab = "", ylab = "", xlim = c(0, 30), main = "零截断
负二项-负二项")
```

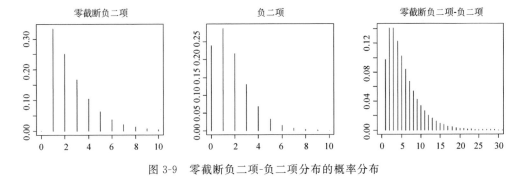

图 3-9 零截断负二项-负二项分布的概率分布

3.4.2 复合分布的比较

生成复合分布的目的之一是为了获得更长右尾的损失次数分布模型。本节通过偏度系数来比较复合分布的右尾。

复合分布 S 的均值可以表示为首分布的均值与次分布的均值相乘，即

$$E(S) = E[E(S \mid N)] = E[N \cdot E(M)] = E(N)E(M) \quad (3.19)$$

复合分布 S 的方差也可以通过首分布和次分布进行计算：

$$\begin{aligned}\text{Var}(S) &= E[\text{Var}(S \mid N)] + \text{Var}[E(S \mid N)] \\ &= E[N \cdot \text{Var}(M)] + \text{Var}[N \cdot E(M)] \\ &= E(N)\text{Var}(M) + \text{Var}(N)[E(M)]^2 \end{aligned} \quad (3.20)$$

最常使用的复合分布是首分布为泊松分布的复合泊松分布。如果泊松参数为 λ，则复合泊松分布的母函数可以简化为

$$P(z) = e^{\lambda[P_M(z)-1]} \quad (3.21)$$

由此可得复合泊松分布的均值 μ，方差 σ^2 和三阶中心矩 μ_3 分别为

$$\mu = \lambda m_1$$

$$\sigma^2 = \lambda m_2$$
$$\mu_3 = \lambda m_3$$

上式中，m_j 是次分布的 j 阶原点矩。

相应地，复合泊松分布的偏度系数可以表示为

$$\kappa = \frac{\mu_3}{\sigma^3} = \frac{m_3}{\lambda^{1/2} m_2^{3/2}} \tag{3.22}$$

上式表明，在给定方差的情况下，偏度系数的差异来自于三阶中心矩的差异，因此三阶中心矩的大小可以反映损失次数模型的尾部长短。

常见的复合泊松分布的三阶中心矩如下：

泊松-二项：$\mu_3 = A + \dfrac{m-2}{m-1} B$，其中 $m > 2$ 是二项分布的参数

泊松-泊松：$\mu_3 = A + B$

泊松-几何：$\mu_3 = A + 1.5 B$

泊松-对数：$\mu_3 = A + 2B$

泊松-零截断负二项：$\mu_3 = A + \dfrac{r+2}{r+1} B$，$-1 < r < \infty$

上式中，

$$A = 3\sigma^2 - 2\mu$$
$$B = \frac{(\sigma^2 - \mu)^2}{\mu}$$

μ 和 σ^2 分别是复合泊松分布的均值和方差。

由此可见，在给定均值和方差的情况下，上述复合泊松分布的偏度系数互不相同，因此可以拟合不同尾部特征的损失次数数据。

在上述复合泊松分布中，泊松-对数分布就是负二项分布。在泊松-零截断负二项分布中，当 $r=1$ 时，即得泊松-几何分布；当 $r \to 0$ 时，即得负二项分布；当 $r = -0.5$ 时，即得泊松-逆高斯分布。

【例3-14】 假设 S_i 是泊松参数为 λ_i 的复合泊松分布，次分布的概率为 $q^{(i)} = (q_0^{(i)}, q_1^{(i)}, q_2^{(i)}, \cdots)$。如果 $S_1, \cdots, S_k$ 相互独立，则 $S = S_1 + S_2 + \cdots + S_k$ 仍然服从复合泊松分布，泊松参数为 $\lambda = \lambda_1 + \lambda_2 + \cdots + \lambda_k$，次分布的概率为

$$q = \frac{\lambda_1}{\lambda} q^{(1)} + \frac{\lambda_2}{\lambda} q^{(2)} + \cdots + \frac{\lambda_k}{\lambda} q^{(k)}$$

【解】 S_i 是泊松参数为 λ_i 的复合泊松分布，其母函数为

$$P_{S_i}(z) = E(z^{S_i}) = \exp\{\lambda_i [Q_i(z) - 1]\}$$

由独立性假设可得 $S = S_1 + S_2 + \cdots + S_k$ 的母函数为

$$P_S(z) = \prod_{i=1}^{k} P_{S_i}(z)$$

$$= \prod_{i=1}^{k} \exp\{\lambda_i [Q_i(z) - 1]\}$$

$$= \exp\left[\sum_{i=1}^{k} \lambda_i Q_i(z) - \sum_{i=1}^{k} \lambda_i\right]$$

$$= \exp\left\{\lambda\left[\frac{\sum_{i=1}^{k} \lambda_i Q_i(z)}{\lambda} - \frac{\sum_{i=1}^{k} \lambda_i}{\lambda}\right]\right\}$$

$$= \exp\{\lambda [Q(z) - 1]\}$$

上式就是复合泊松分布的母函数,其中

$$\lambda = \sum_{i=1}^{k} \lambda_i$$

$$Q(z) = \frac{\sum_{i=1}^{k} \lambda_i Q_i(z)}{\lambda}$$

【例 3-15】 假设 S_1 是泊松参数为 $\lambda_1 = 2$ 的复合泊松分布,次分布的概率为

$$q_1^{(1)} = 0.2, \quad q_2^{(1)} = 0.7, \quad q_3^{(1)} = 0.1$$

假设 S_2 是泊松参数为 $\lambda_2 = 3$ 的复合泊松分布,次分布的概率为

$$q_2^{(2)} = 0.25, \quad q_3^{(2)} = 0.6, \quad q_4^{(2)} = 0.15$$

计算 $S = S_1 + S_2$ 的分布。

【解】 应用前例的结果,S 仍然服从复合泊松分布,泊松参数为 $\lambda = 2 + 3 = 5$,次分布的概率是前述两个次分布的加权平均,权数分别为 0.4 和 0.6,计算结果如表 3-6 所示。

表 3-6 次分布的计算过程

	S_1 的次分布	S_2 的次分布	S 的次分布
1	0.2	0	0.2×0.4+0×0.6=0.08
2	0.7	0.25	0.7×0.4+0.25×0.6=0.43
3	0.1	0.6	0.1×0.4+0.6×0.6=0.40
4	0	0.15	0×0.4+0.15×0.6=0.09

由上表可知,次分布的概率为

$$q_0 = 0, \quad q_1 = 0.08, \quad q_2 = 0.43, \quad q_3 = 0.40, \quad q_4 = 0.09$$

求解本例的 R 程序代码如下,S 的分布如图 3-10 所示。

```
# 复合泊松分布 S1 的有关参数
lam1 = 2
```

```
p1 = c(0, 0.2, 0.7, 0.1, 0)

#复合泊松分布 S2 的有关参数
lam2 = 3
p2 = c(0, 0, 0.25, 0.6, 0.15)

#计算复合泊松分布 S 的有关参数
lam = lam1 + lam2  #泊松参数
lam  #输出泊松参数
##[1] 5

#复合泊松分布 S 中,次分布的概率
p = (lam1 * p1 + lam2 * p2)/lam
p  #输出次分布的概率
##[1] 0.00 0.08 0.43 0.40 0.09

#应用递推法计算复合泊松分布之和的概率函数
library(actuar)
Fs = aggregateDist(method = "recursive", model.freq = "poisson", model.sev = p,
lambda = lam)

#绘制复合泊松分布的概率函数
par(mfrow = c(1, 2))
pn = diff(Fs)  #计算概率
plot(Fs)
plot(0:(length(pn) - 1), pn, type = "h")
```

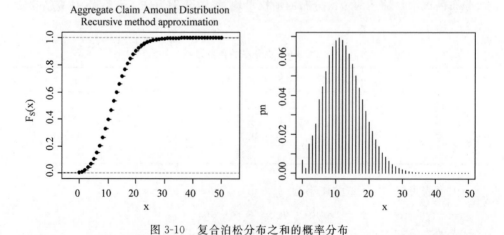

图 3-10　复合泊松分布之和的概率分布

【例 3-16】 假设 N_i 服从负二项分布,参数为 (r_i, β_i),N_i 相互独立,$N = N_1 + N_2 + \cdots + N_k$,计算 N 的分布。

【解】 N_i 的母函数为
$$P_{N_i}(z) = [1-\beta_i(z-1)]^{-r_i}$$
由独立性假设可知，N 的母函数为
$$P_N(z) = \prod_{i=1}^{k} P_{N_i}(z) = \prod_{i=1}^{k} [1-\beta_i(z-1)]^{-r_i}$$
如果 $\beta_i = \beta$，则有
$$P_N(z) = [1-\beta(z-1)]^{-(r_1+r_2+\cdots+r_k)}$$
即 N 服从参数为 $(r_1+r_2+\cdots+r_k, \beta)$ 的负二项分布。

如果 β_i 不全相等，则由于负二项是泊松-对数复合分布，故有
$$P_{N_i}(z) = [1-\beta_i(z-1)]^{-r_i} = e^{\lambda_i[Q_i(z)-1]}$$
式中，

$\lambda_i = r_i \ln(1+\beta_i)$ 是泊松参数，

$Q_i(z) = 1 - \dfrac{\ln[1-\beta_i(z-1)]}{\ln(1+\beta_i)} = \sum_{n=1}^{\infty} f_n(i) z^n$ 是对数分布的母函数，$f_n(i) = \dfrac{[\beta_i/(1+\beta_i)]^n}{n\ln(1+\beta_i)}$ 表示参数为 n 的对数分布等于 n 的概率，$n=1,2,\cdots$。

因此，$N = N_1 + N_2 + \cdots + N_k$ 是复合泊松分布，泊松参数为
$$\lambda = \sum_{i=1}^{k} \lambda_i = \sum_{i=1}^{k} r_i \ln(1+\beta_i)$$
次分布是对数分布的加权平均，概率为
$$\begin{aligned} f_n &= \sum_{i=1}^{k} \frac{\lambda_i}{\lambda} f_n(i) \\ &= \sum_{i=1}^{k} \frac{r_i \ln(1+\beta_i)}{\sum_{i=1}^{k} r_i \ln(1+\beta_i)} \frac{[\beta_i/(1+\beta_i)]^n}{n\ln(1+\beta_i)} \\ &= \frac{\sum_{i=1}^{k} r_i [\beta_i/(1+\beta_i)]^n}{n \sum_{i=1}^{k} r_i \ln(1+\beta_i)}, \quad n=1,2,\cdots \end{aligned}$$

【例 3-17】 假设保单组合包含 10 份不同的保单，每份保单的索赔次数均服从负二项分布，其中第 k 份保单的参数为 $(r=k, \beta=k)$，求上述保单组合的索赔次数分布，并用正态分布进行近似。

【解】 求解本例的 R 程序代码如下，保单组合的索赔次数的分布如图 3-11 所示。该图表明，保单组合的索赔次数分布可以用正态分布进行很好的近似。

```
#负二项分布的参数
r = 1:10
beta = 1:10

#泊松分布的参数
lam = sum(r * log(1 + beta))

#次分布的概率函数
fn = function(n) sum(r * (beta/(1 + beta))^n/n/sum(r * log(1 + beta)))

#计算次分布的概率
x = Vectorize(fn)(1:1000)
sev = c(0, x) #次分布在零点的概率为零

#应用递推法计算复合泊松分布的概率函数
library(actuar)
Fs = aggregateDist(method = "recursive", model.freq = "poisson", model.sev = 
sev, lambda = lam, maxit = 1000)

#计算复合泊松分布的概率
pn = diff(Fs)

#用正态分布进行拟合
n = length(pn) - 1
mu = sum(pn * 0:n) #均值
sigma2 = sum(pn * (0:n)^2) - mu^2 #方差

#绘图输出S的概率分布和正态分布的拟合结果
plot(0:n, pn, type = "h", xlab = "n", ylab = "p_n")
lines(0:n, dnorm(0:n, mean = mu, sd = sqrt(sigma2)), lwd = 2)
```

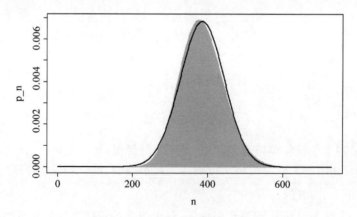

图 3-11 负二项分布之和的概率分布

3.5 混合分布

混合分布包括有限混合和无限混合两类。有限混合是指有限个分布的混合，如两个泊松分布的混合或泊松分布与负二项分布的混合等。无限混合是由无限多个分布混合而成的分布，譬如，假设泊松分布的参数服从伽马分布，就可以得到一个无限混合分布，而这个无限混合分布正好是负二项分布。

【例 3-18】 假设损失次数观察值来自两类保单，一类保单的损失次数服从参数为 3 的泊松分布，另一类保单的损失次数服从参数为 ($r=4, p=1/5$) 的负二项分布。在保单组合中，第一类保单占 40%，第二类保单占 60%，求保单组合的损失次数分布。

【解】 保单组合的损失次数分布可以表示为泊松分布与负二项分布的混合分布：

$$p_k = 0.4 \times \text{pois}(3) + 0.6 \times \text{nbinom}(4, 1/5)$$

绘制上述混合分布的 R 程序代码如下，输出结果如图 3-12 所示。

```
#泊松分布与负二项分布混合后的概率函数
f = function(x) 0.4 * dpois(x, 3) + 0.6 * dnbinom(x, 4, 1/5)

#绘图
x = 0:40
barplot(f(x), names.arg = x)
```

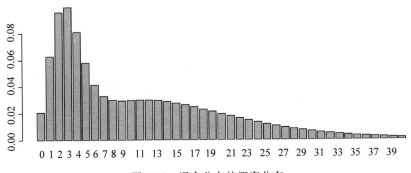

图 3-12 混合分布的概率分布

最常见的无限混合分布是混合泊松分布，即假设泊松分布的参数服从一个密度函数为 $u(\lambda)$ 的分布，则混合泊松分布的概率函数可以表示为

$$p_k = \int_0^\infty \frac{e^{-\lambda} \lambda^k}{k!} u(\lambda) d\lambda \tag{3.23}$$

【例 3-19】 如果泊松分布的参数服从伽马分布,伽马分布的参数为(shape=r, rate=β),其中 $\beta=(1-p)/p$,则相应的混合泊松分布就是负二项分布。

【解】 混合泊松分布可以表示为

$$f(k;r,p) = \int_0^\infty \frac{\lambda^k}{k!} e^{-\lambda} \lambda^{r-1} \frac{e^{-\lambda(1-p)/p}}{[p/(1-p)]^r \Gamma(r)} d\lambda$$

$$= \frac{(1-p)^r p^{-r}}{k! \Gamma(r)} \int_0^\infty \lambda^{r+k-1} e^{-\lambda/p} d\lambda$$

$$= \frac{(1-p)^r p^{-r}}{k! \Gamma(r)} p^{r+k} \Gamma(r+k)$$

$$= \frac{\Gamma(r+k)}{k! \Gamma(r)} p^k (1-p)^r$$

上式就是负二项分布的概率函数。

【定理 3-1】 令 N 服从混合泊松分布,泊松参数为 $\lambda\Theta$,其中 Θ 是一个均值为 1 的随机变量,密度函数为 $u(\theta)$,称作结构函数,则混合泊松分布的母函数可以表示为

$$P(z) = M_\Theta[\lambda(z-1)]$$

式中,M_Θ 为结构函数的矩母函数。

【证明】

$$P(z) = \int e^{\lambda\theta(z-1)} u(\theta) d\theta$$

$$= E[e^{\lambda(z-1)\Theta}]$$

$$= M_\Theta[\lambda(z-1)]$$

【例 3-20】 假设 N 服从混合泊松分布,泊松参数为 $\lambda\Theta$,其中 Θ 是一个均值为 1 的随机变量,证明 N 的方差总是大于均值。

【解】 由于 $N \sim \text{Poisson}(\lambda\Theta)$,且 $E(\Theta)=1$,所以

$$E(N) = E[E(N|\Theta)] = E(\lambda\Theta) = \lambda$$

$$\text{Var}(N) = E[\text{Var}(N|\Theta)] + \text{Var}[E(N|\Theta)]$$

$$= E(\lambda\Theta) + \text{Var}(\lambda\Theta) > \lambda$$

在混合泊松分布中,常见的结构函数包括伽马分布、逆高斯分布和对数正态分布。可以证明,如果 N 服从混合泊松分布,泊松参数为 $\lambda\Theta$,Θ 服从参数为 (α,α) 的伽马分布,均值为 1,方差为 $1/\alpha$,密度函数为

$$f_\Theta(\theta) = \frac{1}{\Gamma(\alpha)} \alpha^\alpha \theta^{\alpha-1} \exp(-\alpha\theta), \quad \theta > 0$$

则 N 服从负二项分布,均值为 λ,方差为 $\lambda + \lambda^2/\alpha$。

如果 N 服从混合泊松分布,泊松参数为 $\lambda\Theta$,Θ 服从参数为 $(1,\tau)$ 的逆高斯分布,均值为 1,方差为 τ,密度函数为

$$f_\Theta(\theta) = \frac{1}{\sqrt{2\pi\tau\theta^3}} \exp\left[-\frac{1}{2\tau\theta}(\theta-1)^2\right], \quad \theta > 0$$

则 N 服从泊松-逆高斯分布,均值为 λ,方差为 $\lambda+\tau\lambda^2$。

如果 N 服从混合泊松分布,泊松参数为 $\lambda\Theta$,Θ 服从参数为 $(-\sigma^2/2,\sigma^2)$ 的对数正态分布,均值为 1,方差为 $\exp(\sigma^2)-1$,密度函数为

$$f_\Theta(\theta) = \frac{1}{\theta\sigma\sqrt{2\pi}}\exp\left[-\frac{(\ln\theta+\sigma^2/2)^2}{2\sigma^2}\right], \quad \theta>0$$

则 N 服从泊松-对数正态分布,均值为 λ,方差为 $\lambda+[\exp(\sigma^2)-1]\lambda^2$。

【例 3-21】 用 $E(\cdot)$ 和 $V(\cdot)$ 分别表示混合泊松分布的均值和方差,则混合泊松分布的偏度系数可以表示如下:

$$\kappa(N) = \frac{1}{[V(N)]^{3/2}}\left\{3V(N) - 2E(N) + \frac{\gamma(\Theta)}{\sqrt{V(\Theta)}}\frac{[V(N)-E(N)]^2}{E(N)}\right\} \tag{3.24}$$

【解】 混合泊松分布的偏度系数定义为

$$\kappa(N) = \frac{E[N-E(N)]^3}{[V(N)]^{3/2}}$$

上式的分子可以展开为

$$E[N-E(N)]^3 = E(N^3) - 3E(N^2)E(N) + 2[E(N)]^3$$

混合泊松分布的矩母函数可以表示为

$$M_N(t) = \int_0^\infty \exp[\lambda\theta(e^t-1)]dF_\theta$$

式中,F_θ 表示结构函数 Θ 的分布函数。假设结构函数的均值等于 1,即 $E(\Theta)=1$,结构函数的偏度系数可以表示为

$$\kappa(\Theta) = \frac{E\{[\Theta-E(\Theta)]^3\}}{[V(\Theta)]^{3/2}} = \frac{E(\Theta^3) - 3E(\Theta^2) + 2}{[V(\Theta)]^{3/2}}$$

由矩母函数的性质可知:

$$E(N^3) = \left.\frac{d^3 M_N(t)}{dt^3}\right|_{t=0}$$

对混合泊松分布的矩母函数关于 t 求偏导,并令其等于零,可得:

$$E(N^3) = [E(N)]^3 E(\Theta^3) + 3[E(N)]^2 E(\Theta^2) + E(N)E(\Theta)$$

$$E(N^2) = E(N)E(\Theta) + [E(N)]^2 E(\Theta^2)$$

$$V(N) = E(N) + [E(N)]^2 V(\Theta)$$

所以偏度系数的分子可以表示为

$$[E(N)]^3 \kappa(\Theta)[V(\Theta)]^{3/2} + 3[E(N)]^2 V(\Theta) + E(N)$$

而

$$\frac{\kappa(\Theta)}{\sqrt{V(\Theta)}}\frac{[V(N)-E(N)]^2}{E(N)} = [E(N)]^3 \kappa(\Theta)[V(\theta)]^{3/2}$$

$$3V(N) - 2E(N) = 3[E(N)]^2 V(\Theta) + E(N)$$

所以有

$$\kappa(N) = \frac{1}{[V(N)]^{3/2}} \left\{ 3V(N) - 2E(N) + \frac{\kappa(\Theta)}{\sqrt{V(\Theta)}} \frac{[V(N) - E(N)]^2}{E(N)} \right\}$$

容易验证，对于泊松-伽马分布，有

$$\frac{\kappa(\Theta)}{\sqrt{V(\Theta)}} = 2$$

对于泊松-逆高斯分布，有

$$\frac{\kappa(\Theta)}{\sqrt{V(\Theta)}} = 3$$

对于泊松-对数正态分布，有

$$\frac{\kappa(\Theta)}{\sqrt{V(\Theta)}} = 3 + V(\Theta)$$

由此可见，在混合泊松分布 N 的均值和方差给定的条件下，N 的偏度系数取决于结构函数的偏度系数与标准差之比。在前述的三个结构函数中，对数正态分布的偏度系数与标准差之比最大，所以泊松-对数正态分布的偏度系数最大；伽马分布的偏度系数与标准差之比最小，所以泊松-伽马分布（即负二项分布）的偏度系数最小；泊松-逆高斯分布的偏度系数居于两者中间。

【例 3-22】 在前述的泊松-逆高斯分布中，泊松参数为 2，逆高斯分布的参数 $\tau = 0.5$，求泊松-逆高斯分布的概率。

【解】 求解本例的 R 程序代码如下，泊松-逆高斯分布的概率分布如图 3-13 所示。

```
#参数取值
lam = 1.2
tao = 0.5

#泊松-逆高斯的密度函数
f = function(x) exp(-lam * x) * (lam * x)^k/gamma(k + 1) * exp(-(x - 1)^2/2/tao/x)/sqrt(2 * pi * x^3 * tao)

#计算泊松-逆高斯分布的概率
p = NULL
i = 0
for (k in 0:20) {
    i = i + 1
    p[i] = integrate(f, 0, Inf) $ value
}

#检验概率之和是否等于1
```

```
sum(p)
##[1] 0.9999997

#绘图
barplot(p, names.arg = 0:20)
```

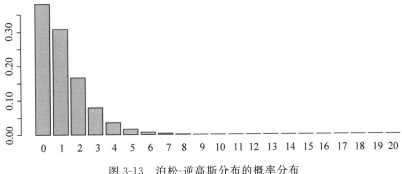

图 3-13 泊松-逆高斯分布的概率分布

3.6 免赔额对损失次数模型的影响

如果保险合同中规定了免赔额,则保险公司的赔款次数将不等于被保险人遭受的损失次数。对于小于免赔额的损失,保险公司不负责赔偿,所以免赔额会使得保险公司的赔款次数减少。

令 $v=\Pr(X>d)$ 表示损失大于免赔额的概率,则应用免赔额以后,保险公司的赔款次数也会发生相应变化。

为了便于说明,首先定义下述符号:

X 表示原始损失金额;

N^L 表示原始损失次数;

d 表示免赔额;

v 表示一次损失导致赔款的概率 $v = \Pr(X > d)$;

N^P 表示保险公司的赔款次数;

I_j 表示第 j 次损失是否导致赔款。若第 j 次损失导致赔款, $I_j=1$, 否则, $I_j=0$。故 I_j 是伯努利分布,参数为 v。

I_j 的母函数可以表示为
$$P_{I_j}(z) = 1 - v + vz = 1 + v(z-1)$$

赔款次数随机变量 N^P 可以表示为
$$N^P = I_1 + I_2 + \cdots + I_{N^L}$$

如果 I_j 相互独立,且与 N^L 相互独立,则 N^P 是复合分布,首分布为 N^L 的分布,次分布为伯努利分布,故赔款次数的母函数可以表示为

$$P_{N^P}(z) = P_{N^L}[P_{I_j}(z)] = P_{N^L}[1+v(z-1)] \tag{3.25}$$

3.6.1 免赔额对 $(a,b,0)$ 分布类的影响

如果被保险人的损失次数 N^L 服从 $(a,b,0)$ 分布类,则实施免赔额以后,保险公司的赔款次数 N^P 仍然服从 $(a,b,0)$ 分布类。也就是说,对损失次数模型的参数进行适当调整,即可得到赔款次数的分布模型,参数调整方法如表 3-7 所示。

表 3-7 损失次数分布和赔款次数分布的参数

N^L	N^L 的母函数	N^P
泊松(λ)	$\exp[\lambda(z-1)]$	$\lambda^* = v\lambda$
二项(m,q)	$[1+q(z-1)]^m$	$m^* = m$, $q^* = vq$
负二项(r,β)	$[1-\beta(z-1)]^{-r}$	$r^* = r$, $\beta^* = v\beta$

【例 3-23】 若损失次数服从泊松分布,参数为 λ,证明实施免赔额以后,赔款次数服从泊松分布,泊松参数为 $v\lambda$。

【解】 损失次数服从泊松分布,母函数为

$$P_{N^L}(z;\lambda) = \exp[\lambda(z-1)]$$

实施免赔额以后,由式(3.25)可知,赔款次数的母函数为

$$\begin{aligned}P_{N^P}(z) &= P_{N^L}[1+v(z-1)] \\ &= \exp\{\lambda[1+v(z-1)-1]\} \\ &= \exp[v\lambda(z-1)]\end{aligned}$$

上式就是参数为 $v\lambda$ 的泊松分布的母函数。

【例 3-24】 若损失次数服从负二项分布,参数为 r 和 β,证明实施免赔额以后,赔款次数也服从负二项分布,参数为 r 和 $v\beta$。

【解】 损失次数服从负二项分布,而负二项分布的母函数为

$$P_{N^L}(z) = [1-\beta(z-1)]^{-r}$$

所以,由式(3.25)可知,实施免赔额以后,赔款次数的母函数为

$$\begin{aligned}P_{N^P}(z) &= P_{N^L}[1+v(z-1)] \\ &= [1-v\beta(z-1)]^{-r}\end{aligned}$$

上式就是参数为 r 和 $v\beta$ 的负二项分布。

3.6.2 免赔额对 $(a,b,1)$ 分布类的影响

对于 $(a,b,1)$ 分布类,免赔额的使用也仅会影响模型的参数,譬如:

(1) 零调整泊松分布的参数 λ 变为 $v\lambda$，零点的概率 p_0 变为

$$p_0^* = \frac{p_0 - e^{-\lambda} + e^{-v\lambda} - p_0 e^{-v\lambda}}{1 - e^{-\lambda}} \tag{3.26}$$

(2) 零调整二项分布的参数 (n,p) 变为 (n,vp)，零点的概率 p_0 变为

$$p_0^* = \frac{p_0 - (1-p)^m + (1-vp)^m - p_0(1-vp)^m}{1 - (1-p)^m} \tag{3.27}$$

(3) 零调整负二项分布的参数 (r,β) 变为 $(r,v\beta)$，零点的概率 p_0 变为

$$p_0^* = \frac{p_0 - (1+\beta)^{-r} + (1+v\beta)^{-r} - p_0(1+v\beta)^{-r}}{\ln(1+\beta)} \tag{3.28}$$

【例 3-25】 假设损失次数服从零调整泊松分布，证明实施免赔额以后赔款次数也服从零调整泊松分布。

【解】 如果损失次数服从零调整泊松分布，则其母函数为

$$P_{N^L}(z;\lambda,\alpha) = \alpha + (1-\alpha)\frac{e^{\lambda(z-1)} - e^{-\lambda}}{1 - e^{-\lambda}}$$

实施免赔额以后，赔款次数的母函数可以表示为

$$P_{N^P}(z) = P_{N^L}[1+v(z-1)] = \alpha + (1-\alpha)\frac{e^{\lambda[1+v(z-1)-1]} - e^{-\lambda}}{1 - e^{-\lambda}}$$

$$= \alpha + (1-\alpha)\frac{e^{\lambda v(z-1)} - e^{-\lambda}}{1 - e^{-\lambda}}$$

$$= \alpha^* + (1-\alpha^*)\frac{e^{v\lambda(z-1)} - e^{-v\lambda}}{1 - e^{-v\lambda}}$$

上式与零调整泊松分布的母函数具有相同的形式，其中，

$$\alpha^* = \alpha + (1-\alpha)\frac{e^{-v\lambda} - e^{-\lambda}}{1 - e^{-\lambda}}$$

3.6.3 免赔额对复合分布的影响

当损失次数 N^L 服从一种复合分布时，其母函数可以表示为

$$P_{N^L}(z) = P_1[P_2(z)]$$

增加免赔额 d 之后，赔款次数 N^P 的母函数为

$$P_{N^P}(z) = P_1\{P_2[1+v(z-1)]\} \tag{3.29}$$

可见，如果 P_2 属于 $(a,b,0)$ 或 $(a,b,1)$，则赔款次数 N^P 将与损失次数 N^L 具有相同的复合分布类型。首分布不变，次分布具有相同的分布类型。

对于复合分布 $S = M_1 + M_2 + \cdots + M_N$，由于免赔额不会对首分布 N 产生影响，仅会对 M_i 产生影响，所以在应用免赔额的情况下，只需对复合分布中 M_i 的参数进行调整即可。

【例 3-26】 假设损失次数服从泊松-负二项分布,泊松参数为 $\lambda=0.2$,负二项分布的参数为 $(r=3,\beta=2)$。应用免赔额以后,一次损失导致赔款的概率为 $v=0.8$,计算赔款次数的分布。

【解】 在应用免赔额的情况下,赔款次数仍然是一个泊松-负二项分布,泊松参数不变,仍然为 $\lambda=0.2$,负二项分布的参数将调整为 $(r=3,\beta=2\times0.8=1.6)$。

【例 3-27】 假设损失次数 N^L 服从泊松-零截断负二项分布,参数为 $\lambda=0.2$,$r=3,\beta=0.1$,如果 $v=0.8$,试确定赔款次数 N^P 的分布。

【解】 赔款次数 N^P 是复合泊松分布:首分布是泊松,泊松参数为 $\lambda=0.2$,次分布是零调整负二项分布。有关参数如下:

$$\alpha^* = P_{零调整负二项}(1-v;\theta,0)$$
$$= \frac{P_{负二项}(1-v) - p_0}{1 - p_0}$$
$$= \frac{(1+v\beta)^{-r} - (1+\beta)^{-r}}{1 - (1+\beta)^{-r}}$$
$$= 0.17$$
$$r^* = r = 3$$
$$\beta^* = v\beta = 0.08$$

第4章 累积损失分布模型

累积损失是指若干次损失金额之和，其中的损失次数既可以是一个随机变量，也可以是一个确定的常数。相应地，累积损失的分布模型有两种不同的形式，一种是**集体风险模型**(collective risk model)，另一种是**个体风险模型**(individual risk model)。

在集体风险模型中，假设保单在一个保险期间发生的损失次数是一个随机变量 N，而第 i 次损失的金额是另一个随机变量 X_i，其中每次的损失金额 X_i 独立同分布。该保单在整个保险期间的累积损失可以表示为

$$S = X_1 + X_2 + \cdots + X_N$$

在集体风险模型中，累积损失 S 的均值和方差分别为

$$E(S) = E(N)E(X)$$

$$\mathrm{Var}(S) = E(N)\mathrm{Var}(X) + \mathrm{Var}(N)[E(X)]^2$$

在集体风险模型中，通常把 S 的分布称作复合分布。复合分布的名称用损失次数分布的名称进行命名，譬如当损失次数分布为泊松分布时，相应的复合分布称作复合泊松分布；当损失次数分布为负二项分布时，相应的复合分布称作复合负二项分布。

在集体风险模型中，损失次数是一个随机变量，但在个体风险模型中，假设损失次数是一个确定的常数。譬如，如果保单组合包含 n 份保单，每份保单相互独立，其中第 i 份保单在保险期间的损失金额是一个随机变量 X_i，则整个保单组合在保险期间的累积损失 S 可以表示为

$$S = X_1 + X_2 + \cdots + X_n$$

在个体风险模型中，假设随机变量 X_i 相互独立，但不必同分布，因此，个体风险模型的累积损失 S 具有下述的均值和方差：

$$E(S) = \sum_{i=1}^{n} E(X_i)$$

$$\mathrm{Var}(S) = \sum_{i=1}^{n} \mathrm{Var}(X_i)$$

集体风险模型和个体风险模型的主要区别是：在集体风险模型中，损失次数是一个随机变量，每次的损失金额独立同分布；而在个体风险模型中，损失次数是一个常数，每次的损失金额相互独立，但未必同分布。

第 2 章和第 3 章分别讨论了损失次数模型和损失金额模型，本章将主要讨论在已知损失次数模型和损失金额模型的条件下，如何求得累积损失的分布模型。

4.1 集体风险模型

集体风险模型的累积损失可以表示为

$$S = X_1 + X_2 + \cdots + X_N$$

式中,S 表示累积损失;N 表示损失次数随机变量;X_i 表示第 i 次的损失金额,$i=1,2,\cdots,N$。X_i 独立同分布,且与损失次数 N 相互独立。

在集体风险模型中,累积损失的计算方法包括:

(1) 解析法。仅适用于比较简单或特殊的问题。

(2) 参数近似法。如正态近似,正态幂(normal power)近似。

(3) 递推法。

(4) 傅里叶近似法。

(5) 随机模拟法。

下面分别讨论这些方法的基本原理及其实际应用。

4.1.1 精确计算

如果损失次数和损失金额的分布都比较简单,则可以应用卷积法求得累积损失的精确分布。

卷积法的一般计算公式如下:

$$\Pr(S=s) = \sum_{n=0}^{\infty} \Pr(S=s \mid N=n) \Pr(N=n) \tag{4.1}$$

在集体风险模型中,假设 X_i 独立同分布,所以

$$\Pr(S=s \mid N=n) = \Pr(X_1+X_2+\cdots+X_n=s) = f_X^{*n}(s) \tag{4.2}$$

上式可以用损失金额 X 的 n 重卷积求得,即首先求 X 与 X 的二重卷积,然后求 X 的二重卷积与 X 的卷积,得到 X 的三重卷积,以此类推,可以求得 X 的任意重卷积。譬如,假设 X 和 Y 是两个相互独立的非负随机变量,它们的密度函数分别为 $f_X(x)$ 和 $f_Y(y)$,则累积损失 $S=X+Y$ 的密度函数可以应用下述卷积公式进行计算:

$$f_S(s) = \int_0^{\infty} f_X(s-y) f_Y(y) \mathrm{d}y$$

如果 X 和 Y 是离散型随机变量,概率函数分别为 $p_X(x)$ 和 $p_Y(y)$,则累积损失 S 的概率函数可以用下面的卷积公式进行计算:

$$p_S(s) = \sum_{y=0}^{\infty} p_X(s-y) p_Y(y)$$

卷积法可以求得精确的累积损失分布,但计算量较大,所以仅适用于比较简单的情形。下面通过一个简例说明其应用。

【例 4-1】 假设保单的损失次数服从表 4-1 所示的分布,每次的损失金额服从表 4-2 所示的分布,计算该保单累积损失的分布。

表 4-1 损失次数的分布

损失次数(N)	概率
0	0.3
1	0.5
2	0.2

表 4-2 损失金额的分布

损失金额(X)	概率
100	0.5
200	0.3
300	0.1
400	0.1

【解】 对于本例的数据,可以应用下述的卷积公式计算累积损失 S 的分布:

$$\Pr(S=s) = \sum_{n=0}^{2} \Pr(S=s \mid N=n) \Pr(N=n)$$

下面调用 actuar 程序包计算累积损失的分布,R 程序代码如下,累积损失的分布函数如图 4-1 所示。

```
#损失次数的概率分布
pn = c(0.3, 0.5, 0.2)

#损失金额的概率分布
fx = c(0, 0.5, 0.3, 0.1, 0.1)

#求累积损失的分布函数
library(actuar)
Fc = aggregateDist("convolution", model.freq = pn, model.sev = fx, x.scale = 100)

#绘制累积损失的分布函数
plot(Fc)
```

在上述的 R 程序代码中,用 pn 记录损失次数的概率分布,第一个值是损失次数等于零的概率,第二个值是损失次数等于 1 的概率,第三个值是损失次数等于 2 的概率,依次类推。

用 fx 记录损失金额的概率分布,第一个值是损失金额等于零的概率,在本例中等于零;第二个值是损失金额等于 1 的概率,第三个值是损失金额等于 2 的概率,依次类推。

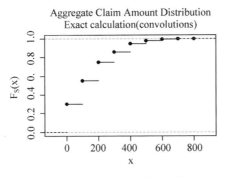

图 4-1 累积损失的分布函数

actuar 程序包用 aggregateDist 函数求累积损失的分布函数,"convolution"表示用卷积法,model.freq 表示损失次数的概率分布,model.sev 表示损失金额的概率分布,x.scale 表示损失金额的尺度,本例中使用的尺度为 100,含义是每 1 个单位表示 100。譬如,如果原始损失金额数据为 300,则使用尺度以后,损失金额就可以记为 3。对于表 4-2 中的损失金额数据,尺度化以后的分布如表 4-3 所示。

表 4-3 尺度化以后的损失金额分布

尺度化以后的损失金额(尺度为 100)	概率
1	0.5
2	0.3
3	0.1
4	0.1

在前述程序代码的基础上,应用 diff 函数可以求得累积损失的概率分布,R 程序代码如下。

```
#计算累积损失的概率
diff(Fc)
##[1] 0.300 0.250 0.200 0.110 0.088 0.032 0.014 0.004 0.002
```

从上述输出结果可知,累积损失的概率分布如表 4-4 所示。

表 4-4 累积损失的概率分布

尺度化以后的累积损失(单位为 100)	实际累积损失	概率
0	0	0.300
1	100	0.250
2	200	0.200
3	300	0.110

续表

尺度化以后的累积损失(单位为100)	实际累积损失	概率
4	400	0.088
5	500	0.032
6	600	0.014
7	700	0.004
8	800	0.002

除了对一些简单的问题可以应用卷积法求得累积损失的精确分布外,在一些特殊情况下,也可以求得累积损失的精确分布。譬如,假设 N 表示损失次数,服从参数为 λ 的泊松分布;X_i 独立同分布,服从形状参数为 α,尺度参数为 γ 的伽马分布,均值为 $\alpha\gamma$、方差为 $\alpha\gamma^2$,则累积损失 $S = \sum_{i=1}^{N} X_i$ 服从参数为 (μ, p, ϕ) 的 Tweedie 分布,其中:

$$\begin{cases} \mu = \lambda\alpha\gamma \\ p = \dfrac{\alpha+2}{\alpha+1} \\ \phi = \dfrac{\lambda^{1-p}(\alpha\gamma)^{2-p}}{2-p} \end{cases} \quad (4.3)$$

上式经变形,也可以由 Tweedie 分布的参数求得泊松分布的参数和伽马分布的参数:

$$\begin{cases} \lambda = \dfrac{\mu^{2-p}}{\phi(2-p)} \\ \alpha = \dfrac{2-p}{p-1} \\ \gamma = \phi(p-1)\mu^{p-1} \end{cases} \quad (4.4)$$

计算 Tweedie 分布的概率和分位数以及生成随机数都可以应用 tweedie 程序包。

【例 4-2】 假设损失次数服从参数为 $\lambda=5$ 的泊松分布,每次的损失金额服从形状参数为 shape=2,尺度参数为 scale=50 的伽马分布,均值为 100,方差为 5 000,求累积损失的分布。

【解】 累积损失服从 Tweedie 分布,计算 Tweedie 分布的程序代码和输出结果如下。

```
library(tweedie)
#泊松分布的参数
lambda = 5
```

```
# 伽马分布的参数
shape = 2
scale = 50

# 计算 Tweedie 分布的参数
mu = lambda * shape * scale
power = (shape + 2)/(shape + 1)
phi = lambda^(1 - power) * (shape * scale)^(2 - power)/(2 - power)

# 输出 Tweedie 分布的参数
cbind(mu, power, phi)
##      mu  power  phi
## [1,] 500 1.333 18.9

# 计算 Tweedie 分布在零点的概率
dtweedie(0, power = power, mu = mu, phi = phi)
## [1] 0.006738

# 绘制 Tweedie 分布的密度函数图
y = seq(0, 1000, 0.1)
fy = dtweedie(y = y, power = power, mu = mu, phi = phi)
plot(y, fy, type = "l")
```

图 4-2 表明,Tweedie 分布是一个混合型分布,在零点有一个概率堆积,本例中为 0.006 738,在大于零的部分又服从连续型分布。

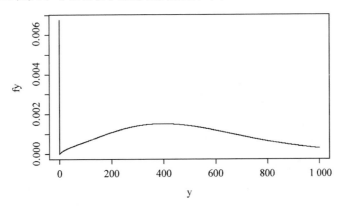

图 4-2 Tweedie 分布的密度函数

生成 Tweedie 分布的随机数既可以应用 tweedie 程序包,也可以通过泊松分布的随机数与伽马分布的随机数复合而成。使用前文已经求得的有关参数,模拟

Tweedie 随机数的 R 程序代码如下，输出结果如图 4-3 所示。

```
#应用 rtweedie 函数生成 Tweedie 分布的随机数
library(tweedie)
set.seed(123)
n = 10000
tw1 = rtweedie(n, power = power, mu = mu, phi = phi)

#计算随机数 tw1 等于零的概率
sum(tw1 == 0)/n
##[1] 0.0067

#应用泊松分布与伽马分布的复合过程生成 Tweedie 分布的随机数
n = 10000
num = rpois(n, lambda = lambda) #泊松分布的随机数
tw2 = NULL
for (i in 1:n) {
    tw2[i] = ifelse(num[i] == 0, 0, sum(rgamma(num[i], shape = shape, scale = scale)))
}

#计算随机数 tw2 等于零的概率
sum(tw2 == 0)/n
##[1] 0.0061

#随机数 tw2 的直方图
hist(tw2, breaks = 100, col = 'grey', main = '', xlab = '')
```

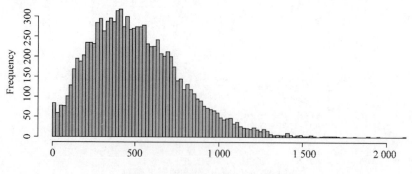

图 4-3　Tweedie 分布的随机模拟

Tweedie 分布的形状多种多样,如图 4-4 所示。在该图中,泊松分布的均值恒为 5,伽马分布的均值恒为 1 000。它们之间的差异主要体现在伽马分布的形状参数 shape 和尺度参数 scale 是变化的,从而使得 Tweedie 分布的形状也不断发生变化。该图中的实线是 Tweedie 分布的密度函数,直方图是 Tweedie 分布的随机模拟值。

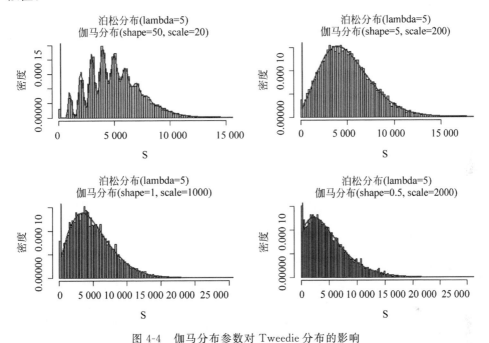

图 4-4　伽马分布参数对 Tweedie 分布的影响

4.1.2　参数近似

　所谓参数近似,就是通过一个参数分布来近似计算累积损失的分布。在近似累积损失时,最常使用的分布是正态分布和伽马分布。

1. 正态近似

　当损失次数足够大时,由中心极限定理可知,累积损失就比较接近正态分布,因此,可以用正态分布进行近似。

　令 $\mu = E(S)$,$\sigma = \sqrt{\mathrm{Var}(S)}$ 分别表示累积损失的均值和标准差,则正态近似的计算公式如下:

$$F_S(s) = \Pr(S \leqslant s) = \Pr\left(\frac{S-\mu}{\sigma} \leqslant \frac{s-\mu}{\sigma}\right) \approx \Phi\left(\frac{s-\mu}{\sigma}\right) \tag{4.5}$$

式中,$F_S(s)$ 表示累积损失的分布函数,Φ 表示标准正态分布的分布函数。

【例 4-3】 假设损失次数服从参数为 5 的泊松分布，每次的损失金额服从参数为 (shape=2, rate=1/3) 的伽马分布。用正态近似计算累积损失的分布，并计算 95% 水平下的 VaR 和 TVaR。

【解】 泊松分布的均值和方差分别为

$$E(N) = \mathrm{Var}(N) = \lambda = 5$$

伽马分布的均值和方差分别为

$$E(X) = \frac{2}{1/3} = 6$$

$$\mathrm{Var}(X) = \frac{2}{(1/3)^2} = 18$$

所以，累积损失的均值和方差分别为

$$E(S) = E(N)E(X) = 5 \times 6 = 30$$

$$\mathrm{Var}(S) = E(N)\mathrm{Var}(X) + \mathrm{Var}(N)[E(X)]^2 = 270$$

应用式(2.5)，累积损失的分布函数可以近似表示为

$$F_S(s) \approx \Phi\left(\frac{s-\mu}{\sigma}\right) = \Phi\left(\frac{s-30}{\sqrt{270}}\right)$$

用正态近似计算的累积损失的分布函数如图 4-5 所示，R 程序代码如下。

```
#参数取值
mu = 30
sigma = sqrt(270)
s = 0:100

#计算累积损失的分布函数
Fs = pnorm((s - mu)/sigma)

#绘制累积损失的分布函数
plot(s, Fs, type = "l")

#计算 95% 水平下的 VaR
VaR = qnorm(p = 0.95, mean = mu, sd = sigma)
VaR
##[1] 57.0277

#计算 95% 水平下的 TVaR
f = function(x) x * dnorm(x, mean = mu, sd = sigma)
TVaR = integrate(f, VaR, Inf) $ value/0.05
TVaR
##[1] 63.8938
```

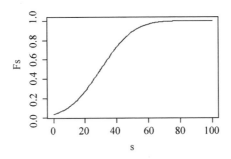

图 4-5　正态近似计算的累积损失的分布函数

2. 平移伽马近似

在平移伽马近似中,要求伽马分布平移以后与累积损失的分布函数近似相等。

令 W 服从形状参数为 α,比率参数为 β 的伽马分布,即 $W \sim \text{Gamma}(\alpha,\beta)$,将其平移以后得到 $W+x_0$。为了用 $W+x_0$ 近似计算 S,需要求得 α、β、x_0 的值,为此,可以令 S 和 $W+x_0$ 的三阶矩相等,即均值、方差和偏度分别相等,即

$$\begin{cases} \mu = x_0 + \dfrac{\alpha}{\beta} \\ \sigma^2 = \dfrac{\alpha}{\beta^2} \\ \kappa = \dfrac{2}{\sqrt{\alpha}} \end{cases} \tag{4.6}$$

上式中,μ 和 σ 分别表示累积损失的均值和标准差,κ 表示累积损失的偏度系数。

由式(4.6)可得

$$\begin{cases} \alpha = \dfrac{4}{\kappa^2} \\ \beta = \dfrac{2}{\kappa\sigma} \\ x_0 = \mu - \dfrac{2\sigma}{\kappa} \end{cases} \tag{4.7}$$

所以,累积损失的分布函数可以用伽马分布近似表示为

$$\begin{aligned} F_S(s) &= \Pr(S \leqslant s) \\ &\approx \Pr(W + x_0 \leqslant s) \\ &= \Pr(W \leqslant s - x_0) \\ &= F_G(s - x_0) \end{aligned}$$

式中,F_G 表示伽马分布的分布函数,形状参数为 α,比率参数为 β。

应用平移伽马近似,需要已知累积损失 S 的偏度系数,可以如下计算:

$$\kappa = \frac{\text{sk}(N)[\text{Var}(N)]^{3/2}[E(X)]^3 + 3\text{Var}(N)E(X)\text{Var}(X) + E(N)\text{sk}(X)[\text{Var}(X)]^{3/2}}{[\text{Var}(S)]^{3/2}}$$

当损失次数服从参数为 λ 的泊松分布时,偏度系数的上述计算公式可以简化为

$$\kappa = \frac{E(X^3)}{\sqrt{\lambda}\,[E(X^2)]^{3/2}}$$

【例 4-4】 假设损失次数服从参数为 $\lambda=3$ 的泊松分布,每次的损失金额 X 服从比率参数为 $\theta=0.01$ 的指数分布,均值为 100。用平移伽马近似计算累积损失的分布。

【解】 本例的累积损失服从复合泊松分布。复合泊松分布的均值、方差和偏度系数如下:

$$E(S) = \lambda E(X)$$
$$\mathrm{Var}(S) = \lambda E(X^2)$$
$$\kappa = \frac{E(X^3)}{\sqrt{\lambda}\,[E(X^2)]^{3/2}}$$

对于本例而言,泊松参数为 $\lambda=3$,指数分布的 m 阶原点矩为 $E(X^m)=m!/\theta^m$,所以有

$$E(X) = \frac{1}{\theta} = 100$$

$$E(X^2) = \frac{2}{\theta^2} = 20\,000$$

$$E(X^3) = 3 \times \frac{2}{\theta^3} = 6\,000\,000$$

由此可得

$$E(S) = 300,\quad \mathrm{Var}(S) = 60\,000,\quad \kappa = 1.224\,7$$

即

$$\mu = 300,\quad \sigma^2 = 60\,000,\quad \kappa = 1.224\,7$$

故而由式(4.7)可知

$$\alpha = 2.666\,9,\quad \beta = 0.006\,667,\quad x_0 = -100.014\,7$$

所以,累积损失 S 的分布函数可以近似表示为

$$F_S(s) \approx F_G(s - x_0) = F_G(s + 100.014\,7)$$

上式中,F_G 表示参数为(shape = 2.666 9, rate = 0.006 667)的伽马分布。

用平移伽马近似计算的累积损失的分布函数如图 4-6 所示,绘图的 R 程序代码如下。

```
alpha = 2.6669
beta = 0.006667
s = 0:1200
Fs = pgamma(s + 100.0147, shape = alpha, rate = beta)
plot(s, Fs, type = "l")
```

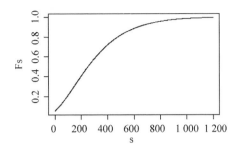

图 4-6 平移伽马近似计算的累积损失的分布函数

3. 正态幂近似

正态幂近似是将累积损失进行适当的变换以后，使其近似服从标准正态分布。正态幂近似的公式如下：

$$F_S(s) \approx \Phi\left(-\frac{3}{\kappa} + \sqrt{\frac{9}{\kappa^2} + 1 + \frac{6}{\kappa}\frac{s-\mu}{\sigma}}\right) \quad (4.8)$$

式中，Φ 是标准正态分布的函数，μ,σ,κ 分别表示累积损失观察值的均值、标准差和偏度系数。

上式表明，累积损失经过上式括号中的调整以后，近似服从标准正态分布。

【例 4-5】 假设损失次数服从参数为 $\lambda=3$ 的泊松分布，每次的损失金额 X 服从比率参数为 $\theta=0.01$ 的指数分布，均值为 100。用正态幂近似计算累积损失的分布。

【解】 由上例的结果可知，累积损失的均值、标准差和偏度系数分别为

$$\mu = 300, \quad \sigma = \sqrt{60\,000}, \quad \kappa = 1.224\,7$$

所以，由式(4.8)可知，累积损失 S 近似服从下述的标准正态分布

$$F_S(s) \approx \Phi\left(-\frac{3}{1.224\,7} + \sqrt{\frac{9}{1.224\,7^2} + 1 + \frac{6}{1.224\,7}\frac{s-300}{\sqrt{60\,000}}}\right)$$

用正态幂近似计算的累积损失的分布函数如图 4-7 所示，绘图的 R 程序代码如下。

```
mu = 300
sigma = sqrt(60000)
k = 1.2247
s = 0:1200
Fs = pnorm(-3/k + sqrt(9/k^2 + 1 + 6/k * (s - mu)/sigma))
plot(s, Fs, type = "l")
```

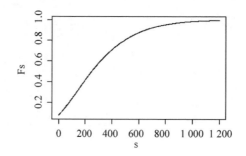

图 4-7　正态幂近似计算的累积损失的分布函数

4. Wilson-Hilfery 近似

Wilson-Hilfery 近似是将累积损失经过适当变换以后，使其近似服从标准正态分布。应用 Wilson-Hilfery 近似计算累积损失分布函数的公式如下：

$$F_S(s) \approx \Phi\left[3\left(\frac{2}{\kappa}\right)^{2/3}\left(\frac{s-\mu}{\sigma}+\frac{2}{\kappa}\right)^{1/3}-\frac{6}{\kappa}+\frac{\kappa}{6}\right] \quad (4.9)$$

式中，Φ 是标准正态分布的函数，μ,σ,κ 分别表示累积损失观察值的均值、标准差和偏度系数。

上式表明，累积损失经过上式括号中的调整以后，近似服从标准正态分布。

【例 4-6】 假设损失次数服从参数为 $\lambda=3$ 的泊松分布，每次的损失金额 X 服从参数为 $\theta=0.01$ 的指数分布，均值为 100。用 Wilson-Hilfery 近似计算累积损失的分布。

【解】 由上例的结果可知，累积损失的均值、标准差和偏度系数分别为

$$\mu=300, \quad \sigma=\sqrt{60\,000}, \quad \kappa=1.224\,7$$

由式(4.9)可知，累积损失 S 近似服从下述的标准正态分布

$$F_S(s) \approx \Phi\left[3\left(\frac{2}{1.224\,7}\right)^{2/3}\left(\frac{s-300}{\sqrt{60\,000}}+\frac{2}{1.224\,7}\right)^{1/3}-\frac{6}{1.224\,7}+\frac{1.224\,7}{6}\right]$$

用 Wilson-Hilfery 近似计算的累积损失的分布函数如图 4-8 所示，绘图的 R 程序代码如下。

```
mu = 300
sigma = sqrt(60000)
k = 1.2247
s = 0:1200
Fs = pnorm(3 * (2/k)^(2/3) * ((s - mu)/sigma + 2/k)^(1/3) - 6/k + k/6)
plot(s, Fs, type = "l")
```

从前述结果可以看出，对于本例的损失次数和损失金额，应用平移伽马近似、正态幂近似和 Wilson-Hilfery 近似计算的累积损失的分布非常接近。

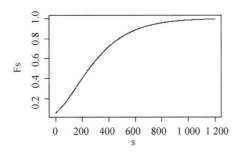

图 4-8 Wilson-Hilfery 近似计算的累积损失的分布函数

4.1.3 Panjer 递推法

应用 Panjer 递推法计算累积损失的分布,首先需要对连续的损失金额随机变量进行离散化处理,然后应用损失次数的复合分布模型近似计算累积损失的分布。对损失金额分布进行离散化处理的方法有四种:向上离散化、向下离散化、折中离散化和无偏离散化。向上离散化和向下离散化存在系统性偏差,所以最常使用的是折中离散化与无偏离散化。

在对连续型损失分布进行离散化处理时,首先需要确定离散化使用的步长,下面用 h 表示步长。离散化的过程事实上就是把连续型分布在长度为 h 的区间上的概率全部看做是一个点上的概率,最终得到在下述离散点上的概率:$0, h, 2h, 3h, \cdots$。

向上离散化和向下离散化首先把连续型分布的取值范围 $(0, \infty)$ 划分为下述区间:

$$(0, h], (h, 2h], (2h, 3h], \cdots$$

在向上离散化时,把连续分布在每一个区间上的概率计算为在该区间左端点上的概率。譬如,把 $(0, h]$ 区间的概率计算为 0 处的概率,把 $(h, 2h]$ 区间的概率计算为 h 处的概率,把 $(2h, 3h]$ 区间的概率计算为 $2h$ 处的概率,依次类推。经过向上离散化以后的分布函数将出现在连续分布函数的上方,所以称作向上离散化,如图 4-10 所示。向上离散化以后,损失在零点处的概率将大于零,所以,向上离散化会产生低估损失的误差。每个区间的长度称作步长。步长越大,离散化所产生的误差就越大。

向下离散化是把连续分布在每一个区间上的概率计算为在区间右端点上的概率。譬如,把 $(0, h]$ 区间的概率计算为 h 处的概率,把 $(h, 2h]$ 区间的概率计算为 $2h$ 处的概率,依次类推。向下离散化以后的分布函数将出现在连续型分布函数的下方,如图 4-11 所示,从而产生高估损失的误差。向下离散化以后,损失在零点的概率等于零。

第三种离散化方法是折中离散化。折中离散化把连续型分布函数的取值范围 $(0,\infty)$ 划分为下述区间：

$$\left(0,\frac{1}{2}h\right],\quad \left(\frac{1}{2}h,\frac{3}{2}h\right],\quad \left(\frac{3}{2}h,\frac{5}{2}h\right],\quad \cdots$$

在上述区间中，除了第一个区间以外，其他每一个区间的中点分别为 $h, 2h, 3h, \cdots$

在折中离散化时，把第一个区间的概率计算为零点的概率：

$$p_0 = \Pr\left(X \leqslant \frac{h}{2}\right)$$

把其他每一个区间上的概率计算为该区间中点上的概率，如

$$p_1 = \Pr\left(\frac{h}{2} < X \leqslant \frac{3h}{2}\right)$$

$$p_2 = \Pr\left(\frac{3h}{2} < X \leqslant \frac{5h}{2}\right)$$

分别表示在 h 和 $2h$ 点上的概率。

折中离散化以后的分布函数与连续型分布函数相互交织，没有系统性偏差，如图 4-12 所示。

第四种离散化方法是无偏离散化。无偏离散化把连续型分布函数的取值范围 $(0,\infty)$ 划分为下述区间：

$$(0,h],\quad (h,2h],\quad (2h,3h],\cdots$$

无偏离散化在下述条件下计算每个离散点上的概率：

连续分布在每个区间上的概率和期望值分别等于离散化分布在每个区间上的概率和期望值，如图 4-9 所示，将连续分布在区间 $(0,h]$ 上的概率分配到 0 点和 h 点，分别分配 p_1 和 q_1，将连续分布在区间 $(h,2h]$ 上的概率分配到 h 点和 $2h$ 点，分别分配 p_2 和 q_2，将连续分布在区间 $(2h,3h]$ 上的概率分配到 $2h$ 点和 $3h$ 点，分别分配 p_3 和 q_3，依次类推。

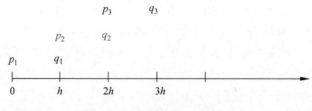

图 4-9　连续分布的无偏离散化

在图 4-9 中，连续型分布在 $(0,h]$ 区间的概率为 $\int_0^h f(x)\mathrm{d}x$，将其中的 p_1 分配到 0 点，q_1 分配到 h 点，所以有

$$p_1 + q_1 = \int_0^h f(x)\mathrm{d}x$$

连续型分布在$(0,h]$区间的期望值为$\int_0^h xf(x)\mathrm{d}x$，离散分布在该区间的期望值为$0 \cdot p_1 + h \cdot q_1$，令连续分布和离散分布在该区间的期望值相等，即得

$$0 \cdot p_1 + h \cdot q_1 = \int_0^h xf(x)\mathrm{d}x$$

在区间$(h, 2h]$也可进行类似的分析，从而得到下述方程：

$$p_2 + q_2 = \int_h^{2h} f(x)\mathrm{d}x$$

$$h \cdot p_2 + 2h \cdot q_2 = \int_h^{2h} xf(x)\mathrm{d}x$$

依次类推，在每个区间可以建立一个方程组，其中一个方程表示离散分布和连续分布的概率相等，另一个方程表示离散分布和连续分布的期望值相等。

求解上述方程组，即可得到离散分布在 0 点的概率为

$$f_0 = 1 - \frac{E(X \wedge h)}{h} \tag{4.10}$$

在$ih(i=1,2,3,\cdots)$点上的概率为

$$f_i = \frac{2E(X \wedge ih) - E[X \wedge (i-1)h] - E[X \wedge (i+1)h]}{h}, \quad i = 1, 2, \cdots \tag{4.11}$$

无偏离散化能够确保在每个区间的概率和期望值分别等于连续型分布在该区间的概率和期望值，所以不会产生系统性偏差。

【例 4-7】 假设损失金额服从伽马分布，形状参数为 shape=2，比率参数为 rate=1，应用前述的四种方法计算离散化以后的分布。

【解】 为了便于说明各种方法的特点，本例令 step=2，即离散化的步长等于 2，相当于把原始损失在长度 2 的区间内的概率堆积到离散点上。在实际应用中，选用的步长越小，离散化造成的偏差也越小。

下面应用 actuar 程序包中的函数 discretize 进行离散化。在该函数中，method="upper"表示向上离散化，method="lower"表示向下离散化，method="rounding"表示折中离散化，method="unbiased"表示无偏离散化。

向上离散化的 R 程序代码如下，输出结果如图 4-10 所示，其中虚线表示连续型的分布函数和密度函数，实线表示离散化以后的分布函数和概率函数。

```
# 离散化的区间端点
x = seq(0, 10, by = 2)
```

```
#向上离散化
library(actuar)
fu = discretize(pgamma(x, 2, 1), method = "upper", from = 0, to = max(x), step = 2)

#向上离散化以后在点 0, 2, 4, 6, 8 上的概率
round(fu, 3)
##[1] 0.594 0.314 0.074 0.014 0.003

#向上离散化后的概率之和
sum(fu)
##[1] 0.9995006

#绘图比较连续分布和向上离散化以后的分布
par(mfrow = c(1, 2))
curve(pgamma(x, 2, 1), xlim = c(0, max(x)),lty = 2, main = "分布函数")
plot(stepfun(head(x, -1), diffinv(fu)), pch = 19, add = TRUE)
plot(head(x, -1), fu, type = "h", main = "概率函数", xlab = "x")
curve(dgamma(x, 2, 1), xlim = c(0, max(x)), lty = 2, add = TRUE)
```

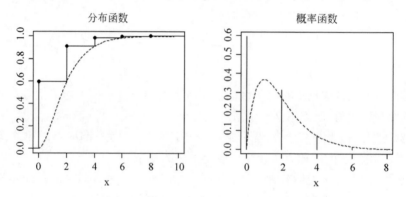

图 4-10 向上离散化以后的分布函数和概率函数

向下离散化的 R 程序代码如下。输出结果如图 4-11 所示,其中虚线表示连续型的分布函数和密度函数,实线表示离散化以后的分布函数和概率函数。

```
#离散化的区间端点
x = seq(0, 10, by = 2)

#向下离散化
library(actuar)
fl = discretize(pgamma(x, 2, 1), method = "lower", from = 0, to = max(x), step = 2)
```

```
# 向下离散化以后在点 0, 2, 4, 6, 8, 10 上的概率
round(fl, 3)
# # [1] 0.000 0.594 0.314 0.074 0.014 0.003

# 向下离散化之后的概率之和
sum(fl)
# # [1] 0.9995006

# 绘图比较连续分布和向下离散化后的分布
par(mfrow = c(1, 2))
curve(pgamma(x, 2, 1), xlim = c(0, max(x)), lty = 2, ylab = "", main = "分布函数")
plot(stepfun(x, diffinv(fl)), pch = 19, add = TRUE)
plot(x, fl, type = "h", main = "概率函数", ylab = "")
curve(dgamma(x, 2, 1), lty = 2, xlim = c(0, max(x)), add = TRUE)
```

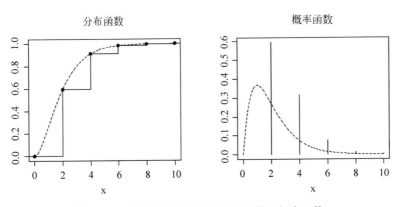

图 4-11 向下离散化以后的分布函数和概率函数

折中离散化的 R 程序代码如下,输出结果如图 4-12 所示,其中虚线表示连续型的分布函数和密度函数,实线表示离散化以后的分布函数和概率函数。

```
# 离散化的区间端点
x = seq(0, 10, by = 2)

# 折中离散化
library(actuar)
fr = discretize(pgamma(x, 2, 1), method = "rounding", from = 0, to = max(x), step = 2)

# 折中离散化以后在点 0, 2, 4, 6, 8 上的概率
round(fr, 3)
```

```
##[1] 0.264 0.537 0.159 0.033 0.006

#折中离散化以后的概率之和
sum(fr)
##[1] 0.9987659

#绘图比较连续分布和折中离散化后的分布
par(mfrow = c(1, 2))
curve(pgamma(x, 2, 1), xlim = c(0, max(x)), lty = 2, ylab = "", main = "分布函
数")
plot(stepfun(head(x, -1), diffinv(fr)), pch = 19, add = TRUE)
plot(head(x, -1), fr, type = "h", main = "概率函数", xlab = "x", ylab = "")
curve(dgamma(x, 2, 1), xlim = c(0, max(x)), lty = 2, add = TRUE)
```

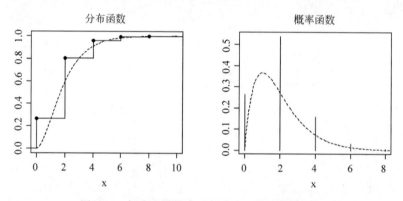

图4-12 折中离散化以后的分布函数和概率函数

无偏离散化的R程序代码如下,输出结果如图4-13所示,其中虚线表示连续型的分布函数和密度函数,实线表示离散化以后的分布函数和概率函数。由式(4.10)和式(4.11)可知,在无偏离散化中,需要应用连续型分布的有限期望函数。在下述的程序代码中,lev＝levgamma(x,2,1)表示参数为(shape＝2,rate＝1)的伽马分布的有限期望函数。

```
#离散化的区间端点
x = seq(0, 10, by = 2)

#无偏的离散化
library(actuar)
fb = discretize(pgamma(x, 2, 1), method = "unbiased", lev = levgamma(x, 2, 1),
from = 0, to = max(x), step = 2)
```

```
# 无偏离散化以后在点 0, 2, 4, 6, 8, 10 上的概率
round(fb, 3)
# # [1] 0.271 0.514 0.171 0.037 0.007 0.001

# 无偏离散化以后的概率之和
sum(fb)
# # [1] 0.9995006

# 绘图比较连续分布和无偏离散化后的分布
par(mfrow = c(1, 2))
curve(pgamma(x, 2, 1), xlim = c(0, max(x)), lty = 2, ylab = "", main = "分布函数")
plot(stepfun(x, diffinv(fb)), pch = 19, add = TRUE)
plot(x, fb, type = "h", ylab = "", main = "概率函数")
curve(dgamma(x, 2, 1), xlim = c(0, max(x)), lty = 2, add = TRUE)
```

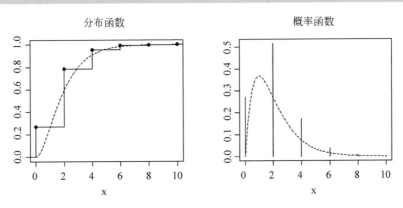

图 4-13 无偏离散化以后的分布函数和概率函数

【例 4-8】 假设损失次数服从参数为 5 的泊松分布,每次的损失金额服从参数为(shape=2,rate=1/3)的伽马分布,用 Panjer 递推法计算累积损失的分布。

【解】 应用 actuar 程序包中的函数 aggregateDist 计算累积损失的分布。R 程序代码如下,其中 model.freq="poisson"表示损失次数服从泊松分布;lambda=5 表示泊松参数为 5;model.sev=fu 表示损失金额的分布使用向上离散化以后的分布 fu。应用四种离散化方法求得的累积损失的分布如图 4-14 所示,其中应用折中离散化和无偏离散化求得的累积损失的分布函数几乎相等。

```
# 确定损失金额的最大取值
xmax = qgamma(1 - 1e-09, 2, 1/3)

# 对伽马分布进行向上离散化,使用默认步长 1
library(actuar)
fu = discretize(pgamma(x, 2, 1/3), method = "upper", from = 0, to = xmax)
```

```
#对伽马分布进行向下离散化,使用默认步长 1
fl = discretize(pgamma(x, 2, 1/3), method = "lower", from = 0, to = xmax)

#对伽马分布进行折中离散化,使用默认步长 1
fr = discretize(pgamma(x, 2, 1/3), method = "rounding", from = 0, to = xmax)

#对伽马分布进行无偏离散化,使用默认步长 1
fb = discretize(pgamma(x, 2, 1/3), method = "unbiased", lev = levgamma(x, 2, 1/3),
from = 0, to = xmax)

#应用向上离散化以后的损失金额计算累积损失的分布
Fu = aggregateDist("recursive", model.freq = "poisson", model.sev = fu, lambda =
5)

#应用向下离散化以后的损失金额计算累积损失的分布
Fl = aggregateDist("recursive", model.freq = "poisson", model.sev = fl, lambda =
5)

#应用折中离散化以后的损失金额计算累积损失的分布
Fr = aggregateDist("recursive", model.freq = "poisson", model.sev = fr, lambda =
5)

#应用无偏离散化以后的损失金额计算累积损失的分布
Fb = aggregateDist("recursive", model.freq = "poisson", model.sev = fb, lambda =
5)

#比较四种离散化方法求得的累积损失分布
x = seq(0, xmax, 1)
plot(x, Fr(x), type = 'l', xlab = 's', ylab = 'F(s)')
lines(x, Fu(x), lty = 2)
lines(x, Fl(x), lty = 3)
legend(40, 0.4, c('折中离散化', '向上离散化', '向下离散化'), lty = 1:3, box.col =
'white')
```

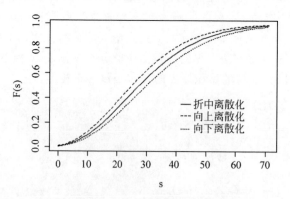

图 4-14 累积损失的分布函数

图 4-14 表明,向上离散化求得的累积损失偏小,向下离散化求得的累积损失偏大,而折中离散化和无偏离散化求得的累积损失相等,没有系统性偏差。

【例 4-9】 假设保单的损失次数服从参数为 3 的泊松分布,每次的损失金额服从参数为 (shape=3, rate=1/4) 的伽马分布。如果保单对每次损失的免赔额为 $d=2$,赔偿限额为 18,即 $u=20$。计算累积损失在 90% 水平下的 VaR 和 TVaR。

【解】 实施免赔额 $d=2$ 以后,一次损失导致索赔的概率为
$$v = \Pr(X > 2) = 0.9856123$$
所以,保单的索赔次数服从参数为 $3v = 2.956837$ 的泊松分布。

求解本例的 R 程序代码如下,输出结果如图 4-15 所示。

```
library(actuar)
# 实施免赔额和赔偿限额以后,每次赔款的密度函数
fx = coverage(dgamma, pgamma, deductible = 2, limit = 20)

# 实施免赔额和赔偿限额以后,每次赔款的分布函数
Fx = coverage(cdf = pgamma, deductible = 2, limit = 20)

# 对赔款分布函数进行折中离散化
xmax = qgamma(1 - 1e-09, 3, 1/4)        # 损失金额的最大取值
sev = discretize(Fx(x, 3, 1/4), from = 0, to = xmax, method = 'rounding')
sum(sev)
## [1] 1

# 计算累积赔款的分布函数
s = aggregateDist('recursive', model.freq = 'poisson', model.sev = sev, lambda =
3 * (1 - pgamma(2, 3, 1/4)))

# 绘图
plot(s, pch = '.')

# 计算 VaR
VaR(s, 0.9)
## 90%
## 53

# 计算 TVaR
TVaR(s, 0.9)
##        90%
## 65.78248
```

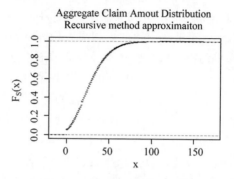

图 4-15 累积赔款的分布函数

4.1.4 傅里叶近似

假设随机变量 X 的概率密度函数为 $f(x)$,则对其实施下述的傅里叶变换可以得到随机变量的特征函数为

$$\varphi(t) = E(e^{itX}) = \int_{-\infty}^{\infty} e^{itx} f(x) dx$$

反之,如果已知随机变量 X 的特征函数为 $\varphi(t)$,则对其实施逆傅里叶变换可以求得随机变量的分布函数为

$$F(x) = \frac{1}{2} - \frac{1}{\pi} \int_{-\infty}^{\infty} \frac{1}{t} \Im[e^{-itx} \varphi(t)] dt$$

式中,$\Im(\cdot)$ 表示提取虚数的虚部,如 $\Im(a+bi)=b$。

上式假设随机变量是连续的,对于离散化的随机变量,上式中的 $F(x)$ 需要替换为 $[F(x+)+F(x-)]/2$,其中 $F(x+)$ 和 $F(x-)$ 分别表示分布函数 $F(x)$ 在 x 处的右极限和左极限。

应用傅里叶变换计算累积损失分布函数的具体过程如下:

(1) 对损失金额 X 进行离散化处理,得到一个 n 维向量:

$$f_X(0), f_X(1), \cdots, f_X(n-1)$$

其中 n 是累积损失 S 的取值个数。如果损失金额 X 的取值个数不足 n 个,可以用零补足。

(2) 对离散化后的损失金额向量进行快速傅里叶变换(FFT),得到离散分布的特征函数 $\varphi_X(t)$,也是一个 n 维向量。

(3) 假设损失次数的概率母函数为 $P_N(z)$,则应用复合分布的性质,可以求得累积损失 S 的特征函数为 $\varphi_S(t)=P_N[\varphi_X(t)]$,这也是一个 n 维向量。

(4) 对累积损失的特征函数 $\varphi_S(t)$ 应用逆傅里叶变换(IFFT),可以得到 S 的分布函数的取值,这仍然是一个 n 维向量。

下面通过一个示例来说明如何在 R 中应用快速傅里叶变换计算累积损失的分

布函数。

【例 4-10】 假设损失金额 X 的取值等于 $1,2$ 和 3 的概率分别为 $0.5, 0.4, 0.1$。损失次数 N 服从参数为 3 的泊松分布。计算 S 的分布。

【解】 计算累积损失分布的 R 程序代码如下，累积损失的分布函数如图 4-16 所示。

```
♯损失金额的概率,零点的概率和尾部的概率用零补充
x = c(0, 0.5, 0.4, 0.1, rep(0, 30))

♯对 x 进行傅里叶变换,求得损失金额的特征函数
z = fft(x)

♯计算累积损失的特征函数
y = exp(3 * (z - 1))

♯进行逆傅里叶变换
s = fft(y, inverse = TRUE)/length(x)

♯提取 s 的实部,求得累积损失的概率函数
s = Re(s)

♯计算累积损失的分布函数
S = cumsum(s)

♯绘图
par(mfrow = c(1, 2))
plot(0:(length(S) - 1), s, type = "h", xlim = c(0, 20), xlab = "s", ylab =
"f(s)", main = "概率函数")
plot(0:(length(S) - 1), S, type = "s", xlim = c(0, 20), xlab = "s", ylab =
"F(s)", main = "分布函数")
```

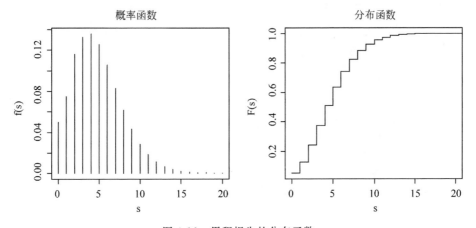

图 4-16　累积损失的分布函数

【例 4-11】 每个患者在一年内的门诊次数服从表 4-5 所示的分布,每次的门诊费用服从表 4-6 所示的分布。计算每个患者在一年内的医疗费用总额的分布。

表 4-5 门诊次数的分布

门诊次数	概率	门诊次数	概率
0	0.05	5	0.15
1	0.10	6	0.06
2	0.15	7	0.03
3	0.20	8	0.01
4	0.25		

表 4-6 门诊费用的分布

门诊费用/元	概率	门诊费用/元	概率
100	0.150	600	0.050
200	0.200	700	0.050
300	0.250	800	0.050
400	0.125	900	0.025
500	0.075	1 000	0.025

【解】 求解本例的 R 程序代码如下,年度医疗费用总额的分布函数如图 4-17 所示,其中医疗费用的计量单位为 100 元。

```
#门诊次数
n = 0:8

#门诊次数的概率
pn = c(0.05, 0.1, 0.15, 0.2, 0.25, 0.15, 0.06, 0.03, 0.01)

#门诊费用(单位为 100 元)
x = 0:10

#门诊费用的概率
px = c(0, 0.15, 0.2, 0.25, 0.125, 0.075, 0.05, 0.05, 0.05, 0.025, 0.025)

#px 的右尾补充 100 个零,确保其长度大于或等于累积损失向量的长度
px = c(px, rep(0, 100))

#计算损失次数分布的母函数
myfun = function(z) sum(z^n * pn)
```

```
# 计算损失金额的特征函数
z = fft(px)

# 计算累积损失的特征函数
y = Vectorize(myfun)(z)

# 进行逆傅里叶变换
s = fft(y, inverse = TRUE)/length(px)

# 从 s 中提取实部,得到累积损失的概率
s = Re(s)

# 计算累积损失的分布函数
S = cumsum(s)

# 绘图
par(mfrow = c(1, 2))
plot(0:(length(s) - 1), s, type = "h", xlim = c(0, 50), xlab = "s", ylab =
"f(s)", main = "概率函数")
plot(0:(length(S) - 1), S, type = "s", xlim = c(0, 50), xlab = "s", ylab =
"F(s)", main = "分布函数")
```

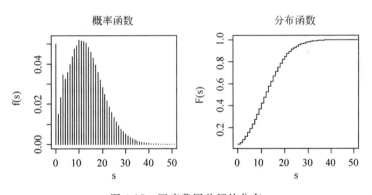

图 4-17　医疗费用总额的分布

【**例 4-12**】　假设损失次数服从参数为 2 的泊松分布,损失金额服从参数为 (shape=2, scale=500) 的伽马分布,每次索赔的限额是 2 000,求累积索赔金额的分布。

【**解**】　当损失金额超过 2 000 时,索赔金额等于 2 000,所以索赔金额的分布函数在 2 000 处有一个概率堆积,等于损失大于 2 000 的概率。

首先应用折中离散化方法将索赔金额的分布进行离散化处理,选取步长为 $h=20$。离散化以后共有 101 个离散点(含零点),每个点上的概率分别为

$$p_0 = \Pr\left(X \leqslant \frac{h}{2}\right)$$

$$p_1 = \Pr\left(\frac{h}{2} < X \leqslant \frac{3h}{2}\right)$$

$$p_2 = \Pr\left(\frac{3h}{2} < X \leqslant \frac{5h}{2}\right)$$

$$\vdots$$

$$p_{99} = \Pr\left(197\frac{h}{2} < X \leqslant 199\frac{h}{2}\right)$$

$$p_{100} = \Pr\left(X > 199\frac{h}{2}\right)$$

然后应用傅里叶近似计算累积索赔金额的分布,有关 R 程序代码如下,累积索赔金额的分布函数如图 4-18 所示。

```
#泊松参数
lam = 2

#赔偿限额
u = 2000

#对索赔金额离散化,步长为 h
h = 20

#选择离散化的区间端点
x = seq(h/2, 199 * h/2, by = h)

#计算区间端点上的累积概率(包含了零点)
F_gam = pgamma(c(0, x), shape = 2, scale = 500)

#离散化以后在(0,h,2h,...,99h)点上的概率
px = diff(F_gam)

#离散化以后在限额 100h 处的概率
fu = 1 - pgamma(199 * h/2, shape = 2, scale = 500)

#离散化以后(0,h,2h,...,100h)点上的概率
px = c(px, fu)

#离散化以后,在索赔金额的右尾补充足够的零
px = c(px, rep(0, 100))

#累积索赔金额的概率函数
```

```
fs = Re(fft(exp(lam * (fft(px) - 1)), inverse = TRUE)/length(px))

#计算平均累积索赔金额
sum(h * (0:(length(fs) - 1)) * fs)
##[1] 1480.594

#计算累积索赔金额的分布函数
Fs = cumsum(fs)

#绘制累积索赔金额的概率函数和分布函数
par(mfrow = c(1, 2))
plot(h * (0:(length(fs) - 1)), fs, type = "h", xlab = "s")
plot(h * (0:(length(Fs) - 1)), Fs, type = "s", xlab = "s")
```

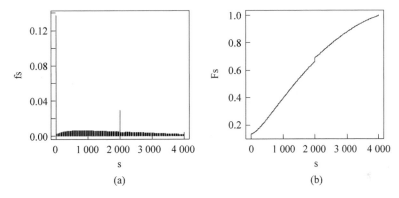

图 4-18 累积索赔金额的(a)概率函数和(b)分布函数

4.1.5 随机模拟

计算累积损失的分布也可以使用随机模拟的方法。随机模拟没有固定模式，对于不同的问题，需要编写不同的程序代码。下面通过几个示例来说明随机模拟在计算累积损失过程中的应用。

【例 4-13】 假设损失次数服从参数为 5 的泊松分布，每次的损失金额服从参数为(shape=2,rate=1/3)的伽马分布。模拟累积损失的分布。

【解】 模拟累积损失的 R 程序代码如下，求得的累积损失的分布函数如图 4-19 所示。

```
#模拟次数
n = 1000
```

```
#累积损失向量
S = NULL
set.seed(189)
for (i in 1:n) {
    N = rpois(1, 5)                    #模拟损失次数
    S[i] = sum(rgamma(N, 2, 1/3))     #模拟累积损失
}

#绘图
par(mfrow = c(1, 2))
plot(ecdf(S), pch = ".", main = '')
hist(S, col = 'grey', main = '')
```

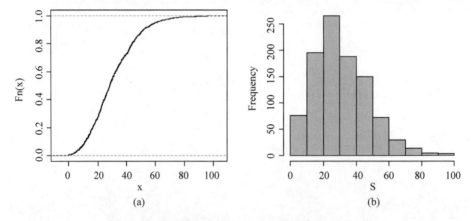

图 4-19 模拟累积损失的(a)分布函数和(b)直方图

【例 4-14】 损失次数服从参数为 3 的泊松分布，损失金额服从参数为 (meanlog=6，sdlog=1)的对数正态分布，假设每次索赔的限额是 1 000，求累积索赔金额的分布。

【解】 求解本例的 R 程序代码如下，累积索赔金额的密度函数和分布函数如图 4-20 所示。

```
#泊松参数
lam = 3

#对数正态分布的参数
meanlog = 6
sdlog = 1.5
```

```
#赔偿限额
u = 1000

#随机模拟,n表示索赔次数,s表示累积索赔
s = n = NULL
for (i in 1:10000) {
    n[i] = rpois(1, lambda = lam)
    s[i] = sum(pmin(rlnorm(n[i], meanlog = meanlog, sdlog = sdlog), u))
}

#绘图
par(mfrow = c(1, 2))

#累积索赔金额的直方图
hist(s, freq = F, breaks = 1000, col = 2, main = "", ylab = " ")
s = sort(s)

#累积索赔金额的分布函数
plot(s, cumsum(s)/sum(s), type = "s", ylab = "分布函数")
```

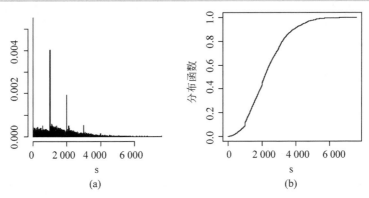

图 4-20 模拟累积索赔金额的(a)直方图和(b)分布函数

【例 4-15】 假设损失次数服从参数为(size＝2, prob＝1/4)的负二项分布,损失金额服从参数为(shape＝3, scale＝4)的帕累托分布。求累积损失的分布,并计算累积损失的均值、VaR 和 TVaR。

【解】 求解本例的 R 程序代码和输出结果如下。

```
library(actuar)
#损失金额的最大取值
xmax = qpareto(1 - 1e-09, 3, 1)

#向上离散化损失金额的分布
fu = discretize(ppareto(x, 3, 4), method = "upper", from = 0, to = xmax)
```

```r
#向下离散化损失金额的分布
fl = discretize(ppareto(x, 3, 4), method = "lower", from = 0, to = xmax)

#折中离散化损失金额的分布
fr = discretize(ppareto(x, 3, 4), method = "rounding", from = 0, to = xmax)

#无偏离散化损失金额的分布
fb = discretize(ppareto(x, 3, 4), method = "unbiased", from = 0, to = xmax, lev =
levpareto(x, 3, 4))

#应用向上离散化求得的累积损失的分布
su = aggregateDist(method = "recursive", model.freq = "negative binomial", model.
sev = fu, size = 2, prob = 1/4, maxit = 1000)

#应用向下离散化求得的累积损失的分布
sl = aggregateDist(method = "recursive", model.freq = "negative binomial", model.
sev = fl, size = 2, prob = 1/4, maxit = 1000)

#应用折中离散化求得的累积损失的分布
sr = aggregateDist(method = "recursive", model.freq = "negative binomial", model.
sev = fr, size = 2, prob = 1/4, maxit = 1000)

#应用无偏离散化求得的累积损失的分布
sb = aggregateDist(method = "recursive", model.freq = "negative binomial", model.
sev = fb, size = 2, prob = 1/4, maxit = 1000)

#随机模拟累积损失的分布
n = 10000
sim = NULL
set.seed(121)
for (i in 1:n) {
    N = rnbinom(1, 2, 1/4)
    sim[i] = sum(rpareto(N, 3, 4))
}

#计算和比较累积损失的均值
names = c('向上离散化', '向下离散化', '折中离散化', '无偏离散化', '随机模拟法')
mu = rbind(mean(su), mean(sl), mean(sr), mean(sb), mean(sim))
rownames(mu) = names
colnames(mu) = '累积损失的均值'
mu                        #比较累积损失的均值
                   累积损失的均值
##向上离散化           9.36653
```

```
## 向下离散化         15.36652
## 折中离散化         11.81781
## 无偏离散化         11.99890
## 随机模拟法         12.23152

# 计算和比较累积损失的 VaR
p = c(0.9, 0.95, 0.99)
VaR = rbind(VaR(su, p), VaR(sl, p), VaR(sr, p), VaR(sb, p), quantile(sim, p))
rownames(VaR) = names
colnames(VaR) = '累积损失的 VaR'
VaR # 比较累积损失的 VaR
##                 90%       95%       99%
## 向上离散化   23.00000  31.00000  50.00000
## 向下离散化   34.00000  44.00000  68.00000
## 折中离散化   28.00000  36.00000  57.00000
## 无偏离散化   28.00000  37.00000  58.00000
## 随机模拟法   28.54592  37.04967  61.06682

# 计算累积损失的 TVaR
TVaR1 = TVaR(su, p) # 向上离散化
TVaR2 = TVaR(sl, p) # 向下离散化
TVaR3 = TVaR(sr, p) # 折中离散化
TVaR4 = TVaR(sb, p) # 无偏离散化
f = function(p) mean(sim[sim > quantile(sim, p)])
TVaR5 = Vectorize(f)(p) # 随机模拟

# 比较累积损失的 TVaR
TVaR = rbind(TVaR1, TVaR2, TVaR3, TVaR4, TVaR5)
rownames(TVaR) = names
colnames(TVaR) = '累积损失的 TVaR'
TVaR # 比较累积损失的 TVaR
##                 90%       95%       99%
## 向上离散化   35.64054  44.73158  67.95514
## 向下离散化   49.12287  59.69365  86.75256
## 折中离散化   41.63709  50.41520  75.12276
## 无偏离散化   41.67617  51.53756  76.26211
## 随机模拟法   41.81828  51.47851  77.24531
```

【例 4-16】 损失次数服从泊松-负二项复合分布,泊松分布的参数为 1,负二项分布的参数为 ($r=10$, $p=0.7$)。每次的损失金额服从参数为 (shape=3, rate=1/4) 的伽马分布。求累积损失的分布。

【解】 在本例中,损失次数服从泊松分布与负二项分布的复合分布,该复合分布与离散化的损失金额分布再次复合以后,即可得到累积损失的分布。

在求上述累积损失的分布时,可以分两步进行:首先求负二项分布与离散化损失金额分布的复合分布,并令其在各个离散点上的概率等于 S_1,然后再求泊松分

布与 S_1 的复合分布,即得累积损失 S_2 的分布。

求解本题的 R 程序代码如下。

```r
# 损失金额的最大值
xmax = qgamma(1 - 1e-09, 3, 1/4)

# 对损失金额分布进行折中离散化
library(actuar)
fx = discretize(pgamma(x, 3, 1/4), from = 0, to = xmax, method = "rounding")

# 求负二项分布与离散化损失金额分布的复合分布
FS1 = aggregateDist("recursive", model.freq = "negative binomial", model.sev = fx, size = 10, prob = 0.7)

# 计算上述复合分布在各个离散点上的概率
S1 = diff(FS1)

# 计算泊松分布与 S1 的复合分布
FS2 = aggregateDist("recursive", model.freq = "poisson", model.sev = S1, lambda = 1, maxit = 5000)

# 计算累积损失在各个离散点上的概率
S2 = diff(FS2)

# 绘制累积损失的分布函数
plot(FS2, pch = ".", xlim = c(0, 150))

# 计算累积损失的 VaR
VaR(FS2, c(0.9, 0.95, 0.99))
# # 90% 95% 99%
# # 136  173  251

# 计算累积损失的 TVaR
TVaR(FS2, c(0.9, 0.95, 0.99))
# #         90%      95%      99%
# # 187.1270 221.5288 295.5806
```

下面应用随机模拟的方法计算上述累积损失的概率分布。

```r
# 模拟次数
n = 10000

# 模拟累积损失
S = NULL
set.seed(121)
for ( i in 1:n) {
```

```
    N1 = rpois(1, 1)
    N2 = sum(rnbinom(N1, 10, 0.7))
    S[i] = sum(rgamma(N2, 3, 1/4))
}

#绘制累积损失的分布
par(mfrow = c(1, 2))
plot(ecdf(S), xlim = c(0, 150))
hist(S, breaks = 100, prob = TRUE, xlim = c(0, 150))

#计算累积损失的 VaR
VaR = quantile(S, c(0.9, 0.95, 0.99))
VaR
##       90%      95%      99%
## 132.3279 171.7053 252.6023

#计算累积损失的 TVaR
TVaR = NULL
for (i in 1:3) {
    TVaR[i] = mean(S[S > VaR[i]])
}

#输出 TVaR 的结果
cbind(quantile = c(0.9, 0.95, 0.99), TVaR)
##      quantile     TVaR
## [1,]     0.90 184.9711
## [2,]     0.95 219.9659
## [3,]     0.99 294.2797
```

应用前述两种方法求得的累积损失的分布如图 4-21 所示,其中(a)图是应用迭代法求得的累积损失的分布函数,(b)图是应用随机模拟求得的累积损失的直方图。

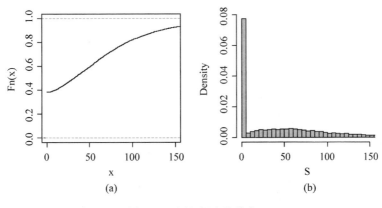

图 4-21 累积损失的分布

4.2 个体风险模型

个体风险模型用于描述一个包含 n 个风险的风险组合的累积损失,譬如,对于一个承保了 n 个被保险人的团体保单,其累积损失就可以用个体风险模型进行描述。

个体风险模型的累积损失可以表示为

$$S = X_1 + X_2 + \cdots + X_n$$

上式中,X_i 表示第 i 个风险的损失,每个风险的损失相互独立,但不必同分布。

个体风险模型与集体风险模型的区别是:在个体风险模型中,n 是常数,X_i 独立但未必同分布;在集体风险模型中,N 是随机变量,且 X_i 独立同分布。

计算个体风险模型的累积损失主要有三种方法:卷积法、参数近似法和复合泊松近似法。

4.2.1 卷积法

在比较简单的情形下,计算个体风险模型的累积损失分布可以使用卷积法。下面通过几个简例进行说明。

【例 4-17】 假设损失随机变量 X_1 和 X_2 的概率分布分别如表 4-7 和表 4-8 所示。求 $S=X_1+X_2$ 的分布。

表 4-7 损失 X_1 的分布

损失(X_1)	概率
0	0.2
10	0.2
20	0.3
30	0.3

表 4-8 损失 X_2 的分布

损失(X_2)	概率
0	0.5
30	0.2
40	0.3

【解】 对于离散型损失随机变量,可以调用 distr 程序包计算卷积。R 程序代码如下,累积损失的分布如图 4-22 所示。

```
library(distr)
#定义 x1 和 x2 的概率分布
x1 = DiscreteDistribution(supp = c(0, 10, 20, 30), prob = c(0.2, 0.2, 0.3, 0.3))
x2 = DiscreteDistribution(supp = c(0, 30, 40), prob = c(0.5, 0.2, 0.3))

#计算 S = x1 + x2
S = x1 + x2

#绘制 S 的分布图
plot(S, pch = '.')

#计算 S 的概率分布
prob = d(S)(seq(0, 70, by = 10))
cbind(seq(0, 70, by = 10), prob)
##         prob
##[1,]  0 0.10
##[2,] 10 0.10
##[3,] 20 0.15
##[4,] 30 0.19
##[5,] 40 0.10
##[6,] 50 0.12
##[7,] 60 0.15
##[8,] 70 0.09
```

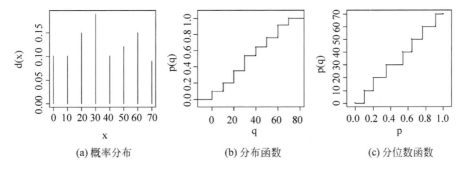

(a) 概率分布　　(b) 分布函数　　(c) 分位数函数

图 4-22　累积损失的概率分布

【例 4-18】　假设一个团体保单承保了 100 个被保险人,其中 60 人的死亡概率均为 0.005,死亡保险金均为 100 万元;30 人的死亡概率均为 0.006,死亡保险金均为 200 万元;10 人的死亡概率均为 0.004,死亡保险金均为 500 万元。求保险公司支付给该团体保单的保险金的分布。

【解】 求解该题的 R 程序代码如下,死亡保险金的分布如图 4-23 所示。

```
library(distr)
#被保险人数
num = c(60, 30, 10)

#死亡保险金
amount = rep(c(100, 200, 500), num)

#死亡概率
pr = rep(c(0.005, 0.006, 0.004), num)

#支付给第一个被保险人的保险金分布
x = DiscreteDistribution(supp = c(0, amount[1]), prob = c(1 - pr[1], pr[1]))

#应用卷积法计算支付给团体保单的保险金分布
for (i in 2:sum(num)) {
    y = DiscreteDistribution(supp = c(0, amount[i]), prob = c(1 - pr[i], pr[i]))
    x = x + y
}

#绘制团体保单的保险金分布
plot(x, pch = '.')

#计算团体保单的保险金小于某个值的概率
options(digits = 3)
p(x)(c(100, 200, 300, 400, 500))
##[1] 0.773 0.907 0.942 0.956 0.983

#计算团体保单的保险金等于某个值的概率
d(x)(c(100, 200, 300, 400, 500))
##[1] 0.1790 0.1341 0.0350 0.0144 0.0272

#模拟 10 个来自累积损失分布的随机数
set.seed(1199)
r(x)(10)
##  [1]   0 100 200   0   0 100   0 200   0   0
```

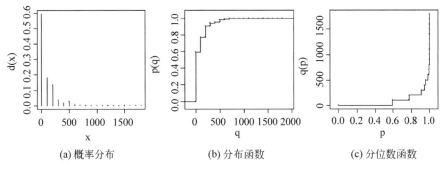

(a) 概率分布   (b) 分布函数   (c) 分位数函数

图 4-23 保险金的概率分布

4.2.2 参数近似法

参数近似法包括正态近似、平移伽马近似、正态幂近似和 Wilson-Hilfery 近似等,与集体风险模型中的应用类似。

【例 4-19】 假设 1 000 个人购买 1 年期的人寿保险,保险金为 1,发生索赔的概率均为 $q = 0.001$,计算保险公司总赔款的分布。

【解】 总赔款 S 服从参数为 $(1\,000, 0.001)$ 的二项分布。如果用参数等于 1 的泊松分布进行近似,两者几乎相等,所以可以直接用泊松分布代替。

泊松分布的均值与方差相等,都等于泊松参数 $\lambda = 1$,即 $\mu = 1, \sigma^2 = 1$,所以,如果用正态分布近似,相应的分布函数为

$$F_S(s) \approx \Phi\left(\frac{s-\mu}{\sigma}\right) = \Phi(s-1)$$

泊松分布的偏度系数为 $\kappa = \lambda^{-1/2} = 1$,所以,如果用平移伽马分布近似,可以求得有关参数值为

$$\alpha = \frac{4}{\kappa^2} = 4$$

$$\beta = \frac{2}{\kappa\sigma} = 2$$

$$x_0 = \mu - \frac{2\sigma}{\kappa} = -1$$

由此可得,应用平移伽马分布近似的分布函数为

$$F_S(s) \approx F_G(s+1)$$

式中,F_G 表示参数为 (shape=4, rate=2) 的伽马分布。

应用式(4.8),可得正态幂近似的分布函数为

$$F_S(s) \approx \Phi(\sqrt{4+6s}-3)$$

应用式(4.9),可得 Wilson-Hilfery 近似的分布函数为

$$F_S(s) \approx \Phi\left[3 \times 2^{2/3}(s+1)^{1/3} - \frac{35}{6}\right]$$

应用上述四种方法近似求得的分布函数如图 4-24 所示。可见,除了正态近似之外,其他近似方法求得的分布函数非常接近。绘图的 R 程序代码如下。

```
s = 0:5
♯正态近似
F1 = pnorm(s - 1)

♯平移伽马近似
F2 = pgamma(s + 1, 4, 2)

♯normal power 近似
F3 = pnorm(sqrt(4 + 6 * s) - 3)

♯Wilson - Hilfery 近似
F4 = pnorm(3 * 2^(2/3) * (s + 1)^(1/3) - 35/6)

♯绘图比较
plot(s, ppois(s, 1), type = "s", ylab = "F(s)")
lines(s, F1, lty = 2)
lines(s, F2, lty = 3)
lines(s, F3, lty = 4)
lines(s, F4, lty = 5)
legend(2, 0.7, c("正态近似", "平移伽马近似", "正态幂近似", "Wilson - Hilfery 近似"), lty = 2:5, box.col = "white")
```

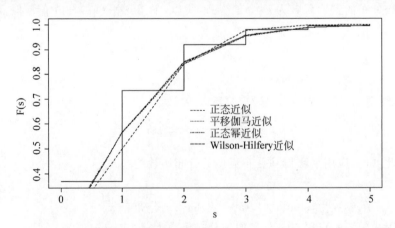

图 4-24 应用近似方法求得的分布函数(实线表示泊松分布的分布函数)

4.2.3 复合泊松近似法

个体风险模型的累积损失也可以应用复合泊松分布进行近似计算。

个体风险模型的累积损失可以表示为 $S=X_1+X_2+\cdots+X_n$,若令 $X_j=I_jB_j$,其中 I_j 和 B_j 相互独立,I_j 是二分类变量,表示第 j 个风险是否发生损失:$I_j=1$ 表示发生损失,概率为 p_j;$I_j=0$ 表示没有发生损失,概率为 $1-p_j$。B_j 表示在损失发生的情况下,损失金额的随机变量。在寿险中,保险金 B_j 通常是一个事先确定的常数,可以记为 $B_j=b_j$。

在上述假设下,累积损失 $S=X_1+X_2+\cdots+X_n$ 的矩母函数可以表示为

$$M_S(t) = \prod_{j=1}^n P_{I_j}[M_{B_j}(t)] \tag{4.12}$$

式中,I_j 是伯努利分布,均值为 p_j。

如果用泊松分布近似伯努利分布,并令它们的均值相等,则泊松参数为 $\lambda_j=p_j$。

用参数为 $\lambda_j=p_j$ 泊松分布近似上述伯努利分布以后,累积损失的矩母函数可以近似表示为

$$M_S(t) \approx \prod_{j=1}^n \exp\{\lambda_j[M_{B_j}(t)-1]\} = \exp\{\lambda[M_X(t)-1]\} \tag{4.13}$$

式中,

$$\lambda = \sum_{j=1}^n \lambda_j \tag{4.14}$$

$$M_X(t) = \lambda^{-1} \sum_{j=1}^n \lambda_j M_{B_j}(t) \tag{4.15}$$

式(4.13)与复合泊松分布的矩母函数具有相同的形式,这就意味着累积损失 S 的分布近似服从复合泊松分布,泊松参数如式(4.14)所示,次分布的矩母函数如式(4.15)所示。

由式(4.15)可知,在上述复合泊松分布中,次分布 X 的密度函数可以表示为 n 个风险的密度函数的加权平均,即

$$f_X(x) = \lambda^{-1} \sum_{j=1}^n \lambda_j f_{B_j}(x) \tag{4.16}$$

在寿险中,保险金是一个常数,即 $B_j=b_j$,所以在上述复合泊松分布中,X 的概率函数可以表示为

$$\Pr(X=x) = \lambda^{-1} \sum_{j:b_j=x} \lambda_j \tag{4.17}$$

上式表明,将满足条件 $b_j=x$ 的所有 λ_j 求和,再除以 $\lambda = \sum_{j=1}^n \lambda_j$,即得次分布的

概率 $\Pr(X = x)$。

【例 4-20】 假设一个团体保单中每个被保险人的保险金和死亡概率如表 4-9 所示，计算该团体保单的总保险金的分布。

表 4-9 保险金和死亡概率

序号	保险金	死亡概率
1	14	0.000 54
2	16	0.001 03
3	20	0.001 49
4	28	0.001 42
5	31	0.001 28
6	18	0.001 22
7	26	0.001 23
8	24	0.003 53
9	60	0.003 94
10	14	0.004 84
11	17	0.021 82
12	19	0.000 5
13	30	0.000 5
14	55	0.000 54
15	31	0.001 03
16	18	0.004 79
17	26	0.001 49
18	24	0.001 42

【解】 用两种方法计算总保险金的分布。

(1) 应用复合泊松分布近似计算，R 程序代码如下。

```
♯每个被保险人的保险金
B = c(14, 16, 20, 28, 31, 18, 26, 24, 60, 14, 17, 19, 30, 55, 31, 18, 26, 24)

♯每个被保险人的死亡概率
q = c(0.00054, 0.00103, 0.00149, 0.00142, 0.00128, 0.00122, 0.00123, 0.00353,
0.00394, 0.00484, 0.02182, 5e-04, 5e-04, 0.00054, 0.00103, 0.00479, 0.00149,
0.00142)

♯将保险金按大小顺序排列
b = sort(B)

♯保险金顺序排列后对应的死亡概率
p = q[order(B)]
```

```
#保留保险金中的唯一取值
b1 = unique(b)

#计算保险金的每一个唯一取值对应的死亡概率
p1 = tapply(p, b, sum)

#定义两个向量,其中 b2 用于记录补充完整的保险金,p2 用于记录对应的死亡概率
b2 = p2 = rep(0, 400)

#在 b2 和 p2 中替换上保险金和死亡概率的实际值
b2[b1 + 1] = b1
p2[b1 + 1] = p1

#在复合泊松近似中,泊松分布的参数
lam = sum(p2)

#计算次分布的概率
p3 = p2/lam

#用傅里叶近似计算复合泊松分布的概率函数
fs = fft(exp(lam * (fft(p3) - 1)), inverse = TRUE)/length(p3)
fs = Re(fs)

#计算复合泊松分布的分布函数
Fs = cumsum(fs)

#计算总保险金的取值分别为(0, 10, 20, 30)的概率
round(fs[c(1, 11, 21, 31)], 6)
##[1] 0.948750 0.000000 0.001414 0.000480
```

(2) 应用 distr 程序包中的卷积法完成上述计算,R 程序代码如下。

```
#每个被保险人的保险金
B = c(14, 16, 20, 28, 31, 18, 26, 24, 60, 14, 17, 19, 30, 55, 31, 18, 26, 24)

#每个被保险人的死亡概率
q = c(0.00054, 0.00103, 0.00149, 0.00142, 0.00128, 0.00122, 0.00123, 0.00353,
0.00394, 0.00484, 0.02182, 5e - 04, 5e - 04, 0.00054, 0.00103, 0.00479, 0.00149,
0.00142)

#按保险金的顺序排列数据
b = sort(B)
p = q[order(B)]
```

```
#支付给第一个被保险人的保险金的分布
library(distr)
s = DiscreteDistribution(supp = c(0, b[1]), prob = c(1 - p[1], p[1]))

#应用卷积法计算支付给团体保单的保险金的分布
for (i in 2:length(B)) {
    x = DiscreteDistribution(supp = c(0, b[i]), prob = c(1 - p[i], p[i]))
    s = s + x
}

#总保险金的取值分别为(0, 10, 20, 30)的概率
d(s)(c(0, 10, 20, 30))
##[1] 0.948478 0.000000 0.001415 0.000480
```

上述输出结果表明,应用复合泊松近似和卷积法的计算结果非常接近。

第5章 损失分布模型的参数估计

损失分布模型是对损失数据的一种刻画。应用特定的损失分布拟合样本损失数据的过程,相当于假设样本损失数据来自于服从该损失分布的总体。对于一组给定的损失数据观察值,可以应用不同的分布模型进行拟合,但拟合效果优劣不同。为此,我们首先需要基于样本观察数据对损失分布模型的有关参数进行估计,然后基于特定的准则对这些损失模型进行比较,并从中选出相对最优的模型用于实际的风险管理。

本章将主要介绍如何基于损失数据的观察值估计损失模型的有关参数,并讨论对各种不同损失分布模型进行评价和比较的方法。

5.1 参数估计

损失分布模型的参数估计方法包括极大似然法、矩估计法、分位数配比法和最小距离法,下面分别介绍这些方法的基本原理及其在 R 中的具体实现过程。

5.1.1 极大似然法

对于给定的样本观察值,似然函数表示从当前的分布模型中生成样本观察值的可能性大小。极大似然法是在最大化似然函数的条件下估计模型参数,该参数估计值可以保证当前的分布模型生成给定样本观察值的可能性最大。

对于概率密度函数 $f_X(x;\theta)$,似然函数是未知参数 θ 的函数,其一般形式如下:

$$L(\theta;x_1,x_2,\cdots,x_n) = \prod_{i=1}^{n} f_X(x_i;\theta) \tag{5.1}$$

上式中,θ 表示模型中的未知参数向量,$x_1,x_2,\cdots,x_n$ 表示损失随机变量的观察值,$f_X(x_i;\theta)$ 表示损失随机变量的概率密度函数。

对于一些特殊的分布,如泊松分布和逆高斯分布,可以求得极大似然估计值的解析表达式,但对于大多数的损失分布模型,只能求得参数估计值的数值解。

下面通过几个例子来说明如何应用极大似然法估计损失分布模型的未知参数。

【例 5-1】 假设损失次数服从参数为 λ 泊松分布,概率函数为

$$f(y) = \frac{\lambda^y e^{-\lambda}}{y!}, \quad y = 0,1,2,\cdots$$

已知损失次数的样本观察值为 $y_1,y_2,\cdots,y_n$,证明泊松分布参数的极大似然估计值等于样本平均值,即

$$\hat{\lambda} = \frac{1}{n}\sum_{i=1}^{n} y_i \tag{5.2}$$

【解】 由泊松分布的概率函数可知,对数似然函数可以表示为

$$l = \sum_{i=1}^{n}[y_i\ln\lambda - \lambda - \ln(y_i!)]$$

上式关于 λ 求偏导数,并令其等于零,可得

$$\frac{\partial l}{\partial \lambda} = \sum_{i=1}^{n}\left(\frac{y_i}{\lambda} - 1\right) = 0$$

由上式容易求得泊松分布参数的极大似然估计值如式(5.2)所示。

【例 5-2】 假设损失金额服从参数为 (α, θ) 逆高斯分布,密度函数为

$$f(y) = \frac{\alpha y^{-3/2}}{\sqrt{2\pi\theta}}\exp\left[-\frac{(\alpha - \theta y)^2}{2\theta y}\right], \quad y > 0$$

已知损失金额的样本观察值为 $y_1, y_2, \cdots, y_n$,证明逆高斯分布参数的极大似然估计值可以表示为

$$\hat{\alpha} = \frac{1}{\bar{y}\cdot\overline{1/y}}, \quad \hat{\theta} = \frac{\hat{\alpha}}{\bar{y}} \tag{5.3}$$

上式中,

$$\bar{y} = \frac{1}{n}\sum_{i=1}^{n} y_i, \quad \overline{1/y} = \frac{1}{n}\sum_{i=1}^{n} \frac{1}{y_i}$$

【解】 由逆高斯分布的密度函数可得对数似然函数为

$$l = \sum_{i=1}^{n}\left(\ln\frac{\alpha}{\sqrt{2\pi\theta}} - \frac{3}{2}\ln y_i - \frac{\alpha^2}{2\theta y_i} + \alpha - \frac{\theta y_i}{2}\right)$$

上式分别关于 α 和 θ 求偏导,并令其分别等于零,即得

$$\frac{\partial l}{\partial \alpha} = \sum_{i=0}^{n}\left(\frac{1}{\alpha} - \frac{\alpha}{\theta y_i} + 1\right) = 0$$

$$\frac{\partial l}{\partial \theta} = \sum_{i=0}^{n}\left(-\frac{1}{2\theta} + \frac{\alpha^2}{2\theta^2 y_i} - \frac{y_i}{2}\right) = 0$$

上式经变形可得

$$\frac{1}{\alpha} + 1 = \frac{\alpha}{\theta}\overline{1/y}$$

$$\frac{1}{\alpha} + \frac{\theta}{\alpha}\bar{y} = \frac{\alpha}{\theta}\overline{1/y}$$

求解上述方程组,即得 α 和 θ 的极大似然估计值如式(5.3)所示。

【例 5-3】 分别用泊松分布、负二项分布对表 5-1 中的索赔次数观察值进行拟合,估计相应的参数。

表 5-1 索赔次数的观察值

索赔次数	保单数	索赔次数	保单数
0	1 532	3	41
1	581	4	10
2	179	5	4

【解】 求解本例的 R 程序代码和输出结果如下。

```
#索赔次数的观察值
claim = 0:5

#保单数的观察值
freq = c(1532, 581, 179, 41, 10, 4)

#泊松分布的似然函数的负值
po = function(par, claim, freq) {
    -sum(freq * dpois(claim, lambda = par, log = T))
}

#用函数 optimize 极小化负的似然函数,求得泊松分布参数的极大似然估计值
optimize(po, c(0, 4), claim = claim, freq = freq)
## $ minimum
## [1] 0.4780705
##
## $ objective
## [1] 2198.53

#计算样本均值,应该等于泊松分布参数的极大似然估计值
sum(claim * freq)/sum(freq)
## [1] 0.4780571

#负二项分布的似然函数的负值
nb = function(par, claim, freq) {
    -sum(freq * dnbinom(claim, size = par[1], prob = par[2], log = T))
}

#用函数 optim 极小化负的似然函数,求得负二项分布的极大似然估计值
optim(c(2, 0.4), nb, claim = claim, freq = freq)
## $ par
## [1] 1.9616008 0.8040174
##
## $ value
## [1] 2172.829
```

上述结果表明,泊松分布参数的极大似然估计值为 $\lambda=0.478$,负二项分布的两个参数的极大似然估计值分别为 $r=1.962$ 和 $p=0.804$。

在上述程序代码中,optimize 用于极小化只有一个变量的函数,optim 用于极小化包含多个变量的函数。在进行极大似然估计时,需要给对数似然函数取负值。负的对数似然函数的极小化等价于对数似然函数的极大化。泊松分布的对数似然函数值为 -2198.53,负二项分布的对数似然函数值为 -2172.83,后者的对数似然函数值更大,所以可以初步认为负二项分布对本例数据的拟合效果更好。关于模型比较的完整讨论可以参见 5.2 节的内容。

【例 5-4】 假设索赔次数的观察值如表 5-2 所示,分别用零截断泊松分布和零截断负二项分布进行拟合,估计相应的参数。

表 5-2 零截断索赔次数的观察值

索赔次数	保单数	索赔次数	保单数
1	581	4	10
2	179	5	4
3	41		

【解】 求解本例的 R 程序代码和输出结果如下。

```
#索赔次数的观察值
claim = 1:5

#保单数的观察值
freq = c(581, 179, 41, 10, 4)

#零截断泊松分布的似然函数的负值
ZTpo = function(par, claim, freq) {
    - sum(freq * (dpois(claim, lambda = par, log = T)) - log(1 - dpois(0, lambda = par)))
}

#极小化负的似然函数,求得零截断泊松分布参数的极大似然估计值
optimize(ZTpo, c(0, 4), claim = claim, freq = freq)
## $ minimum
## [1] 1.373821
##
## $ objective
## [1] 1010.328

#零截断负二项分布的似然函数的负值
ZTnb = function(par, claim, freq) {
```

```
            size = par[1]
            prob = par[2]
            -sum(freq * (dnbinom(claim, size = size, prob = prob, log = T)) - log(1 -
                dnbinom(0, size = size, prob = prob)))
}

#极小化负的似然函数,求得零截断负二项分布参数的极大似然估计值
optim(c(2, 0.4), ZTnb, claim = claim, freq = freq)
# # $ par
# # [1] 620.0086242 0.9977938
# #
# # $ value
# # [1] 1010.925
```

上述输出结果表明,零截断泊松分布参数的极大似然估计值为 $\lambda=1.3738$,零截断负二项分布参数的极大似然估计值为 $r=620.0086$,$p=0.9978$。

对于本例的数据,零截断泊松分布和零截断负二项分布的对数似然值都非常接近 -1010,但零截断泊松分布的参数较少,所以可以初步认为零截断泊松分布对这组数据的拟合效果相对较好。

【例 5-5】 假设索赔次数的观察值如表 5-3 所示,分别用零膨胀泊松、零调整泊松、零膨胀负二项和零调整负二项分布进行拟合,估计相应的参数。

表 5-3 索赔次数的观察值

损失次数	保单数	损失次数	保单数
0	1 732	3	41
1	581	4	10
2	179	5	4

【解】 求解本例的 R 程序代码和输出结果如下。

```
#索赔次数的观察值
claim = 0:5

#保单数的观察值
freq = c(1732, 581, 179, 41, 10, 4)

#零膨胀泊松分布的似然函数的负值
ZIP = function(par, claim, freq) {
    w = par[1]
    lambda = par[2]
```

```
    -freq[1] * log(w + (1 - w) * dpois(0, lambda)) - sum(freq[-1] * (log(1 -
w) + dpois(claim[-1], lambda, log = T)))
}
```

#零膨胀泊松分布参数的极大似然估计
```
M1 = optim(c(0.5, 0.2), ZIP, claim = claim, freq = freq)
```

#输出零膨胀泊松分布的参数估计值
```
M1 $ par
##[1] 0.3499796 0.6778156
```

#输出零膨胀泊松分布的似然函数值
```
M1 $ value
##[1] 2256.211
```

#零调整泊松分布的似然函数的负值
```
ZAP = function(par, claim, freq) {
    p = par[1]
    lambda = par[2]
    -freq[1] * log(p) - sum(freq[-1] * (log(1 - p) - log(1 - dpois(0,
lambda)) + dpois(claim[-1], lambda, log = T)))
}
```

#调整胀泊松分布参数的极大似然估计值
```
M2 = optim(c(0.5, 0.2), ZAP, claim = claim, freq = freq)
```

#输出零调整泊松分布的参数估计值
```
M2 $ par
##[1] 0.6799995 0.6773795
```

#输出零调整泊松分布的似然函数值
```
M2 $ value
##[1] 2256.211
```

#零膨胀负二项的似然函数的负值
```
ZINB = function(par, claim, freq) {
    w = par[1]
    size = par[2]
    prob = par[3]
    -freq[1] * log(w + (1 - w) * dnbinom(0, size = size, prob = prob)) - sum
(freq[-1] * (log(1 - w) + dnbinom(claim[-1], size = size, prob = prob, log =
T)))
}
```

```
#零膨胀负二项分布参数的极大似然估计值
M3 = optim(c(0.5, 0.8, 0.2), ZINB, claim = claim, freq = freq)

#输出零膨胀负二项的参数估计值
M3 $ par
##[1] 0.1666009 2.8139562 0.8418597

#输出零膨胀负二项的似然函数值
M3 $ value
##[1] 2253.75

#零调整负二项分布的似然函数的负值
ZANB = function(par, claim, freq) {
    p = par[1]
    size = par[2]
    prob = par[3]
    -freq[1] * log(p) - sum(freq[-1] * (log(1 - p) - log(1 - dnbinom(0, size = size, prob = prob)) + dnbinom(claim[-1], size = size, prob = prob, log = T)))
}

#零调整负二项分布参数的极大似然估计值
M4 = optim(c(0.9, 1, 0.5), ZANB, claim = claim, freq = freq)

#输出零膨胀负二项的参数估计值
M4 $ par
##[1] 0.6799631 2.8229199 0.8422417

#输出零膨胀负二项的似然函数值
M4 $ value
##[1] 2253.75
```

上述结果表明,零膨胀泊松分布参数的极大似然估计值如下:零膨胀参数为 0.350 0,泊松参数为 0.680 0,对数似然函数值为 -2 256。

零调整泊松分布参数的极大似然估计值如下:零调整参数为 0.68,泊松参数为 0.677 4,对数似然函数值为 -2 256。

零膨胀负二项分布参数的极大似然估计值如下:零膨胀参数为 0.166 6,负二项分布的参数为 $r=2.814\ 0$,$p=0.841\ 9$,对数似然函数值为 -2 253。

零调整负二项分布参数的极大似然估计值如下:零调整参数为 0.680 0,负二项分布的参数为 $r=2.822\ 9$,$p=0.842\ 2$,对数似然函数值为 -2 254。

对于本例的数据而言,零膨胀负二项分布的对数似然函数值较大,所以拟合效果相对较好。

对于一些常见的分布，也可以调用 fitdistrplus 程序包估计模型的参数。

【例 5-6】 对于表 5-1 中的索赔次数观察值，用泊松分布和负二项分布进行拟合，用极大似然法估计模型的参数。

【解】 调用 fitdistrplus 程序包估计模型参数的 R 程序代码和输出结果如下。

```
#索赔次数的观察值
claim = 0:5

#保单数的观察值
freq = c(1532, 581, 179, 41, 10, 4)

#把索赔次数观察值整理为一个向量
num = rep(claim, freq)

#用泊松分布拟合数据，应用极大似然法估计参数
library(fitdistrplus)
fit1 = fitdist(num, "pois", method = "mle")

#输出泊松参数的极大似然估计值
summary(fit1)
##Fitting of the distribution ' pois ' by maximum likelihood
##Parameters :
##         estimate Std. Error
##lambda  0.4780571 0.01427189
##Loglikelihood: -2198.53  AIC: 4399.06  BIC: 4404.821

#用负二项分布拟合数据，应用极大似然法估计参数
fit2 = fitdist(num, "nbinom", method = "mle")

#输出负二项分布参数的极大似然估计值
summary(fit2)
##Fitting of the distribution ' nbinom ' by maximum likelihood
##Parameters :
##       estimate Std. Error
##size  1.9595560 0.34795464
##mu    0.4780468 0.01591744
##Loglikelihood: -2172.829  AIC: 4349.658  BIC: 4361.18
```

应用 fitdistrplus 程序包，不仅可以输出模型的参数估计值，而且可以输出参数估计的标准误、对数似然函数的值，以及 AIC 和 BIC 信息准则统计量的值。AIC 和 BIC 信息准则统计量的值越小，表明模型的拟合效果越好。由此可见，对于本例的数据而言，负二项分布的拟合效果相对较好。

注意,在 fitdistrplus 程序包中,负二项分布的两个参数是 r 和 μ,其中第二个参数是均值参数。在负二项分布中,均值参数 μ 与概率参数 p 之间存在下述关系:

$$p = \frac{r}{r+\mu}$$

在本例中,$r=1.9596$,$\mu=0.4780$,所以概率参数的估计值为 $p=0.8040$。

【例5-7】 模拟 50 个形状参数为 shape=2,比率参数为 rate=0.01 的伽马分布的随机数,然后基于该随机数应用极大似然法估计伽马分布的参数。

【解】 求解该例的 R 程序代码和输出结果如下。

```
#模拟伽马分布的随机数
set.seed(123)
x = rgamma(50, shape = 2, rate = 0.01)

#用伽马分布拟合数据,应用极大似然法估计参数
library(fitdistrplus)
fit = fitdist(x, "gamma", method = "mle")

#输出参数估计结果
summary(fit)
##Fitting of the distribution ' gamma ' by maximum likelihood
##Parameters :
##         estimate Std. Error
##shape  1.67970762 0.30358256
##rate   0.01098103 0.00228945
##Loglikelihood: -298.0529 AIC: 600.1058 BIC: 603.9298
```

上述输出结果表明,伽马分布参数的极大似然估计值为(shape=1.6797,rate=0.01098),而模拟数据的真实参数为(shape=2,rate=0.01)。

5.1.2 矩估计法

矩估计法的基本原理是,令样本观察值的各阶矩分别等于分布模型的各阶矩,由此可以建立一个方程组,方程的个数与待估参数的个数相等。通过求解上述方程组,即可求得模型的参数估计值。

如果分布模型有 k 个未知参数,矩估计法就需要建立 k 个方程,这 k 个方程使得观察值的前 k 阶矩分别等于分布模型的前 k 阶矩,即

$$E(X^k \mid \theta) = \frac{1}{n}\sum_{i=1}^{n} x_i^k \tag{5.4}$$

上式中,θ 表示模型中的未知参数向量,$x_1, x_2, \cdots, x_n$ 表示损失随机变量的观察值。

【例5-8】 模拟 50 个形状参数为 shape=2,比率参数为 rate=0.01 的伽马分

布的随机数,然后基于该随机数应用矩估计法估计伽马分布的参数。

【解】 求解该例的 R 程序代码和输出结果如下。在函数 fitdist 中,method="mme"表示用矩估计法估计模型参数。

```
#模拟伽马分布的随机数
set.seed(123)
x = rgamma(50, shape = 2, rate = 0.01)

#用矩估计法估计参数
library(fitdistrplus)
fit = fitdist(x, "gamma", method = "mme")

#输出参数估计结果
summary(fit)
# # Fitting of the distribution ' gamma ' by matching moments
# # Parameters :
# #          estimate
# # shape  1.85267571
# # rate   0.01210802
# # Loglikelihood: -298.2002 AIC: 600.4004 BIC: 604.2244
```

上述输出结果表明,伽马分布参数的矩估计值为(shape=1.852 7,rate=0.012 11),而模拟数据的真实参数为(shape=2,rate=0.01)。

5.1.3 分位数配比法

分位数配比法的基本原理是,令样本观察值的分位数分别等于分布模型的分位数,由此可以建立一个方程组,方程组的个数与待估参数的个数相等。求解上述方程组即可得到模型的参数估计值。

如果分布模型有 k 个未知参数,分位数配比法就需建立 k 个方程,这 k 个方程使得观察值的 k 个分位数分别等于分布模型的 k 个分位数,即

$$F^{-1}(p_k; \theta) = Q_{n, p_k} \tag{5.5}$$

上式中,左边表示在分位数水平为 p_k 的条件下,基于理论分布模型计算的分位数;右边表示在相同的分位数水平下,基于样本观察值计算的分位数。

【例 5-9】 模拟 50 个形状参数为 shape=2,比率参数为 rate=0.01 的伽马分布的随机数,然后基于该随机数应用分位数配比法估计伽马分布的参数。

【解】 求解该例的 R 程序代码和输出结果如下。在函数 fitdist 中,method="qme"表示用分位数配比法估计模型参数,probs=c(1/3, 2/3)表示选取 1/3 和 2/3 两个分位数水平,要求在这两个分位数水平下,基于分布模型计算的分位数分别等于基于样本观察值计算的分位数。在分位数配比法中,选用不同的分位数水

平,参数的估计结果也将不同。

```
# 模拟伽马分布的随机数
set.seed(123)
x = rgamma(50, shape = 2, rate = 0.01)

# 用分位数配比法估计参数
library(fitdistrplus)
fit = fitdist(x, "gamma", method = "qme", probs = c(1/3, 2/3))

# 输出参数估计结果
summary(fit)
# # Fitting of the distribution ' gamma ' by matching quantiles
# # Parameters :
# #       estimate
# # shape 2.0405428
# # rate  0.0127661
# # Loglikelihood: -298.745  AIC: 601.49  BIC: 605.3141
```

上述输出结果表明,应用分位数配比法求得的伽马分布参数的估计值为(shape=2.040 5,rate=0.012 77),而模拟数据的真实参数值为(shape=2,rate=0.01)。

5.1.4 最小距离法

最小距离法的基本原理是,首先计算理论分布与基于样本观察值的经验分布之间的某种距离,然后在该距离最小化的条件下求解模型的参数。最小距离估计也称作最大拟合优度估计。

在最小距离法中,常用的距离是 Cramer-Von Mises 距离,其定义如下:

$$D(\theta) = \int_{-\infty}^{\infty} [F_n(x) - F(x;\theta)]^2 dx \tag{5.6}$$

上式中,$F_n(x)$表示基于样本观察值的经验分布函数,$F(x;\theta)$表示理论模型的分布函数。

在实际应用中,通常用下述方法计算 Cramer-Von Mises 距离:

$$D(\theta) = \frac{1}{12n} + \sum_{i=1}^{n} \left[F(x_i;\theta) - \frac{2i-1}{2n} \right]^2 \tag{5.7}$$

在最小距离法中,还可以使用 Kolmogorov-Smirnov 距离或 Anderson-Darling 距离。

Kolmogorov-Smirnov 距离的定义如下:

$$D_n = \sup_x | F_n(x) - F(x) | \tag{5.8}$$

Anderson-Darling 距离的定义如下:

$$A = n\int_{-\infty}^{\infty} \frac{[F_n(x) - F(x)]^2}{F(x)[1 - F(x)]} \mathrm{d}F(x) \tag{5.9}$$

Anderson-Darling 距离给分布的两个尾部赋予了更大的权重。

在 fitdistrplus 程序包中,使用 Kolmogorov-Smirnov 距离或 Anderson-Darling 距离时,可以令 gof="KS"或 gof="AD"。

【例 5-10】 模拟 50 个形状参数为 shape=2,比率参数为 rate=0.01 的伽马分布的随机数,然后基于该随机数应用最小距离法估计伽马分布的参数。

【解】 求解该例的 R 程序代码和输出结果如下。在函数 fitdist 中,method="mge"表示用最小距离法估计模型参数,gof="CvM"表示应用 Cramer-Von Mises 距离。

```
#模拟伽马分布的随机数
set.seed(123)
x = rgamma(50, shape = 2, rate = 0.01)

#用最小距离法估计参数
library(fitdistrplus)
fit = fitdist(x, "gamma", method = "mge", gof = "CvM")

#输出参数估计结果
summary(fit)
## Fitting of the distribution ' gamma ' by maximum goodness-of-fit
## Parameters :
##         estimate
## shape   1.63496160
## rate    0.01028761
## Loglikelihood: -298.1215  AIC: 600.243  BIC: 604.067
```

上述输出结果表明,伽马分布参数的最小距离估计值为(shape=1.635 0,rate=0.010 29),而模拟数据的真实参数为(shape=2,rate=0.01)。

使用 fitdistrplus 程序包估计模型参数时,也允许自定义分布函数和密度函数。

【例 5-11】 假设损失金额服从参数为(shape=10,rate=1/3)的伽马分布与参数为(meanlog=3,sdlog=2)的对数正态分布的混合分布,密度函数为

$$f(x) = 0.8 \times \text{gamma}(10, 1/3) + 0.2 \times \text{lnorm}(3, 2)$$

请模拟 1 000 个损失金额的观察值,并基于该模拟值,应用极大似然法估计下述混合模型的参数:

$$f(x) = p \times \text{gamma}(\text{shape}, \text{rate}) + (1 - p) \times \text{lnorm}(\text{meanlog}, \text{sdlog})$$

【解】 上述混合分布模型由 5 个未知参数,一个是混合比率参数 p,另外两个是伽马分布的形状参数 shape 和比率参数 rate,还有两个是对数正态分布的参数 meanlog 和 sdlog。

求解本例的 R 程序代码和输出结果如下，模拟数据的直方图如图 5-1 所示。

```
# 模拟数据
x = NULL
n = 1000
for (i in 1:n) {
    u = runif(1)
    x[i] = ifelse(u <= 0.8, rgamma(1, 10, 1/3), rlnorm(1, 3, 2))
}

# 模拟数据的直方图
hist(x, breaks = n, xlim = c(0, 100), main = "", prob = TRUE)

# 定义混合分布的密度函数
dmix = function(x, p, shape, rate, meanlog, sdlog) p * dgamma(x, shape, rate) + (1 - p) * dlnorm(x, meanlog, sdlog)

# 定义混合分布的分布函数
pmix = function(x, p, shape, rate, meanlog, sdlog) p * pgamma(x, shape, rate) + (1 - p) * plnorm(x, meanlog, sdlog)

# 用极大似然法估计参数
library(fitdistrplus)
fitdist(x, "mix", start = list(p = 0.5, shape = 20, rate = 1, meanlog = 1, sdlog = 1), lower = c(0, 0, 0, -Inf, 0))
## Fitting of the distribution ' mix ' by maximum likelihood
## Parameters:
##          estimate Std. Error
## p         0.7959    0.01871
## shape    11.1623    0.77033
## rate      0.3685    0.02543
## meanlog   2.8180    0.13030
## sdlog     1.7986    0.10344
```

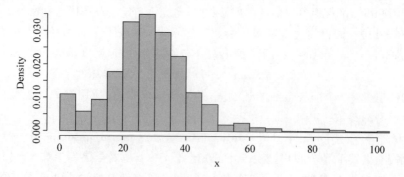

图 5-1 混合分布模型的模拟值

上述输出结果表明,在混合分布模型中,五个参数的估计值分别为

$p = 0.795\,9$, shape $= 11.162\,3$, rate $= 0.368\,5$, meanlog $= 2.818\,0$, sdlog $= 1.798\,6$

模拟数据的真实参数值为

$p = 0.8$, shape $= 10$, rate $= 0.333\,3$, meanlog $= 3$, sdlog $= 2$

【例 5-12】 模拟 100 个形状参数为 shape＝3,比率参数为 rate＝0.5 的伽马分布的随机数,然后分别用伽马分布、指数分布、韦布尔分布、对数正态分布和正态分布拟合该随机数,并估计上述分布模型的参数。

【解】 求解本例的 R 程序代码和输出结果如下。

```
# 模拟数据
n = 100
set.seed(123)
x = rgamma(n, 3, 1/2)

# 列出需要拟合的分布模型：伽马、指数、韦布尔、对数正态和正态分布
dist = list("gamma", "exp", "weibull", "lnorm", "norm")

# 估计模型参数
library(fitdistrplus)
fit = list()
for (i in 1:5) {
    fit[[dist[[i]]]] = fitdist(x, dist[[i]]) $ estimate
}

# 输出分布模型的参数估计值
round(cbind(unlist(fit)), 3)
##                   [,1]
## gamma.shape      3.643
## gamma.rate       0.666
## exp.rate         0.183
## weibull.shape    2.057
## weibull.scale    6.188
## lnorm.meanlog    1.555
## lnorm.sdlog      0.565
## norm.mean        5.467
## norm.sd          2.815
```

上述输出结果表明,伽马分布的参数估计值为(shape＝3.643,rate＝0.666),指数分布的参数估计值为 rate＝0.183,韦布尔分布的参数估计值为(shape＝2.057,scale＝6.188),对数正态分布的参数估计值为(meanlog＝1.555,sdlog＝

0.565),正态分布的参数估计值为(mean=5.467,sd=2.815)。

5.2 模型的评价和比较

对于一组给定的损失数据,可以用不同的分布模型进行拟合。为了评价和比较这些分布模型对损失数据的拟合效果,必须建立一些评价标准和比较方法。常用的模型评价和比较方法包括图示法、统计检验法和信息准则评价法等。

图示法主要通过比较分布函数、密度函数、QQ 图和 PP 图对分布模型与样本数据的相似程度进行判断。QQ 图是对理论分布和经验分布的分位数进行比较,PP 图是对理论分布和经验分布的累积分布函数值进行比较。如果理论分布模型对样本数据的拟合效果较好,QQ 图和 PP 图应该近似一条直线。

统计检验法主要通过 Kolmogorov-Smirnov 统计量、Cramer-von Mises 统计量和 Anderson-Darling 统计量来判断分布模型与样本数据的相似程度。令 $F_n(x)$ 表示基于样本数据的经验分布函数,$F(x)$ 表示理论模型的分布函数,n 表示样本量,k 表示分布模型中的参数个数,l 表示对数似然函数的值,则前述检验统计量的定义如下:

Kolmogorov-Smirnov 统计量:

$$D_n = \sup_x |F_n(x) - F(x)| \tag{5.10}$$

Cramer-von Mises 统计量:

$$\omega^2 = \int_{-\infty}^{\infty} [F_n(x) - F(x)]^2 \mathrm{d}F(x) \tag{5.11}$$

Anderson-Darling 统计量:

$$A = n \int_{-\infty}^{\infty} \frac{[F_n(x) - F(x)]^2}{F(x)[1-F(x)]} \mathrm{d}F(x) \tag{5.12}$$

上述三个统计量都度量了经验分布函数与理论分布函数之间的一种距离,所以其值越小,表示模型对样本数据的拟合越好。

信息准则评价法主要通过比较不同模型的 AIC 和 BIC 等信息准则来判断不同分布模型对样本数据的拟合效果。AIC 信息准则和 BIC 信息准则统计量的定义如下:

$$\mathrm{AIC} = -2l + 2k \tag{5.13}$$

$$\mathrm{BIC} = -2l + k\ln n \tag{5.14}$$

上式中,l 表示对数似然函数的值,k 表示模型的参数个数,n 表示样本容量。信息准则的值越小,表示模型对样本数据的拟合效果越好。

一般而言,似然函数的值越大,表示模型对数据的拟合效果越好。但另一方面,模型的参数越多,对数据的拟合效果也会越好。考虑到过于复杂的模型可能仅仅是对样本数据的重现,缺乏实际的应用价值,所以在计算信息准则时对较多的参数个数进行了惩罚。在 AIC 信息准则中,惩罚项是 2 倍的参数个数,而在 BIC 信息准则中,惩罚项是样本量的对数乘以参数个数。显然,BIC 对参数个数的惩罚相对较重,所以 BIC 信息准则会倾向于选择参数个数更少的模型。

【例 5-13】 模拟 100 个形状参数为 shape＝3,比率参数为 rate＝0.5 的伽马分布的随机数,然后用伽马分布拟合该随机数,估计分布模型的参数,并比较经验密度函数与理论密度函数,以及经验分布函数与理论分布函数。

【解】 求解本例的 R 程序代码和输出结果如下。经验密度函数与理论密度函数、经验分布函数与理论分布函数的比较如图 5-2 所示。

```
#模拟数据
n = 100
set.seed(123)
x = rgamma(n, 3, 0.5)

#估计参数
library(fitdistrplus)
fit = fitdist(x, "gamma", method = "mle")

#绘图比较密度函数
par(mfrow = c(1, 2))
hist(x, prob = TRUE, ylim = c(0, 0.2), main = "密度函数")
curve(dgamma(x, fit $ estimate[1], fit $ estimate[2]), lty = 1, add = TRUE)

#绘图比较分布函数
plot(ecdf(x), pch = ".", main = "分布函数")
curve(pgamma(x, fit $ estimate[1], fit $ estimate[2]), lty = 1, add = TRUE)
```

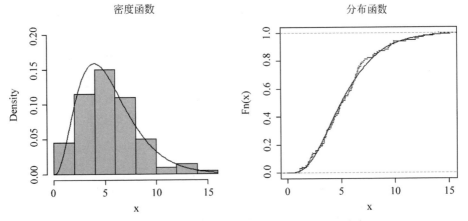

图 5-2 经验分布与理论分布的比较(实线为理论分布)

【例 5-14】 模拟 100 个形状参数为 shape＝3，比率参数为 rate＝0.5 的伽马分布的随机数，然后用伽马分布拟合该随机数，估计分布模型的参数，并绘制 QQ 图和 PP 图。

【解】 求解本例的 R 程序代码和输出结果如下，绘制的 QQ 图和 PP 图如图 5-3 所示。

```
#模拟数据
n = 100
set.seed(123)
x = rgamma(n, 3, 0.5)

#参数估计
library(fitdistrplus)
##Loading required package: MASS
##Loading required package: survival
fit = fitdist(x, "gamma", method = "mle")

#绘制 QQ 图
par(mfrow = c(1, 2))
plot(x, qgamma(rank(x)/length(x), fit$estimate[1], fit$estimate[2]), main = "QQ
图", xlab = "观察值", ylab = "理论值")
abline(0, 1, col = 2)

#绘制 PP 图
plot(rank(x)/length(x), pgamma(x, fit$estimate[1], fit$estimate[2]), main = "PP
图", xlab = "观察值", ylab = "理论值")
abline(0, 1, col = 2)
```

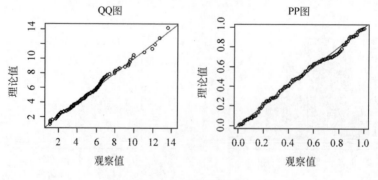

图 5-3 QQ 图和 PP 图

【例 5-15】 模拟 100 个形状参数为 shape $= 3$，比率参数为 rate $= 0.5$ 的伽马分布的随机数，然后分别用伽马分布、对数正态分布和帕累托分布拟合该随机数，比较它们的拟合优度统计量。

【解】 求解本例的 R 程序代码和输出结果如下。

```
#模拟数据
n = 100
set.seed(123)
x = rgamma(n, 3, 0.5)
library(fitdistrplus)

#用伽马分布进行拟合
fitGA = fitdist(x, "gamma")

#用对数正态分布进行拟合
fitLN = fitdist(x, "lnorm")

#用帕累托分布进行拟合
library(actuar)  #使用 actuar 程序包定义的帕累托分布
fitPA = fitdist(x, "pareto", start = list(shape = 1, scale = 1))

#比较不同分布的拟合优度统计量
options(digits = 4)
gofstat(list(fitGA, fitLN, fitPA), fitnames = c("gamma", "lognormal", "pareto"))
## Goodness-of-fit statistics
##                                gamma    lognormal  pareto
## Kolmogorov-Smirnov statistic   0.05247  0.07957    0.251
## Cramer-von Mises statistic     0.04728  0.14589    2.122
## Anderson-Darling statistic     0.29890  0.86302   11.146
##
## Goodness-of-fit criteria
##                                gamma  lognormal  pareto
## Aikake's Information Criterion 478.7  484.6      543.8
## Bayesian Information Criterion 483.9  489.8      549.0
```

输出结果包括三个拟合优度统计量和两个信息准则统计量，其中伽马分布的拟合优度统计量和信息准则统计量都是最小的，所以可以认为伽马分布对该组模拟数据的拟合效果最好，该结论与模拟数据的生成方式完全吻合。

第6章　巨灾损失模型

巨灾是指发生频率较低,但损失金额十分巨大的自然灾害或人为灾难,如地震、台风、洪水和恐怖袭击等。巨灾风险管理是世界各国面临的共同难题,需要保险市场、再保险市场、资本市场和政府部门的同参与,譬如,保险市场承担第一层次的巨灾损失,再保险市场承担第二层次的巨灾损失,对于超过保险市场和再保险市场承保能力的巨灾损失,可以通过巨灾风险的证券化转移到资本市场,最后剩余的部分由政府负责兜底。

建立巨灾损失模型是进行巨灾风险管理的基础性工作,一般需要分别建立巨灾损失次数模型和巨灾损失金额模型。巨灾损失次数通常可以使用泊松过程进行描述,但巨灾损失金额由于往往具有很长的右尾,很难用常见的分布模型对其进行拟合,这为巨灾损失数据的建模和风险管理带来了极大挑战。

极值理论是分析巨灾损失数据的常用工具,在巨灾风险管理中具有重要应用价值。在极值理论中,广义极值分布用于描述极大值的分布,而广义帕累托分布用于描述超越值的分布。极大值是样本观察数据中的最大值,如每年日降雨量的最大值,每年日平均气温的最大值,每年地震损失的最大值,都可以用广义极值分布进行描述。超越值是样本观察值大于阈值的差额,譬如,当损失观察值为2 000万元,阈值为500万元时,超越值就是1 500万元。当阈值足够大时,超越值可以用广义帕累托分布进行描述。

本章主要讨论广义极值分布和广义帕累托分布的性质及其在巨灾损失建模中的应用。偏正态分布和偏t分布具有较长的右尾,适合于拟合经过对数变换以后的巨灾损失数据,所以,本章最后简要介绍偏正态分布和偏t分布在巨灾损失建模的中应用。

6.1　广义极值分布

广义极值分布用于描述损失观察数据中极大值的分布。

假设$X_1, X_2, \cdots, X_n$是独立同分布的损失随机变量序列,分布函数为$F(x)$。令$M_n = \max(X_1, X_2, \cdots, X_n)$表示损失随机变量序列的极大值,则$M_n$的分布函数可以表示为

$$\Pr(M_n \leqslant x) = [F(x)]^n \tag{6.1}$$

式(6.1)的证明过程如下:

$$\begin{aligned}
\Pr(M_n \leqslant x) &= \Pr[\max(X_1, X_2, \cdots, X_n) \leqslant x] \\
&= \Pr(X_1 \leqslant x, X_2 \leqslant x, \cdots, X_n \leqslant x) \\
&= \Pr(X_1 \leqslant x)\Pr(X_2 \leqslant x)\cdots\Pr(X_n \leqslant x) \\
&= [F(x)]^n
\end{aligned}$$

上式表明，如果已知损失随机变量的分布函数 $F(x)$，就可以求得极大值的分布函数。

【例 6-1】 精算师根据以往的经验做出如下判断：每次的损失金额服从均值为 10 的指数分布，分布函数为 $F(x) = 1 - e^{-x/10}$。如果在损失金额的 100 次观察中，最大的损失金额观察值为 50，据此可以推翻上述判断的合理性吗？如果最大的损失金额观察值为 120 呢？

【解】 由式(6.1)可知，极大值 M_n 的分布函数为

$$\Pr(M_n \leqslant x) = [F(x)]^n$$

如果损失金额服从均值为 10 的指数分布，则在 100 次观察中，损失金额的最大值 M_{100} 大于 x 的概率可以表示为

$$\Pr(M_{100} > x) = 1 - [F(x)]^{100} = 1 - (1 - e^{-x/10})^{100}$$

由此可得，在 100 次观察中，损失金额的最大值大于 50 和 120 的概率分别为

$$\Pr(M_{100} > 50) = 0.491\,4$$
$$\Pr(M_{100} > 120) = 0.000\,614\,2$$

上述结果表明，如果损失金额服从均值为 10 的指数分布，则在 100 次的观察中，最大损失金额超过 50 的概率为 0.49，超过 120 的概率几乎为零。由此可知，如果最大损失金额的观察值为 50，就可以推翻损失金额服从均值为 10 的指数分布的判断。如果最大损失观察值为 120，就不能推翻损失金额服从均值为 10 的指数分布的判断。

在应用前述方法计算极大值的分布时，要求已知损失的分布函数。如果损失的分布函数是未知的，则可以通过对 M_n 进行适当的线性变换，近似求得极大值的分布。譬如，对于上例的极大值，可以进行下述的线性变换：

$$\Pr\left(\frac{M_n}{10} - \ln n \leqslant x\right) = \Pr[M_n \leqslant 10(x + \ln n)]$$
$$= \{F[10(x + \ln n)]\}^n$$
$$= \left(1 - \frac{e^{-x}}{n}\right)^n$$

当样本量足够大时，即当 $n \to \infty$ 时，有

$$\lim_{n \to \infty} \Pr\left(\frac{M_n}{10} - \ln n \leqslant x\right) = \exp(-e^{-x})$$

因此，对于足够大的样本量，上述极大值的分布函数可以近似表示为

$$\Pr(M_n \leqslant z) = \Pr\left(\frac{M_n}{10} - \ln n \leqslant \frac{z}{10} - \ln n\right) \approx \exp(-e^{-z/10 + \ln n})$$

由此可得，当 $n = 100$ 时，损失金额的最大值大于 50 和 120 的概率分别近似为

$$\Pr(M_{100} > 50) \approx 0.4902$$
$$\Pr(M_{100} > 120) \approx 0.0006142$$

该近似结果与前述的精确计算结果几乎相等。

该例表明,如果仅有分布函数 $F(x)$ 的有限信息,而不是给出完整的分布函数,也可以求得极大值的分布。极值理论就是要在有限信息条件下计算极大值的分布。

6.1.1 极值分布函数

【定理 6-1】 如果存在常数序列 $a_n > 0$ 和 b_n,使得对某一非退化分布 H,当 $n \to \infty$ 时,极大值 M_n 经过线性变换以后,有

$$\Pr\left(\frac{M_n - b_n}{a_n} \leqslant x\right) \to H(x), \quad x \in R$$

则 H 是下列三种极值分布函数之一:

(1) Gumbel 分布:

$$H_1(x) = \exp\left\{-\exp\left[-\left(\frac{x-\mu}{\sigma}\right)\right]\right\}, \quad -\infty < x < \infty, \sigma > 0 \quad (6.2)$$

(2) Frechet 分布:

$$H_2(x) = \exp\left[-\left(\frac{x-\mu}{\sigma}\right)^{-\alpha}\right], \quad x > \mu, \alpha > 0, \sigma > 0 \quad (6.3)$$

(3) 韦布尔分布:

$$H_3(x) = \exp\left\{-\left[-\left(\frac{x-\mu}{\sigma}\right)\right]^{\alpha}\right\}, \quad x \leqslant \mu, \alpha > 0 \quad (6.4)$$

当 $\mu=0, \sigma=1, \alpha=1$ 时,上述三种极值分布的密度函数、分布函数和生存函数如图 6-1、图 6-2、图 6-3 所示。

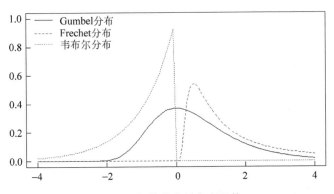

图 6-1 极值分布的密度函数

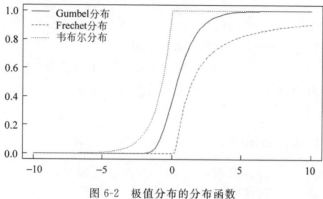

图 6-2　极值分布的分布函数

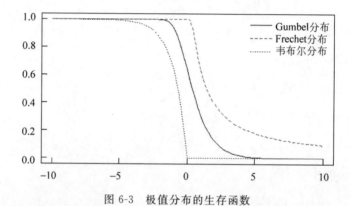

图 6-3　极值分布的生存函数

上述三种极值分布函数可以统一表示为下述的广义极值分布(Coles,2001)：

$$H_\xi(x) = \exp\left\{-\left[1+\xi\left(\frac{x-\mu}{\sigma}\right)\right]^{-1/\xi}\right\}, \quad \xi \neq 0 \tag{6.5}$$

在式(6.5)中,当 $\xi \to 0$ 时,广义极值分布趋于 Gumbel 分布,因此,广义极值分布也可以表示为

$$H_\xi(x) = \begin{cases} \exp\left\{-\left[1+\xi\left(\frac{x-\mu}{\sigma}\right)\right]^{-1/\xi}\right\}, & \xi \neq 0 \\ \exp\left\{-\exp\left[-\left(\frac{x-\mu}{\sigma}\right)\right]\right\}, & \xi = 0 \end{cases} \tag{6.6}$$

前述定理表明,当 n 足够大时,样本观察值的极大值 M_n 将近似服从广义极值分布。

广义极值分布具有稳定性,也就是说,广义极值分布的极大值仍然服从广义极值分布。

【定理 6-2】 对于位置参数等于 0,尺度参数等于 1 的广义极值分布,其极大

值的分布服从位置参数为 $(\xi^{-1}n^{\xi}-\xi^{-1})$，尺度参数为 n^{ξ} 的广义极值分布。

【证明】 对于位置参数等于 0，尺度参数等于 1 的广义极值分布，其分布函数可以表示为

$$H_{\xi}(x) = \exp[-(1+\xi x)^{-1/\xi}]$$

由式(6.1)可知，其极大值的分布可以表示为

$$\begin{aligned}
\Pr(M_n \leqslant x) &= [F(x)]^n = \exp[-n(1+\xi x)^{-1/\xi}] \\
&= \exp\left[-\left(\frac{1+\xi x}{n^{\xi}}\right)^{-1/\xi}\right] \\
&= \exp\left[-\left(1+\frac{\xi x+1-n^{\xi}}{n^{\xi}}\right)^{-1/\xi}\right] \\
&= \exp\left\{-\left[1+\xi\frac{x-(\xi^{-1}n^{\xi}-\xi^{-1})}{n^{\xi}}\right]^{-1/\xi}\right\}
\end{aligned}$$

显然，上式与式(6.5)中的广义极值分布具有相同的形式，亦即是位置参数为 $\xi^{-1}n^{\xi}-\xi^{-1}$，尺度参数为 n^{ξ} 的广义极值分布。

对于位置参数等于 0，尺度参数等于 1 的广义极值分布，其分布函数也可以表示为

$$H_{\xi}(x) = \begin{cases} \exp[-(1+\xi x)^{-1/\xi}], & \xi \neq 0 \\ \exp(-e^{-x}), & \xi = 0 \end{cases} \tag{6.7}$$

6.1.2 极大吸引域

如果随机变量 X 的极大值经过标准化处理后服从广义极值分布，则称该随机变量的分布 F 属于广义极值分布 H 的**极大吸引域**(maximum domain of attraction)，记为 $F \in \mathrm{MDA}(H)$，即：

$$\lim_{n\to\infty}\Pr\left(\frac{M_n-b_n}{a_n}\leqslant x\right) = H(x) \quad \Leftrightarrow \quad F \in \mathrm{MDA}(H)$$

若 F 属于 Frechet 的极大吸引域，即 $F \in \mathrm{MDA}(H_{\xi})$，$\xi > 0$，则其生存函数可以表示为 $\overline{F}(x) = x^{-1/\xi}L(x)$，其中 $L(x)$ 是一个在 ∞ 处的**慢变函数**(slowly varying function)。反之，如果 F 的生存函数可以表示为 $\overline{F}(x) = x^{-1/\xi}L(x)$，则该分布属于 Frechet 的极大吸引域。

在 ∞ 处的慢变函数 $L(x)$ 是指当 x 很大时，满足：

$$\lim_{x\to\infty}\frac{L(tx)}{L(x)} = 1, \quad t > 0$$

譬如，$L(x) = \ln x$ 就是一个慢变函数，当 $x \to \infty$ 时，$\ln 2x/\ln x \to 1$，如图 6-4 所示。

属于 Frechet 极大吸引域的分布，其尾部按照幂函数衰减，衰减率 $\alpha = 1/\xi$ 通常

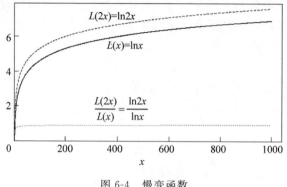

图 6-4　慢变函数

称作分布的尾部指数。这类分布的尾部通常较厚,只存在有限的各阶矩。可以证明,如果一个分布属于 Frechet 的极大吸引域,即 $F\in \mathrm{MDA}(H_\xi),\xi>0$,则当 $k>1/\xi$ 时,$E(X^k)=\infty$。属于 Frechet 极大吸引域的分布包括:Frechet 分布,帕累托分布,逆伽马分布,对数伽马分布,t 分布,F 分布和 Burr 分布。

属于 Gumbel 极大吸引域的分布,其尾部轻于任何幂函数,且存在任意阶矩,即 $E(X^k)<\infty,k>0$。属于 Gumbel 极大吸引域的分布,其尾部按照指数函数衰减。这类分布的尾部差异很大,如正态分布和对数正态分布都属于此类分布。属于 Gumbel 极大吸引域的分布包括:Gumbel 分布,正态分布,指数分布,伽马分布,逆高斯分布,对数正态分布,卡方分布,Hyperbolic 分布,标准韦布尔分布,Benktander 分布。

属于韦布尔极大吸引域的常见分布是 beta 分布,这类分布都有一个有限的右端点。

6.1.3　区块最大化方法

广义极值分布描述了最大观察值的分布。在实际应用中,为了获得最大观察值的数据,通常采用**区块最大化方法**(block maxima),即将样本数据划分为许多区块,每个区块就有一个最大观察值,将所有区块的最大观察值放在一起,就应该服从广义极值分布。譬如,将每年作为一个区块,记录日降雨量,则每年的日降雨量最大值将近似服从广义极值分布。又如,将每年作为一个区块,记录股票的日收益率,则每年的日收益率最大值将近似服从广义极值分布。

广义极值分布的参数可以通过极大似然法进行估计。一般而言,每个区块包含的样本数据越多(即 n 越大),广义极值分布对最大值分布的近似效果越好,参数估计值的偏差越小。但是,在样本量一定的情况下,每个区块包含的样本数据越多,就意味着区块个数越少,即最大值的观察个数越少,从而使得参数估计值的方差越大。

样本观察数据之间的相依性会使得有效样本量减少,从而导致极大值趋于广义极值分布的速度变慢,所以,当样本观察数据之间存在一定的相依关系时,应该选择较大的区块,即让每个区块包含相对较多的样本数据。

在巨灾风险管理中,通常需要计算**重现水平**(return level)。重现水平事实上就是分位数,也称作 VaR。

若令式(6.6)中广义极值分布的分布函数等于 p,即可求得当分位数水平为 p 时,广义极值分布的分位数(VaR)为

$$\mathrm{VaR}_p(X) = \begin{cases} \mu + \dfrac{\sigma}{\xi}\left[(-\ln p)^{-\xi} - 1\right], & \xi \neq 0 \\ \mu - \sigma \ln(-\ln p), & \xi = 0 \end{cases}$$

重现水平表明,每年的损失达到或超过重现水平的概率小于 $1-p$。这也就意味着,平均每 $T=1/(1-p)$ 年,损失会超过一次重现水平。这里的 T 就是所谓的**重现期**(return period)。

譬如,如果一年中单日最大降雨量超过 300 毫米的概率为 10%,则重现水平为 300 毫米,重现期为 10 年,即 $T=1/10\%=10$,表示平均每 10 年中会有一年的单日最大降雨量超过 300 毫米。

6.2 广义帕累托分布

在区块最大化方法中,从每个区块中只选取一个最大观察值用于建模,浪费了大量的样本观察数据。为了更加有效地利用样本数据的信息,本节讨论超过某个阈值的样本损失数据所服从的分布,即广义帕累托分布。

6.2.1 分布函数

假设随机变量 X 服从广义帕累托分布,则其分布函数可以表示为

$$G_{\xi,\sigma}(x) = 1 - \left(1 + \xi \frac{x}{\sigma}\right)^{-1/\xi} \tag{6.8}$$

上式中,ξ 是形状参数,σ 是尺度参数。

广义帕累托的分布函数和生存函数如图 6-5 所示,在该图中,尺度参数保持不变,为 $\sigma=1$,随着形状参数的变化,广义帕累托分布的尾部也会随着变化。形状参数越大,广义帕累托分布的尾部越厚。

广义帕累托分布的均值和方差分别为

$$E(X) = \frac{\sigma}{1-\xi}, \quad \xi < 1 \tag{6.9}$$

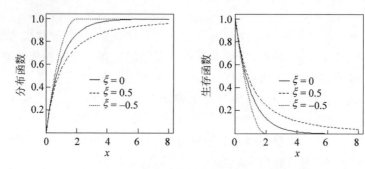

图 6-5　广义帕累托的分布函数和生存函数（$\sigma=1$）

$$\text{Var}(X) = \frac{\sigma^2}{(1-\xi)^2(1-2\xi)}, \quad \xi < \frac{1}{2} \tag{6.10}$$

当形状参数 $\xi \to 0$ 时，广义帕累托分布趋于指数分布，即由

$$\lim_{\xi \to 0}\left(1+\xi\frac{x}{\sigma}\right)^{-1/\xi} = \lim_{\xi \to 0} e^{-\frac{1}{\xi}\ln\left(1+\xi\frac{x}{\sigma}\right)}$$
$$= \lim_{\xi \to 0} e^{-\frac{x}{\sigma}\frac{1}{1+\xi x/\sigma}}$$
$$= e^{-x/\sigma}$$

可得

$$\lim_{\xi \to 0} G_{\xi,\sigma}(x) = \lim_{\xi \to 0}\left[1-\left(1+\xi\frac{x}{\sigma}\right)^{-1/\xi}\right]$$
$$= 1 - e^{-x/\sigma}$$

因此，广义帕累托的分布函数也可以表示为

$$G_{\xi,\sigma}(x) = \begin{cases} 1-\left(1+\xi\dfrac{x}{\sigma}\right)^{-1/\xi}, & \xi \neq 0 \\ 1-\exp\left(-\dfrac{x}{\sigma}\right), & \xi = 0 \end{cases} \tag{6.11}$$

上式中，当 $\xi > 0$ 时，$x \geqslant 0$；当 $\xi < 0$ 时，$0 \leqslant x \leqslant \sigma/\xi$。

6.2.2　超额损失的分布

令 X 表示原始损失随机变量，保单的免赔额为 u，则超额损失可以表示为
$$Y = X - u \mid X > u$$
超额损失的分布函数可以表示为
$$F_Y(y) = \Pr(Y \leqslant y)$$
$$= \Pr(X - u \leqslant y \mid X > u)$$
$$= \frac{F(y+u) - F(u)}{1 - F(u)}, \quad y \geqslant 0$$

【定理 6-3】 如果原始损失随机变量 X 服从广义帕累托分布，形状参数为 ξ，尺度参数为 σ，则超额损失随机变量 $Y=X-u|X>u$ 仍然服从广义帕累托分布，形状参数为 ξ，尺度参数为 $\sigma+\xi u$。

【证明】 超额损失随机变量的生存函数可以表示为

$$\Pr(Y \leqslant y) = \Pr(X \leqslant u+y \mid X > u)$$

$$= 1 - \frac{\overline{F}(u+y)}{\overline{F}(u)}$$

$$= 1 - \left[\frac{1+\xi\left(\dfrac{u+y}{\sigma}\right)}{1+\xi\left(\dfrac{u}{\sigma}\right)}\right]^{-1/\xi}$$

$$= 1 - \left[\frac{\sigma+\xi(u+y)}{\sigma+\xi u}\right]^{-1/\xi}$$

$$= 1 - \left(1+\xi\frac{y}{\sigma+\xi u}\right)^{-1/\xi}$$

显然，上式与式(6.8)具有相同的形式，亦即是形状参数为 ξ，尺度参数为 $\sigma+\xi u$ 的广义帕累托分布。

由式(6.9)可知，如果 $\xi<1$，则广义帕累托分布的平均超额损失函数为

$$e(u) = E(X-u \mid X>u) = \frac{\sigma+\xi u}{1-\xi}$$

可见，对于足够大的阈值 u，广义帕累托分布的平均超额损失函数是阈值 u 的线性函数。这个性质可以用于判断损失观察数据是否服从广义帕累托分布。譬如，对于样本观察值 $x_1, x_2, \cdots, x_n$ 和给定的阈值 u，平均超额损失函数可以定义为

$$e_n(u) = \frac{1}{N_u}\sum_i (x_i-u)_+, \quad u>0$$

上式中，N_u 表示损失超过阈值 u 的观察值个数，$(x_i-u)_+ = \max(x_i-u, 0)$。

如果随着阈值 u 的增加，样本数据的平均超额损失函数 $e_n(u)$ 呈现线性增加趋势，就可以用广义帕累托分布拟合超额损失数据。

【例 6-2】 假设广义帕累托分布的形状参数为 $\xi=0.5$，尺度参数为 $\sigma=1.5$，请生成 100 个广义帕累托分布的随机数，并绘制它们的平均超额损失函数。

【解】 由式(6.8)中广义帕累托分布的分布函数可知，如果 z 是来自区间 $[0,1]$ 的均匀分布的随机数，则下式的 x 就是来自广义帕累托分布的随机数：

$$x = \left[(1-z)^{-\xi}-1\right]\frac{\sigma}{\xi}$$

生成随机数和绘制平均超额损失函数的 R 程序代码如下，平均超额损失函数如图 6-6 所示。该图表明，来自广义帕累托分布的样本观察数据的平均超额损失函数近似是一条直线。

```
#参数取值
xi = 0.5                                          #形状参数
sigma = 1.5                                       #尺度参数
n = 100                                           #模拟次数

#模拟广义帕累托分布的随机数
set.seed(102)
x = NULL                                          #存放广义帕累托分布的随机数
for (i in 1:n) {
    z = runif(1)
    x[i] = ((1 - z)^(-xi) - 1) * sigma/xi         #随机数
}

#计算平均超额损失
x = sort(x)
en = NULL
for (i in 1:(n - 3)) {
    ex = pmax(x - x[i], 0)                        #超额损失
    en[i] = mean(ex[ex > 0])                      #平均超额损失函数
}

#绘图
plot(x[1:(n - 3)], en, pch = "o", ylab = "平均超额损失")
```

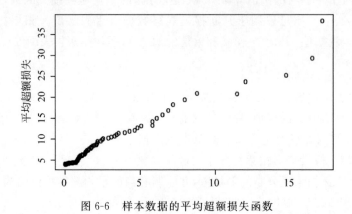

图 6-6 样本数据的平均超额损失函数

【定理 6-4】 令 $X_1, X_2, \cdots, X_n$ 表示独立同分布的随机变量序列,$M_n = \max(X_1, X_2, \cdots, X_n)$ 表示序列的极大值。如果存在常数序列 $a_n > 0$ 和 b_n,当 $n \to \infty$ 时,下式趋于极值分布 $H_\xi(x)$,即

$$\Pr\left(\frac{M_n - b_n}{a_n} \leqslant x\right) \to H_\xi(x)$$

则对于足够大的阈值 u,超额损失随机变量 $Y=X-u|X>u$ 近似服从广义帕累托分布,分布函数为

$$G_{\xi,\sigma}(y) = 1 - \left(1 + \frac{\xi y}{\sigma}\right)^{-1/\xi}, \quad y > 0, \quad 1 + \frac{\xi y}{\sigma} > 0$$

即

$$\Pr(X - u \leqslant y \mid X > u) \approx 1 - \left(1 + \frac{\xi y}{\sigma}\right)^{-1/\xi}, \quad 1 + \frac{\xi y}{\sigma} > 0$$

可见,广义帕累托分布的形状参数与广义极值分布的形状参数相同(Coles,2001)。

常见的连续分布都属于广义极值分布的极大吸引域 $\mathrm{MDA}(H_\xi)$,所以当阈值足够大时,它们的超额损失都近似服从广义帕累托分布。

特别地,如果原始损失 X 服从指数分布,则其属于 Gumbel 的极大吸引域,此时 $\xi=0$。相应地,超额损失的分布函数可以表示为

$$G(y) = 1 - \exp\left(-\frac{y}{\sigma}\right), \quad y > 0$$

上式仍然是指数分布的分布函数,也就是说,指数分布的超额损失仍然服从指数分布。

6.2.3 更大阈值下超额损失的分布

【定理 6-5】 如果对于阈值 u,超额损失 $Y=X-u|X>u$ 近似服从广义帕累托分布 $G_{\xi,\sigma}(y)$,即 $F_Y(y) \approx G_{\xi,\sigma}(y)$,那么对于更大的阈值 $v \geqslant u$,超额损失 $Z=X-v|X>v$ 仍然近似服从广义帕累托分布,且形状参数保持不变,尺度参数调整为 $\sigma+\xi(v-u)$,即有

$$F_Z(z) \approx G_{\xi,\sigma+\xi(v-u)}(z) \tag{6.12}$$

【证明】 超额损失随机变量的生存函数可以表示为

$$\overline{F}_Y(y) = \Pr(X - u > y \mid X > u) = \frac{\overline{F}(u+y)}{\overline{F}(u)} \tag{6.13}$$

上式近似等于广义帕累托分布的生存函数 $\overline{G}_{\xi,\sigma}(y)$,所以经变形即得

$$\overline{F}(u+y) \approx \overline{F}(u)\overline{G}_{\xi,\sigma}(y) \tag{6.14}$$

由式(6.13)可知,超额损失 $Z=X-v|X>v$ 的生存函数可以表示为

$$\overline{F}_Z(z) = \frac{\overline{F}(v+z)}{\overline{F}(v)} = \frac{\overline{F}[u+(v+z-u)]}{\overline{F}[u+(v-u)]}$$

应用式(6.14)的结果,上式可以近似表示为

$$\overline{F}_Z(z) \approx \frac{\overline{F}(u)\overline{G}_{\xi,\sigma}(v+z-u)}{\overline{F}(u)\overline{G}_{\xi,\sigma}(v-u)}$$

$$= \left[\frac{1+\xi(v+z-u)/\sigma}{1+\xi(v-u)/\sigma}\right]^{-1/\xi}$$

$$= \left[1+\frac{\xi z/\sigma}{1+\xi(v-u)/\sigma}\right]^{-1/\xi}$$

$$= \left[1+\xi\frac{z}{\sigma+\xi(v-u)}\right]^{-1/\xi}$$

上式表明，超额损失 $Z=X-v|X>v$ 近似服从广义帕累托分布，形状参数为 ξ，尺度参数为 $\sigma+\xi(v-u)$，可以记为 $F_Z(z) \approx G_{\xi,\sigma+\xi(v-u)}(z)$。

如果 $\xi<1$，则由式(6.9)可知，平均超额损失函数 $E(Z)=E(X-v|X>v)$ 可以近似表示为

$$e(v) = \frac{\sigma+\xi(v-u)}{1-\xi} \tag{6.15}$$

6.2.4 尾部生存函数

对于足够大的阈值 u，超额损失 $Y=X-u|X>u$ 近似服从广义帕累托分布 $G_{\xi,\sigma}(y)$，所以当 $x \geqslant u$ 时，可以用广义帕累托分布的生存函数近似 X 的尾部生存函数。

【定理 6-6】 当 $x \geqslant u$ 时，X 的尾部生存函数可以近似表示为

$$\bar{F}(x) \approx \bar{F}(u)\left[1+\frac{\xi(x-u)}{\sigma}\right]^{-1/\xi} \tag{6.16}$$

当 $\xi=0$ 时，上式可以表示为

$$\bar{F}(x) \approx \bar{F}(u)\left[1-e^{-(x-u)/\sigma}\right] \tag{6.17}$$

【证明】 当 $x \geqslant u$ 时，$Y=X-u|X>u$ 近似服从广义帕累托分布 $G_{\xi,\sigma}(y)$，所以，X 的尾部生存函数可以表示为

$$\bar{F}(x) = \Pr(X>x)$$
$$= \Pr(X>u)\Pr(X>x \mid X>u)$$
$$= \bar{F}(u)\Pr(X-u>x-u \mid X>u)$$
$$= \bar{F}(u)\bar{F}_Y(x-u)$$
$$\approx \bar{F}(u)\bar{G}_{\xi,\sigma}(x-u)$$
$$= \bar{F}(u)\left[1+\frac{\xi(x-u)}{\sigma}\right]^{-1/\xi}$$

6.2.5 风险度量

当分位数水平大于 $F(u)$ 时，即当 $p \geqslant F(u)$ 时，损失的右尾可以用广义帕累托分布进行近似，即尾部生存函数可以近似表示为 $\bar{F}(x) \approx \bar{F}(u)\bar{G}_{\xi,\sigma}(x-u)$，由此可以很容易求得损失尾部的 VaR 和 TVaR 风险度量值。

令生存函数等于 $1-p$，则由式(6.16)和式(6.17)即得

$$1-p \approx \bar{F}(u)\bar{G}_{\xi,\sigma}(x-u) = \begin{cases} \bar{F}(u)\left[1+\dfrac{\xi(x-u)}{\sigma}\right]^{-1/\xi}, & \xi \neq 0 \\ \bar{F}(u)e^{(x-u)/\sigma}, & \xi = 0 \end{cases}$$

从上式中求解得到的 x 就是损失的 VaR，即当 $p \geqslant F(u)$ 时，损失的 VaR 风险度量值可以表示为

$$\text{VaR}_p(X) = \begin{cases} u + \dfrac{\sigma}{\xi}\left[\left(\dfrac{1-p}{\bar{F}(u)}\right)^{-\xi} - 1\right], & \xi \neq 0 \\ u + \sigma \ln \dfrac{1-p}{\bar{F}(u)}, & \xi = 0 \end{cases}$$

当 $p \geqslant F(u)$ 时，即当阈值为 $\text{VaR}_p \geqslant u$ 时，由式(6.15)可知，在更大阈值条件下，平均超额损失函数可以表示为

$$e(\text{VaR}_p) = \frac{\sigma + \xi(\text{VaR}_p - u)}{1-\xi} \tag{6.18}$$

应用 VaR 和 TVaR 之间存在的下述关系：

$$\text{TVaR}_p = \text{VaR}_p + e(\text{VaR}_p)$$

容易求得当 $p \geqslant F(u)$ 时，$\text{TVaR}_p(X)$ 风险度量值为

$$\text{TVaR}_p(X) = \frac{\text{VaR}_p(X) + \sigma - \xi u}{1-\xi}, \quad \xi < 1$$

6.2.6 参数的极大似然估计

对式(6.8)的广义帕累托分布函数关于 x 求偏导，即得广义帕累托分布的密度函数为

$$\begin{aligned} g_{\xi,\sigma}(y) &= G'_{\xi,\sigma}(y) \\ &= \frac{1}{\xi}\left(1+\frac{\xi y}{\sigma}\right)^{-\frac{1}{\xi}-1}\frac{\xi}{\sigma} \\ &= \frac{1}{\sigma}\left(1+\frac{\xi y}{\sigma}\right)^{-\frac{1+\xi}{\xi}} \end{aligned}$$

假设损失观察值为 $x_1, x_2, \cdots, x_n$，阈值为 u，超过阈值的损失次数为 k，令 $y_j = x_j - u, j = 1, 2, \cdots, k$ 表示超额损失，则超额损失的对数似然函数可以表示为

$$L(\xi, \sigma; y_1, y_2, \cdots, y_k) = -k\ln\sigma - \frac{1+\xi}{\xi}\sum_{j=1}^{k}\ln\left(1+\frac{\xi y_j}{\sigma}\right)$$

在上式极大化的条件下，即可求得广义帕累托分布的参数估计值 $\hat{\xi}$ 和 $\hat{\sigma}$。相应地，尾部生存函数可以近似表示为

$$\hat{\bar{F}}(x) \approx \frac{k}{n}\left(1+\hat{\xi}\frac{x-u}{\hat{\sigma}}\right)^{-1/\hat{\xi}} \tag{6.19}$$

【例 6-3】 假设损失服从形状参数为 0.1,尺度参数为 5 000 的伽马分布,从中模拟 500 次损失观察值,并将其 90% 分位数设定为阈值。计算超额损失,并用广义帕累托分布对超额损失进行拟合,求参数的极大似然估计值。

【解】 求解本题的 R 程序代码和输出结果如下。

```
#模拟伽马分布的随机数
n = 500 #模拟次数
set.seed(22)
x = rgamma(n, shape = 0.1, scale = 5000)
x = sort(x)

#阈值设定为90%的分位数
u = quantile(x, 0.9)

#计算超额损失
y = pmax(x - u, 0)
y = y[y > 0]
k = length(y)

#对数似然函数
LL = function(par) {
    ksai = par[1]
    sigma = par[2]
    - k * log(sigma) - (1 + ksai)/ksai * sum(log(1 + ksai * y/sigma))
}

#求解参数的极大似然估计值
library(maxLik)
maxLik(LL, start = c(0.3, 3000))
# # Maximum Likelihood estimation
# # Newton - Raphson maximisation, 12 iterations
# # Return code 2: successive function values within tolerance limit
# # Log - Likelihood: - 453.675 (2 free parameter(s))
# # Estimate(s): 0.4499407 2040.571
```

上述输出结果表明,对数似然函数的值为 -453.675,广义帕累托分布的两个参数的极大似然估计值为 $\hat{\xi}=0.449\,9, \hat{\sigma}=2\,040.57$。

6.2.7 尾部指数的 Hill 估计

假设损失分布属于 Frechet 分布的极大值吸引域,即 $F \in \mathrm{MDA}(H_\xi), \xi > 0$,则该分布的尾部生存函数可以近似表示为

$$\overline{F}(x) \approx L(x)x^{-\alpha}, \quad \alpha > 0 \tag{6.20}$$

其中 $L(x)$ 是一个慢变函数，α 称作尾部指数。

由此可见，如果损失分布属于 Frechet 分布的极大吸引域，则其尾部生存函数将主要取决于尾部指数。下面讨论如何估计尾部指数。

首先对随机变量进行对数变换，得到 $\ln X$，然后计算超过对数阈值 $\ln u$ 的平均超额损失 $e(\ln u)$，则有：

$$e(\ln u) = E(\ln X - \ln u \mid \ln X > \ln u)$$
$$= \frac{1}{\overline{F}(u)} \int_u^\infty (\ln x - \ln u) \mathrm{d}F(x)$$

对上式括号中的第一项求积分可得：

$$\int_u^\infty \ln x \mathrm{d}F(x) = -\int_u^\infty \ln x \mathrm{d}\overline{F}(x) = \overline{F}(u)\ln u + \int_u^\infty \frac{\overline{F}(x)}{x} \mathrm{d}x$$

应用上式的结果，平均超额损失 $e(\ln u)$ 可以表示为

$$e(\ln u) = \frac{1}{\overline{F}(u)} \left[\overline{F}(u)\ln u + \int_u^\infty \frac{\overline{F}(x)}{x} \mathrm{d}x - \overline{F}(u)\ln u \right]$$
$$= \frac{1}{\overline{F}(u)} \int_u^\infty \frac{\overline{F}(x)}{x} \mathrm{d}x$$
$$= \frac{1}{\overline{F}(u)} \int_u^\infty L(x) x^{-\alpha-1} \mathrm{d}x$$

根据 Karamata 定理，当 $u \to \infty$ 时，慢变函数 $L(x)$ 可以看作一个常数，并提到积分号外面，从而得到：

$$e(\ln u) \sim \frac{L(u)}{\overline{F}(u)} \int_u^\infty x^{-\alpha-1} \mathrm{d}x$$
$$= \frac{L(u)}{\overline{F}(u)} \left(-\frac{1}{\alpha} x^{-\alpha} \right) \Big|_u^\infty$$
$$= \frac{L(u)}{\overline{F}(u)} u^{-\alpha} \alpha^{-1}$$
$$= \alpha^{-1}$$

即

$$e(\ln u) \sim \alpha^{-1}$$

在上式中，符号"$\sim$"表示渐近等价。如果函数 $a(x)$ 与 $b(x)$ 渐近等价，即 $a(x) \sim b(x)$，表示当 $x \to \infty$ 时，有

$$\lim_{x \to \infty} \frac{a(x)}{b(x)} = 1。$$

上述结论表明，如果将 n 个样本观察值从大到小顺序排列为 $x_{1,n} \geqslant x_{2,n} \geqslant x_{3,n} \geqslant \cdots \geqslant x_{n,n}$，则当 n 很大且 k 足够小时，对于最大的 $k-1$ 个观察值，取对数之后的平均超额损失满足下式：

$$e_n(\ln x_{k,n}) \approx \alpha^{-1}$$

其中 e_n 表示基于样本观察值的对数 $\ln x_{j,n}$ 和阈值 $\ln x_{k,n}$ 计算的平均超额损失。

因此,尾部指数的 Hill 估计值可以表示为

$$\hat{\alpha} = \left(\frac{1}{k-1}\sum_{j=1}^{k-1}\ln x_{j,n} - \ln x_{k,n}\right)^{-1}$$

在实际应用中,也可以使用最大的 k 个观察值计算尾部指数,即

$$\hat{\alpha}_{k,n}^H = \left(\frac{1}{k}\sum_{j=1}^{k}\ln x_{j,n} - \ln x_{k,n}\right)^{-1}, \quad 2 \leqslant k \leqslant n$$

上式表明,尾部指数的估计与 k 的取值有关。在实际应用中,可以对不同的 k 值绘制 Hill 散点图 $\{(k, \hat{\alpha}_{k,n}^H); k=2,3,\cdots,n\}$,并基于散点图选取合适的 k 值。所谓合适的 k 值,是指当 k 值继续增大时,尾部指数的估计值基本保持不变,Hill 散点图近似为一条直线。

注意,当样本数据不是来自 Frechet 的极大吸引域时,Hill 估计是不适用的,Hill 散点图会产生误导。

6.2.8 尾部生存函数的 Hill 估计

如果损失分布属于 Frechet 的极大吸引域,则当 $x \geqslant u$ 时,尾部生存函数可以近似表示为

$$\overline{F}(x) = L(x)x^{-\alpha}$$

如果把这里的慢变函数 $L(x)$ 用一个常数 C 代替,即得

$$\overline{F}(x) = Cx^{-\alpha}, \quad x \geqslant u$$

令 $x = x_{k,n} \geqslant u$,则可以得到 C 的一个估计值为

$$\hat{C} = \overline{F}(x_{k,n})(x_{k,n})^{\alpha} = \frac{k}{n}(x_{k,n})^{\alpha}$$

将其代入尾部生存函数,即得尾部生存函数的一个估计:

$$\hat{\overline{F}}(x) = \frac{k}{n}\left(\frac{x}{x_{k,n}}\right)^{-\hat{\alpha}_{k,n}^H}$$

在上式中,令 $1/\hat{\alpha}_{k,n}^{(H)} = \hat{\xi}^{(H)}$,$x_{k,n} = u$,可以得到与广义帕累托分布类似的尾部生存函数的估计:

$$\hat{\overline{F}}(x) = \frac{k}{n}\left[1 + \hat{\xi}^{(H)}\frac{x-u}{\hat{\xi}^{(H)}u}\right]^{-1/\hat{\xi}^{(H)}}$$

【例 6-4】 应用丹麦火灾损失数据*,求解下述问题:

(1) 分别应用极大似然法和 Hill 法估计损失数据的尾部生存函数;

---

* 数据下载地址:http://pan.baidu.com/s/1jIynGlo。

(2) 用 X 表示丹麦火灾损失, 如果再保险人承保的损失 Y 为

$$Y = \begin{cases} 0, & X \leqslant 20 \\ X - 20, & 20 < X < 120 \\ 100, & X > 120 \end{cases}$$

计算再保险的纯保费。

【解】 读取数据和绘图的 R 程序代码如下, 输出结果如图 6-7、图 6-8 所示。

```
#读取数据
dt = read.csv("C:\\fire_loss.csv", header = TRUE)

#显示前六行的数据
head(dt)
##         Date     Loss
## 1 01/03/1980 1.683748
## 2 01/04/1980 2.093704
## 3 01/05/1980 1.732581
## 4 01/07/1980 1.779754
## 5 01/07/1980 4.612006
## 6 01/10/1980 8.725274

#输出数据格式
str(dt)
## 'data.frame': 2167 obs. of 2 variables:
##  $ Date: chr "01/03/1980" "01/04/1980" "01/05/1980" "01/07/1980" ...
##  $ Loss: num 1.68 2.09 1.73 1.78 4.61 ...

#损失数据的描述性统计量
summary(dt $ Loss)
   Min. 1st Qu. Median  Mean 3rd Qu.   Max.
  1.000   1.321  1.778 3.385   2.967 263.300

#损失的时间序列图
date = as.Date(dt $ Date, "%m/%d/%Y")
loss = dt $ Loss
plot(date, loss, type = 'h')

#损失 loss 及其对数 log(loss)的直方图
loss = dt $ Loss
par(mfrow = c(1,2))
hist(loss, breaks = 100, col = 'grey')
hist(log(loss), breaks = 100, col = 'grey')
```

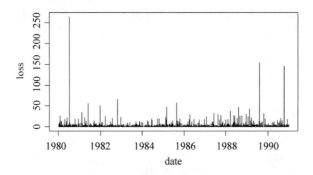

图 6-7　损失数据的时间序列图

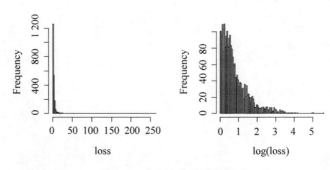

图 6-8　损失数据的直方图

从图 6-7 和图 6-8 可以看出，本例的火灾损失数据具有很长的右尾，最小值为 1，最大值为 263.3。即使对损失数据进行对数变换之后，直方图也拖着一个较长的右尾，这就意味着很难用通常的分布模型进行拟合。下面尝试用帕累托分布拟合该组损失数据的右尾，R 程序代码如下，输出结果如图 6-9～图 6-11 所示。

```
#将 loss 的观察值按顺序排列
loss = sort(loss)

#计算尾部生存函数
Fbar0 = function(x) 1 - ecdf(loss)(x)

#绘制尾部生存函数
curve(Fbar0, from = 20, to = max(loss))

#计算平均超额损失函数
n = length(loss) - 3  #计算 n 个平均超额损失
eu = NULL
for (i in 1:n) {
```

```
    eu[i] = mean(loss[loss > loss[i]] - loss[i])
}

#绘制平均超额损失函数
plot(loss[1:n], eu, xlab = "u", ylab = "e(u)", type = "o")

#选定阈值 u
u = 10

#超过阈值的损失观察值 y
y = loss[loss > u] - u

#超额损失观察值的样本量 k
k1 = length(y)
k1
## [1] 109

#广义帕累托分布的对数似然函数
loglike = function(par) {
    ksai = par[1]
    sigma = par[2]
    -k1 * log(sigma) - (1 + ksai)/ksai * sum(log(1 + ksai * y/sigma))
}

#广义帕累托分布的极大似然估计
library(maxLik)
GPD = maxLik(loglike, start = c(0.5,7))
summary(GPD)
## --------------------------------------------
## Maximum Likelihood estimation
## Newton-Raphson maximisation, 7 iterations
## Return code 2: successive function values within tolerance limit
## Log-Likelihood: -374.893
## 2 free parameters
## Estimates:
##       Estimate Std. error t value Pr(> t)
## [1,]   0.4970    0.1382    3.596 0.000323 ***
## [2,]   6.9755    1.1597    6.015 1.8e-09 ***
## ---
## Signif. codes: 0 '***' 0.001 '**' 0.01 '*' 0.05 '.' 0.1 ' ' 1
## --------------------------------------------

#输出广义帕累托分布的参数估计值
ksai = GPD$estimate[1]
sigma = GPD$estimate[2]
```

```
c(ksai = ksai, sigma = sigma)
##     ksai    sigma
## 0.4969856 6.9754720

#极大似然法估计的尾部生存函数
Fbar1 = function(x) {    k1/length(loss) * (1 + ksai * (x - u)/sigma)^(-1/ksai)
}

#绘制极大似然法估计的尾部生存函数
curve(Fbar1, from = u, to = max(loss))
```

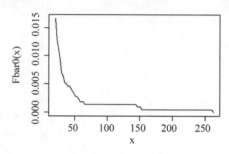

图 6-9 尾部生存函数

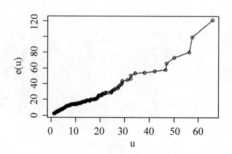

图 6-10 平均超额损失函数

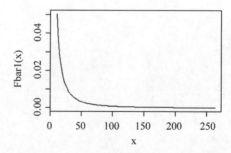

图 6-11 极大似然法估计的尾部生存函数

本例的数据集包含 2 167 个观察值,超过阈值的损失有 109 个,广义帕累托分布的形状参数估计值为 $\xi=0.497$,尺度参数的估计值为 $\hat{\sigma}=6.975$,所以,应用广义帕累托分布估计的尾部生存函数为

$$\overline{F}(x) \approx \frac{109}{2\,167} \left[1 + \frac{0.497(x-10)}{6.975} \right]^{-1/0.497}$$

下面应用 Hill 方法计算尾部生存函数,R 程序代码如下,输出结果如图 6-12~图 6-14 所示。

```
#计算对数变换以后的平均超额损失 e(lnx)
elnx = alphaH = NULL
lnloss = sort(log(loss), decreasing = TRUE) #损失的对数
for (k2 in 2:length(loss)) {
    temp = lnloss[1:k2]
    elnx[k2] = mean(temp) - lnloss[k2]
    alphaH[k2] = elnx[k2]^( - 1)
}

#绘制对数变换以后的平均超额损失函数 e(lnx)
plot(elnx, type = "l", xlab = "k", ylab = "e(lnx)")

#绘制 Hill 散点图
plot(alphaH, type = "l", xlab = "k")

#由 Hill 散点图选定 k 值
k2 = 150

#输出对数损失的阈值
lnloss[k2]
# #[1] 1.979014

#alpha 的估计值
alpha = alphaH[150]
alpha
# #[1] 1.388731

#应用 Hill 法计算尾部生存函数
Fbar2 = function(x) {
    k2/length(loss) * (x/exp(lnloss[k2]))^( - alpha)
}
curve(Fbar2, from = u, to = max(loss))
```

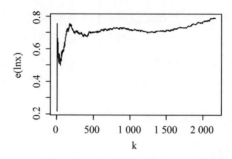

图 6-12　对数变换以后的平均超额损失函数 $e(\ln x)$

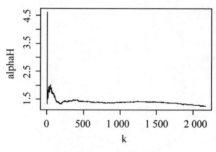

图 6-13　Hill 散点图

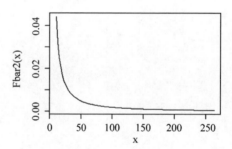

图 6-14　Hill 法估计的尾部生存函数

由此可见，选定的 k 值为 150，对数损失的阈值为 1.979，尾部指数的估计值为 1.389，所以应用 Hill 方法估计的尾部生存函数为

$$\hat{F}(x) = \frac{150}{2\,167}\left(\frac{x}{1.979}\right)^{-1.389}$$

下面的 R 程序代码比较了几种方法估计的尾部生存函数，输出结果如图 6-15 所示。该图表明，应用 GPD 方法求得的尾部生存函数更加接近经验值。

```
#尾部生存函数的比较
curve(Fbar0, from = u, to = max(loss), ylab = "尾部生存函数")
curve(Fbar1, from = u, to = max(loss), lty = 2, add = TRUE)
```

```
curve(Fbar2, from = u, to = max(loss), lty = 3, add = TRUE)
legend("topright", c("经验", "GPD", "Hill"), lty = 1:3)

#用经验生存函数计算再保险的纯保费
EY0 = integrate(Fbar0, lower = 20, upper = 120) $ value

#用 GPD 方法的尾部生存函数计算纯保费
EY1 = integrate(Fbar1, lower = 20, upper = 120) $ value

#用 Hill 方法的尾部生存函数计算纯保费
EY2 = integrate(Fbar2, lower = 20, upper = 120) $ value

#输出纯保费的估计值
rbind(经验纯保费 = EY0, GPD 方法的纯保费 = EY1, Hill 方法的纯保费 = EY2)
##                          [,1]
## 经验纯保费              0.3168891
## GPD 方法的纯保费        0.3277997
## Hill 方法的纯保费       0.4353499
```

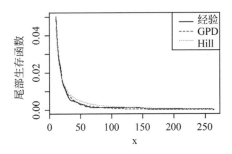

图 6-15 尾部生存函数的比较

上述输出结果表明,应用广义帕累托分布计算的再保险纯保费与经验值比较接近,而应用 Hill 方法计算的纯保费偏大。

6.3 偏正态分布和偏 t 分布

当损失数据的右尾很长时,可以考虑对其进行对数变换以后,再寻找合适的分布模型进行拟合。对于某些巨灾损失数据,即使对其进行对数变换以后,仍然可能具有较厚的右尾。在这种情况下,可以考虑用偏正态分布或偏 t 分布来拟合经过对数变换以后的巨灾损失数据,因为这两个分布也有较长的右尾。

偏正态分布和偏 t 分布都有多种形式,密度函数较为复杂,此处不再给出具体表达式,应用时可以直接调用 gamlss 程序包中的有关函数。在 gamlss 程序包中,

偏正态分布有两种形式,分别记为

(1) SN1(μ,σ,ν),其中$-\infty<\mu<\infty,\sigma>0,-\infty<\nu<\infty$

(2) SN2(μ,σ,ν)其中$-\infty<\mu<\infty,\sigma>0,\nu>0$

偏 t 分布有五种形式,分别记为

(1) ST1(μ,σ,ν,τ),其中$-\infty<\mu<\infty,\sigma>0,-\infty<\nu<\infty,\tau>0$

(2) ST2(μ,σ,ν,τ),其中$-\infty<\mu<\infty,\sigma>0,-\infty<\nu<\infty,\tau>0$

(3) ST3(μ,σ,ν,τ),其中$-\infty<\mu<\infty,\sigma>0,\nu>0,\tau>0$

(4) ST4(μ,σ,ν,τ),其中$-\infty<\mu<\infty,\sigma>0,\nu>0,\tau>0$

(5) ST5(μ,σ,ν,τ),其中$-\infty<\mu<\infty,\sigma>0,-\infty<\nu<\infty,\tau>0$

偏正态和偏 t 分布均定义在$(-\infty,\infty)$区间。

图 6-16 是偏正态分布 SN1 的密度函数,在该图中,位置参数和尺度参数保持不变,均为 $\mu=0,\sigma=1$,只有偏度参数 ν 变化。可以看出,当偏度参数小于零时,分布向左偏,当偏度参数大于零时,分布向右偏。绘制该图的 R 程序代码如下。

```
library(gamlss)
y = seq(-4, 4, by = 0.01)
plot(dSN1(y, mu = 0, sigma = 1, nu = 0) ~y, type = "l", ylab = "f(y)", ylim = c(0,
0.7))
lines(dSN1(y, mu = 0, sigma = 1, nu = -5) ~y, lty = 2)
lines(dSN1(y, mu = 0, sigma = 1, nu = 5) ~y, lty = 5)
leg <- expression(paste(nu, " = 0"), paste(nu, " = -5"), paste(nu, " = 5"))
legend("topright", leg, lty = 1:3)
```

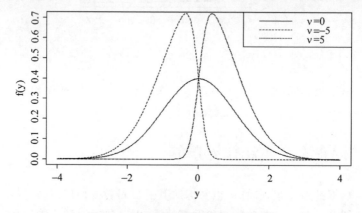

图 6-16　偏正态分布 SN1 的密度函数

图 6-17 是偏正态 SN2 的密度函数,在该图中,位置参数和尺度参数保持不变,均为 $\mu=0,\sigma=1$,只有偏度参数 $\nu>0$ 变化。在偏正态 SN2 中,偏度参数总是大于零,所以该分布只能向右偏,且偏度参数越大,分布越向右偏。绘制该图的 R 程

序代码如下。

```
library(gamlss)
y = seq(-4, 10, by = 0.01)
plot(dSN2(y, mu = 0, sigma = 1, nu = 1) ~y, type = "l", lwd = 2, ylab = "f(y)",
xlim = c(-4, 10), ylim = c(0, 0.5))
lines(dSN2(y, mu = 0, sigma = 1, nu = 2) ~y, lty = 2, lwd = 2)
lines(dSN2(y, mu = 0, sigma = 1, nu = 3) ~y, lty = 3, lwd = 2)
leg <- expression(paste(nu, " = 1"), paste(nu, " = 2"), paste(nu, " = 3"))
legend("topright", leg, lty = 1:3)
```

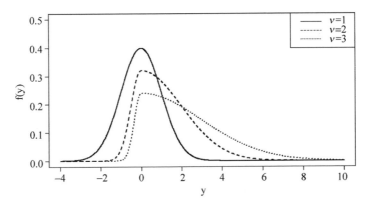

图 6-17　偏正态分布 SN2 的密度函数

偏 t 分布 ST1 的密度函数如图 6-18 所示。在左图中，其他参数保持不变，即 $\mu=0,\sigma=1,\tau=1$，只有偏度参数 ν 变化，偏度参数小于零时，分布向左偏，偏度参数大于零时，分布向右偏。在右图中，其他参数保持不变，即 $\mu=0,\sigma=1,\nu=0$，只有峰度参数 τ 变化，峰度参数越大，分布的尖峰越高。偏度参数和峰度参数对 ST2 和 ST5 的影响与 ST1 类似。

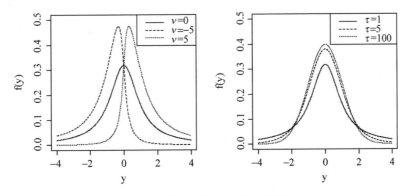

图 6-18　偏 t 分布 ST1 的密度函数

绘制图 6-18 的 R 程序代码如下。

```
par(mfrow = c(1, 2))
# 偏度参数 nu 对密度函数的影响
library(gamlss)
y = seq( - 4, 4, by = 0.01)
plot(dST1(y, mu = 0, sigma = 1, nu = 0, tau = 1) ~y, type = "l", ylab = "f(y)", ylim
 = c(0, 0.5))
lines(dST1(y, mu = 0, sigma = 1, nu =  - 5, tau = 1) ~y, lty = 2)
lines(dST1(y, mu = 0, sigma = 1, nu = 5, tau = 1) ~y, lty = 3)
leg <- expression(paste(nu, " = 0"), paste(nu, " =  - 5"), paste(nu, " = 5"))
legend("topright", leg, lty = 1:3)

# 峰度参数 tau 对密度函数的影响
y = seq( - 4, 4, by = 0.01)
plot(dST1(y, mu = 0, sigma = 1, nu = 0, tau = 1) ~y, type = "l", ylab = "f(y)", ylim
 = c(0, 0.5))
lines(dST1(y, mu = 0, sigma = 1, nu = 0, tau = 5) ~y, lty = 2)
lines(dST1(y, mu = 0, sigma = 1, nu = 0, tau = 100) ~y, lty = 3)
leg <- expression(paste(tau, " = 1"), paste(tau, " = 5"), paste(tau, " = 100"))
legend("topright", leg, lty = 1:3)
```

图 6-19 是偏 t 分布 ST3 的密度函数。在左图中，其他参数保持不变，即 $\mu=0, \sigma=1, \tau=1$，只有偏度参数 ν 变化，偏度参数越大，分布越向右偏。在右图中，其他参数保持不变，即 $\mu=0, \sigma=1, \nu=1$，只有峰度参数 τ 变化，峰度参数越大，分布的尖峰越高。偏度参数和峰度参数对 ST4 的影响与 ST3 类似，只是影响程度不同而已。

绘制图 6-19 的程序代码如下。

```
par(mfrow = c(1, 2))
# 偏度参数 nu 对密度函数的影响
library(gamlss)
y = seq( - 4, 10, by = 0.01)
plot(dST3(y, mu = 0, sigma = 1, nu = 1, tau = 1) ~ y, type = "l", ylab = "f(y)",
    ylim = c(0, 0.35))
lines(dST3(y, mu = 0, sigma = 1, nu = 2, tau = 1) ~ y, lty = 2)
lines(dST3(y, mu = 0, sigma = 1, nu = 3, tau = 1) ~ y, lty = 3)
leg <- expression(paste(nu, " = 1"), paste(nu, " = 2"), paste(nu, " = 3"))
legend("topright", leg, lty = 1:3)

# 峰度参数 tau 对密度函数的影响
y = seq( - 4, 4, by = 0.01)
```

```
plot(dST3(y, mu = 0, sigma = 1, nu = 1, tau = 1) ~ y, type = "l", ylab = "f(y)",
    ylim = c(0, 0.4))
lines(dST3(y, mu = 0, sigma = 1, nu = 1, tau = 5) ~ y, lty = 2)
lines(dST3(y, mu = 0, sigma = 1, nu = 1, tau = 100) ~ y, lty = 3)
leg <- expression(paste(tau, " = 0"), paste(tau, " = 5"), paste(tau, " = 100"))
legend("topright", leg, lty = 1:3)
```

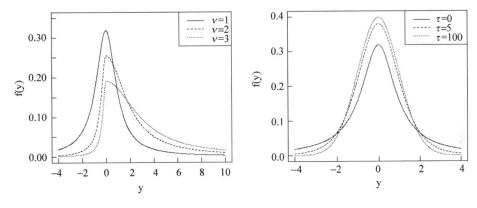

图 6-19 偏 t 分布 ST3 的密度函数

【例 6-5】 对丹麦火灾损失数据进行对数变换以后,分别用偏正态分布和偏 t 分布进行拟合*。

【解】 下面直接调用 gamlss 程序包完成分布的拟合和比较。在该程序包中,如果参数的取值范围大于零,则该参数使用默认的对数连接函数,所以,该程序包输出的参数估计值经过指数变换之后才是实际的参数估计值。

在偏正态分布和偏 t 分布中,偏 t 分布 ST3 的 AIC 值最小,为 3 387.842,所以对经验损失数据的拟合效果最好;偏正态分布 SN2 的 AIC 值次之,为 3 566.492。这两个分布对经验损失数据的拟合效果如图 6-20 所示。有关 R 程序代码和输出结果如下。

```
# 读取数据
dt = read.csv("C:\\fire_loss.csv", header = TRUE)

# 对损失数据进行对数变换
logloss = log(dt $ Loss)
```

---

* 数据下载地址:http://pan.baidu.com/s/1jIyηGlo。

```r
# 估计模型参数
library(gamlss)
mSN1 = gamlss(logloss ~ 1, family = SN1, trace = FALSE) # SN1
mSN2 = gamlss(logloss ~ 1, family = SN2, trace = FALSE) # SN2
mST3 = gamlss(logloss ~ 1, family = ST3, trace = FALSE) # ST3
mST5 = gamlss(logloss ~ 1, family = ST5, trace = FALSE) # ST5

# 比较不同模型的 AIC
GAIC(mSN1, mSN2, mST3, mST5)
##       df      AIC
## mST3   4   3387.842
## mSN2   3   3566.492
## mST5   4   3596.565
## mSN1   3   4711.154

# 绘制观察数据的直方图和应用 ST3 拟合的密度线,需要对 sigma 和 nu 的输出结果进行
指数变换
par(mfrow = c(1, 2))
hist(logloss, breaks = 50, freq = FALSE, main = "偏正态分布 SN2 的拟合")
curve(dSN2(x, mu = mSN2 $ mu.coefficients, sigma = exp(mSN2 $ sigma.coefficients),
    nu = exp(mSN2 $ nu.coefficients)), lwd = 2, xlim = c(0, 11), add = TRUE)

# 绘制观察值的直方图和应用 ST3 拟合的密度线,需要对 sigma,nu 和 tau 的输出结果进行
指数变换
hist(logloss, breaks = 50, freq = FALSE, main = "偏 t 分布 ST3 的拟合")
curve(dST3(x, mu = mST3 $ mu.coefficients, sigma = exp(mST3 $ sigma.coefficients),
    nu = exp(mST3 $ nu.coefficients), tau = exp(mST3 $ tau.coefficients)), lwd = 2,
    xlim = c(0, 11), add = TRUE)
```

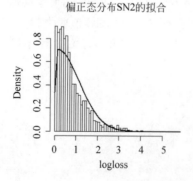
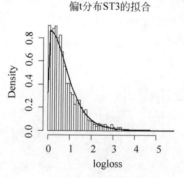

图 6-20 偏正态分布和偏 t 分布对损失数据的拟合

第7章 损失预测的广义线性模型

损失预测通过建立回归模型对损失概率、损失次数、损失金额或累积损失进行预测。线性回归模型是最常使用的预测模型之一,但由于该模型假设因变量服从正态分布,不太适合于保险损失预测。在保险损失预测中,因变量可能是二分类变量(如损失是否发生)、计数型变量(如损失次数)或大于零的右偏型变量(如损失金额)。在这些情况下,线性回归模型通常是不适用的。即使对某些类型的变量经过特定的函数变换以后会接近对称,从而可以建立线性回归模型,但从应用的角度看,仍然不及对未经变换的因变量直接建立回归模型。

广义线性模型是对线性回归模型的推广(Nelder,1972),假设因变量服从指数分布族中的任意一个分布,如正态分布、二项分布、泊松分布、伽马分布、逆高斯分布或 Tweedie 分布等,因此非常适合建立保险损失的预测模型。常用的损失概率预测模型是 Logistic 回归模型和 Probit 回归模型,常用的损失次数预测模型是泊松回归模型和负二项回归模型,常用的损失金额预测模型是伽马回归模型和逆高斯回归模型,常用的累积损失预测模型是 Tweedie 回归模型和零调整逆高斯回归模型。

本章主要介绍广义线性模型的基本理论,包括模型的结构、指数分布族、连接函数、参数估计方法和模型评价。

7.1 广义线性模型的结构

为了方便介绍广义线性模型,首先回顾一下线性回归模型的几个基本假设:

(1) 因变量的观测值相互独立,且服从正态分布,即 $y_i \sim N(\mu_i, \sigma_i^2)$。在线性回归模型中,如果使用最小二乘法估计模型参数,则无需正态分布假设。但在进行统计推断或应用极大似然法估计模型参数时,就需要正态性假设。

(2) 因变量的观测值 $y_1, y_2, \cdots, y_n$ 具有相同的方差,即 $\sigma_i^2 = \sigma^2, i = 1, 2, \cdots, n$。

(3) 因变量的均值表示为回归参数的线性组合,即 $\mu_i = \boldsymbol{x}_i^T \boldsymbol{\beta}$。其中 $\boldsymbol{\beta} = (\beta_0, \beta_1, \cdots, \beta_k)^T$ 表示参数向量,$\boldsymbol{x}_i^T = (1, x_{1i}, \cdots, x_{ki})$ 表示第 i 次观测的解释变量向量。

线性回归模型的上述假设可以简记为

$$\begin{cases} y_i \sim N(\mu_i, \sigma^2) \\ \mu_i = \boldsymbol{x}_i^T \boldsymbol{\beta} \end{cases} (i = 1, 2, \cdots, n) \tag{7.1}$$

广义线性模型是对线性回归模型的推广,主要体现在放松了线性回归模型的基本假设。在广义线性模型中,因变量的分布类型不再局限于正态分布,而是扩展到了指数分布族。因变量的均值不再直接表示为参数的线性组合,而是把均值的一个函数变换表示为参数的线性组合。

广义线性模型由下述三个基本部分构成：

（1）随机成分：因变量的观测值 y_i 是相互独立的随机变量，且服从指数分布族。与正态分布不同，指数分布族的方差可以随着其均值的变化而变化。

（2）系统成分：广义线性模型的线性预测值仍然为 $\eta_i = \boldsymbol{x}_i^\mathrm{T}\boldsymbol{\beta}$，这与线性回归模型完全相同。

（3）连接函数：因变量的均值经过连接函数 $g(\cdot)$ 变换之后等于线性预测值，即 $g(\mu_i) = \boldsymbol{x}_i^\mathrm{T}\boldsymbol{\beta}$。连接函数 $g(\cdot)$ 是一个严格单调且可导的函数，所以因变量的均值也可以表示为 $\mu_i = h(\boldsymbol{x}_i^\mathrm{T}\boldsymbol{\beta})$，其中 $h(\cdot)$ 表示连接函数 $g(\cdot)$ 的逆函数，称作**响应函数**（response function）。

对式（7.1）进行推广，可将广义线性模型的一般形式表示为

$$\begin{cases} y_i \sim \text{均值为 } \mu_i \text{ 的指数分布族} \\ g(\mu_i) = \boldsymbol{x}_i^\mathrm{T}\boldsymbol{\beta} \end{cases} \tag{7.2}$$

综上所述，广义线性模型与线性回归模型的主要区别是它把分布假设从正态分布推广到了指数分布族，并且引入了连接函数。

下面分别介绍指数分布族和连接函数的有关性质。

7.1.1　指数分布族

指数分布族包含了许多常用的分布类型，如正态分布、泊松分布、二项分布、伽马分布、逆高斯分布和 Tweedie 分布。

假设随机变量 Y 服从指数分布族，则其密度函数可以表示为

$$f(y;\theta,\phi) = \exp\left[\frac{y\theta - b(\theta)}{\phi}w + c(y,\phi)\right] \tag{7.3}$$

上式中，$b(\theta)$ 和 $c(y,\phi)$ 是已知函数，对于指数分布族中的不同分布，它们具有不同的形式。函数 $b(\theta)$ 用于确定分布的具体形式，而函数 $c(y,\phi)$ 发挥标准化的作用，即确保密度函数在其支撑集上的积分等于 1。

在式（7.3）中，θ 称作**自然参数**（natural parameter）或**正则参数**（canonical parameter），与分布的均值 μ 有关。ϕ 是**离散参数**（dispersion parameter），与分布的均值无关，仅与方差有关。对于某些分布，离散参数是已知的，如泊松分布和二项分布的离散参数等于 1，而对于其他一些分布，该参数是未知的，需要进行估计。w 是已知的先验权重，来自样本观察数据。

【例 7-1】 证明泊松分布属于指数分布族。

【证明】 对于均值参数为 μ 的泊松分布，其概率函数可以表示为

$$f(y;\mu) = \mathrm{e}^{-\mu}\frac{\mu^y}{y!} \tag{7.4}$$

对式(7.4)首先进行对数变换,然后进行指数变换,则有
$$f(y;\mu) = \exp(-\mu + y\ln\mu - \ln y!)$$
令 $\mu = e^\theta$,上式可以变形为
$$f(y;\theta) = \exp(y\theta - e^\theta - \ln y!)$$
显然,上式与式(7.3)的指数分布族具有相同的形式,其中
$$b(\theta) = e^\theta$$
$$c(y,\phi) = -\ln y!$$

【例 7-2】 证明正态分布属于指数分布族。

【证明】 正态分布的密度函数为
$$f(y;\mu,\sigma^2) = \frac{1}{\sqrt{2\pi\sigma^2}}\exp\left[-\frac{(y-\mu)^2}{2\sigma^2}\right] \tag{7.5}$$

式(7.5)经过变形,可以表示为
$$f(y;\mu,\sigma^2) = \exp\left[-\frac{(y-\mu)^2}{2\sigma^2} - \frac{1}{2}\ln 2\pi\sigma^2\right]$$
$$= \exp\left(\frac{y\mu - \mu^2/2}{\sigma^2} - \frac{y^2}{2\sigma^2} - \frac{1}{2}\ln 2\pi\sigma^2\right)$$

在上式中,令 $\mu = \theta, \sigma^2 = \phi$,即有
$$f(y;\theta,\phi) = \exp\left(\frac{y\theta - \theta^2/2}{\phi} - \frac{y^2}{2\phi} - \frac{1}{2}\ln 2\pi\phi\right)$$

该式与式(7.3)的指数分布族具有相同的形式,其中
$$b(\theta) = \frac{\theta^2}{2}$$
$$c(y,\phi) = -\frac{y^2}{2\phi} - \frac{1}{2}\ln 2\pi\phi$$

采用类似的方法,可以证明二项分布、伽马分布和逆高斯分布属于指数分布族。

二项分布的概率函数为
$$f(y;k,\pi) = \binom{k}{y}\pi^y(1-\pi)^{k-y} \tag{7.6}$$

二项分布的概率函数可以表示为下述指数分布族的形式:
$$f(y;k,\pi) = \exp\left[y\ln\frac{\pi}{1-\pi} + k\ln(1-\pi) + \ln\binom{k}{y}\right] \tag{7.7}$$

其中,
$$\theta = \ln\frac{\pi}{1-\pi}$$
$$b(\theta) = -k\ln(1-\pi)$$

$$\phi = 1$$

二项分布的均值为 $k\pi$,方差为 $k\pi(1-\pi)$。

伽马分布的密度函数可以表示为下述指数分布族的形式:

$$f(y;\mu,\phi) = \exp\left[\frac{-y/\mu - \ln\mu}{\phi} + \frac{1-\phi}{\phi}\ln y - \frac{\ln\phi}{\phi} - \ln\Gamma\left(\frac{1}{\phi}\right)\right] \quad (7.8)$$

其中,

$$\theta = -1/\mu$$
$$b(\theta) = \ln\mu$$

伽马分布的均值为 μ,方差为 $\phi\mu^2$。

逆高斯分布的密度函数可以表示为下述指数分布族的形式:

$$f(y;\mu,\sigma^2) = \exp\left[\frac{y/(2\mu^2) - 1/\mu}{-\sigma^2} + \frac{1}{-2y\sigma^2}\ln y - \frac{1}{2}\ln 2\pi y^3 \sigma^2\right] \quad (7.9)$$

其中,

$$\theta = \frac{1}{2}\mu^{-2}$$
$$b(\theta) = 1/\mu$$
$$\phi = -\sigma^2$$

逆高斯分布的均值为 μ,方差为 $\sigma^2\mu^3$。

为了进一步讨论指数分布族的性质,引入下述定理(Dobson,2008)。

【定理 7-1】 假设随机变量 Y 的密度函数为 $f(y;\theta)$,简记为 f,对数似然函数为 $\ell(\theta) = \ln f(y;\theta)$,简记为 ℓ,则在常见的正则化条件下,有:

$$E\left(\frac{\mathrm{d}\ell}{\mathrm{d}\theta}\right) = 0 \quad (7.10)$$

$$E\left(\frac{\mathrm{d}^2\ell}{\mathrm{d}\theta^2}\right) + E\left[\left(\frac{\mathrm{d}\ell}{\mathrm{d}\theta}\right)^2\right] = 0 \quad (7.11)$$

对数似然函数 ℓ 关于参数 θ 的一阶导数称作**得分**(score)。得分的二阶矩称作 Fisher 信息,简称信息,可以表示为

$$I(\theta) = E\left[\left(\frac{\mathrm{d}\ell}{\mathrm{d}\theta}\right)^2\right] \quad (7.12)$$

Fisher 信息度量了随机变量中所包含的关于未知参数 θ 的信息。

由于得分的一阶矩(即期望)为零,所以 Fisher 信息也就是得分的方差,即

$$I(\theta) = \mathrm{Var}\left(\frac{\mathrm{d}\ell}{\mathrm{d}\theta}\right) \quad (7.13)$$

如果对数似然函数关于未知参数 θ 二阶可导,则应用式(7.11),Fisher 信息也可以表示为

$$I(\theta) = -E\left(\frac{\mathrm{d}^2\ell}{\mathrm{d}\theta^2}\right) \quad (7.14)$$

如果随机变量 y 的概率密度函数中包含 k 个参数,记为 $\boldsymbol{\theta} = (\theta_1, \theta_2, \cdots, \theta_k)^{\mathrm{T}}$,则 Fisher 信息就表现为一个 $k \times k$ 的矩阵,其中的元素为

$$I(\theta)_{ij} = E\left(\frac{\partial \ell}{\partial \theta_i} \frac{\partial \ell}{\partial \theta_j}\right) = -E\left(\frac{\partial^2 \ell}{\partial \theta_i \partial \theta_j}\right) \tag{7.15}$$

【定理 7-2】 如果随机变量 y 服从式(7.3)所示的指数分布族,则其均值和方差可以分别表示为

$$E(y) = b'(\theta) \tag{7.16}$$

$$\mathrm{Var}(y) = \phi \frac{b''(\theta)}{w} \tag{7.17}$$

【证明】 指数分布族的对数似然函数可以表示为

$$\ell(\theta, \phi; y) = \ln f(y; \theta, \phi) = \frac{y\theta - b(\theta)}{\phi} w + c(y, \phi)$$

故有

$$\frac{\partial \ell}{\partial \theta} = \frac{y - b'(\theta)}{\phi} w$$

$$\frac{\partial^2 \ell}{\partial \theta^2} = \frac{-b''(\theta)}{\phi} w$$

应用式(7.10),可以求得均值,即:

$$E\left(\frac{\mathrm{d}\ell}{\mathrm{d}\theta}\right) = 0 \;\Rightarrow\; \frac{E(y) - b'(\theta)}{\phi} w = 0$$

$$\Rightarrow\; E(y) = b'(\theta)$$

因为

$$E\left[\left(\frac{\partial \ell}{\partial \theta}\right)^2\right] = E\left\{\left[\frac{y - b'(\theta)}{\phi} w\right]^2\right\}$$

$$= E\left\{\left[\frac{y - E(y)}{\phi} w\right]^2\right\}$$

$$= \frac{\mathrm{Var}(y)}{(\phi/w)^2}$$

且由式(7.11)可知

$$E\left[\left(\frac{\partial \ell}{\partial \theta}\right)^2\right] = -E\left(\frac{\partial^2 \ell}{\partial \theta^2}\right) = \frac{b''(\theta)}{\phi} w$$

所以

$$\mathrm{Var}(y) = \phi \frac{b''(\theta)}{w}$$

上式表明,y 的方差与自然参数有关,而式(7.16)表明,自然参数与均值有关,所以指数分布族的方差与均值有关。

在式(7.17)中,函数 $b''(\theta)$ 称作方差函数。自然参数与均值有关,所以方差函

数也可以表示为均值的函数,即 $b''(\theta)=v(\mu)$,相应地,指数分布族的方差可以表示为

$$\operatorname{Var}(y) = \phi \frac{v(\mu)}{w} \tag{7.18}$$

【例 7-3】 证明泊松分布的方差函数为 $v(\mu)=\mu$。

【解】 在泊松分布中,$b(\theta)=\mathrm{e}^\theta$,故有

$$b'(\theta) = \mathrm{e}^\theta$$
$$v(\mu) = b''(\theta) = \mathrm{e}^\theta = \mu$$

容易验证,指数分布族中一些常见分布的方差函数如表 7-1 所示。

表 7-1 指数分布族的方差函数

分布	方差函数	分布	方差函数
正态分布	$v(\mu)=1$	伽马分布	$v(\mu)=\mu^2$
二项分布	$v(\mu)=\mu(1-\mu)$	逆高斯分布	$v(\mu)=\mu^3$
泊松分布	$v(\mu)=\mu$		

【定理 7-3】 证明指数分布族的矩母函数可以表示为

$$M(t) = \exp\left[\frac{b(\theta+t\phi/w)-b(\theta)}{\phi/w}\right] \tag{7.19}$$

【证明】

$$\begin{aligned}
M_Y(t) &= \int \exp(ty)\exp\left[\frac{y\theta-b(\theta)}{\phi/w}+c(y;\phi)\right]\mathrm{d}y \\
&= \exp\left[\frac{b(\theta+t\phi/w)-b(\theta)}{\phi/w}\right]\int\exp\left[\frac{y(\theta+t\phi/w)-b(\theta+t\phi/w)}{\phi/w}+c(y;\phi)\right]\mathrm{d}y \\
&= \exp\left[\frac{b(\theta+t\phi/w)-b(\theta)}{\phi/w}\right]
\end{aligned}$$

第二个等式的积分内部是指数分布族的一个密度函数,自然参数为 $(\theta+t\phi/w)$,所以该积分等于 1。

【例 7-4】 应用式(7.19)的矩母函数,计算指数分布族的均值和方差。

【解】 将指数分布族的矩母函数经过对数变换以后,可以求得其累积母函数为

$$\kappa(t) = \ln M(t) = \frac{b(\theta+t\phi/w)-b(\theta)}{\phi/w} \tag{7.20}$$

累积母函数的一阶导数和二阶导数分别为

$$\kappa'(t) = b'\left(\theta+t\frac{\phi}{w}\right)$$

$$\kappa''(t) = \frac{\phi}{w}b''\left(\theta+t\frac{\phi}{w}\right)$$

计算累积母函数的一阶导数和二阶导数在零处的值，即得指数分布族的均值和方差分别为

$$E(y) = \kappa'(0) = b'(\theta)$$

$$\mathrm{Var}(y) = \kappa''(0) = \frac{\phi}{w} b''(\theta)$$

【例 7-5】 假设 $y_1, y_2, \cdots, y_n$ 独立同分布，且服从式(7.3)所示的指数分布族。证明均值参数的极大似然估计等于样本均值，即 $\hat{\mu} = \frac{1}{n} \sum_{i=1}^{n} w_i y_i$。

【解】 指数分布族的对数似然函数可以表示为

$$\ell(\theta, \phi) = \sum_{i=1}^{n} \left[\frac{y_i \theta - b(\theta)}{\phi/w_i} + c(y_i, \phi) \right]$$

令对数似然函数关于自然参数 θ 的一阶导数等于零，即可求得均值参数的极大似然估计值：

$$\frac{\partial \ell}{\partial \theta} = \sum_{i=1}^{n} \left[\frac{y_i - b'(\theta)}{\phi/w_i} \right] = 0$$

$$\Rightarrow \sum_{i=1}^{n} w_i [y_i - b'(\theta)] = 0$$

$$\Rightarrow \sum_{i=1}^{n} w_i (y_i - \mu) = 0$$

$$\Rightarrow \hat{\mu} = \frac{1}{n} \sum_{i=1}^{n} w_i y_i$$

【例 7-6】 假设 $y_1, y_2, \cdots, y_n$ 独立同分布，且服从指数分布族。证明样本均值 $\bar{y} = \frac{1}{n} \sum_{i=1}^{n} y_i$ 仍然服从指数分布族。

【解】 由式(7.19)可知，y/n 的矩母函数为

$$M_{y/n}(t) = E(e^{ty/n})$$

$$= M_y(t/n)$$

$$= \exp\left\{ \frac{b[\theta + (\phi t/n)/w] - b(\theta)}{\phi/w} \right\}$$

因此，样本均值 $\bar{y} = \frac{1}{n} \sum_{i=1}^{n} y_i$ 的矩母函数可以表示为

$$M_{\bar{y}}(t) = [M_{y/n}(t)]^n$$

$$= \exp\left\{ \frac{b[\theta + t(\phi/n)/w] - b(\theta)}{(\phi/n)/w} \right\}$$

显然，上式与式(7.19)具有相同的形式，只是将式(7.19)中的离散参数从 ϕ 调整为 ϕ/n。

由此可见,对于指数分布族而言,样本均值仍然服从原来的指数分布族,且自然参数保持不变,只需将离散参数从 ϕ 调整为 ϕ/n 即可。

【例 7-7】 证明泊松分布乘以正常数以后,仍然服从指数分布族,即若 $X\sim \text{Poisson}(\mu/\phi)$,且 $Y=\phi X$,则 Y 服从指数分布族。

【解】 若 $X\sim \text{Poisson}(\mu/\phi)$,则 X 的矩母函数可以表示为

$$M_X(t) = \exp\left[\frac{\mu}{\phi}(e^t - 1)\right]$$

由于 $Y=\phi X$,所以 Y 的矩母函数可以表示为

$$\begin{aligned} M_Y(t) &= E(e^{tY}) \\ &= E(e^{t\phi X}) \\ &= M_X(t\phi) \\ &= \exp\left[\frac{\mu}{\phi}(e^{t\phi} - 1)\right] \end{aligned}$$

上式中,令 $\mu = e^\theta$,则 Y 的矩母函数可以表示为

$$M_Y(t) = \exp\left(\frac{e^{\theta + t\phi} - e^\theta}{\phi}\right)$$

在式(7.19)中,若令 $b(\theta) = e^\theta$,则指数分布族的矩母函数与上式相同,所以 Y 服从指数分布族。

该例的结果表明,若 $X\sim \text{Poisson}(\mu/\phi)$,且令 $Y=\phi X$,则有

$$E(Y) = \mu$$
$$\text{Var}(Y) = \phi\mu$$

当 $\phi > 1$ 时,Y 的方差大于其均值,所以称 Y 服从过离散泊松分布。

7.1.2 连接函数

连接函数 $g(\mu)$ 需要满足单调和可导的条件。一些常见的连接函数如表 7-2 所示。

表 7-2 常见的连接函数

名 称	连 接 函 数
等值(identity)连接	$g(\mu)=\mu$
对数(log)连接	$g(\mu)=\ln\mu$
平方根连接	$g(\mu)=\sqrt{\mu}$
幂函数连接	$g(\mu)=\mu^\theta$
logit 连接	$g(\mu)=\ln[\mu/(1-\mu)]$
概率(probit)连接	$g(\mu)=\Phi^{-1}(\mu)$
重对数(log-log)连接	$g(\mu)=-\ln(-\ln\mu)$
补充重对数(complementary log-log)连接	$g(\mu)=\ln[-\ln(1-\mu)]$

注:Φ 表示标准正态分布的累积分布函数。

如果连接函数使得 $g(\mu)=\theta$ 成立，则称该连接函数 g 为**正则连接函数**（canonical link function）。

对于指数分布族中的分布，由 $\mu=b'(\theta)$ 可知
$$\theta = b'^{-1}(\mu)$$
$$g(\mu) = \theta = b'^{-1}(\mu)$$
所以，正则连接函数就是函数 $b'(\cdot)$ 的反函数，可以表示为 $b'^{-1}(\cdot)$。

【**例 7-8**】 写出在泊松分布和伽马分布假设下广义线性模型的正则连接函数。

【**解**】 对于泊松分布，$b(\theta)=e^\theta$，其均值为 $\mu=b'(\theta)=e^\theta$。两边取对数有 $\theta=\ln\mu$，故泊松分布的正则连接函数为对数连接函数。

对于伽马分布，$b(\theta)=-\ln(1/\theta)$，其均值为 $\mu=b'(\theta)=1/\theta$，即 $\theta=\mu^{-1}$，故伽马分布的正则连接函数为倒数连接函数。

在后文将会看到，使用正则连接函数可以大大简化模型的参数估计过程。不过连接函数的选择通常是基于建模的实际需要，如模型的可解释性和对观测数据的拟合效果等，无须仅仅为了简化参数估计过程而选择正则连接函数。

几个常见分布假设下的正则连接函数如表 7-3 所示。

表 7-3 正则连接函数

分布	正则连接函数
正态分布	$g(\mu)=\mu$
二项分布	$g(\mu)=\ln[\mu/(1-\mu)]$
泊松分布	$g(\mu)=\ln\mu$
伽马分布	$g(\mu)=\mu^{-1}$
逆高斯分布	$g(\mu)=\mu^{-2}$

7.2 模型的参数估计方法

广义线性模型的参数包括回归参数和离散参数，它们都可以应用极大似然法进行估计。由于广义线性模型假设因变量服从指数分布族，所以回归参数的极大似然估计等价于迭代加权最小二乘估计。

7.2.1 极大似然估计

在广义线性模型中，假设因变量的第 i 个观测值 y_i 服从指数分布族，密度函数可以表示为

$$f(y_i;\theta_i,\phi) = \exp\left[\frac{y_i\theta_i - b(\theta_i)}{\phi}w_i + c(y_i,\phi)\right] \qquad (7.21)$$

在上式中,自然参数有下标 i,离散参数没有下标 i,表示每个观测值的自然参数 θ_i 不同,而离散参数 ϕ 相同。w_i 表示与第 i 个观察值对应的权重,为已知的观察数据。

广义线性模型是对因变量的均值进行预测,而均值仅仅是自然参数的函数,与离散参数无关,所以在上式中,不同观测值的自然参数不同,但离散参数相同。

第 i 个观测值的对数似然函数可以表示为

$$\ell_i = \frac{y_i\theta_i - b(\theta_i)}{\phi}w_i + c(y_i,\phi) \tag{7.22}$$

假设 n 个观测值 $y_1, y_2, \cdots, y_n$ 相互独立,则它们的联合对数似然函数可以表示为

$$\ell = \sum_{i=1}^n \ell_i = \sum_{i=1}^n \left[\frac{y_i\theta_i - b(\theta_i)}{\phi}w_i + c(y_i,\phi)\right] \tag{7.23}$$

【定理 7-4】 对于广义线性模型,回归参数 $\beta_j(j=0,1,2,\cdots,k)$ 的极大似然估计是下述方程组的解:

$$\frac{\partial \ell}{\partial \beta_j} = \sum_{i=1}^n \frac{w_i(y_i - \mu_i)x_{ji}}{v(\mu_i)g'(\mu_i)} = 0 \tag{7.24}$$

其中,

$$\mu_i = g^{-1}(\beta_0 + \beta_1 x_{1i} + \cdots + \beta_k x_{ki}) \tag{7.25}$$

【证明】 回归参数的极大似然估计是下述方程的解:

$$\frac{\partial \ell}{\partial \beta_j} = \sum_{i=1}^n \frac{\partial \ell_i}{\partial \beta_j} = 0 \tag{7.26}$$

应用链式法则,有

$$\frac{\partial \ell_i}{\partial \beta_j} = \frac{\partial \ell_i}{\partial \theta_i}\frac{\partial \theta_i}{\partial \mu_i}\frac{\partial \mu_i}{\partial \eta_i}\frac{\partial \eta_i}{\partial \beta_j} \tag{7.27}$$

由式(7.22)可知,式(7.27)右边的第一项可以表示为

$$\frac{\partial \ell_i}{\partial \theta_i} = \frac{y_i - b'(\theta_i)}{\phi}w_i \tag{7.28}$$

指数分布族的均值可以表示为 $\mu_i = b'(\theta_i)$,所以式(7.27)右边的第二项可以表示为

$$\frac{\partial \mu_i}{\partial \theta_i} = \frac{\partial b'(\theta_i)}{\partial \theta_i} = b''(\theta_i) = v(\mu_i) \tag{7.29}$$

由 $g(\mu_i) = \eta_i$ 可知,式(7.27)右边的第三项可以表示为

$$\frac{\partial \mu_i}{\partial \eta_i} = \frac{1}{g'(\mu_i)} \tag{7.30}$$

由 $\eta_i = \beta_0 + \beta_1 x_{1i} + \cdots + \beta_k x_{ki}$ 可知,式(7.27)右边的第四项可以表示为

$$\frac{\partial \eta_i}{\partial \beta_j} = x_{ji} \tag{7.31}$$

将式(7.28)~式(7.31)代入式(7.27)可得

$$\frac{\partial \ell_i}{\partial \beta_j} = \frac{(y_i - \mu_i) x_{ji} w_i}{\phi v(\mu_i) g'(\mu_i)} \tag{7.32}$$

将式(7.32)代入式(7.26),即得式(7.24)。该式称作回归参数的估计方程。

在式(7.24)中,离散参数被消除了,所以离散参数对回归参数的估计值不会产生任何影响。

在式(7.24)中,如果连接函数是正则连接,即连接函数满足 $g(\mu_i) = \theta_i$,则有

$$g'(\mu_i) = \frac{\partial \theta_i}{\partial \mu_i} \xrightarrow{\mu_i = b'(\theta_i)} g'(\mu_i) = \left(\frac{\partial \mu_i}{\partial \theta_i}\right)^{-1} = [b''(\theta_i)]^{-1} = [v(\mu_i)]^{-1}$$

将其代入式(7.24),估计方程可以简化为

$$\sum_{i=1}^{n} w_i (y_i - \mu_i) x_{ji} = 0 \tag{7.33}$$

上式表明,在正则连接函数下可以大大简化回归参数的估计方程,且使得观测值的加权和等于模型预测值的加权和。不过在实际应用中,简化估计方程并不是选择连接函数的主要依据。

7.2.2 牛顿迭代法

求解估计方程(7.24)可以使用牛顿迭代法。为简化表述,可以把式(7.24)的估计方程简记为

$$\ell'(\boldsymbol{\beta}) = 0 \tag{7.34}$$

其中,$\boldsymbol{\beta} = (\beta_0, \beta_1, \cdots, \beta_k)^T$ 表示参数向量。

应用泰勒展开,式(7.34)左边可以近似表示为

$$\ell'(\boldsymbol{\beta}^{(0)}) + \ell''(\boldsymbol{\beta}^{(0)})(\boldsymbol{\beta} - \boldsymbol{\beta}^{(0)}) \approx 0 \tag{7.35}$$

对式(7.35)变形,即得

$$\boldsymbol{\beta} \approx \boldsymbol{\beta}^{(0)} - [\ell''(\boldsymbol{\beta}^{(0)})]^{-1} \ell'(\boldsymbol{\beta}^{(0)}) \tag{7.36}$$

上式表明,给定回归参数的一个初始估计值 $\boldsymbol{\beta}^{(0)}$,应用式(7.36),即可求得回归参数的一个新估计值。把新得到的估计值再次代入式(7.36)的右边,可以得到一个更新的估计值。反复迭代应用上式,直至相邻两次迭代结果之间的差异小于一个给定的阈值,如小于 10^{-8},即可认为迭代过程收敛,并把最后一次的迭代结果作为 $\boldsymbol{\beta}$ 的估计值。

式(7.36)中的迭代公式可以更清晰地表示为

$$\boldsymbol{\beta}^{(m)} = \boldsymbol{\beta}^{(m-1)} - [\ell''(\boldsymbol{\beta}^{(m-1)})]^{-1} \ell'(\boldsymbol{\beta}^{(m-1)}) \tag{7.37}$$

在应用式(7.37)的迭代公式时,需要计算对数似然函数的一阶导数向量 $\ell'(\boldsymbol{\beta})$ 和二阶导数矩阵 $\ell''(\boldsymbol{\beta})$。对数似然函数的一阶导数向量 $\ell'(\boldsymbol{\beta})$ 称作得分向量,记为

$U \equiv \ell'(\boldsymbol{\beta})$。对于指数分布族,由式(7.32)可知,得分向量 U 的第 j 个元素为 ($j=1$, $2, \cdots, k$)

$$U_j = \frac{\partial \ell}{\partial \beta_j} = \sum_{i=1}^{n} \frac{(y_i - \mu_i) x_{ji} w_i}{\phi v(\mu_i) g'(\mu_i)} \tag{7.38}$$

二阶导数矩阵 $\ell''(\boldsymbol{\beta})$ 也称作黑塞矩阵,其中第 j 行第 h 列($j=1,2,\cdots,k;h=1$, $2,\cdots,k$)的元素可以表示为

$$\frac{\partial^2 \ell}{\partial \beta_j \partial \beta_h} = -\sum_{i=1}^{n} \frac{x_{ji} x_{hi}}{\phi/w_i} \left\{ \frac{1}{v(\mu_i)} \left(\frac{\partial \mu_i}{\partial \eta_i}\right)^2 - (\mu_i - y_i) \left[\frac{1}{[v(\mu_i)]^2} \left(\frac{\partial \mu_i}{\partial \eta_i}\right)^2 \frac{\partial v(\mu_i)}{\partial \mu_i} - \frac{1}{v(\mu_i)} \frac{\partial^2 \mu_i}{\partial \eta_i^2}\right] \right\} \tag{7.39}$$

在应用迭代公式(7.37)求解回归参数的极大似然估计时,首先需要给出回归参数的一个初始估计值 $\boldsymbol{\beta}^{(0)}$,这在某些情况下有一定难度。下面介绍的迭代加权最小二乘法也是一种求解回归参数极大似然估计值的迭代算法,但在迭代运算之前,只需给出因变量的一个初始预测值即可,这要容易很多,譬如可以使用因变量的平均值作为初始预测值。有鉴于此,在广义线性模型的参数估计过程中,通常使用下述的迭代加权最小二乘法。

7.2.3 迭代加权最小二乘法

在应用迭代公式(7.37)求解回归参数的极大似然估计值时,需要使用黑塞(Hessian)矩阵。如果把黑塞矩阵用期望黑塞矩阵代替,就可以得到迭代加权最小二乘法。期望黑塞矩阵的负值就是信息矩阵。下面首先给出信息矩阵的表达式。

【定理 7-5】 广义线性模型关于回归参数 $\boldsymbol{\beta} = [\beta_0, \beta_1, \cdots, \beta_k]^\mathrm{T}$ 的信息矩阵可以表示为

$$I(\boldsymbol{\beta}) = \boldsymbol{X}^\mathrm{T} \boldsymbol{W} \boldsymbol{X} \tag{7.40}$$

其中第 j 行第 h 列的元素为($j=1,2,\cdots,k;h=1,2,\cdots,k$)

$$I_{jh}(\beta) = \sum_{i=1}^{n} \frac{w_i x_{ji} x_{hi}}{\phi v(\mu_i) [g'(\mu_i)]^2} \tag{7.41}$$

X 是设计矩阵,可以表示为

$$\boldsymbol{X} = \begin{bmatrix} 1 & x_{11} & \cdots & x_{k1} \\ 1 & x_{12} & \cdots & x_{k2} \\ \vdots & \vdots & & \vdots \\ 1 & x_{1n} & \cdots & x_{kn} \end{bmatrix} \tag{7.42}$$

设计矩阵中第一列对应模型的截距项,x_{ji} 表示第 j 个解释变量的第 i 次观测值。

W 是一个 $n \times n$ 的对角阵，对角线上的第 i 个元素如下式花括号中所示，其中 diag 表示对角矩阵：

$$W = \text{diag} \left\{ \frac{w_i}{\phi v(\mu_i) [g'(\mu_i)]^2} \right\}_{(n \times n)} \tag{7.43}$$

【证明】 在回归参数 $\boldsymbol{\beta} = [\beta_0, \beta_1, \cdots, \beta_k]^T$ 的信息矩阵中，第 j 行第 h 列的元素可以表示为

$$I_{jh}(\beta) = E\left(\frac{\partial \ell}{\partial \beta_j} \frac{\partial \ell}{\partial \beta_h} \right) = -E\left(\frac{\partial^2 \ell}{\partial \beta_j \partial \beta_h} \right)$$

由 $\ell = \sum_{i=1}^{n} \ell_i$ 可得：

$$I_{jh}(\beta) = -E\left(\frac{\partial^2 \ell}{\partial \beta_j \partial \beta_h} \right) = -\sum_{i=1}^{n} E\left(\frac{\partial^2 \ell_i}{\partial \beta_j \partial \beta_h} \right) = \sum_{i=1}^{n} E\left(\frac{\partial \ell_i}{\partial \beta_j} \frac{\partial \ell_i}{\partial \beta_h} \right)$$

应用式(7.32)，每一个观测值对信息矩阵的贡献为

$$E\left[\frac{\partial \ell_i}{\partial \beta_j} \frac{\partial \ell_i}{\partial \beta_h} \right] = E\left\{ \frac{w_i^2 (y_i - \mu_i)^2 x_{ji} x_{hi}}{\phi^2 [v(\mu_i)]^2 [g'(\mu_i)]^2} \right\} = \frac{w_i x_{ji} x_{hi}}{\phi v(\mu_i) [g'(\mu_i)]^2}$$

因此，信息矩阵第 j 行第 h 列的元素为

$$I_{jh}(\beta) = \sum_{i=1}^{n} E\left(\frac{\partial \ell_i}{\partial \beta_j} \frac{\partial \ell_i}{\partial \beta_h} \right) = \sum_{i=1}^{n} \frac{w_i x_{ji} x_{hi}}{\phi v(\mu_i) [g'(\mu_i)]^2}$$

上式表明，$\boldsymbol{\beta}$ 的信息矩阵可以表示为式(7.40)所示的形式。

信息矩阵也可以对式(7.39)取负值后求期望直接求得，该式花括号中第二项的均值为零。用期望黑塞矩阵代替黑塞矩阵所产生的差异也就是该式花括号中的第二项。

在求解估计方程(7.24)时，将牛顿迭代公式(7.37)中的黑塞矩阵 $\ell''(\boldsymbol{\beta})$ 用期望黑塞矩阵 $E[\ell''(\boldsymbol{\beta})]$ 代替，就可以得到广义线性模型参数估计的迭代加权最小二乘法(McCullagh, 1989)。

【定理 7-6】 估计广义线性模型参数的迭代加权最小二乘法可以表示为

$$\boldsymbol{\beta}^{(m)} = (\boldsymbol{X}^T \boldsymbol{W}^{(m-1)} \boldsymbol{X})^{-1} \boldsymbol{X}^T \boldsymbol{W}^{(m-1)} \boldsymbol{z}^{(m-1)} \tag{7.44}$$

其中，$\boldsymbol{X}$ 是设计矩阵，如式(7.42)所示；$\boldsymbol{W}$ 是一个 $n \times n$ 的对角阵，如式(7.43)所示；$\boldsymbol{z}$ 是一个 n 维向量，称作**工作因变量**(working response)，它的第 i 个元素为

$$z_i = \eta_i + (y_i - \mu_i) g'(\mu_i)$$

【证明】 期望黑塞矩阵的负值就是信息矩阵，即 $I = -E[\ell''(\boldsymbol{\beta})]$，所以式(7.37)的迭代公式可以表示为

$$\boldsymbol{\beta}^{(m)} = \boldsymbol{\beta}^{(m-1)} + [I^{(m-1)}]^{-1} \boldsymbol{U}^{(m-1)} \tag{7.45}$$

式中，$\boldsymbol{U}^{(m-1)} \equiv \ell'(\boldsymbol{\beta}^{(m-1)})$ 表示对数似然函数的一阶导数向量，称作得分向量，参见式(7.38)。

式(7.45)两边乘以信息矩阵 $I^{(m-1)}$，则有

$$I^{(m-1)} \boldsymbol{\beta}^{(m)} = I^{(m-1)} \boldsymbol{\beta}^{(m-1)} + U^{(m-1)} \qquad (7.46)$$

把式(7.40)的信息矩阵代入式(7.46)的左边，则其左边可以表示为

$$I^{(m-1)} \boldsymbol{\beta}^{(m)} = \boldsymbol{X}^T \boldsymbol{W}^{(m-1)} \boldsymbol{X} \boldsymbol{\beta}^{(m)} \qquad (7.47)$$

把式(7.38)的 U_j 和式(7.41)的 I_{jh} 代入式(7.46)的右边，则其右边的第 j 个元素可以表示为：

$$\sum_{h=1}^{k} \beta_h \sum_{i=1}^{n} \frac{w_i x_{ji} x_{hi}}{\phi v(\mu_i) [g'(\mu_i)]^2} + \sum_{i=1}^{n} \frac{(y_i - \mu_i) x_{ji} w_i}{\phi v(\mu_i) g'(\mu_i)}$$

$$= \sum_{i=1}^{n} \frac{w_i x_{ji} \sum_{h=1}^{k} \beta_h x_{hi}}{\phi v(\mu_i) [g'(\mu_i)]^2} + \sum_{i=1}^{n} \frac{(y_i - \mu_i) x_{ji} w_i}{\phi v(\mu_i) g'(\mu_i)}$$

$$= \sum_{i=1}^{n} x_{ji} \frac{w_i}{\phi v(\mu_i) [g'(\mu_i)]^2} \left[\sum_{h=1}^{k} \beta_h x_{hi} + (y_i - \mu_i) g'(\mu_i) \right]$$

$$= \sum_{i=1}^{n} x_{ji} \frac{w_i}{\phi v(\mu_i) [g'(\mu_i)]^2} [\eta_i + (y_i - \mu_i) g'(\mu_i)]$$

$$= \sum_{i=1}^{n} x_{ji} \frac{w_i}{\phi v(\mu_i) [g'(\mu_i)]^2} z_i$$

其中，

$$z_i = \eta_i + (y_i - \mu_i) g'(\mu_i) \qquad (7.48)$$

应用式(7.43)，可以把式(7.46)的右边进一步表示为下述的矩阵形式：

$$I^{(m-1)} \boldsymbol{\beta}^{(m-1)} + U^{(m-1)} = \boldsymbol{X}^T \boldsymbol{W}^{(m-1)} \boldsymbol{z}^{(m-1)} \qquad (7.49)$$

故迭代方程(7.46)可以用矩阵形式表示为

$$\boldsymbol{X}^T \boldsymbol{W}^{(m-1)} \boldsymbol{X} \boldsymbol{\beta}^{(m)} = \boldsymbol{X}^T \boldsymbol{W}^{(m-1)} \boldsymbol{z}^{(m-1)} \qquad (7.50)$$

式(7.50)与线性回归模型中加权最小二乘法的估计方程具有相同的形式，但需迭代使用，故称为迭代加权最小二乘法。

式(7.50)经变形可以将迭代加权最小二乘法的参数估计值表示为式(7.44)所示的形式。

应用迭代公式(7.44)即可求得回归参数的极大似然估计值。该迭代公式适用于指数分布族中的所有分布类型，为广义线性模型的参数估计提供了一个统一框架。

在式(7.43)的权数矩阵 $\boldsymbol{W}$ 中，存在离散参数 ϕ，但在式(7.44)的迭代公式中，ϕ^{-1} 与 ϕ 相乘正好可以相互抵消，所以回归参数的极大似然估计值不依赖于离散参数的估计值。换言之，在上述迭代公式中，令 $\phi = 1$ 并不影响回归参数的估计值。不过，在计算信息矩阵和参数估计值的标准误时，需要获得准确的离散参数估计值，参见式(7.55)。

在迭代公式(7.44)中,工作因变量 z_i 可以解释为对 $g(y_i)$ 的线性近似,即
$$z_i = g(y_i) \approx g(\mu_i) + (y_i - \mu_i)g'(\mu_i)$$
容易求得 z_i 的均值和方差分别为
$$E(z_i) = E[g(\mu_i)] = \eta_i = \boldsymbol{x}_i^\mathrm{T}\boldsymbol{\beta}$$
$$\mathrm{Var}(z_i) = \mathrm{Var}(y_i)[g'(\mu_i)]^2$$
$$= \frac{\phi}{w_i}v(\mu_i)[g'(\mu_i)]^2$$

可见,z_i 的方差正好与式(7.43)中的权重成倒数关系。

现将迭代加权最小二乘法的具体应用过程总结如下:

(1) 给出因变量的一个初始预测值,记为 $\hat{\mu}_i^{(0)}$,并通过连接函数求得 $\hat{\eta}_i^{(0)} = g(\hat{\mu}_i^{(0)})$。因变量的初始预测值可以有多种选择,譬如对参数为 (k_i, p_i) 的二项分布,可以使用 $k_i(y_i+0.5)/(k_i+1)$ 作为初始预测值;对其他分布,可以使用 $(y_i + \bar{y})/2$ 作为初始预测值,其中 $\bar{y} = \frac{1}{n}\sum_{i=1}^{n} y_i$。

(2) 在进行第 m 步迭代前,计算工作因变量和相应的权重:
$$z_i^{(m-1)} = \hat{\eta}_i^{(m-1)} + (y_i - \hat{\mu}_i^{(m-1)})g'(\hat{\mu}_i^{(m-1)})$$
$$W_i^{(m-1)} = \frac{w_i}{v(\hat{\mu}_i^{(m-1)})[g'(\hat{\mu}_i^{(m-1)})]^2}$$

在上式的权重项中,令 $\phi=1$,回归参数的估计值不受影响。

(3) 使用权重 $W_i^{(m-1)}$,建立工作因变量 $z_i^{(m-1)}$ 与解释变量之间的线性回归模型,并应用最小二乘法求解回归模型的参数:
$$\boldsymbol{\beta}^{(m)} = (\boldsymbol{X}^\mathrm{T}\boldsymbol{W}^{(m-1)}\boldsymbol{X})^{-1}\boldsymbol{X}^\mathrm{T}\boldsymbol{W}^{(m-1)}\boldsymbol{z}^{(m-1)}$$

其中,矩阵 $\boldsymbol{W}^{(m-1)}$ 对角线上的元素为 $W_i^{(m-1)}$,向量 $\boldsymbol{z}^{(m-1)}$ 的第 i 个元素为 $z_i^{(m-1)}$。

把线性预测值和因变量的预测值分别更新为
$$\boldsymbol{\eta}^{(m)} = \boldsymbol{X}\boldsymbol{\beta}^{(m)}$$
$$\boldsymbol{\mu}^{(m)} = g^{-1}(\boldsymbol{\eta}^{(m)})$$

(4) 反复进行第(2)步和第(3)步,直至相邻两次迭代求得的参数估计值之差很小,如小于 10^{-8},即可停止迭代,最后一次迭代运算求得的参数估计值 $\boldsymbol{\beta}$ 就是其极大似然估计值。

在实际应用中,通常当相邻两次迭代的偏差很接近时停止迭代。偏差的定义可参见 7.3.1 节的内容。

在广义线性模型中,迭代加权最小二乘估计的一般算法可以归纳为表 7-4 所示的过程。

表 7-4　迭代加权最小二乘估计的一般算法

---

1. 设定初始值：
$D=1$
$\boldsymbol{\mu}=[\boldsymbol{y}+\mathrm{mean}(y)]/2$
$\boldsymbol{\eta}=g(\boldsymbol{\mu})$
2. 当偏差的变化 $\mathrm{abs}(\Delta D)>10^{-8}$ 时，执行下述循环过程，否则停止循环：
$\boldsymbol{W}=1/(vg'^2)$
$\boldsymbol{z}=\boldsymbol{\eta}+(\boldsymbol{y}-\boldsymbol{\mu})g'$
$\boldsymbol{\beta}=(\boldsymbol{X}^\mathrm{T}\boldsymbol{W}\boldsymbol{X})^{-1}\boldsymbol{X}^\mathrm{T}\boldsymbol{W}\boldsymbol{z}$
$\boldsymbol{\eta}=\boldsymbol{X}\boldsymbol{\beta}$
$\boldsymbol{\mu}=g^{-1}(\boldsymbol{\eta})$
$D^*=D$
$D=2\phi\times($饱和模型的 ℓ — 当前模型的 $\ell)$
$\Delta D=D^*-D$

在表 7-4 中，v 表示方差函数，g 表示连接函数，g' 表示连接函数的一阶导数，即 $g'=\dfrac{\partial\boldsymbol{\eta}}{\partial\boldsymbol{\mu}}$。

【推论】　如果使用对数连接函数，则迭代公式(7.44)可以表示为

$$\boldsymbol{\beta}^{(m)}=\boldsymbol{\beta}^{(m-1)}+(\boldsymbol{X}^\mathrm{T}\boldsymbol{W}^{(m-1)}\boldsymbol{X})^{-1}(\boldsymbol{X}^\mathrm{T}\boldsymbol{W}^{(m-1)}\boldsymbol{k}^{(m-1)}) \tag{7.51}$$

其中，$\boldsymbol{k}$ 是一个 n 维向量，第 i 个元素为 $k_i=\dfrac{y_i-\mu_i}{\mu_i}$。

【证明】　在对数连接函数下，由 $\ln\mu_i=\eta_i$ 可知，$g'(\mu_i)=1/\mu_i$，因此由式(7.43)可知，权数矩阵对角线上的元素简化为

$$W_i=\frac{w_i}{\phi v(\mu_i)[g'(\mu_i)]^2}=\frac{w_i\mu_i^2}{\phi v(\mu_i)}$$

由式(7.38)可知，得分向量 $\boldsymbol{U}$ 的第 j 个元素可以表示为

$$\begin{aligned}U_j&=\frac{\partial l}{\partial\beta_j}\\&=\sum_{i=1}^n\frac{w_i(y_i-\mu_i)x_{ji}}{\phi v(\mu_i)g'(\mu_i)}\\&=\sum_{i=1}^n x_{ji}\frac{w_i\mu_i^2}{\phi v(\mu_i)}\frac{(y_i-\mu_i)}{\mu_i}\end{aligned}$$

使用矩阵形式，得分向量可以表示为 $\boldsymbol{U}=\boldsymbol{X}^\mathrm{T}\boldsymbol{W}\boldsymbol{k}$，从而迭代公式(7.45)可以表示为

$$\begin{aligned}\boldsymbol{\beta}^{(m)}&=\boldsymbol{\beta}^{(m-1)}+(\boldsymbol{I}^{(m-1)})^{-1}\boldsymbol{U}^{(m-1)}\\&=\boldsymbol{\beta}^{(m-1)}+(\boldsymbol{X}^\mathrm{T}\boldsymbol{W}^{(m-1)}\boldsymbol{X})^{-1}(\boldsymbol{X}^\mathrm{T}\boldsymbol{W}^{(m-1)}\boldsymbol{k}^{(m-1)})\end{aligned}$$

7.2.4 牛顿迭代法与迭代加权最小二乘法的比较

在牛顿迭代法中,用期望黑塞矩阵代替黑塞矩阵,就得到了迭代加权最小二乘法。可以证明,在使用正则连接函数的情况下,期望黑塞矩阵与黑塞矩阵相等,所以牛顿迭代法与迭代加权最小二乘法的参数估计值也完全相等。

由式(7.39)可知,期望黑塞矩阵可以表示为

$$E\left(\frac{\partial^2 \ell}{\partial \beta_j \partial \beta_h}\right) = -\sum_{i=1}^{n} \frac{w_i x_{ji} x_{hi}}{\phi v(\mu_i) \left[g'(\mu_i)\right]^2} \quad (7.52)$$

式(7.52)中期望黑塞矩阵与式(7.39)中黑塞矩阵的差异为

$$\Delta = \sum_{i=1}^{n} \frac{w_i x_{ji} x_{hi}}{\phi} (\mu_i - y_i) \left\{ \frac{1}{\left[v(\mu_i)\right]^2} \left(\frac{\partial \mu_i}{\partial \eta_i}\right)^2 \frac{\partial v(\mu_i)}{\partial \mu_i} - \frac{1}{v(\mu_i)} \frac{\partial^2 \mu_i}{\partial \eta_i^2} \right\} \quad (7.53)$$

在使用正则连接函数的情况下,$\theta_i = \eta_i$,所以方差函数可以表示为

$$v(\mu_i) = b''(\mu_i) = \frac{\partial b'(\theta_i)}{\partial \theta_i} = \frac{\partial \mu_i}{\partial \theta_i} = \frac{\partial \mu_i}{\partial \eta_i} \quad (7.54)$$

把式(7.54)的方差函数代入式(7.53)可得

$$\Delta = \sum_{i=1}^{n} \frac{w_i x_{ji} x_{hi}}{\phi} (\mu_i - y_i) \left[\frac{\partial v(\mu_i)}{\partial \mu_i} - \frac{\partial \eta_i}{\partial \mu_i} \frac{\partial^2 \mu_i}{\partial \eta_i^2}\right]$$

$$= \sum_{i=1}^{n} \frac{w_i x_{ji} x_{hi}}{\phi} (\mu_i - y_i) \left[\frac{\partial^2 \mu_i}{\partial \mu_i \partial \eta_i} - \frac{\partial^2 \mu_i}{\partial \mu_i \partial \eta_i}\right]$$

$$= 0$$

由此可见,在正则连接函数下,期望黑塞矩阵与黑塞矩阵相等,所以牛顿迭代法完全等价于迭代加权最小二乘法。

7.2.5 离散参数的估计

在广义线性模型中,离散参数的取值不会影响回归参数的极大似然估计值。从理论上讲,完全可以应用极大似然法估计离散参数,即求解方程 $\partial \ell / \partial \phi = 0$ 即可。与回归参数的极大似然估计过程不同,在应用极大似然法估计广义线性模型的离散参数时,没有统一形式的估计方程,不同分布假设下的估计方程是不同的。在实际应用中,估计离散参数较为常用的方法是矩估计法。

如果因变量服从指数分布族,则其方差可以表示为

$$\text{Var}(y_i) = \phi \frac{v(\mu_i)}{w_i}$$

所以有

$$\phi = \frac{w_i \text{Var}(y_i)}{v(\mu_i)}$$

类似于对方差 $\text{Var}(y_i)$ 的矩估计,离散参数的一个矩估计可以表示为

$$\hat{\phi} = \frac{1}{n-k-1} \sum_{i=1}^{n} \frac{w_i (y_i - \hat{\mu}_i)^2}{v(\hat{\mu}_i)} \tag{7.55}$$

式中，n 表示观测值的个数，$k+1$ 表示模型中的参数个数。

下面可以证明，式(7.55)是离散参数 ϕ 的一个近似无偏估计，即有 $E(\hat{\phi}) \approx \phi$。
皮尔逊(Pearson)卡方统计量定义为

$$\chi^2 = \sum_{i=1}^{n} \frac{w_i (y_i - \mu_i)^2}{\phi v(\mu_i)} \tag{7.56}$$

皮尔逊卡方统计量近似服从自由度为 $n-k-1$ 的卡方分布，故有

$$E(\chi^2) \approx n-k-1 \tag{7.57}$$

结合式(7.55)和式(7.56)，可以将离散参数的估计值表示为

$$\hat{\phi} = \frac{\phi \chi^2}{n-k-1} \tag{7.58}$$

由式(7.57)可知，上式的期望值为

$$E(\hat{\phi}) \approx \phi$$

由此可见，式(7.55)是离散参数 ϕ 的一个近似无偏估计。

在估计离散参数时最好使用未经汇总的数据。数据汇总以后，式(7.55)中的观测值个数 n 会减小，从而影响离散参数估计值的稳定性。不过数据汇总对回归参数的估计值不会产生影响。

7.2.6 参数估计值的标准误

在牛顿迭代法中，迭代公式中使用了黑塞矩阵，所以参数估计值的协方差矩阵可以表示为

$$\boldsymbol{\Sigma} = -[\ell''(\boldsymbol{\beta})]^{-1} \tag{7.59}$$

其中，$\ell''(\boldsymbol{\beta})$ 是黑塞矩阵，是对数似然函数 ℓ 关于回归参数的二阶导数矩阵。

协方差矩阵 $\boldsymbol{\Sigma}$ 对角线上的元素就是参数估计值的方差，参数估计值的标准误就是方差的平方根。黑塞矩阵中的离散参数可以使用式(7.55)进行估计。

在迭代加权最小二乘法中，用期望黑塞矩阵代替了黑塞矩阵，所以参数估计值的协方差矩阵可以基于信息矩阵进行计算，即等于信息矩阵的逆矩阵：

$$\boldsymbol{\Sigma} = [\boldsymbol{I}(\boldsymbol{\beta})]^{-1} \tag{7.60}$$

式中，$\boldsymbol{I}(\boldsymbol{\beta}) = -E[\ell''(\boldsymbol{\beta})]$，是信息矩阵。

7.3 模型的比较与诊断

广义线性模型的评价与线性回归模型的评价有所不同，虽然仍然需要使用判定系数和残差等概念，但它们的定义并不完全相同。本节主要讨论关于广义线性

模型检验和评价的一些常用方法,包括偏差、伪判定系数、F 统计量、卡方统计量、残差和 Cook 距离。

7.3.1 偏差

偏差(deviance)是评价广义线性模型的一个重要工具。在不同文献中,关于偏差概念的定义和使用不完全一致。为了不易混淆,本节区分两种偏差概念,即**尺度化偏差**(scaled deviance)和**偏差**(deviance)。计算尺度化偏差需要已知离散参数的取值,而偏差与离散参数无关。如果用 D^* 表示尺度化偏差,用 D 表示偏差,则有 $D = \phi D^*$。换言之,在尺度化偏差 D^* 中,分母上有一个离散参数 ϕ,所以尺度化偏差 D^* 乘以离散参数 ϕ 就得到了没有离散参数的偏差 D。

1. 尺度化偏差

在定义广义线性模型的尺度化偏差之前,首先介绍极大似然估计的一个重要性质。

【**定理 7-7**】 假设广义线性模型有 $k+1$ 个回归参数,参数的真实值为 $\boldsymbol{\beta}$,对数似然函数为 $\ell(\boldsymbol{\beta}; \boldsymbol{y})$,参数的极大似然估计值为 $\hat{\boldsymbol{\beta}}$,则有

$$2[\ell(\hat{\boldsymbol{\beta}}; \boldsymbol{y}) - \ell(\boldsymbol{\beta}; \boldsymbol{y})] \sim \chi^2(k+1) \tag{7.61}$$

【**证明**】 广义线性模型的对数似然函数 $\ell(\boldsymbol{\beta}; \boldsymbol{y})$ 可以用泰勒展开式近似为

$$\ell(\boldsymbol{\beta}; \boldsymbol{y}) \approx \ell(\hat{\boldsymbol{\beta}}; \boldsymbol{y}) + (\boldsymbol{\beta} - \hat{\boldsymbol{\beta}})^{\mathrm{T}} U(\hat{\boldsymbol{\beta}}) + \frac{1}{2}(\boldsymbol{\beta} - \hat{\boldsymbol{\beta}})^{\mathrm{T}} H(\hat{\boldsymbol{\beta}})(\boldsymbol{\beta} - \hat{\boldsymbol{\beta}}) \tag{7.62}$$

其中,$\hat{\boldsymbol{\beta}}$ 是回归参数的极大似然估计值,$U(\hat{\boldsymbol{\beta}})$ 是得分向量在 $\boldsymbol{\beta} = \hat{\boldsymbol{\beta}}$ 处的值,$H(\hat{\boldsymbol{\beta}})$ 是对数似然函数的二阶导数矩阵(即黑塞矩阵)在 $\boldsymbol{\beta} = \hat{\boldsymbol{\beta}}$ 处的值。

由于 $U(\hat{\boldsymbol{\beta}}) = 0$,$\boldsymbol{I}(\hat{\boldsymbol{\beta}}) = -E[H(\hat{\boldsymbol{\beta}})]$,所以用负的信息矩阵代替黑塞矩阵 H,式(7.62)可以变形为

$$\ell(\hat{\boldsymbol{\beta}}; \boldsymbol{y}) - \ell(\boldsymbol{\beta}; \boldsymbol{y}) \approx \frac{1}{2}(\hat{\boldsymbol{\beta}} - \boldsymbol{\beta})^{\mathrm{T}} I(\hat{\boldsymbol{\beta}})(\hat{\boldsymbol{\beta}} - \boldsymbol{\beta})$$

由极大似然估计的性质可得下述渐近分布:

$$(\hat{\boldsymbol{\beta}} - \boldsymbol{\beta})^{\mathrm{T}} I(\hat{\boldsymbol{\beta}})(\hat{\boldsymbol{\beta}} - \boldsymbol{\beta}) \sim \chi^2(k+1)$$

所以有

$$2[\ell(\hat{\boldsymbol{\beta}}; \boldsymbol{y}) - \ell(\boldsymbol{\beta}; \boldsymbol{y})] \sim \chi^2(k+1)$$

广义线性模型的尺度化偏差的定义如下:

$$D^* = 2[\ell(\hat{\boldsymbol{\beta}}_{\max}) - \ell(\hat{\boldsymbol{\beta}})] \tag{7.63}$$

式中,$\ell(\hat{\boldsymbol{\beta}}_{\max})$ 表示饱和模型的对数似然函数,$\ell(\hat{\boldsymbol{\beta}})$ 表示当前模型的对数似然函数。饱和模型是指可以对观测值进行完美预测的模型,包含 n 个参数,每个观测值对应

一个参数，所以预测值就等于其观测值，即 $\hat{\mu}_i = y_i$。饱和模型是过度拟合的模型，没有任何预测能力，只能再现观测数据，通常作为评价模型效果的基准。当前模型是指根据已知数据建立的包含 $k+1$ 个参数的模型，参数个数 $k+1$ 远远小于观测值个数 n。

式(7.63)中的尺度化偏差可以变形为

$$D^* = 2\{[\ell(\hat{\boldsymbol{\beta}}_{\max}) - \ell(\boldsymbol{\beta}_{\max})] - [\ell(\hat{\boldsymbol{\beta}}) - \ell(\boldsymbol{\beta})] + [\ell(\boldsymbol{\beta}_{\max}) - \ell(\boldsymbol{\beta})]\} \tag{7.64}$$

式中，$\boldsymbol{\beta}_{\max}$ 和 $\hat{\boldsymbol{\beta}}_{\max}$ 分别表示饱和模型的真实参数及其极大似然估计值，$\boldsymbol{\beta}$ 和 $\hat{\boldsymbol{\beta}}$ 分别表示当前模型的真实参数及其极大似然估计值。

由式(7.61)可知，上式第一项近似服从自由度为 n 的卡方分布 $\chi^2(n)$；第二项近似服从自由度为 $k+1$ 的卡方分布 $\chi^2(k+1)$；第三项是大于零的常数，如果当前模型的预测效果很好，该项应该近似为零。所以，如果当前模型的预测效果很好，尺度化偏差应该近似服从自由度为 $n-k-1$ 的卡方分布，即

$$D^* \sim \chi^2(n-k-1) \tag{7.65}$$

反之，如果当前模型的预测效果欠佳，尺度化偏差 D^* 将显著大于 $\chi^2(n-k-1)$ 的临界值。一般情况下，$D^* \sim \chi^2(n-k-1)$ 的近似效果不是很好，但在正态分布假设下，尺度化偏差精确服从自由度为 $n-k-1$ 的卡方分布(Dobson,2008)。

【例 7-9】 证明在正态分布假设下，广义线性模型的尺度化偏差服从自由度为 $n-k-1$ 的卡方分布。

【解】 假设 $y_1, y_2, \cdots, y_n$ 相互独立，且服从正态分布，即 $y_i \sim N(\mu_i, \sigma^2)$，密度函数为

$$f(y_i; \mu_i, \sigma^2) = \frac{1}{\sqrt{2\pi\sigma^2}} \exp\left[-\frac{(y_i - \mu_i)^2}{2\sigma^2}\right]$$

不妨假设每个观测值的权重为 $w_i = 1$，则当前模型的对数似然函数可以表示为

$$\ell(\hat{\boldsymbol{\beta}}; \boldsymbol{y}) = -\frac{1}{2\sigma^2} \sum_{i=1}^{n} (y_i - \hat{\mu}_i)^2 - \frac{1}{2} n \ln 2\pi\sigma^2$$

对于饱和模型，$\hat{\mu}_i = y_i$，所以饱和模型的对数似然函数为

$$\ell(\hat{\boldsymbol{\beta}}_{\max}; \boldsymbol{y}) = -\frac{1}{2} n \ln 2\pi\sigma^2$$

由此可得尺度化偏差为

$$D^* = 2[\ell(\hat{\boldsymbol{\beta}}_{\max}; \boldsymbol{y}) - \ell(\hat{\boldsymbol{\beta}}; \boldsymbol{y})] = \frac{1}{\sigma^2} \sum_{i=1}^{n} (y_i - \hat{\mu}_i)^2$$

广义线性模型包含 $k+1$ 个回归参数,所以在 σ^2 已知的情况下,上式服从自由度为 $n-k-1$ 的卡方分布 $\chi^2(n-k-1)$。

【例 7-10】 证明在泊松分布假设下,广义线性模型的尺度化偏差近似服从自由度为 $n-k-1$ 的卡方分布。

【解】 假设 $y_1, y_2, \cdots, y_n$ 相互独立,且服从泊松分布,即 $y_i \sim \text{Poisson}(\mu_i)$,概率函数为

$$f(y_i; \mu_i) = e^{-\mu_i} \frac{\mu_i^{y_i}}{y_i!}$$

当前模型的对数似然函数可以表示为

$$\ell(\hat{\boldsymbol{\beta}}; \boldsymbol{y}) = \sum_{i=1}^{n} y_i \ln \hat{\mu}_i - \sum_{i=1}^{n} \hat{\mu}_i - \sum_{i=1}^{n} \ln y_i!$$

对于饱和模型,$\hat{\mu}_i = y_i$,所以饱和模型的对数似然函数为

$$\ell(\hat{\boldsymbol{\beta}}_{\max}; \boldsymbol{y}) = \sum_{i=1}^{n} y_i \ln y_i - \sum_{i=1}^{n} y_i - \sum_{i=1}^{n} \ln y_i!$$

由此可得泊松回归模型的尺度化偏差为

$$D^* = 2[\ell(\hat{\boldsymbol{\beta}}_{\max}; \boldsymbol{y}) - \ell(\hat{\boldsymbol{\beta}}; \boldsymbol{y})]$$

$$= 2\sum_{i=1}^{n} \left[y_i \ln\left(\frac{y_i}{\hat{\mu}_i}\right) - (y_i - \hat{\mu}_i) \right]$$

上式的尺度化偏差不是严格的卡方统计量,所以,上式只是近似服从自由度为 $n-k-1$ 的卡方分布。

下面讨论广义线性模型在各种分布假设下的尺度化偏差。

广义线性模型假设因变量服从指数分布族。对于指数分布族,自然参数可以表示为均值的函数,即 $\theta_i = g_c(\mu_i)$,其中 $g_c(\cdot)$ 表示正则连接函数,所以,指数分布族的对数似然函数也可以写成均值的函数。当前模型的对数似然函数可以表示为 $\ell(\hat{\mu}_i, \phi; y_i)$,饱和模型的对数似然函数可以表示为 $\ell(y_i, \phi; y_i)$,所以,式(7.63)的尺度化偏差还可以表示为下述更加容易应用的形式:

$$D^* = 2\sum_{i=1}^{n} [\ell(y_i, \phi; y_i) - \ell(\hat{\mu}_i, \phi; y_i)]$$

$$= 2\sum_{i=1}^{n} \left\{ \frac{y_i g_c(y_i) - b[g_c(y_i)]}{\phi/w_i} - \frac{y_i g_c(\hat{\mu}_i) - b[g_c(\hat{\mu}_i)]}{\phi/w_i} \right\}$$

$$= \frac{2}{\phi} \sum_{i=1}^{n} w_i \{ y_i [g_c(y_i) - g_c(\hat{\mu}_i)] - b[g_c(y_i)] + b[g_c(\hat{\mu}_i)] \} \quad (7.66)$$

譬如,对于正态分布,由表 7-3 可知,正则连接函数为等值连接,即 $g_c(\mu) = \mu$,且有 $b(\theta) = \theta^2/2, \phi = \sigma^2$,所以,由式(7.66)可以求得正态分布假设下的尺度化偏

差为

$$D^* = \frac{2}{\phi}\sum_{i=1}^{n}w_i\{y_i[g_c(y_i)-g_c(\hat{\mu}_i)]-b[g_c(y_i)]+b[g_c(\hat{\mu}_i)]\}$$

$$=\frac{2}{\sigma^2}\sum_{i=1}^{n}w_i\left\{y_i(y_i-\hat{\mu}_i)-\frac{y_i^2}{2}+\frac{\mu_i^2}{2}\right\}$$

$$=\frac{1}{\sigma^2}\sum_{i=1}^{n}w_i(y_i-\hat{\mu}_i)^2$$

上式就是线性回归模型的残差平方和。

对于泊松分布,正则连接函数为对数连接,即 $g_c(\mu_i)=\ln\mu_i$,且有 $b(\theta_i)=e^{\theta_i}$, $\phi=1$,所以,由式(7.66)可以求得泊松分布假设下的尺度化偏差为

$$D^* = \frac{2}{\phi}\sum_{i=1}^{n}w_i\{y_i[g_c(y_i)-g_c(\hat{\mu}_i)]-b[g_c(y_i)]+b[g_c(\hat{\mu}_i)]\}$$

$$=2\sum_{i=1}^{n}w_i[y_i(\ln y_i-\ln\hat{\mu}_i)-y_i+\hat{\mu}_i]$$

$$=2\sum_{i=1}^{n}w_i\left[y_i\ln\frac{y_i}{\hat{\mu}_i}-(y_i-\hat{\mu}_i)\right]$$

其他分布假设下的尺度化偏差如表 7-5 所示(Hardin,2012)。

表 7-5 指数分布族的尺度化偏差

分布	尺度化偏差(D^*)
正态分布	$\frac{1}{\sigma^2}\sum_{i=1}^{n}w_i(y_i-\hat{\mu}_i)^2$
泊松分布	$2\sum_{i=1}^{n}w_i\left[y_i\ln\frac{y_i}{\hat{\mu}_i}-(y_i-\hat{\mu}_i)\right]$
二项分布(k)	$2\sum_{i=1}^{n}w_i\left[y_i\ln\frac{y_i}{\hat{\mu}_i}+(k_i-y_i)\ln\frac{k_i-y_i}{k_i-\hat{\mu}_i}\right]$
伽马分布	$\frac{2}{\phi}\sum_{i=1}^{n}w_i\left(\frac{y_i-\hat{\mu}_i}{\hat{\mu}_i}-\ln\frac{y_i}{\hat{\mu}_i}\right)$
逆高斯分布	$\frac{1}{\sigma^2}\sum_{i=1}^{n}\frac{w_i(y_i-\hat{\mu}_i)^2}{y_i\hat{\mu}_i^2}$

2. 偏差

由表 7-5 可知,尺度化偏差中含有离散参数,所以在计算尺度化偏差之前首先需要求得离散参数的估计值。但是,在广义线性模型中,回归参数的估计值不依赖于离散参数。换言之,在未知离散参数的情况下就可以求得回归参数的估计值。此时,为了对广义线性模型进行评价,可以使用偏差。

偏差定义为尺度化偏差与离散参数的乘积,即

$$D = \phi D^* \quad (7.67)$$

偏差中没有离散参数,所以可以直接基于模型的观测值和预测值进行计算,但偏差将不再近似服从自由度为 $n-k-1$ 的卡方分布。

在广义线性模型中,无论是尺度化偏差还是偏差,它们都是对观测值与预测值之间某种距离的度量。事实上,极大化似然函数与极小化偏差函数可以得到完全相同的回归参数估计值。

在 R 软件中,估计广义线性模型的函数是 glm,该函数不仅可以输出当前模型的偏差,还可以输出空模型的**偏差**(null deviance)。

空模型也称为零模型或截距模型,该模型没有任何解释变量,只有一个截距项。空模型的线性预测值为 $\eta_i = \beta_0$。空模型对因变量的预测值为 $\mu_i = g^{-1}(\beta_0)$,简记为 μ_0。由式(7.24)可知,求解空模型的估计方程为

$$\sum_{i=1}^{n} \frac{w_i(y_i - \mu_0)}{v(\mu_0)g'(\mu_0)} = 0 \quad \Rightarrow \quad \sum_{i=1}^{n} w_i(y_i - \mu_0) = 0$$

由此可见,空模型的预测值就是观测值的加权平均值,即

$$\hat{\mu}_0 = \frac{1}{n}\sum_{i=1}^{n} w_i y_i \quad (7.68)$$

把偏差中的预测值 $\hat{\mu}_i$ 替换为空模型的预测值 $\hat{\mu}_0$,即可求得空模型的偏差。

3. 基于偏差估计离散参数

广义线性模型的离散参数也可以通过偏差进行估计:

$$\hat{\phi} = \frac{D}{n-k-1} \quad (7.69)$$

其中,n 是观察值个数,$k+1$ 是模型的参数个数,$n-k-1$ 是偏差的自由度。

因为尺度化偏差 D^* 近似服从自由度为 $n-k-1$ 的卡方分布,所以结合式(7.67)可得

$$E(D^*) \approx n-k-1 \quad \Rightarrow \quad E(D) = E(\phi D^*) \approx \phi(n-k-1)$$

由此可知,式(7.69)是离散参数的一个近似无偏估计,即

$$E(\hat{\phi}) = \frac{E(D)}{n-k-1} \approx \frac{\phi(n-k-1)}{n-k-1} = \phi$$

式(7.69)对离散参数的估计值易受模型误差的影响,所以不及式(7.55)常用。

7.3.2 模型比较

在比较不同广义线性模型的预测效果时,需要区分两种情况,一种是嵌套模型的比较,另一种是非嵌套模型的比较。

嵌套模型是指两个模型之间是嵌套关系,一个模型包含的解释变量较少,称作简单模型,另一个包含的解释变量较多,称作复杂模型。在复杂模型中,除了包含

简单模型中的所有解释变量之外，还包含其他解释变量。譬如，式(7.70)的模型嵌套于式(7.71)的模型之中：

$$g(\mu_i) = \beta_0 + \beta_1 x_{1i} + \beta_2 x_{2i} \tag{7.70}$$

$$g(\mu_i) = \beta_0 + \beta_1 x_{1i} + \beta_2 x_{2i} + \beta_3 x_{3i} \tag{7.71}$$

嵌套模型的比较等价于对模型的某些参数进行显著性检验。譬如，如果式(7.71)中的模型对观测值的预测效果明显优于式(7.70)中的模型，就可以认为参数 β_3 显著不为零，即解释变量 x_3 对因变量具有显著影响。

1. 嵌套模型的比较

在比较两个嵌套的广义线性模型时，如果离散参数是已知的，如泊松分布和二项分布的离散参数均为1，则两个嵌套模型的尺度化偏差之差近似服从卡方分布。假设复杂模型的尺度化偏差为 D_0^*，简单模型的尺度化偏差为 D_1^*，则简单模型与复杂模型的尺度化偏差之差 $D_1^* - D_0^*$ 近似服从自由度为 r 的卡方分布，即

$$D_1^* - D_0^* \sim \chi^2(r) \tag{7.72}$$

其中 r 是复杂模型与简单模型的参数个数之差。

卡方分布的均值等于其自由度，即 $E(D_1^* - D_0^*) = r$，所以当 $D_1^* - D_0^*$ 远远大于 r 时，譬如大于卡方分布 $\chi^2(r)$ 的 95% 分位数，就可以认为复杂模型明显优于简单模型，即复杂模型中增加的解释变量对因变量存在显著影响，否则，就认为复杂模型与简单模型没有显著性差异，即复杂模型中增加的解释变量对因变量不存在显著影响，可以从模型中剔除。

在比较两个嵌套的广义线性模型时，如果离散参数是未知的，就无法计算式(7.72)中的尺度化偏差，因此不能基于式(7.72)进行嵌套模型的比较。因为偏差中没有离散参数，所以可以基于偏差构造 F 统计量用于嵌套模型的比较。

假设复杂模型的偏差为 $D_0 = \phi D_0^*$，简单模型的偏差为 $D_1 = \phi D_1^*$。由式(7.72)可知，$D_1^* - D_0^* = (D_1 - D_0)/\phi$ 近似服从自由度为 r 的卡方分布，即

$$\frac{D_1 - D_0}{\phi} \sim \chi^2(r) \tag{7.73}$$

其中 r 是复杂模型与简单模型的参数个数之差。

由式(7.58)可知，$(n-k-1)\hat{\phi}/\phi$ 近似服从自由度为 $n-k-1$ 的卡方分布，即

$$(n-k-1)\frac{\hat{\phi}}{\phi} \sim \chi^2(n-k-1) \tag{7.74}$$

因此，由式(7.73)和式(7.74)可以定义下述的 F 统计量：

$$F = \frac{[(D_1 - D_0)/\phi]/r}{[(n-k-1)\hat{\phi}/\phi]/(n-k-1)} = \frac{D_1 - D_0}{r\hat{\phi}}$$

即

$$F = \frac{D_1 - D_0}{r\hat{\phi}} \sim F(r, n-k-1) \tag{7.75}$$

上式服从自由度为 $(r, n-k-1)$ 的 F 分布，其中 $\hat{\phi}$ 是应用式(7.55)或式(7.69)估计的离散参数；r 是复杂模型与简单模型的参数个数之差，也就是简单模型与复杂模型的自由度之差；n 是观测值的个数。在估计离散参数 ϕ 时，既可以使用简单模型的输出结果，也可以使用复杂模型的输出结果，但使用复杂模型的输出结果估计的离散参数更加准确。在使用复杂模型的输出结果估计离散参数时，式(7.75)中的 $k+1$ 表示复杂模型中回归参数的个数。

2. 非嵌套模型的比较

在比较两个没有嵌套关系的广义线性模型时，通常使用 AIC 和 BIC **信息准则** (information criterion)。

AIC 的定义如下：

$$\text{AIC} = -2\ell + 2p \tag{7.76}$$

式中，ℓ 是广义线性模型的对数似然函数，p 是模型的参数个数。

信息准则度量了模型损失掉的信息，所以信息准则的值越小，表明模型对观测值的预测效果越好。

在应用 AIC 比较不同的模型时，建立这些模型所使用的样本量应该相等，即都等于 n。在实际应用中，由于不同模型使用的解释变量不同，所以，如果某些解释变量存在缺失值，就有可能导致不同模型的样本量不同。在这种情况下，如果样本量的差异不是很大，仍然可以使用 AIC 准则进行模型比较，但应该使用下述经样本量调整的 AIC 准则：

$$\text{AIC} = \frac{-2\ell + 2p}{n} \tag{7.77}$$

AIC 信息准则的另外两个形式是 AICC 和 AIChq，它们的定义如下：

$$\text{AICC} = -2\ell + 2p + 2\frac{p(p+1)}{n-p-1} \tag{7.78}$$

$$\text{AIChq} = -2\ell + 2p\ln(\ln n) \tag{7.79}$$

使用 AICC 和 AIChq 比较模型时，如果不同模型的样本量存在差异，应该使用尺度化以后的形式，即分别除以它们各自的样本量。

在非嵌套模型的比较中，另一个常用的信息准则是 BIC，其定义如下：

$$\text{BIC} = -2\ell + p\ln n \tag{7.80}$$

式中，ℓ 是广义线性模型的对数似然函数，p 是模型的参数个数，n 是观测值个数。

无论是 AIC 还是 BIC，它们越小，表示模型越好。但是，在实际应用中，两个模型的信息准则值相差多少才算是有明显差异呢？关于这个问题，目前还没有一个严格的答案，只能参考一些经验规则。

应用 AIC 比较两个模型的经验规则如下(Hilbe,2009)：

(1) 当两个模型的 AIC 之差小于 2.5 时,表明这两个模型没有明显差异。

(2) 当两个模型的 AIC 之差大于 10 时,AIC 较小的模型明显较优。

(3) 如果样本量大于 256,且两个模型的 AIC 之差大于 2.5 小于 6,则 AIC 较小的模型较优。

(4) 如果样本量大于 64,且两个模型的 AIC 之差大于 6 小于 9,则 AIC 较小的模型较优。

应用 BIC 比较两个模型的经验规则如下(Raftery,1995)：

(1) BIC 之差在 0~2 之间,表明两个模型存在微弱差异。

(2) BIC 之差在 2~6 之间,表明两个模型存在一定差异。

(3) BIC 之差在 6~10 之间,表明两个模型存在显著差异。

(4) BIC 之差大于 10,表明两个模型存在非常显著的差异。

7.3.3 伪判定系数

在线性回归模型中,通常使用判定系数对模型的整体效果进行评价。在广义线性模型中,也可以定义与判定系数类似的统计量,通常称作**伪判定系数**(pseudo-R^2)。伪判定系数是对判定系数的一种推广,但不同的推广方法得到的伪判定系数具有不同的含义,不宜采用同一种方式对它们进行解释。

不同的伪判定系数具有不同的含义和适用场合。在广义线性模型的评价中,可以使用下述伪判定系数(Cameron,1997)

$$R^2 = 1 - \frac{K(\boldsymbol{y},\hat{\boldsymbol{\mu}})}{K(\boldsymbol{y},\hat{\boldsymbol{\mu}}_0)} \tag{7.81}$$

式中,$\hat{\boldsymbol{\mu}}$ 是当前模型的预测值向量,$\hat{\boldsymbol{\mu}}_0$ 是空模型的预测值向量。$K(\cdot)$ 表示 Kullback-Leibler 离差,简记为 KL 离差(Kullback,1951)。式(7.81)定义的伪判定系数假设当前模型中包含有截距项。

KL 离差的一般定义公式如下：

$$K(\mu_1,\mu_2) \equiv 2E_{\mu_1}\left[\ln \frac{f_{\mu_1}(y)}{f_{\mu_2}(y)}\right] \tag{7.82}$$

式中,$f_{\mu_1}(y)$ 和 $f_{\mu_2}(y)$ 分别表示均值参数为 μ_1 和 μ_2 的密度函数,E_{μ_1} 表示关于密度函数 $f_{\mu_1}(y)$ 求期望。$K(\mu_1,\mu_2)$ 度量了两个均值 μ_1 和 μ_2 之间的一种偏离程度。

在密度函数 $f_{\mu_1}(y)$ 中,令均值参数等于观测值 y,则可以定义另一个密度函数 $f_y(y)$。此时,式(7.82)中离差的定义公式将变形为

$$K(y,\mu) \equiv 2E_y\left[\ln \frac{f_y(y)}{f_\mu(y)}\right] \tag{7.83}$$

上式度量了观测值 y 与其均值 μ 之间的偏离程度。

对于指数分布族,式(7.83)可以进一步简化为

$$K(y,\mu) = 2\ln\frac{f_y(y)}{f_\mu(y)} \tag{7.84}$$

由此可见,在式(7.81)定义的伪判定系数中,$K(\boldsymbol{y},\hat{\boldsymbol{\mu}})$ 度量了当前模型的预测值偏离观测值的程度,而 $K(\boldsymbol{y},\hat{\boldsymbol{\mu}}_0)$ 度量了空模型的预测值偏离观测值的程度,所以,伪判定系数度量了当前模型中因为加入解释变量从而使得预测值与观测值的偏离程度有所下降的百分比,进行比较的基准是不含任何解释变量的空模型。

式(7.81)中定义的伪判定系数在 $[0,1]$ 区间取值,且随着模型中解释变量的增加而增大。

【例 7-11】 写出泊松分布假设下广义线性模型的伪判定系数。

【解】 均值参数为 μ 的泊松分布的概率函数为

$$f_\mu(y) = \frac{e^{-\mu}\mu^y}{y!}$$

把泊松分布的均值参数用观测值代替,则有

$$f_y(y) = \frac{e^{-y}y^y}{y!}$$

应用式(7.84),泊松分布假设下的 KL 离差为

$$K(y,\mu) = 2[(-y+y\ln y-\ln y!)-(-\mu+y\ln\mu-\ln y!)]$$
$$= 2\left[y\ln\frac{y}{\mu}-(y-\mu)\right]$$

在泊松回归模型中,如果有 n 个相互独立的观测值,记为 $\boldsymbol{y}=(y_1,y_2,\cdots,y_n)^T$,模型的预测值记为 $\hat{\boldsymbol{\mu}}=(\hat{\mu}_1,\hat{\mu}_2,\cdots,\hat{\mu}_n)^T$,则 KL 离差可以表示为每个观测值的 KL 离差之和,即

$$K(\boldsymbol{y},\hat{\boldsymbol{\mu}}) = \sum_{i=1}^{n} 2\left[y_i\ln\frac{y_i}{\hat{\mu}_i}-(y_i-\hat{\mu}_i)\right]$$

应用式(7.81),泊松回归模型的伪判定系数可以表示为

$$R^2 = 1-\frac{K(\boldsymbol{y},\hat{\boldsymbol{\mu}})}{K(\boldsymbol{y},\hat{\boldsymbol{\mu}}_0)} = 1-\frac{\sum_{i=1}^{n}[y_i\ln(y_i/\hat{\mu}_i)-(y_i-\hat{\mu}_i)]}{\sum_{i=1}^{n}y_i\ln(y_i/\bar{y})}$$

在上式的分母中,由式(7.68)可知,空模型的预测值等于观测值的加权平均值,即有 $\hat{\boldsymbol{\mu}}_0 = (\bar{y},\bar{y},\cdots,\bar{y})^T$,所以,$\sum_{i=1}^{n}(y_i-\bar{y})=0$。

类似地,可以求得在正态分布、二项分布、伽马分布和逆高斯分布假设下广义线性模型的伪判定系数,如表 7-6 所示。

表 7-6 广义线性模型的伪判定系数

分布假设	伪判定系数
正态分布	$R^2 = 1 - \dfrac{\sum_{i=1}^{n}(y_i - \hat{\mu}_i)^2}{\sum_{i=1}^{n}(y_i - \overline{y})^2}$
泊松分布	$R^2 = 1 - \dfrac{\sum_{i=1}^{n}[y_i \ln(y_i/\hat{\mu}_i) - (y_i - \hat{\mu}_i)]}{\sum_{i=1}^{n} y_i \ln(y_i/\overline{y})}$
二项分布(k)	$R^2 = 1 - \dfrac{\sum_{i=1}^{n}[\hat{\mu}_i \ln \hat{\mu}_i + (k_i - \hat{\mu}_i)\ln(k_i - \hat{\mu}_i)]}{\sum_{i=1}^{n}[\overline{y}\ln \overline{y} + (k_i - \overline{y})\ln(k_i - \overline{y})]}$
伽马分布	$R^2 = 1 - \dfrac{\sum_{i=1}^{n}[y_i \ln(y_i/\hat{\mu}_i) - (y_i - \hat{\mu}_i)/\hat{\mu}_i]}{\sum_{i=1}^{n}\ln(y_i/\overline{y})}$
逆高斯分布	$R^2 = 1 - \dfrac{\sum_{i=1}^{n}(y_i - \hat{\mu}_i)^2/(\hat{\mu}_i^2 y_i)}{\sum_{i=1}^{n}(y_i - \overline{y})^2/(\overline{y}^2 y_i)}$

7.3.4 残差

残差是评价广义线性模型的主要工具之一,可以用于分析模型假设的合理性,识别观测数据中的异常值,评价模型的整体拟合效果。在广义线性模型中,可以定义各种类型的残差,如原始残差、皮尔逊(Pearson)残差、偏差残差和随机分位残差等(Hardin,2012)。

(1) 原始残差

原始残差(raw residuals)也称为**因变量残差**(response residuals),定义为因变量的观测值 y_i 与其预测值 $\hat{\mu}_i$ 之差:

$$r_i = y_i - \hat{\mu}_i \tag{7.85}$$

(2) 皮尔逊残差

皮尔逊残差是对原始残差的尺度化变换,定义如下:

$$r_i^P = \frac{y_i - \hat{\mu}_i}{\sqrt{v(\hat{\mu}_i)}} \tag{7.86}$$

式中，$v(\hat{\mu}_i)$ 是方差函数。皮尔逊残差的平方和等于皮尔逊卡方统计量。

皮尔逊残差使得方差不同的观测值具有可比性，所以皮尔逊残差与解释变量（或因变量）的散点图可以揭示因变量的方差与解释变量（或因变量）之间是否存在相依关系。皮尔逊残差的绝对值越大，表明模型对观测值的预测越差。应用皮尔逊残差的散点图可以发现观测数据中可能存在的异常值。

（3）标准化皮尔逊残差

标准化皮尔逊残差是对前述皮尔逊残差的标准化处理：

$$r_i^{\text{StdP}} = \frac{r_i^{\text{P}}}{\sqrt{\hat{\phi}(1-\hat{h}_{ii})}} \tag{7.87}$$

式中，$\hat{h}_{ii}$ 表示第 i 个观测值的杠杆值，是下述帽子矩阵对角线上的第 i 个元素：

$$\hat{\boldsymbol{H}} = \hat{\boldsymbol{W}}^{1/2} \boldsymbol{X} (\boldsymbol{X}^{\text{T}} \hat{\boldsymbol{W}} \boldsymbol{X})^{-1} \boldsymbol{X}^{\text{T}} \hat{\boldsymbol{W}}^{1/2} \tag{7.88}$$

在帽子矩阵中，$\boldsymbol{X}$ 是广义线性模型的设计矩阵，$\hat{\boldsymbol{W}}$ 是一个 $n \times n$ 的对角阵，对角线上的第 i 个元素如下式花括号中所示，参见式（7.43）：

$$\hat{\boldsymbol{W}} = \text{diag} \left\{ \frac{w_i}{\phi v(\hat{\mu}_i) \left[g'(\hat{\mu}_i) \right]^2} \right\}_{n \times n} \tag{7.89}$$

标准化皮尔逊残差近似服从均值为零，方差为 1 的正态分布。

（4）偏差残差

偏差在广义线性模型中扮演着十分重要的角色。偏差残差就是每个观测值对模型总偏差的贡献，定义如下：

$$r_i^{\text{D}} = \text{sign}(y_i - \hat{\mu}_i) \sqrt{D_i}$$

式中，D_i 是第 i 个观测值的偏差。$\text{sign}(y_i - \hat{\mu}_i)$ 的含义是，如果观测值 y_i 大于其预测值 $\hat{\mu}_i$，$\text{sign}(y_i - \hat{\mu}_i) = 1$，反之，如果观测值 y_i 小于其预测值 $\hat{\mu}_i$，$\text{sign}(y_i - \hat{\mu}_i) = -1$。

偏差残差近似服从正态分布。

（5）标准化偏差残差

标准化偏差残差是对前述偏差残差的标准化处理：

$$r_i^{\text{StdD}} = \frac{r_i^{\text{D}}}{\sqrt{\hat{\phi}(1-\hat{h}_{ii})}} \tag{7.90}$$

标准化偏差残差近似服从均值为零，方差为 1 的正态分布。

一般而言，无论是否进行标准化处理，偏差残差比皮尔逊残差更加接近正态分布，因为偏差残差的分布特征与线性回归模型的残差更加接近。

（6）调整的偏差残差

对偏差残差进行调整，可以使其更加接近正态分布。调整的偏差残差的定义

如下:

$$r_i^{D_a} = r_i^D + \frac{1}{6}E\left\{\left[\frac{y_i - \hat{\mu}_i}{\sqrt{\text{Var}(y_i)}}\right]^3\right\} \tag{7.91}$$

上式右边的第二项是对偏差残差的调整项。譬如,泊松分布的调整项为 $1/\sqrt{\hat{\mu}_i}$,伽马分布的调整项为 $2/\sqrt{\hat{\phi}}$,逆高斯分布的调整项为 $3\hat{\mu}_i^{7/2}/\hat{\phi}^2$。

(7) 分位残差

如果因变量 y_i 是连续变量,分位残差定义为

$$r_i^Q = \Phi^{-1}[F(y_i;\hat{\mu}_i,\hat{\phi})] \tag{7.92}$$

如果因变量 y_i 是离散变量,分位残差是随机的,称为随机化分位残差,定义为

$$r_i^Q = \Phi^{-1}(u_i) \tag{7.93}$$

其中,$\Phi(\cdot)$ 表示标准正态分布的分布函数,u_i 服从 $(a_i,b_i]$ 区间的均匀分布,即

$$u_i \sim \text{uniform}(a_i,b_i]$$

$$a_i = \lim_{y\uparrow y_i} F(y;\hat{\mu}_i,\hat{\phi})$$

$$b_i = F(y_i;\hat{\mu}_i,\hat{\phi})$$

分位残差和随机化分位残差近似服从标准正态分布(Dunn,1996)。

当因变量为离散型变量时,其他各种类型的残差都有可能呈现出与正态分布不符的某种规律性,而分位残差和随机化分位残差没有这种缺陷,因此可以根据分位残差或随机化分位残差与正态分布的贴合程度对模型进行诊断。

注意,随机化分位残差不是唯一的,因此基于随机化分位残差绘制散点图时,最好生成多幅散点图来观测它们与正态分布的贴合程度。

7.3.5 Cook 距离

与线性回归模型类似,在广义线性模型中,也可以应用 Cook 距离识别强影响点(Atkinson,2000)。

Cook 距离的定义公式如下:

$$C_i = \frac{1}{k+1}\frac{\hat{h}_{ii}}{1-\hat{h}_{ii}}(r_i^{\text{StdP}})^2 \tag{7.94}$$

式中,$k+1$ 是回归参数的个数;$\hat{h}_{ii}$ 是第 i 个观测值的杠杆值,即式(7.88)中对角线上的第 i 个元素;r_i^{StdP} 是式(7.87)中的标准化皮尔逊残差。

7.3.6 连接函数的诊断

在广义线性模型中,也可以对连接函数的合理性进行诊断。应用泰勒展开式可以把函数 $g(y_i)$ 近似表示为

$$g(y_i) \approx g(\mu_i) + g'(\mu_i)(y_i - \mu_i) \tag{7.95}$$

在 $g(\mu_i) = \boldsymbol{x}_i^T \boldsymbol{\beta}$ 中，用 y_i 代替 μ_i，可得：

$$g(y_i) \approx \boldsymbol{x}_i^T \boldsymbol{\beta} \tag{7.96}$$

故由式(7.95)和式(7.96)可知：

$$g(\hat{\mu}_i) + g'(\hat{\mu}_i)(y_i - \hat{\mu}_i) \approx \boldsymbol{x}_i^T \hat{\boldsymbol{\beta}} \tag{7.97}$$

由此可见，如果模型的连接函数是合理的，则 $g(\hat{\mu}_i) + g'(\hat{\mu}_i)(y_i - \hat{\mu}_i)$ 与 $\boldsymbol{x}_i^T \hat{\boldsymbol{\beta}}$ 的散点图应该近似落在一条直线上。严重弯曲的散点图就意味着模型的连接函数存在问题。不过，在实际应用中，连接函数的选择更多地取决于模型的可解释性。

第8章　损失金额预测模型

损失金额往往服从右偏的连续型分布,可以用伽马分布、逆高斯分布或对数正态分布进行拟合,损失金额预测模型就是基于这些分布假设建立的回归模型。

广义线性模型假设因变量服从指数分布族。在指数分布族中,既有连续分布,也有离散分布。指数分布族中的连续分布主要包括正态分布、伽马分布和逆高斯分布,相应地,与它们对应的广义线性模型分别称作线性回归模型、伽马回归模型和逆高斯回归模型。对数正态分布不属于指数分布族,所以基于对数正态分布建立的回归模型不属于通常意义上的广义线性模型。事实上,基于对数正态分布建立的回归模型相当于对因变量进行对数变换以后建立的线性回归模型。

损失金额通常是右偏的,不符合正态分布假设,但考虑到正态分布是最常使用的连续型分布,在理论研究中具有特殊的重要意义,所以本章首先讨论正态分布假设下的广义线性模型,然后讨论伽马分布和逆高斯分布假设下的广义线性模型,最后再讨论关于删失数据的回归模型以及有限混合回归模型。

8.1 线性回归模型

在正态分布假设下,广义线性模型等价于普通的线性回归模型。在广义线性模型的框架下讨论线性回归模型,有助于理解广义线性模型的基本原理。

8.1.1 模型设定

正态分布是定义在空间 $\mathbb{R}=(-\infty,+\infty)$ 的连续分布。如果因变量 y 服从正态分布,则其密度函数可以表示为

$$f(y;\mu,\sigma^2) = \frac{1}{\sqrt{2\pi\sigma^2}}\exp\left[-\frac{(y-\mu)^2}{2\sigma^2}\right] \tag{8.1}$$

其中,μ 是均值参数,σ 是标准差参数,也称为尺度参数。

指数分布族的密度函数可以表示为下述的一般形式:

$$f(y;\theta,\phi) = \exp\left[\frac{y\theta-b(\theta)}{\phi}w + c(y;\phi)\right] \tag{8.2}$$

对式(8.1)变形,正态分布的密度函数也可以表示为指数分布族的形式,即

$$\begin{aligned}
f(y;\mu,\sigma^2) &= \frac{1}{\sqrt{2\pi\sigma^2}}\exp\left[-\frac{(y-\mu)^2}{2\sigma^2}\right] \\
&= \exp\left[-\frac{(y-\mu)^2}{2\sigma^2} - \frac{1}{2}\ln 2\pi\sigma^2\right] \\
&= \exp\left(\frac{y\mu-\mu^2/2}{\sigma^2} - \frac{y^2}{2\sigma^2} - \frac{1}{2}\ln 2\pi\sigma^2\right)
\end{aligned} \tag{8.3}$$

对比式(8.2)和式(8.3)可知:

$$\begin{cases} \phi = \sigma^2 \\ b(\theta) = \dfrac{\mu^2}{2} \\ \theta = \mu \end{cases} \tag{8.4}$$

在广义线性模型中,正则连接函数是使得 $g(\mu)=\theta$ 成立的函数 $g(\cdot)$。在正态分布假设下,$\mu=\theta$,所以相应的正则连接函数就是等值连接函数,即 $g(\mu)=\mu$。

由式(8.4)可得正态分布的均值为

$$b'(\theta) = \frac{\partial b}{\partial \theta} = \frac{\partial b}{\partial \mu} \frac{\partial \mu}{\partial \theta} = \mu \times 1 = \mu \tag{8.5}$$

正态分布的方差函数为

$$v(\mu) = b''(\theta) = \frac{\partial b'(\theta)}{\partial \theta} = \frac{\partial \mu}{\partial \theta} = 1 \tag{8.6}$$

广义线性模型的偏差定义为

$$D = 2\phi[\ell(y,\sigma^2;y) - \ell(\mu,\sigma^2;y)] \tag{8.7}$$

其中,$\ell(\mu,\sigma^2;y)$ 表示当前模型的对数似然函数,$\ell(y,\sigma^2;y)$ 表示饱和模型的对数似然函数。在饱和模型的对数似然函数中,用观察值 y 代替了当前模型的预测值 μ。

在线性回归模型中,当前模型的对数似然函数为

$$\ell(\mu,\sigma^2;y) = \sum_{i=1}^{n} \left(\frac{y_i\mu_i - \mu_i^2/2}{\sigma^2} - \frac{y_i^2}{2\sigma^2} - \frac{1}{2}\ln 2\pi\sigma^2 \right) \tag{8.8}$$

饱和模型的对数似然函数为

$$\ell(y,\sigma^2;y) = \sum_{i=1}^{n} \exp\left(\frac{y_i^2 - y_i^2/2}{\sigma^2} - \frac{y_i^2}{2\sigma^2} - \frac{1}{2}\ln 2\pi\sigma^2 \right)$$

$$= \sum_{i=1}^{n} -\frac{1}{2}\ln 2\pi\sigma^2 \tag{8.9}$$

因此,线性回归模型的偏差为

$$D = 2\phi[\ell(y,\sigma^2;y) - \ell(\mu,\sigma^2;y)]$$

$$= 2\phi\left[\sum_{i=1}^{n} -\frac{1}{2}\ln 2\pi\sigma^2 - \sum_{i=1}^{n} \left(\frac{y_i\mu_i - \mu_i^2/2}{\sigma^2} - \frac{y_i^2}{2\sigma^2} - \frac{1}{2}\ln 2\pi\sigma^2 \right) \right]$$

$$= 2\sigma^2 \sum_{i=1}^{n} \frac{y_i^2 - 2y_i\mu_i + \mu_i^2}{2\sigma^2}$$

$$= \sum_{i=1}^{n} (y_i - \mu_i)^2 \tag{8.10}$$

可见,线性回归模型的偏差就是线性回归中的残差平方和。换言之,最小化残差平方和等价于最小化偏差。

8.1.2 参数估计

在广义线性模型中,估计回归参数的迭代加权最小二乘公式为

$$X^T W^{(m-1)} X \beta^{(m)} = X^T W^{(m-1)} z^{(m-1)} \tag{8.11}$$

其中:

$$W = \text{diag}\left\{\frac{w_i}{\phi v(\mu_i)[g'(\mu_i)]^2}\right\}_{n \times n} \tag{8.12}$$

$$z = [\eta_i + (y_i - \mu_i)g'(\mu_i)]_{n \times 1} \tag{8.13}$$

正则连接函数是使得 $g(\mu) = \theta$ 成立的连接函数。在正态分布假设下,式(8.4)表明,$\theta = \mu$,所以线性回归模型的正则连接函数就是等值连接函数,即 $g(\mu) = \mu$。

在正态分布假设下,如果使用正则连接函数,则有 $g'(\mu) = 1$,故式(8.12)和式(8.13)可以简化为(令 $w_i = 1$)

$$W = \text{diag}\left(\frac{1}{\sigma^2}\right)$$

$$z = y$$

相应地,式(8.11)可以简化为

$$\beta = (X^T X)^{-1} X^T y \tag{8.14}$$

上式就是普通线性回归模型参数的最小二乘估计。

8.1.3 连接函数

在正态分布假设下,也可以使用对数连接函数建立广义线性模型,此时的广义线性模型不再是普通的线性回归模型,可以称为正态回归模型。

对数连接函数下的正态回归模型适用于对大于零的连续因变量建模。对数连接函数下的正态回归模型是对模型的均值进行对数变换,并把变换后的均值表示为线性预测项,即 $\ln(\mu_i) = x_i^T \beta$。对数连接函数下的正态回归模型可以用极大似然法进行估计,但需要用对数连接函数下的均值 $\exp(x_i^T \beta)$ 代替等值连接函数下的均值 $x_i^T \beta$。

由式(8.3)可知,在对数连接函数下,正态回归模型的对数似然函数可以写成:

$$\ell(\mu_i, \sigma^2; y_i) = \sum_{i=1}^{n} \left\{ \frac{y_i \exp(x_i^T \beta) - [\exp(x_i^T y_i)]^2/2}{\sigma^2} - \frac{y_i^2}{2\sigma^2} - \frac{1}{2}\ln 2\pi\sigma^2 \right\}$$

(8.15)

在对数连接函数下,正态回归模型的参数也可以使用迭代加权最小二乘法进行估计,此时,均值参数可以表示为 $\mu_i = \exp(x_i^T \beta)$。

在正态分布假设下,还可以使用其他连接函数,如倒数连接函数,即令 $g(\mu_i) =$

$1/\mu_i = \boldsymbol{x}_i^T \boldsymbol{\beta}$。倒数连接函数可以用于比例型因变量的建模。根据实际需要，还可以使用更加一般的幂连接函数，即令 $g(\mu_i) = \mu_i^p = \boldsymbol{x}_i^T \boldsymbol{\beta}$。

8.1.4 模拟数据分析

为了说明线性回归模型可能存在的问题，本节首先用伽马分布模拟右偏的因变量，然后用线性回归模型进行拟合。假设因变量 y 服从伽马分布，受四个解释变量 x_1, x_2, x_3, x_4 的影响，其中 x_1, x_2 是连续型解释变量，x_3, x_4 是分类解释变量。模拟数据时使用了 6 个参数，最后一个参数是 x_2 和 x_3 的交互效应，即模拟因变量的均值为

$$\mu = \exp(7 + 0.8x_1 - 0.8x_2 + 0.5x_3 - 0.2x_4 - 0.25x_2 x_3)$$

在模拟因变量时，使用 gamlss 程序包，其中函数 rGA$(n, \mathrm{mu}=\mu, \mathrm{sigma}=\sigma)$ 可以模拟 n 个均值为 μ，方差为 $\sigma^2 \mu^2$ 的伽马分布的随机数。模拟数据的 R 程序代码如下。

```
#模拟解释变量
n = 500                              #模拟次数
set.seed(123)
x1 = rgamma(n, 2, 1)                 #解释变量 x1
x2 = rgamma(n, 2, 3)                 #解释变量 x2
x3 = rbinom(n, 1, 0.4)               #分类解释变量 x3
x4 = rbinom(n, 1, 0.7)               #分类解释变量 x4

#模拟数据使用的回归参数的真实值
b0 = 7
b1 = 0.8
b2 = -0.8
b3 = 0.5
b4 = -0.2
b5 = -0.25
sigma = 0.5

#线性预测项
eta = b0 + b1 * x1 + b2 * x2 + b3 * x3 + b4 * x4 + b5 * x2 * x3

#因变量的均值
mu = exp(eta)

#因变量的模拟值
```

```
library(gamlss)
set.seed(110)
y = rGA(n, mu = mu, sigma = sigma)

#模拟的数据集
dt = data.frame(y, x1, x2, x3, x4)
```

在 R 程序中,建立广义线性模型的函数是 glm。应用前述的模拟数据可以建立相应的回归模型,其中 mod1 就是普通的线性回归模型,mod2 是对因变量进行对数变换之后建立的线性回归模型,mod3 是正态分布假设下的广义线性模型,使用了对数连接函数。R 程序代码如下。

```
#模型 mod1:使用等值连接函数,因变量为 y
mod1 = glm(y ~ x1 + x2 + x3 + x4 + x2 * x3, data = dt, family = gaussian)

#模型 mod2:使用等值连接函数,因变量为 log(y)
mod2 = glm(log(y) ~ x1 + x2 + x3 + x4 + x2 * x3, data = dt, family = gaussian)

#模型 mod3:使用对数连接函数,因变量为 y
mod3 = glm(y ~ x1 + x2 + x3 + x4 + x2 * x3, data = dt, family = gaussian(link
    = log))
```

应用 summary 函数可以输出模型的参数估计值,结果如下所示。从 P 值(Pr)来看,模型 mod1 中后四个回归系数不显著,模型 mod2 和 mod3 中所有回归系数都是显著的。与模拟数据使用的回归系数进行比较可以发现,模型 mod2 的估计值与真实值比较接近。这表明,对于右偏的因变量观察值,进行对数变换以后建立线性回归模型,可以改善模型的拟合效果。

```
#输出模型的参数估计值
summary(mod1) $ coef
##                Estimate    Std. Error    t value     Pr(>|t|)
## (Intercept)    -17481.6    3356.8        -5.2079     2.809e-07
## x1              14407.6     827.3        17.4161     2.574e-53
## x2              -5365.0    3372.0        -1.5910     1.122e-01
## x3               -625.3    3827.1        -0.1634     8.703e-01
## x4               1311.7    2297.5         0.5709     5.683e-01
## x2:x3            5434.5    5030.0         1.0804     2.805e-01
```

```
summary(mod2) $ coef
##                   Estimate    Std. Error    t value     Pr(>|t|)
## (Intercept)        6.8447       0.07160      95.590     8.804e-321
## x1                 0.8151       0.01765      46.192     2.074e-181
## x2                -0.8433       0.07193     -11.724     3.544e-28
## x3                 0.4245       0.08164       5.199     2.933e-07
## x4                -0.1976       0.04901      -4.033     6.382e-05
## x2:x3             -0.1778       0.10730      -1.658     9.805e-02

summary(mod3) $ coef
##                   Estimate    Std. Error    t value     Pr(>|t|)
## (Intercept)        6.7536       0.06338     106.560     0.000e+00
## x1                 0.8349       0.01014      82.335     1.196e-290
## x2                -0.4919       0.04645     -10.590     9.353e-24
## x3                 0.6193       0.05383      11.504     2.674e-27
## x4                -0.2083       0.02674      -7.789     4.016e-14
## x2:x3             -0.5320       0.06392      -8.322     8.510e-16
```

本例的因变量实际上服从右偏的伽马分布,模型 mod1 的因变量是 y,使用正态分布假设和等值连接函数,等价于普通线性回归模型。该模型与模拟数据的机理相去甚远,预测值与观察值之间的差异很大,出现了负的预测值,如图 8-1(a)所示。

模型 mod2 的因变量是 $\log(y)$,使用了正态分布假设和等值连接函数,相当于对因变量进行对数变换以后建立普通线性回归模型。该模型的参数估计值与模拟数据的真实值比较接近,模型的预测值与观察值也比较接近,如图 8-1(b)所示。模型 mod2 的结果表明,虽然因变量实际上服从伽马分布,但对数变换以后将比较接近正态分布,所以基于 $\log(y)$ 的普通线性回归模型的参数估计值更加接近参数的真实值。

模型 mod3 的因变量是 y,使用了正态分布假设和对数连接函数,属于广义线性模型之一。该模型的预测值与观察值比较接近,如图 8-1(c)所示,但参数估计值与真实参数相差较大,这是因为该模型使用了错误的分布假设。

绘制图 8-1 的 R 程序代码如下。

```
# 绘图比较观察值与模型的预测值
par(mfrow = c(1, 3))
plot(y ~ fitted(mod1), xlab = "mod1 的预测值")
abline(0, 1)
plot(log(y) ~ fitted(mod2), xlab = "mod2 的预测值")
abline(0, 1)
plot(log(y) ~ log(fitted(mod3)), xlab = "log(mod3 的预测值)")
abline(0, 1)
```

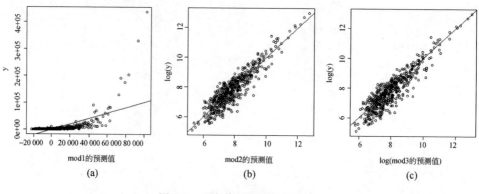

图 8-1 观察值与预测值的比较

8.2 损失金额预测的伽马回归

伽马回归模型是指在因变量服从伽马分布假设下建立的广义线性模型。伽马分布主要用于描述大于零的连续型随机变量,所以伽马回归适用于对损失金额等大于零的因变量建立预测模型。

8.2.1 模型设定

常见的伽马分布有两个参数,即形状参数 α 和尺度参数 β,其密度函数可以表示为

$$f(y;\alpha,\beta) = \frac{1}{\Gamma(\alpha)\beta^\alpha} y^{\alpha-1} e^{-y/\beta} \tag{8.16}$$

上述伽马分布的均值为 $\alpha\beta$,方差为 $\alpha\beta^2$。

广义线性模型是对均值参数建立回归模型,所以需要把上述伽马分布的均值设定为一个参数。在式(8.16)中,若令 $\alpha=1/\phi$,$\beta=\phi\mu$,则伽马分布的均值可以表示为 μ,方差可以表示为 $\phi\mu^2$,相应地,伽马分布的密度函数可以表示为

$$f(y;\mu,\phi) = \frac{1}{y\Gamma(1/\phi)} \left(\frac{y}{\mu\phi}\right)^{1/\phi} \exp\left(-\frac{y}{\mu\phi}\right) \tag{8.17}$$

在均值给定的情况下,离散参数 ϕ 的值越大,伽马分布的离散程度越大,如图 8-2 所示,三个密度函数的均值 μ 都是 100,离散参数 ϕ 分别为 0.3,0.5 和 0.8。

把式(8.17)的密度函数变形,可以将其表示为一般形式的指数分布族的密度函数:

$$f(y;\mu,\phi) = \exp\left[\frac{-y/\mu - \ln\mu}{\phi} + \frac{1-\phi}{\phi}\ln y - \frac{\ln\phi}{\phi} - \ln\Gamma\left(\frac{1}{\phi}\right)\right] \tag{8.18}$$

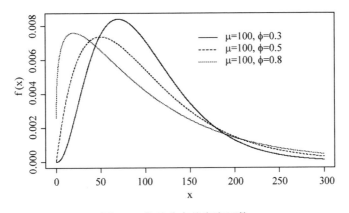

图 8-2 伽马分布的密度函数

上式表明,指数分布族中的参数与伽马分布中的参数具有如下关系:

$$\begin{cases} b(\theta) = \ln\mu \\ \theta = -1/\mu \end{cases} \tag{8.19}$$

指数分布族的均值与方差是 $b(\theta)$ 的函数。由式(8.19)可知

$$b'(\theta) = \frac{\partial b}{\partial \mu}\frac{\partial \mu}{\partial \theta} = \frac{1}{\mu}\frac{\partial \mu}{\partial \theta} = \frac{1}{\mu}\mu^2 = \mu$$

$$b''(\theta) = \frac{\partial b'(\theta)}{\partial \theta} = \frac{\partial \mu}{\partial \theta} = \mu^2 \tag{8.20}$$

所以,伽马分布的均值为 $b'(\theta)=\mu$,方差为 $\phi\mu^2$。

由式(8.18)容易求得伽马分布的对数似然函数,从而可以求得伽马回归模型的偏差为:

$$\begin{aligned} D &= 2\phi[\ell(y;y) - \ell(\mu;y)] \\ &= 2\phi \sum_{i=1}^{n} \frac{1 + \ln y_i - y_i/\mu_i - \ln\mu_i}{-\phi} \\ &= 2\sum_{i=1}^{n}\left[\frac{y_i - \mu_i}{\mu_i} - \ln\frac{y_i}{\mu_i}\right] \end{aligned} \tag{8.21}$$

8.2.2 迭代加权最小二乘估计

对大于零的因变量建立伽马回归模型时,通常使用对数连接函数,即 $g(\mu)=\ln\mu$,故有 $g'(\mu)=1/\mu$。

由式(8.19)和式(8.20)可知,伽马分布的方差函数为 $v=\mu^2$,若令 $w_i=1$,并将它们代入式(8.12)可得

$$\boldsymbol{W} = \mathrm{diag}\left\{\frac{w_i}{\phi v(\mu_i)[g'(\mu_i)]^2}\right\}_{n\times n} = \mathrm{diag}\left(\frac{1}{\phi}\right)_{n\times n} \tag{8.22}$$

$$z = [\eta_i + (y_i - \mu_i)g'(\mu_i)]_{n\times 1} = \left(\eta_i + \frac{y_i - \mu_i}{\mu_i}\right)_{n\times 1} \tag{8.23}$$

离散参数的取值不影响回归参数的估计值，可以令式(8.22)中的 $\phi=1$，此时，在对数连接函数下，估计伽马回归参数的迭代加权最小二乘算法如表 8-1 所示，其中均值的初始值设定为 $\boldsymbol{\mu}=[\boldsymbol{y}+\mathrm{mean}(\boldsymbol{y})]/2$，可以避免在迭代运算中分母上出现零值。

表 8-1　估计伽马回归参数的迭代加权最小二乘算法

1. 设定初始值：
$D=1$
$\boldsymbol{\mu}=[\boldsymbol{y}+\mathrm{mean}(\boldsymbol{y})]/2$
$\boldsymbol{\eta}=\ln\boldsymbol{\mu}$
2. 当偏差变化的绝对值 $\mathrm{abs}(\Delta D) > 10^{-8}$ 时，执行下述循环过程，否则停止循环：
$z=\boldsymbol{\eta}+(y-\mu)/\mu$
$\boldsymbol{\beta}=(\boldsymbol{X}^\mathrm{T}\boldsymbol{X})^{-1}\boldsymbol{X}^\mathrm{T}\boldsymbol{z}$
$\boldsymbol{\eta}=\boldsymbol{X}\boldsymbol{\beta}$
$\boldsymbol{\mu}=\exp(\boldsymbol{\eta})$
$D^*=D$
$D=2\sum[(y-\mu)/\mu-\ln(y/\mu)]$
$\Delta D=D^*-D$

8.2.3　模拟数据分析

本节使用前述的模拟数据建立伽马回归模型，可以分别应用表 8-1 的算法和 R 软件中的 glm 函数对伽马回归模型的参数进行估计，两者的估计结果完全相同。应用迭代加权最小二乘法的 R 程序代码如下。

```
# 初始值
D = 1
mu = (y + mean(y))/2
eta = log(mu)

# 设计矩阵
X = model.matrix(~x1 + x2 + x3 + x4 + x2 * x3)

# 迭代运算过程
repeat {
    z = eta + (y - mu)/mu
    beta = solve((t(X) %*% X)) %*% t(X) %*% z
    eta = X %*% beta
```

```
        mu = exp(eta)
        Dstar = D
        D = 2 * sum((y - mu)/mu - log(y/mu))           #偏差
        Ddiff = Dstar - D
        if (max(abs(Ddiff)) < 1e-08)
            break
}

#输出回归参数的估计值
beta
##              [,1]
##(Intercept)  6.9629
##x1           0.8087
##x2          -0.8359
##x3           0.4672
##x4          -0.1982
##x2:x3       -0.2098
```

应用 glm 函数的 R 程序代码如下，其中 family = Gamma(link = log)表示使用伽马分布假设和对数连接函数。

```
mod4 = glm(y ~ x1 + x2 + x3 + x4 + x2 * x3, data = dt, family = Gamma(link = log))

#输出回归参数的估计值
summary(mod4) $ coef
##              Estimate    Std. Error    t value       Pr(>|t|)
##(Intercept)   6.9629      0.06710       103.763       0.000e+00
##x1            0.8087      0.01654        48.899       1.931e-191
##x2           -0.8359      0.06741       -12.401       6.202e-31
##x3            0.4672      0.07651         6.107       2.052e-09
##x4           -0.1982      0.04593        -4.314       1.933e-05
##x2:x3        -0.2098      0.10055        -2.087       3.742e-02
```

伽马回归模型与模拟数据使用的模型完全相同，所以参数估计值与真实值非常接近。

```
#输出残差图
par(mfrow = c(2, 2))
plot(mod4)
```

图 8-3 是伽马回归模型的残差分析图。(a)图是原始残差关于模型预测值的散点图，没有明显的趋势性变化。(b)图是标准化偏差残差与标准正态分布的分位

数图,几乎落在同一条直线上。(c)图是标准化偏差残差绝对值的平方根关于模型预测值的散点图,也没有明显的趋势性变化。(d)图是标准化皮尔逊残差与杠杆值的散点图以及相应的 Cook 距离,可见所有观察值的 Cook 距离都很小。由此可见,伽马回归模型可以很好地拟合这组数据,且在数据中没有发现异常值和强影响点。

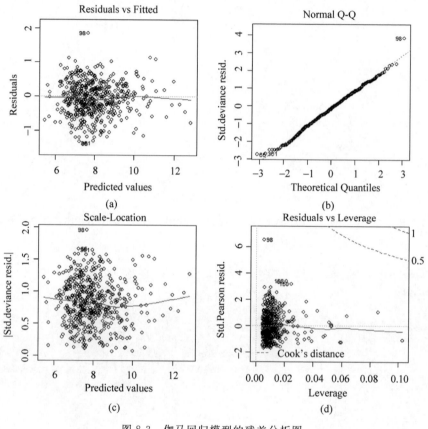

图 8-3　伽马回归模型的残差分析图

8.3　损失金额预测的逆高斯回归

与伽马回归类似,逆高斯回归也适用于对大于零的因变量建模。与伽马分布相比,逆高斯分布具有尖峰厚尾特征。因此,当因变量的观察值具有尖峰厚尾特征时,可以尝试用逆高斯分布代替伽马分布。

图 8-4 在均值相等(均为 100),方差相等(均为 2 500)的条件下对伽马分布和逆高斯分布的密度函数进行了比较。显然,逆高斯分布的峰度更尖(图 8-4(a)),尾部更厚(图 8-4(b))。

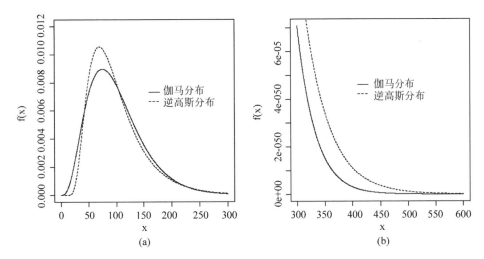

图 8-4 均值相等、方差相等条件下伽马分布与逆高斯分布的比较

在 gamlss 程序包中,伽马分布的密度函数表示为 $\mathrm{dGA}(x, \mathrm{mu}=\mu, \mathrm{sigma}=\sigma)$,其中均值为 μ,方差为 $\sigma^2\mu^2$。在给定均值为 100,方差为 2 500 的条件下,可以求得 $\mu=100, \sigma=\mathrm{sqrt}(0.25)$。

类似地,在 gamlss 程序包中,逆高斯分布的密度函数表示为 $\mathrm{dIG}(x, \mathrm{mu}=\mu, \mathrm{sigma}=\sigma)$,其中均值为 μ,方差为 $\sigma^2\mu^3$。在给定均值为 100,方差为 2 500 的条件下,可以求得 $\mu=100, \sigma=\mathrm{sqrt}(0.002\ 5)$。

绘制图 8-4 的 R 程序代码如下。

```
par(mfrow = c(1, 2))
# 比较峰度
x = seq(0, 300, 0.1)
y1 = dGA(x, mu = 100, sigma = sqrt(0.25))                    # 伽马
y2 = dIG(x, mu = 100, sigma = sqrt(0.0025))                  # 逆高斯
plot(x, y1, type = "l", lty = 1, ylab = "f(x)", ylim = c(0, 0.012))
lines(x, y2, lty = 2)
legend(150, 0.008, c("伽马分布", "逆高斯分布"), lty = 1:2, box.col = "white")

# 比较尾部
x = seq(300, 600, 0.1)
y1 = dGA(x, mu = 100, sigma = sqrt(0.25))                    # 伽马
y2 = dIG(x, mu = 100, sigma = sqrt(0.0025))                  # 逆高斯
plot(x, y1, type = "l", lty = 1, ylab = "f(x)")
lines(x, y2, lty = 2)
legend(400, 5e - 05, c("伽马分布", "逆高斯分布"), lty = 1:2, box.col = "white")
```

8.3.1 模型设定

常见的逆高斯分布的密度函数如下:

$$f(y;\mu,\sigma^2) = \frac{1}{\sqrt{2\pi y^3 \sigma^2}} \exp\left[-\frac{(y-\mu)^2}{2(\mu\sigma)^2 y}\right] \tag{8.24}$$

式中,逆高斯分布的均值为 μ,方差为 $\sigma^2 \mu^3$。

逆高斯分布属于指数分布族,所以可以表示为下述指数分布族的形式:

$$\begin{aligned} f(y;\mu,\sigma^2) &= \exp\left[-\frac{(y-\mu)^2}{2(\mu\sigma)^2 y} - \frac{1}{2}\ln 2\pi y^3 \sigma^2\right] \\ &= \exp\left[\frac{-y/(2\mu^2) + 1/\mu}{\sigma^2} - \frac{1}{2y\sigma^2} - \frac{1}{2}\ln 2\pi y^3 \sigma^2\right] \end{aligned} \tag{8.25}$$

与指数分布族的一般形式进行对比可知:

$$\begin{cases} \phi = \sigma^2 \\ b(\theta) = -\dfrac{1}{\mu} \\ \theta = -\dfrac{1}{2\mu^2} = -\dfrac{1}{2}\mu^{-2} \end{cases} \tag{8.26}$$

应用指数分布族的性质,逆高斯分布的均值可以表示为

$$b'(\theta) = \frac{\partial b}{\partial \mu}\frac{\partial \mu}{\partial \theta} = \frac{1}{\mu^2}\mu^3 = \mu \tag{8.27}$$

逆高斯分布的方差函数可以表示为

$$b''(\theta) = \frac{\partial b'(\theta)}{\partial \theta} = \frac{\partial b'(\theta)}{\partial \mu}\frac{\partial \mu}{\partial \theta} = \mu^3 \tag{8.28}$$

相应地,逆高斯分布的方差为 $\sigma^2 \mu^3$,其中 σ^2 相当于指数分布族的离散参数 ϕ。

由式(8.25)可知,逆高斯分布假设下的对数似然函数可以表示为

$$\ell = \sum_{i=1}^{n}\left[\frac{-y_i/(2\mu_i^2) + 1/\mu_i}{\sigma^2} - \frac{1}{2y_i\sigma^2} - \frac{1}{2}\ln 2\pi y_i^3 \sigma^2\right] \tag{8.29}$$

所以,逆高斯回归模型的偏差可以表示为

$$\begin{aligned} D &= 2\sigma^2 \left[\ell(y,\sigma^2;y) - \ell(\mu,\sigma^2;y)\right] \\ &= 2\sigma^2 \sum_{i=1}^{n}\left[\frac{-y_i/(2y_i^2) + 1/y_i}{\sigma^2} - \frac{-y_i/(2\mu_i^2) + 1/\mu_i}{\sigma^2}\right] \\ &= \sum_{i=1}^{n}\left(\frac{y_i}{\mu_i^2} - \frac{2}{\mu_i} + \frac{1}{y_i}\right) \\ &= \sum_{i=1}^{n}\frac{(y_i - \mu_i)^2}{y_i\mu_i^2} \end{aligned} \tag{8.30}$$

8.3.2 迭代加权最小二乘估计

逆高斯回归模型通常使用对数连接函数，即 $g(\mu)=\ln(\mu)$，故有 $g'(\mu)=1/\mu$。逆高斯分布的方差函数为 $v=\mu^3$，且有 $\phi=\sigma^2$，若令 $w_i=1$，并将它们代入式(8.12)可得

$$\boldsymbol{W} = \mathrm{diag}\left\{\frac{w_i}{\phi v(\mu_i)\left[g'(\mu_i)\right]^2}\right\}_{n\times n} = \mathrm{diag}\left(\frac{1}{\sigma^2\mu_i}\right)_{n\times n} \tag{8.31}$$

$$\boldsymbol{z} = \left[\eta_i + (y_i-\mu_i)g'(\mu_i)\right]_{n\times 1} = \left(\eta_i + \frac{y_i-\mu_i}{\mu_i}\right)_{n\times 1} \tag{8.32}$$

离散参数的取值不影响回归参数的估计值，可以令式(8.31)中的 $\sigma^2=1$，此时，对数连接函数下估计逆高斯回归参数的迭代加权最小二乘算法如表 8-2 所示。

表 8-2　估计逆高斯回归参数的迭代加权最小二乘算法

1. 设定初始值：
$D=1$
$\boldsymbol{\mu}=[\boldsymbol{y}+\mathrm{mean}(\boldsymbol{y})]/2$
$\boldsymbol{\eta}=\ln\boldsymbol{\mu}$
2. 当偏差的变化 $\mathrm{abs}(\Delta D)>10^{-8}$ 时，执行下述循环过程，否则停止循环：
$\boldsymbol{W}=1/\boldsymbol{\mu}$
$\boldsymbol{z}=\boldsymbol{\eta}+(\boldsymbol{y}-\boldsymbol{\mu})/\boldsymbol{\mu}$
$\boldsymbol{\beta}=(\boldsymbol{X}^\mathrm{T}\boldsymbol{W}\boldsymbol{X})^{-1}\boldsymbol{X}^\mathrm{T}\boldsymbol{W}\boldsymbol{z}$
$\boldsymbol{\eta}=\boldsymbol{X}\boldsymbol{\beta}$
$\boldsymbol{\mu}=\exp(\boldsymbol{\eta})$
$D^*=D$
$D=\sum\left[(y-\mu)^2/(y\mu^2)\right]$
$\Delta D=D^*-D$

8.3.3 模拟数据分析

本节使用前述的模拟数据建立逆高斯回归模型。可以分别应用表 8-2 的算法和 glm 函数对逆高斯回归模型的参数进行估计，两者的估计结果完全相同。应用表 8-2 的迭代加权最小二乘法的 R 程序代码如下。

```
#初始值
D = 1
mu = (y + mean(y))/2
eta = log(mu)
```

```
#设计矩阵
X = model.matrix(~x1 + x2 + x3 + x4 + x2 * x3)

#迭代运算过程
repeat {
    W = diag(1/mu)
    z = eta + (y - mu)/mu
    beta = solve((t(X) %*% W %*% X)) %*% t(X) %*% W %*% z
    eta = c(X %*% beta)
    mu = exp(eta)
    Dstar = D
    D = sum((y - mu)^2/(y * mu^2))            #偏差
    Ddiff = Dstar - D
    if (max(abs(Ddiff)) < 1e-08)
        break
}

#输出回归参数的估计值
beta
##                [,1]
##(Intercept)   7.1327
##x1            0.7795
##x2           -0.9313
##x3            0.3786
##x4           -0.2618
##x2:x3        -0.1295
```

应用 glm 函数的 R 程序代码如下,其中 family=inverse.gaussian(link=log) 表示使用逆高斯分布假设和对数连接函数。

```
#应用 glm 函数估计逆高斯回归模型的参数
mod5 = glm(y ~ x1 + x2 + x3 + x4 + x2 * x3, data = dt, family = inverse.gaussian(link = log))

#输出回归参数的估计值
summary(mod5) $ coef
##              Estimate    Std. Error    t value      Pr(>|t|)
##(Intercept)    7.1327      0.06766      105.414      0.000e+00
##x1             0.7795      0.02796       27.879      1.846e-103
##x2            -0.9313      0.05113      -18.216      4.258e-57
##x3             0.3786      0.08344        4.537      7.173e-06
##x4            -0.2618      0.04882       -5.363      1.260e-07
##x2:x3         -0.1295      0.07995       -1.619      1.060e-01
```

```
# 比较伽马回归和逆高斯回归的 AIC
AIC(mod4, mod5)
##       df  AIC
## mod4  7   8579
## mod5  7   8799
```

逆高斯回归模型的参数估计值与模拟数据的真实值有较大差距。从 AIC 统计量来看,伽马回归模型对这组模拟数据的拟合效果更优,其 AIC 值为 8 579,远远小于逆高斯回归模型的 AIC 值(为 8 799)。

```
# 输出残差图
par(mfrow = c(2, 2))
plot(mod5)
```

图 8-5 是逆高斯回归模型的残差分析图。图 8-5(a)是原始残差关于模型预测值的散点图,随着预测值的增大,残差的方差有偏小的趋势。图 8-5(b)是标准化偏差残

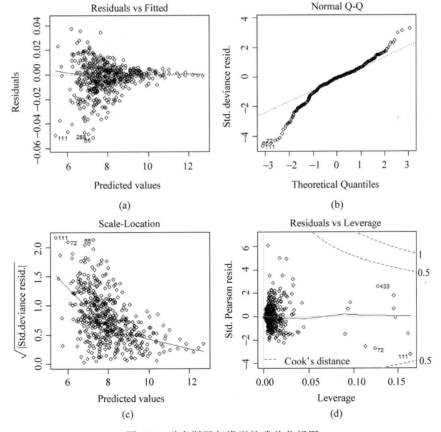

图 8-5　逆高斯回归模型的残差分析图

差与标准正态分布的分位数图,两端严重偏离对角线。图 8-5(c)是标准化偏差残差绝对值的平方根关于模型预测值的散点图,随着预测值的增大,标准化偏差残差的绝对值有下降趋势。图 8-5(d)是标准化皮尔逊残差与杠杆值的散点图以及相应的 Cook 距离,没有明显异常。残差分析图表明,用逆高斯回归模型拟合该组数据是不适当的。

8.3.4　GAMLSS 的应用

在 R 软件中,有两个函数可以建立广义线性模型,一个是基础包中的 glm 函数,专门用于建立广义线性模型;另一个是 gamlss 程序包中的 gamlss 函数,可以建立更加一般意义上的回归模型,广义线性模型仅是其中的一个特例。本节基于模拟数据说明 gamlss 程序包在建立广义线性模型中的应用。

模拟数据集 dt 的 R 程序代码如下。模拟数据集中有 4 个解释变量,两个连续型解释变量,两个分类解释变量。模拟的因变量服从伽马分布。

```
#设定模拟次数
n = 50
set.seed(112)

#模拟解释变量 x1
x1 = rgamma(n, 2, 1)

#模拟解释变量 x2
x2 = rgamma(n, 2, 3)

#模拟分类解释变量 x3
x3 = rbinom(n, 1, 0.4)

#模拟分类解释变量 x4
x4 = rbinom(n, 1, 0.7)

#参数的真实值
b0 = 7
b1 = 0.8
b2 = -0.8
b3 = 0.7
b4 = -0.6
sigma = 0.1

#计算线性预测项
eta = b0 + b1 * x1 + b2 * x2 + b3 * x3 + b4 * x4
```

```
# 计算因变量的均值,使用对数连接函数
mu = exp(eta)

# 应用 gamlss 函数模拟因变量的观察值
library(gamlss)
set.seed(110)
y = rGA(n, mu = mu, sigma = sigma)

# 模拟的数据集
dt = data.frame(y, x1, x2, x3, x4)
```

下面的 R 程序代码分别应用 glm 函数和 gamlss 函数建立伽马回归模型和逆高斯回归模型,全部使用对数连接函数。因为 glm 函数仅可以对分布的均值参数建立回归模型,所以连接函数就是关于均值回归的连接函数。在 gamlss 程序包中,不仅可以对分布的均值参数建立回归模型,还可以对分布的离散参数建立回归模型,所以必须使用 mu.link 指定均值的连接函数。在 gamlss 程序包中,GA 表示伽马分布,IG 表示逆高斯分布。

```
# 应用 glm 函数建立伽马回归模型
mGA1 = glm(y ~ x1 + x2 + factor(x3) + factor(x4), data = dt, family = Gamma
(link = log))

# 应用 glm 函数建立逆高斯回归模型
mIG1 = glm(y ~ x1 + x2 + factor(x3) + factor(x4), data = dt, family = inverse.
gaussian(link = log))

# 应用 gamlss 函数建立伽马回归模型
mGA2 = gamlss(y ~ x1 + x2 + factor(x3) + factor(x4), data = dt, family = GA,
mu.link = log)

# 应用 gamlss 函数建立逆高斯回归模型
mIG2 = gamlss(y ~ x1 + x2 + factor(x3) + factor(x4), data = dt, family = IG,
mu.link = log)
```

应用 gamlss 程序包建立的伽马回归模型的参数估计结果如下。可以看出,在关于均值 mu 的回归模型中,使用了对数连接函数,回归系数的估计值与模拟数据使用的真实值非常接近,而且每个参数都是显著的。在关于 sigma 参数的回归模型中,仅有截距项,没有其他解释变量,使用了对数连接函数,截距项的参数估计值为 -2.3025,在统计上高度显著,所以,关于 sigma 参数的估计值为 $\exp(-2.3025)=0.1$,与模拟数据使用的真实参数值完全相等。该模型的 AIC 统计量为 696.5,

SBC 统计量为 707.9，其中 SBC 统计量也称作 BIC 信息准则统计量。这两个统计量的值越小，表示模型相应的越好。

```
summary(mGA2)
## ******************************************************************
## Family: c("GA", "Gamma")
## 
## Call: gamlss(formula = y ~ x1 + x2 + factor(x3) + factor(x4),
##     family = GA, data = dt, mu.link = log)
## 
## Fitting method: RS()
## 
## ------------------------------------------------------------------
## Mu link function: log
## Mu Coefficients:
##              Estimate   Std. Error   t value    Pr(>|t|)
## (Intercept)    6.9982       0.0484     144.6    < 2e-16 ***
## x1             0.7894       0.0119      66.3    < 2e-16 ***
## x2            -0.7634       0.0340     -22.4    < 2e-16 ***
## factor(x3)1    0.7449       0.0330      22.6    < 2e-16 ***
## factor(x4)1   -0.5918       0.0360     -16.4    < 2e-16 ***
## ---
## Signif. codes: 0 '***' 0.001 '**' 0.01 '*' 0.05 '.' 0.1 ' ' 1
## 
## ------------------------------------------------------------------
## Sigma link function: log
## Sigma Coefficients:
##              Estimate   Std. Error   t value    Pr(>|t|)
## (Intercept)   -2.3025       0.0998     -23.1    < 2e-16 ***
## ---
## Signif. codes: 0 '***' 0.001 '**' 0.01 '*' 0.05 '.' 0.1 ' ' 1
## 
## ------------------------------------------------------------------
## No. of observations in the fit: 50
## Degrees of Freedom for the fit: 6
##       Residual Deg. of Freedom: 44
##                      at cycle: 2
## 
## Global Deviance: 684.5
##             AIC: 696.5
##             SBC: 707.9
## ******************************************************************
```

下面的 R 程序代码输出并比较了伽马回归和逆高斯回归的 AIC。可见，伽马回归 mGA2 的 AIC 统计量较小,表明伽马回归模型对前述数据的拟合效果相对较好。

```
AIC(mGA2, mIG2)
##      df     AIC
## mGA2  6  696.48
## mIG2  6  718.15
```

为了对伽马回归模型进行诊断,可以绘制其残差图。mGA2 是应用 gamlss 函数建立的伽马回归模型,可以用 plot(mGA2) 输出其分位残差图,结果如图 8-6 所示。

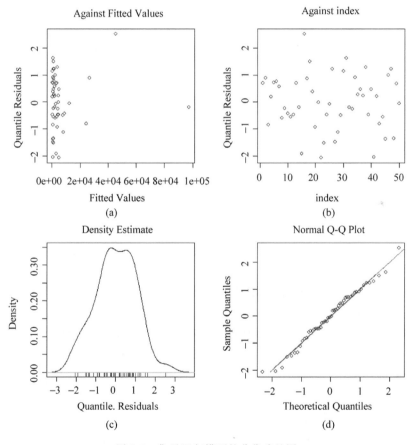

图 8-6　伽马回归模型的分位残差图

图 8-6 中使用的残差是分位残差。图 8-6(a)的横轴是因变量的预测值,纵轴是分位残差。图 8-6(b)的横轴是观察值的序号,纵轴是分位残差。这两幅散点图

如果随机分布在零值周围,就表明模型的拟合效果较好。图 8-6(c)是分位残差的密度函数,对称型的密度函数表明模型的拟合效果较好。图 8-6(d)的横轴是标准正态分布的理论分位数,纵轴是分位残差的样本分位数,落在对角线附近的散点图表明模型的拟合效果较好。

前述的分析结果表明,伽马回归对该组数据的拟合效果要优于逆高斯回归,但比较两个模型的预测值可以发现,它们的差异不是很大,如图 8-7 所示。绘图的 R 程序代码如下。

```
par(mfrow = c(1, 1))
plot(predict(mGA2), predict(mIG2), xlab = '伽马回归预测值的对数', ylab = '逆高斯回归预测值的对数')
abline(0, 1, col = 2)
```

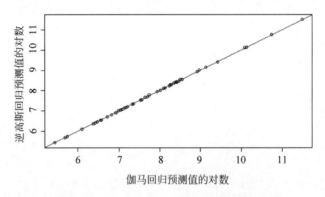

图 8-7　比较伽马回归与逆高斯回归的预测值

8.4　有限赔款预测模型

如果因变量的观察值是连续的损失金额数据,可以假设它们服从伽马分布或逆高斯分布,从而建立伽马回归模型或逆高斯回归模型。在某些情况下,损失观察值可能存在删失,如保险理赔数据,如果保单设定了赔偿限额,即保险公司对被保险人的每次损失只负责赔偿限额以下的部分,在这种情况下,损失在赔偿限额以上的部分是没有记录的,这就形成了右删失的有限赔款数据。

假设 Y 表示实际损失随机变量,分布函数和密度函数分别为 $F_Y(y)$ 和 $f_Y(y)$,保单的赔偿限额为 u。如果实际损失小于赔偿限额 u,保险公司按实际损失赔偿,如果实际损失超过了赔偿限额 u,则保险公司只赔偿 u。如果用 Y^* 表示保险公司的赔款金额随机变量,则赔款金额随机变量可以表示为

$$Y^* = \begin{cases} Y, & Y < u \\ u, & Y \geqslant u \end{cases}$$

上述赔款金额是一个右删失的随机变量，它的密度函数可以表示为

$$f_{Y^*}(y) = \begin{cases} f_Y(y), & y < u \\ 1 - F_Y(y), & y = u \end{cases}$$

如果因变量是右删失的，就应该建立右删失的回归模型。右删失随机变量不服从指数分布族中的分布，所以基于右删失分布建立的回归模型不能使用前述的迭代加权最小二乘法进行参数估计，只能使用极大似然法估计模型参数。

下面仍然以模拟数据为例说明有限赔款数据的建模过程。模拟数据的 R 程序代码如下。

```
#模拟解释变量
set.seed(112)
n = 500  #模拟次数
x1 = rgamma(n, 2, 1)          #解释变量 x1
x2 = rgamma(n, 2, 3)          #解释变量 x2
x3 = rbinom(n, 1, 0.4)        #分类解释变量 x3
x4 = rbinom(n, 1, 0.7)        #分类解释变量 x4

#设定参数值
b0 = 7
b1 = 0.8
b2 = -0.8
b3 = 0.5
b4 = -0.2
sigma = 0.5

#线性预测项
eta = b0 + b1 * x1 + b2 * x2 + b3 * x3 + b4 * x4

#因变量的均值
mu = exp(eta)

#模拟服从伽马分布的损失随机变量 y0
library(gamlss)
set.seed(110)
y0 = rGA(n, mu = mu, sigma = sigma)

#把大于赔偿限额 u 的损失观察值调整为 u
u = 80000
```

```
y = ifelse(y0 >= u, u, y0)            #右删失数据
status = ifelse(y == u, 0, 1)

#把 y 表示为右删失数据的格式
library(survival)
y = Surv(time = y, event = status)

#因变量 y 为右删失的数据集 dt
x3 = as.factor(x3)
x4 = as.factor(x4)
dt = data.frame(y, x1, x2, x3, x4)
```

基于前述的模拟数据，可以建立赔偿限额条件下的右删失伽马回归模型和右删失逆高斯回归模型。为此，首先需要生成右删失伽马分布和右删失逆高斯分布，可以应用 gamlss 程序包中的 gen.cens 函数，R 程序代码如下。

```
#生成右删失的伽马分布，默认名称为 GArc
library(gamlss.cens)
gen.cens(family = GA, type = "right")

#生成右删失的逆高斯分布，默认名称为 IGrc
gen.cens(family = IG, type = "right")
```

下面应用 gamlss 函数建立右删失的伽马回归模型（mGA）和右删失的逆高斯回归模型（mIG），R 程序代码如下。

```
#建立右删失的伽马回归
mGA = gamlss(y ~ x1 + x2 + x3 + x4, data = dt, family = GArc, mu.link = log)

#建立右删失的逆高斯回归
mIG = gamlss(y ~ x1 + x2 + x3 + x4, data = dt, family = IGrc, mu.link = log)

#比较模型的 AIC
AIC(mGA, mIG)
##      df    AIC
## mGA   6   8448.488
## mIG   6   8765.257
```

AIC 的输出结果表明，右删失的伽马回归对该组数据的拟合效果较好。事实上，前述数据就是基于右删失的伽马分布模拟的。下面给出了右删失伽马回归模型的分位残差图和参数估计值。

从图 8-8 可以看出，右删失的伽马回归较好地拟合了该组数据，且每个解释变

量对因变量都有显著影响。

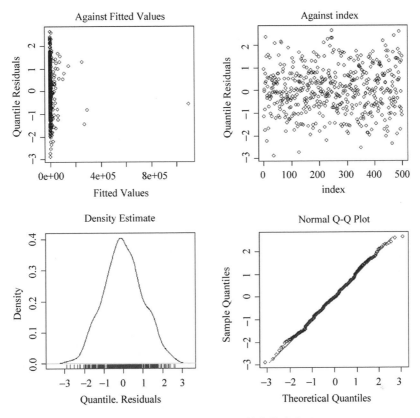

图 8-8 右删失伽马回归的分位残差

应用 summary(mGA) 输出模型 mGA 的参数估计值如下。

```
summary(mGA)
## ******************************************************************
## Family: c("GArc", "right censored Gamma")
##
## Call: gamlss(formula = y ~ x1 + x2 + x3 + x4, family = GArc,
##     data = dt, mu.link = log)
##
## Fitting method: RS()
##
## -------------------------------------------------------------------
## Mu link function: log
## Mu Coefficients:
```

```
## 							Estimate		Std. Error		t value			Pr(>|t|)
## (Intercept)		6.99273			0.06336			110.36			< 2e-16		***
## x1				0.79606			0.01669			47.70			< 2e-16		***
## x2				-0.83187		0.04702			-17.69			< 2e-16		***
## x31				0.47105			0.04478			10.52			< 2e-16		***
## x41				-0.19780		0.04643			-4.26			2.45e-05	***
## ---
## Signif. codes: 0 '***' 0.001 '**' 0.01 '*' 0.05 '.' 0.1 ' ' 1
##
## --------------------------------------------------------------
## Sigma link function: log
## Sigma Coefficients:
## 							Estimate		Std. Error		t value			Pr(>|t|)
## (Intercept)			-0.73598		0.03073			-23.95			< 2e-16 ***
## ---
## Signif. codes: 0 '***' 0.001 '**' 0.01 '*' 0.05 '.' 0.1 ' ' 1
##
## --------------------------------------------------------------
## No. of observations in the fit: 500
## Degrees of Freedom for the fit: 6
##        Residual Deg. of Freedom: 494
##                        at cycle: 3
##
## Global Deviance: 8436.488
##             AIC: 8448.488
##             SBC: 8473.775
## ******************************************************************
# 输出 mGA 的分位残差图
plot(mGA)
```

8.5　混合损失金额预测模型

在某些情况下,损失金额的观察数据有可能来自若干个不同的分布,这种数据可以称为有限混合数据。当损失观察数据来自不同的分布时,就需要建立**有限混合模型**(finite mixture models)。譬如,如果在一个保单组合中,40%的保单来自地区 A,损失服从伽马分布,60%的保单来自地区 B,损失服从对数正态分布,则可以考虑用伽马分布和对数正态分布的混合分布来描述该保单组合的分布,并在此基础上建立混合数据的回归模型。

假设因变量的观察值来自 n 个不同分布,第 i 个分布的占比为 π_i,且 $\pi_1+\pi_2+\cdots+\pi_n=1$,则有限混合分布的密度函数可以表示为

$$f(x) = \sum_{i=1}^{n} \pi_i f_i(x) \qquad (8.33)$$

其中，$f_i(x)$ 是第 i 个分布的密度函数。

下面首先模拟混合伽马分布的随机观察值，然后应用 gamlss.mx 程序包中的 gamlssMX 函数估计混合伽马分布的参数。有关的 R 程序代码和输出结果如下，模拟数据的直方图如图 8-9 所示。

```
library(gamlss)
library(gamlss.mx)
set.seed(111)
n = 5000

#第一个伽马分布的参数
mu1 = 100
sigma1 = 0.2

#第二个伽马分布的参数
mu2 = 300
sigma2 = 0.3

#模拟混合伽马分布的观察值,第一个伽马分布的占比为 40%
index = runif(n)
x = ifelse(index <= 0.4, rGA(n, mu = mu1, sigma = sigma1), rGA(n, mu = mu2, sigma
 = sigma2))

#绘制混合伽马分布模拟值的直方图
hist(x, breaks = 100, main = "")
#估计混合伽马分布的参数
mod = gamlssMX(x ~ 1, family = GA, K = 2)

#输出参数估计值
mod
##
##Mixing Family: c("GA", "GA")
##
##Fitting method: EM algorithm
##
##Call: gamlssMX(formula = x ~ 1, family = GA, K = 2)
##
##Mu Coefficients for model: 1
##(Intercept)
##       4.611
```

```
##Sigma Coefficients for model: 1
##(Intercept)
##       -1.585
##Mu Coefficients for model: 2
##(Intercept)
##        5.704
##Sigma Coefficients for model: 2
##(Intercept)
##       -1.196
##
##Estimated probabilities: 0.4013484 0.5986516
##
##Degrees of Freedom for the fit: 5 Residual Deg. of Freedom 4995
##Global Deviance: 59208.1
##            AIC: 59218.1
##            SBC: 59250.7
```

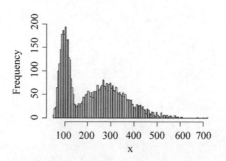

图 8-9 混合伽马分布的模拟值

上述结果表明，第一个伽马分布的两个参数估计值分别为

```
exp(4.611) = 100.58
exp(-1.585) = 0.2049
```

第二个伽马分布的两个参数估计值分别为

```
exp(5.704) = 300.065
exp(-1.196) = 0.3024
```

上述两组参数估计值与模拟数据使用的参数值非常接近。

有限混合回归模型就是指因变量服从有限混合分布的回归模型。下面通过模拟数据来介绍有限混合回归模型的应用过程。

假设因变量来自两个不同的伽马分布，它们的均值分别为 μ_1 和 μ_2，各自的权

重分别为 $\pi_1=0.4$ 和 $\pi_2=0.6$。两个解释变量为 x_1, x_2，其中 x_1 是连续型解释变量，x_2 是二分类解释变量。

模拟数据的 R 程序代码如下。

```
# 模拟数据:有限混合伽马分布
set.seed(111)
n = 5000                        # 模拟次数
x1 = rgamma(n, 2, 1)            # 解释变量 x1
x2 = rbinom(n, 1, 0.4)          # 分类解释变量 x2

# 参数的真实值
b0 = 2
b1 = -0.15
b2 = -0.2
c0 = 7
c1 = 0.2
c2 = 0.25

# 两个伽马分布的均值
mu1 = exp(b0 + b1 * x1 + b2 * x2)
mu2 = exp(c0 + c1 * x1 + c2 * x2)
index = runif(n)
dt = data.frame(x1, x2, mu1, mu2, index)

# 模拟因变量 y 的观察值
dt$y = ifelse(index <= 0.4, rGA(n, mu1), rGA(n, mu2))
```

估计有限混合伽马回归模型的参数时，可以使用 gamlss.mx 程序包中的 gamlssMX 函数，R 程序代码如下。

```
library(gamlss)
library(gamlss.mx)
mod = gamlssMX(y ~ x1 + x2, data = dt, family = "GA", K = 2)
mod
```

上述程序代码的输出结果如表 8-3 所示，其中第一个伽马回归模型中三个参数的估计值分别为 1.964 8，−0.151 0 和 −2.227 2，模拟数据的真实参数值为 2，−0.15 和 −0.2。

第二个伽马回归模型中三个参数的估计值分别为 6.981 6，0.214 4 和 0.251 5，模拟数据的真实参数值为 7，0.2 和 0.25。

在模拟数据时，假设两个伽马模型的占比分别为 0.4 和 0.6，基于模拟数据估计出的比例为 0.395 5 和 0.604 5。

表 8-3 伽马混合回归回归模型的参数估计结果

```
Mixing Family: c("GA","GA")
   Fitting method: EM algorithm
   Call: gamlssMX(formula = y ~ x1 + x2, family = "GA", K = 2, data = dt)
   Mu Coefficients for model: 1
(Intercept)           x1              x2
     1.9684       -0.1510         -0.2272
Sigma Coefficients for model: 1
(Intercept)
   -0.001618
Mu Coefficients for model: 2
(Intercept)           x1              x2
     6.9816        0.2144          0.2515
Sigma Coefficients for model: 2
(Intercept)
   -0.004317
   Estimated probabilities: 0.3954964 0.6045036
   Degrees of Freedom for the fit: 9 Residual Deg. of Freedom   4991
Global Deviance:       68079.2
            AIC:       68097.2
            SBC:       68155.8
```

该表同时给出了模型的自由度为 9，残差的自由度为 4 991，偏差为 68 079.2，AIC 统计量为 68 097.2，SBC（即 BIC）统计量为 68 155.8。

8.6 应用案例

本节应用某财产保险公司的车损险数据*，建立案均赔款的预测模型。案均赔款是指平均每次索赔的赔款。案均赔款的观察值等于每份保单（或一组保单）在保险期间的总赔款与总索赔次数之比。

8.6.1 数据介绍

本数据集中包含 12873 份保单的观察值，有 9 个变量，各个变量的含义如下：

（1）type 表示保单的类型，有 5 个取值水平：转入、新车、续保 1 年、续保 2 年、续保 3 年及以上。在数据集中分别记为 A、B、C、D 和 E。

---

* 数据下载地址：http://pan.baidu.com/s/1qYbLEKc。

（2）gender 表示驾驶人的性别，有 2 个水平：男（M）、女（F）。

（3）vage 表示车龄，有 10 个水平，从 1 年到 10 年。

（4）age 表示驾驶人的年龄，从 18 岁到 70 岁。

（5）ageg 是对驾驶人年龄的分类，分为 7 个水平：1 表示驾驶人年龄小于或等于 20 岁，2 表示年龄在 21～25 岁之间，3 表示年龄在 26～30 岁之间，4 表示年龄在 31～40 之间，5 表示年龄在 41～50 岁之间，6 表示年龄在 51～60 岁之间，7 表示年龄在 61 岁及其以上。

（6）region 是驾驶人所在地区，有 5 个水平：北京、上海、天津、重庆、深圳。在数据集中分别记为 BJ,SH,TJ,CQ,SZ。

（7）ee 表示车年数。

（8）num 表示保单在保险期间发生的损失次数。

（9）cost 表示保单在保险期间发生的累积损失金额。

下面的 R 程序代码加载了建模所需的所有程序包，并对使用的数据集进行了概要性描述。

```
#加载数据分析所需的程序包
library(data.table)
library(pander)
library(ggplot2)
library(tweedie)
library(gamlss)
library(statmod)
library(car)
library(gridExtra)

#读取数据,记为 dat
dat = fread('E:\\\\风险模型\\\\dat99.csv')

#输出部分数据,显示数据结构
dat
##        type  gender vage age ageg region    ee num    cost
##   1:    B      F     1   18    1    BJ   26.890  20  33973.4
##   2:    B      F     1   18    1    SH    3.089   2   2167.5
##   3:    B      F     1   18    1    SZ    3.299   2   2082.5
##   4:    B      F     1   18    1    CQ    1.000   0      0.0
##   5:    B      F     1   19    1    BJ   31.493  23  36339.2
##  ---
##12869:    A      M    10   63    7    SH    0.225   1   1657.5
##12870:    A      M    10   64    7    SZ    0.762   0      0.0
##12871:    A      M    10   67    7    SH    0.866   1    807.5
##12872:    A      M    10   69    7    BJ    0.055   0      0.0
##12873:    A      M    10   70    7    BJ    1.926   0      0.0
```

```r
# 显示数据结构
str(dat)

## Classes 'data.table' and 'data.frame':   12873 obs. of  9 variables:
##  $ type   : chr  "B" "B" "B" "B" ...
##  $ gender : chr  "F" "F" "F" "F" ...
##  $ vage   : int  1 1 1 1 1 1 1 1 1 1 ...
##  $ age    : int  18 18 18 18 19 19 19 19 19 20 ...
##  $ ageg   : int  1 1 1 1 1 1 1 1 1 1 ...
##  $ region : chr  "BJ" "SH" "SZ" "CQ" ...
##  $ ee     : num  26.89 3.09 3.3 1 31.49 ...
##  $ num    : int  20 2 2 0 23 2 1 1 2 63 ...
##  $ cost   : int  33973 2168 2082 0 36339 ...
##  - attr(*, ".internal.selfref")=<externalptr>

# 为了建模方便,把字符型变量转化为因子
dat$type = factor(dat$type)
dat$gender = factor(dat$gender)
dat$region = factor(dat$region)
dat$ageg = factor(dat$ageg)

# 保单类型的观察值个数
pander(rbind(table(dat$type)))
```

A	B	C	D	E
3791	491	3398	2668	2525

```r
# 性别的观察值个数
pander(rbind(table(dat$gender)))
```

F	M
5515	7358

```r
# 车龄的观察值个数
pander(rbind(table(dat$vage)))
```

1	2	3	4	5	6	7	8	9	10
1417	1303	1605	1568	1508	1418	1278	1109	885	782

```r
# 驾驶人年龄的观察值个数
pander(rbind(table(dat$ageg)))
```

1	2	3	4	5	6	7
262	994	1335	3151	3246	2588	1297

```
#汽车行驶区域的观察值个数
pander(rbind(table(dat $ region)))
```

BJ	CQ	SH	SZ	TJ
3710	1849	2827	2399	2088

```
#把观察值较多的类别设定为基准风险类别
dat $ type = relevel(dat $ type, ref = 'A')
dat $ gender = relevel(dat $ gender, ref = 'M')
dat $ region = relevel(dat $ region, ref = 'BJ')
dat $ ageg = relevel(dat $ ageg, ref = 5)
```

8.6.2 描述性分析

图 8-10 给出了分类变量的各个水平所对应的案均赔款的观察值。可以看出，这些分类变量的不同水平之间存在较为明显的风险差异。绘图的 R 程序代码如下。

```
a1 = c('type', 'gender', 'ageg', 'vage', 'region')
a2 = c('保单类型', '性别', '车龄类别', '车龄', '地区')
#绘制案均赔款的条形图
for (i in 1:5) {
  dt = dat[, sum(cost)/sum(num), by = c(a1[i])]
  barplot(dt[[2]], names.arg = dt[[1]], xlab = a2[i])
}
```

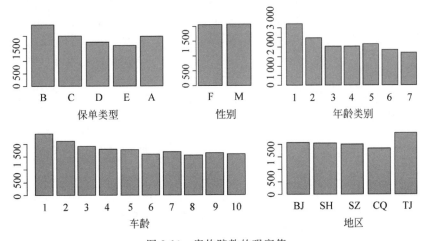

图 8-10 案均赔款的观察值

驾驶人的年龄和汽车的车龄既可以作为分类解释变量使用，也可以作为连续型解释变量使用。为了更加准确反映年龄和车龄对案均赔款的影响，下面把它们作为连续型变量处理，绘制案均赔款的平滑曲线图，如图 8-11 所示。

```
#计算不同年龄的案均赔款,并保存在数据集 dfage 中
dfage = dat[, list(sev = sum(cost)/sum(num)), by = age]

#计算不同车龄的案均赔款,并保存在数据集 dfvage 中
dfvage = dat[, list(sev = sum(cost)/sum(num)), by = vage]

#绘制案均赔款随着驾驶人年龄变化的平滑曲线,保存在 p1 中
p1 = ggplot(dfage, aes(age, sev)) + geom_point() + geom_smooth() + xlab('驾驶人年龄') + ylab('案均赔款')

#绘制案均赔款随着车龄变化的平滑曲线,保存在 q1 中
q1 = ggplot(dfvage, aes(factor(vage), sev, group = 1)) + geom_point() + geom_smooth() + xlab('车龄') + ylab('案均赔款')

#输出前述的绘图结果
grid.arrange(p1, q1)
```

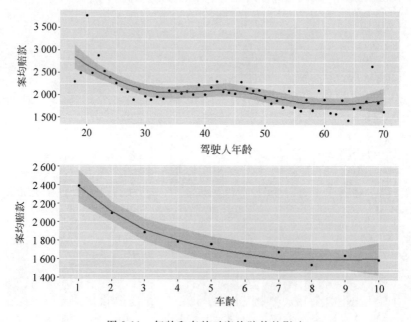

图 8-11　年龄和车龄对案均赔款的影响

图 8-11 表明,案均赔款在总体上随着驾驶人年龄的增加而有所下降,在 40 岁附近出现了一个向上增长的小波动。从车龄来看,案均赔款随着车龄的增加有所下降。

8.6.3 案均赔款的预测模型

案均赔款是指平均每次索赔的损失金额,其观察值是累积损失金额与损失次数之比。在数据集 dat 中,有些观察值的损失次数为零,无法求得其对应的案均赔款,所以需要从数据集中将这些损失次数为零的数据删除。下面将案均赔款的观察值记为 sev,案均赔款直方图如图 8-12 所示。

```
#从数据集 dat 中删除损失次数等于零的观察值,把新数据集记为 dats:
dats = subset(dat, num > 0)

#计算案均赔款 sev
dats[, sev: = cost/num]

#绘制案均赔款的直方图
par(mfrow = c(1, 2))
hist(dats$sev, breaks = 100, col = 'grey', xlab = '案均赔款', main = '')
hist(log(dats$sev), breaks = 100, col = 'grey', xlab = '案均赔款的对数', main = '')
```

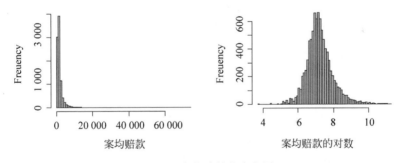

图 8-12 案均赔款的直方图

图 8-12 表明,案均赔款呈现尖峰厚尾特征,一方面在众数附近有大量的观察值,另一方面也有少量的案均赔款观察值远远大于总体平均水平。

在案均赔款的回归模型中,通常使用的两种分布是伽马分布和逆高斯分布,相应地,可以分别建立伽马回归和逆高斯回归。在回归方程中,年龄和车龄既可以作为分类变量处理,也可以作为连续型变量处理。

下面分别建立伽马回归模型和逆高斯回归模型,并对它们进行比较。R 程序代码和输出结果如下。

```
#定义案均赔款模型的回归方程,在 sf1 中,把车龄和年龄作为分类变量处理,在 sf2 中,
把年龄和车龄作为连续型变量进行平滑处理
sf1 = sev ~ type + gender + factor(vage) + factor(ageg) + region
sf2 = sev ~ type + gender + cs(vage) + cs(age) + region

#应用 glm 函数建立伽马回归模型
ga1 = glm(sf1, weights = num, family = Gamma(link = log), data = dats)
ga2 = glm(sf2, weights = num, family = Gamma(link = log), data = dats)

#应用 glm 函数建立逆高斯回归模型
ig1 = glm(sf1, weights = num, family = inverse.gaussian(link = log), data = dats)
ig2 = glm(sf2, weights = num, family = inverse.gaussian(link = log), data = dats)

#输出上述案均赔款模型的 AIC 值
AIC(ga1, ga2, ig1, ig2)
##       df    AIC
##ga1    26   2715769
##ga2    13   2720096
##ig1    26   2708509
##ig2    13   2712321
```

可见,在前述的案均赔款模型中,逆高斯回归模型 ig1 的 AIC 最小,表明该模型优于其他模型。逆高斯回归模型 ig1 的参数估计值如下所示。

```
summary(ig1)
##
##Call:
##glm(formula = sf1, family = inverse.gaussian(link = log), data = dats,
    weights = num)
##
##Deviance Residuals:
##     Min        1Q      Median       3Q        Max
##  -0.17558  -0.03912  -0.01819   0.00480   0.32753
##
##Coefficients:
##              Estimate   Std. Error   t value   Pr(>|t|)
##(Intercept)   8.040505   0.121983     65.915    < 2e-16    ***
##typeB         0.081328   0.026900      3.023    0.002506    **
##typeC        -0.012338   0.021036     -0.587    0.557533
##typeD        -0.087170   0.025539     -3.413    0.000645    ***
##typeE        -0.089501   0.027352     -3.272    0.001071    **
```

```
## genderM              0.041558   0.016256    2.557 0.010588 *
## factor(vage)2       -0.055582   0.029641   -1.875 0.060801 .
## factor(vage)3       -0.156663   0.030680   -5.106 3.35e-07 ***
## factor(vage)4       -0.208603   0.031754   -6.569 5.33e-11 ***
## factor(vage)5       -0.221612   0.033794   -6.558 5.76e-11 ***
## factor(vage)6       -0.335333   0.034256   -9.789 < 2e-16 ***
## factor(vage)7       -0.279069   0.037127   -7.517 6.15e-14 ***
## factor(vage)8       -0.355493   0.042902   -8.286 < 2e-16 ***
## factor(vage)9       -0.285849   0.058967   -4.848 1.27e-06 ***
## factor(vage)10      -0.284345   0.066575   -4.271 1.97e-05 ***
## factor(ageg)2       -0.215875   0.123610   -1.746 0.080772 .
## factor(ageg)3       -0.386259   0.120930   -3.194 0.001408 **
## factor(ageg)4       -0.358150   0.120350   -2.976 0.002929 **
## factor(ageg)5       -0.292765   0.120756   -2.424 0.015351 *
## factor(ageg)6       -0.411192   0.121896   -3.373 0.000746 ***
## factor(ageg)7       -0.509531   0.130588   -3.902 9.62e-05 ***
## regionCQ            -0.155389   0.038976   -3.987 6.75e-05 ***
## regionSH             0.003056   0.025366    0.120 0.904096
## regionSZ            -0.012279   0.031796   -0.386 0.699387
## regionTJ             0.233492   0.046777    4.992 6.10e-07 ***
## ---
## Signif. codes:  0 '***' 0.001 '**' 0.01 '*' 0.05 '.' 0.1 ' ' 1
##
## (Dispersion parameter for inverse.gaussian family taken to be 0.00461133)
##
##     Null deviance: 20.833  on 9226  degrees of freedom
## Residual deviance: 18.135  on 9202  degrees of freedom
## AIC: 2708509
##
## Number of Fisher Scoring iterations: 8
```

下面应用 car 程序包中的 Anova 函数进一步检验该模型中各个解释变量的显著性水平,输出结果如下。方差分析结果表明,在逆高斯回归模型 ig1 中,所有解释变量都是显著的。

```
Anova(ig1)
## Analysis of Deviance Table (Type II tests)
##
## Response: sev
##                LR Chisq Df  Pr(>Chisq)
## type              30.0   4    5.0e-06 ***
## gender             6.4   1      0.012 *
## factor(vage)     164.0   9    < 2e-16 ***
## factor(ageg)      66.5   6    2.2e-12 ***
## region            46.3   4    2.1e-09 ***
```

```
## ---
## Signif. codes:  0 '***' 0.001 '**' 0.01 '*' 0.05 '.' 0.1 ' ' 1
```

如果模型的分布假设是合理的,其偏差残差应该近似服从标准正态分布。下面检验逆高斯回归模型 ig1 的偏差残差是否近似服从标准正态分布。

```
#计算逆高斯回归 ig1 的偏差残差,记为 drig1
drig1 = residuals(ig1,type = 'deviance')

#绘制 drig1 的直方图,并用标准正态分布进行拟合
par(mfrow = c(1, 2))
histDist(drig1, nbins = 100, xlab = '', ylab = '', main = '逆高斯回归模型的偏差残差')

#绘制 drig1 的 QQ 图
qqnorm(drig1, main = '逆高斯回归模型的 QQ 图')
qqline(drig1)
```

图 8-13 表明,逆高斯回归模型的残差与标准正态分布相差较远,部分观察值的残差远远大于标准正态分布的分位数,这就意味着有进一步改进分布假设的必要。

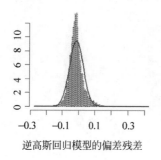
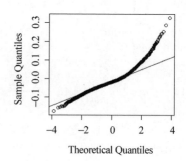

图 8-13　逆高斯回归模型的残差

下面比较逆高斯回归模型 ig1 对各个风险类别的预测值与观察值,为此,需要分别计算各个风险类别的预测值总和与观察值总和。所有赔款的观察值之和是逆高斯回归模型预测值之和的 0.999 1 倍,说明预测值在整体上略微偏高,需要对所有的预测值乘以 0.999 1。有关 R 程序代码和输出结果如下,其中 sev * num 表示案均赔款的观察值与索赔次数的乘积,等于总赔款的观察值,pred * rate * num 表示经过调整的案均赔款的预测值与索赔次数的乘积,等于总赔款的预测值。各个风险类别总赔款的观察值与预测值的散点图如图 8-14 所示,两者的线性相关系数为 0.994 2,说明逆高斯回归模型对案均赔款的预测效果较好。

```
# 计算逆高斯回归模型 ig1 对案均赔款的预测值 pred
dats[, pred: = fitted(ig1)]

# 计算逆高斯回归模型 ig1 对整个风险集合总赔款的预测值与观察值的相对差异
rate = dats[, sum(sev * num)]/dats[, sum(pred * num)]
rate
## [1] 0.9991

# 计算各个风险类别总赔款的预测值与观察值,对所有预测值都乘以系数 rate 进行调整
com = dats[,list(sumsev = sum(sev * num), sumpred = sum(pred * rate * num)),
by = c('type', 'gender', 'vage', 'ageg', 'region')]

# 绘图比较各个风险类别总赔款的预测值与观察值
par(mfrow = c(1, 2))
com[, plot(sumsev, sumpred, xlab = '各个风险类别总赔款的观察值', ylab = '各个风
险类别总赔款的预测值')]
abline(0, 1, col = 2, lwd = 2)
com[, plot(log(sumsev), log(sumpred), xlab = '各个风险类别总赔款观察值的对数',
ylab = '各个风险类别总赔款预测值的对数')]
abline(0, 1, col = 2, lwd = 2)

# 计算各个风险类别总赔款的预测值与观察值的相关系数
com[, cor(sumsev, sumpred)]
## [1] 0.9942
```

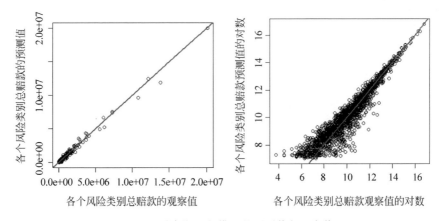

图 8-14　逆高斯回归模型的预测值与观察值

前面的分析结果表明,对于本例的案均赔款而言,逆高斯分布假设下的预测模型优于伽马分布假设下的预测模型。图 8-15 比较了这两个模型的预测值,其中 fitted(ga1)表示伽马回归模型的预测值,fitted(ig1)表示逆高斯回归模型的预测

值。该图表明,两个模型的预测值差异很小,只有少数预测值的差异超过 4%,绝大多数预测值的差异不超过 2%。

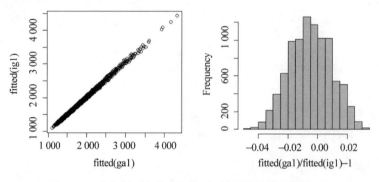

图 8-15　逆高斯回归模型与伽马回归模型的预测值比较

8.6.4　案均赔款对数的预测模型

前文的分析结果表明,伽马回归和逆高斯回归对案均赔款的拟合效果不是很好,可能的原因是这两个分布的右尾还不够厚或者峰度还不够高。为此,下面对案均赔款进行对数变换以后建立回归模型。从图 8-12 中案均赔款的直方图可以看出,案均赔款的对数近似服从对称分布,所以可以考虑以案均赔款的对数为因变量,建立线性回归模型。

首先计算案均赔款的对数,并将其记为 logsev,然后以 logsev 为因变量建立回归模型,R 程序代码如下。

```
#计算案均赔款的对数,记为 logsev
dats[, logsev:= log(sev)]

#以 logsev 为因变量的回归方程
logsf = logsev ~ type + gender + factor(vage) + factor(ageg) + region

#建立伽马分布假设下的回归模型
logga = gamlss(logsf, family = GA, control = gamlss.control(n.cyc = 100, trace =
FALSE), data = dats)

#建立偏 t 分布假设下的回归模型
logst = gamlss(logsf, family = ST1, control = gamlss.control(n.cyc = 100, trace
= FALSE), data = dats)

#输出偏 t 回归和伽马回归的 AIC
AIC(logst, logga)
```

```
##         df       AIC
## logst 28  18600.21
## logga 26  20106.88

#输出模型 logst 的分位残差图
plot(logst)
```

上述输出结果表明,偏 t 分布假设下的回归模型 logst 的 AIC 值相对较小。该模型的分位残差图如图 8-16 所示。

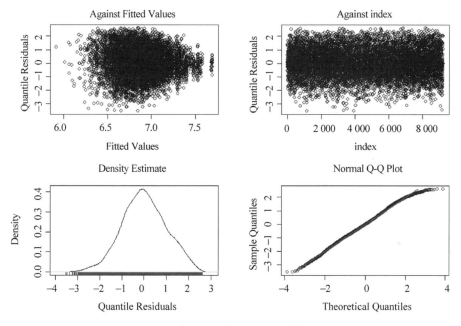

图 8-16　偏 t 回归模型 logst 的分位残差

偏 t 回归模型的分位残差近似服从标准正态分布,这表明用偏 t 分布可以较好地拟合本例中的对数案均赔款数据。

下面输出偏 t 回归模型 logst 的参数估计值。

```
summary(logst)
## ************************************************************
****
## Family: c("ST1", "Skew t (Azzalini type 1)")
## 
## Call: gamlss(formula = logsf, family = ST1, data = dats, control = gamlss.
control(n.cyc = 100, trace = FALSE))
```

```
## 
## Fitting method: RS() 
## 
## -------------------------------------------------------------------
## Mu link function: identity
## Mu Coefficients:
##                  Estimate    Std. Error    t value    Pr(>|t|)
## (Intercept)       7.07103       0.06212    113.828     < 2e-16 ***
## typeB             0.12788       0.03265      3.917    9.03e-05 ***
## typeC            -0.11405       0.01544     -7.385    1.66e-13 ***
## typeD            -0.16678       0.01718     -9.709     < 2e-16 ***
## typeE            -0.10966       0.01783     -6.150    8.09e-10 ***
## genderM           0.15786       0.01200     13.158     < 2e-16 ***
## factor(vage)2    -0.08025       0.02623     -3.060    0.002220 **
## factor(vage)3    -0.16374       0.02579     -6.349    2.28e-10 ***
## factor(vage)4    -0.24459       0.02600     -9.407     < 2e-16 ***
## factor(vage)5    -0.26877       0.02673    -10.054     < 2e-16 ***
## factor(vage)6    -0.33210       0.02727    -12.179     < 2e-16 ***
## factor(vage)7    -0.34361       0.02867    -11.987     < 2e-16 ***
## factor(vage)8    -0.38150       0.03048    -12.516     < 2e-16 ***
## factor(vage)9    -0.36626       0.03330    -11.000     < 2e-16 ***
## factor(vage)10   -0.48002       0.03646    -13.167     < 2e-16 ***
## factor(ageg)2     0.22253       0.06012      3.701    0.000216 ***
## factor(ageg)3     0.32438       0.05822      5.572    2.60e-08 ***
## factor(ageg)4     0.33177       0.05686      5.835    5.56e-09 ***
## factor(ageg)5     0.33421       0.05689      5.875    4.37e-09 ***
## factor(ageg)6     0.12902       0.05721      2.255    0.024153 *
## factor(ageg)7    -0.10327       0.05965     -1.731    0.083434 .
## regionCQ         -0.57466       0.02286    -25.140     < 2e-16 ***
## regionSH         -0.16034       0.01567    -10.231     < 2e-16 ***
## regionSZ         -0.34287       0.01788    -19.179     < 2e-16 ***
## regionTJ         -0.38557       0.02081    -18.530     < 2e-16 ***
## ---
## Signif. codes:  0 '***' 0.001 '**' 0.01 '*' 0.05 '.' 0.1 ' ' 1
## 
## -------------------------------------------------------------------
## Sigma link function: log
## Sigma Coefficients:
##                  Estimate    Std. Error    t value    Pr(>|t|)
## (Intercept)      -0.71564       0.02048     -34.94     < 2e-16 ***
## ---
## Signif. codes:  0 '***' 0.001 '**' 0.01 '*' 0.05 '.' 0.1 ' ' 1
## 
```

```
## -----------------------------------------------------
## Nu link function: identity
## Nu Coefficients:
##              Estimate    Std. Error    t value    Pr(>|t|)
## (Intercept)  0.53099     0.05567       9.538      < 2e-16 ***
## ---
## Signif. codes: 0 '***' 0.001 '**' 0.01 '*' 0.05 '.' 0.1 ' ' 1
##
## -----------------------------------------------------
## Tau link function: log
## Tau Coefficients:
##              Estimate    Std. Error    t value    Pr(>|t|)
## (Intercept)  0.98309     0.03556       27.65      < 2e-16 ***
## ---
## Signif. codes: 0 '***' 0.001 '**' 0.01 '*' 0.05 '.' 0.1 ' ' 1
##
## -----------------------------------------------------
## No. of observations in the fit: 9227
## Degrees of Freedom for the fit: 28
##       Residual Deg. of Freedom: 9199
##                       at cycle: 46
##
## Global Deviance: 18544.21
##             AIC: 18600.21
##             SBC: 18799.85
## ******************************************************************
```

在前述的偏 t 回归模型中,参数 Mu 使用了等值连接函数,参数 Sigma 使用了对数连接函数,参数 Nu 使用了等值连接函数,参数 Tau 使用了对数连接函数。该模型只对参数 Mu 建立了回归模型,其他三个参数都是常数,它们的值分别为:Sigma $=\exp(-0.7156)=0.4889$,Nu $=0.5301$,Tau $=\exp(0.9831)=2.6727$。

偏 t 回归模型的预测值经过指数变换以后应该正比于案均赔款的预测值。为此,我们在风险集合总赔款的预测值与观察值相等的条件下对偏 t 回归模型的预测值进行比例调整,从而得到偏 t 回归模型对案均赔款的预测值。有关 R 程序代码如下。结果表明,比例调整因子为 1.4042,换言之,将偏 t 回归模型的预测值乘以 1.4042,即得案均赔款的预测值。

```
#计算偏 t 回归的预测值 pred,该预测值应该正比于案均赔款的预测值
dats[, pred:= exp(fitted(logst))]

#计算偏 t 回归对整个风险集合总赔款的预测值与观察值的相对差异
```

```
rate = dats[, sum(sev * num)]/dats[, sum(pred * num)]
rate
## [1] 1.4042
```

根据案均赔款的预测值,可以计算各个风险类别总赔款的预测值。该预测值与观察值的比较如图 8-17 所示,两者的线性相关系数为 0.989 8,说明偏 t 回归模型对对数案均赔款的预测效果较好。

```
#计算各个风险类别总赔款的预测值与观察值,对所有预测值都乘以系数 rate 进行调整
com = dats[,list(sumsev = sum(sev * num), sumpred = sum(pred * rate * num)), by
     = c('type', 'gender', 'vage', 'ageg', 'region')]

#绘图比较各个风险类别总赔款的预测值与观察值
par(mfrow = c(1, 2))
com[, plot(sumsev, sumpred, xlab = '各个风险类别总赔款的观察值', ylab = '各个风
险类别总赔款的预测值')]
abline(0, 1, col = 2, lwd = 2)
com[, plot(log(sumsev), log(sumpred), xlab = '各个风险类别总赔款观察值的对数',
ylab = '各个风险类别总赔款预测值的对数')]
abline(0, 1, col = 2, lwd = 2)

#计算各个风险类别总赔款的预测值与观察值的相关系数
com[, cor(sumsev, sumpred)]
## [1] 0.9898
```

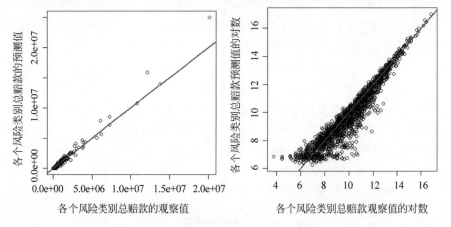

图 8-17 偏 t 回归模型的预测值与观察值

第9章 损失概率预测模型

损失发生与否是一个二分类变量,二分类变量的观察值有两种表现形式:

一种是对每次事件的观察结果记录一次,如表 9-1 中的 y 所示。$y=1$ 表示保单发生了索赔,$y=0$ 表示未发生索赔。该表中的变量 y 只取 0 和 1 两个值,所以可以用伯努利分布进行描述。

表 9-1　个体保单的观察数据

保单号	是否发生索赔	y 的取值	汽车类型	驾驶人性别
001	是	1	A	男
002	是	1	A	男
003	是	1	A	女
004	否	0	A	女
005	是	1	B	男
006	否	0	B	男
007	是	1	B	男
008	否	0	B	女

另一种是把多次观察的结果汇总记录一次,如表 9-2 所示,该表是对表 9-1 的汇总,其中汽车类型有两个水平,驾驶人性别也有两个水平,这就把所有保单划分为四种类别,从而可以统计出每个类别包含的保单数(k)和发生索赔的保单数(y),其中发生索赔的保单数 y 可以看做是 k 个独立同分布的伯努利随机变量之和,所以每个类别中发生索赔的保单数 y 服从二项分布。伯努利分布可以看做是二项分布的特例。

表 9-2　汇总后的观察数据

类别	保单数(k)	发生索赔的保单数(y)	汽车类型	驾驶人性别
1	2	2	A	男
2	2	1	A	女
3	3	2	B	男
4	1	0	B	女

由此可见,二分类随机变量的观察值要么服从二项分布,要么服从二项分布的特殊形式,即伯努利分布。伯努利分布和二项分布都属于指数分布族,所以,在这两个分布假设下建立的损失概率预测模型是一类特殊形式的广义线性模型。

本章讨论因变量服从伯努利分布和二项分布假设下的广义线性模型及其在损失概率预测中的应用,主要包括逻辑斯谛(logistic)回归模型的参数估计、模型检验及其在 R 中的实现。

9.1 基于个体观察数据的损失概率预测

描述个体保单是否发生损失的随机变量是个二分类变量。二分类变量是取值为 1 或 0 的随机变量,可以用伯努利分布进行描述。伯努利分布的均值就是损失发生的概率,所以关于伯努利分布的均值建立的回归模型就是损失概率预测模型。

9.1.1 伯努利分布

描述个体保单是否发生损失的随机变量服从伯努利分布。伯努利分布的概率函数可以表示为

$$f(y;\pi) = \pi^y (1-\pi)^{1-y} = \begin{cases} \pi, & y=1 \\ 1-\pi, & y=0 \end{cases} \tag{9.1}$$

其中,$y=1$ 表示个体保单发生了损失;$y=0$ 表示没有发生损失;π 表示发生损失的概率。

伯努利分布的概率函数也可以表示为下述指数分布族的形式:

$$f(y;\pi) = \exp\left[y\ln\frac{\pi}{1-\pi} + \ln(1-\pi) \right] \tag{9.2}$$

上式与指数分布族的一般形式进行比较,容易看出:

$$\theta = \ln\frac{\pi}{1-\pi} \tag{9.3}$$

$$b(\theta) = -\ln(1-\pi) \tag{9.4}$$

伯努利分布的均值和方差可以通过计算函数 $b(\theta)$ 关于 θ 的一阶导数和二阶导数求得。

由式(9.3)可知,$\dfrac{\partial \theta}{\partial \pi} = \dfrac{1}{\pi(1-\pi)}$,所以有

$$\mu = b'(\theta) = \frac{\partial b}{\partial \pi} \frac{\partial \pi}{\partial \theta} = \frac{1}{1-\pi}\pi(1-\pi) = \pi \tag{9.5}$$

$$v = b''(\theta) = \frac{\partial b'(\theta)}{\partial \theta} = \frac{\partial \pi}{\partial \theta} = \pi(1-\pi) \tag{9.6}$$

上式表明,伯努利分布的均值为 π,方差为 $\pi(1-\pi)$。

9.1.2 伯努利分布假设下的逻辑斯谛回归

广义线性模型将均值经过连接函数 $g(\cdot)$ 变换以后表示为解释变量的函数,即

$$g(\mu_i) = \boldsymbol{x}_i^\mathrm{T} \boldsymbol{\beta}$$

伯努利分布的均值就是损失事件发生的概率,所以,在伯努利分布假设下,广义线性模型的一般形式为

$$g(\pi_i) = \boldsymbol{x}_i^T \boldsymbol{\beta} \quad \Leftrightarrow \quad \pi_i = g^{-1}(\boldsymbol{x}_i^T \boldsymbol{\beta}) \tag{9.7}$$

因为事件发生的概率只能在$[0,1]$区间取值,而任何一个随机变量的分布函数的取值都在$[0,1]$区间,所以在式(9.7)的广义线性模型中,连接函数的一般形式就是分布函数的反函数。如果用F表示任意随机变量的分布函数,则式(9.7)可以表示为

$$F^{-1}(\pi_i) = \boldsymbol{x}_i^T \boldsymbol{\beta} \quad \Leftrightarrow \quad \pi_i = F(\boldsymbol{x}_i^T \boldsymbol{\beta}) \tag{9.8}$$

在实际应用中,最常选用的分布函数是标准逻辑斯谛(logistic)分布函数。在式(9.8)中,如果使用标准逻辑斯谛分布的分布函数,则相应的广义线性模型就称作逻辑斯谛回归模型。

标准逻辑斯谛分布的分布函数为

$$F(x) = \frac{\exp(x)}{1+\exp(x)} \tag{9.9}$$

标准逻辑斯谛分布函数的反函数就是逻辑斯谛回归模型的连接函数,即

$$g(x) = \ln \frac{x}{1-x} \tag{9.10}$$

上式的函数变换通常称作 logit 变换,即逻辑斯谛回归模型的连接函数就是 logit 变换。

在广义线性模型中,正则连接函数是使得$\theta = \eta$成立的连接函数。从式(9.3)容易看出,伯努利分布假设下的正则连接函数就是 logit 变换。

把标准逻辑斯谛分布函数代入式(9.8),即得逻辑斯谛回归模型的表达式为

$$\ln \frac{\pi_i}{1-\pi_i} = \boldsymbol{x}_i^T \boldsymbol{\beta} \quad \Leftrightarrow \quad \pi_i = \frac{\exp(\boldsymbol{x}_i^T \boldsymbol{\beta})}{1+\exp(\boldsymbol{x}_i^T \boldsymbol{\beta})} \tag{9.11}$$

在当前模型下,第i个观察值的对数似然函数可以表示为

$$\ell(\pi_i; y_i) = y_i \ln \frac{\pi_i}{1-\pi_i} + \ln(1-\pi_i) = \begin{cases} \ln(\pi_i), & \text{若 } y_i = 1 \\ \ln(1-\pi_i), & \text{若 } y_i = 0 \end{cases} \tag{9.12}$$

在饱和模型中,第i个观察值的对数似然函数为零,即:

$$\ell(y_i; y_i) = \begin{cases} \ln y_i = 0, & \text{若 } y_i = 1 \\ \ln(1-y_i) = 0, & \text{若 } y_i = 0 \end{cases} \tag{9.13}$$

所以,在伯努利分布假设下的逻辑斯谛回归模型中,第i个观察值的偏差为

$$D_i = \begin{cases} -2\ln \pi_i, & \text{若 } y_i = 1 \\ -2\ln(1-\pi_i), & \text{若 } y_i = 0 \end{cases} \tag{9.14}$$

整个模型的偏差就是上述偏差之和,即$D = \sum_{i=1}^{n} D_i$。

9.1.3 迭代加权最小二乘估计

在广义线性模型中,估计回归参数的迭代加权最小二乘公式为

$$\boldsymbol{X}^{\mathrm{T}}\boldsymbol{W}^{(m-1)}\boldsymbol{X}\boldsymbol{\beta}^{(m)} = \boldsymbol{X}^{\mathrm{T}}\boldsymbol{W}^{(m-1)}\boldsymbol{z}^{(m-1)} \tag{9.15}$$

其中:

$$\boldsymbol{W} = \mathrm{diag}\left\{\frac{w_i}{\phi v(\mu_i)\left[g'(\mu_i)\right]^2}\right\}_{n \times n} \tag{9.16}$$

$$\boldsymbol{z} = \left[\eta_i + (y_i - \mu_i)g'(\mu_i)\right]_{n \times 1} \tag{9.17}$$

在伯努利分布假设下的逻辑斯谛回归模型中,有

$$\phi = 1$$
$$v = \pi(1-\pi)$$
$$g'(\pi) = \frac{1}{\pi(1-\pi)}$$

故权数矩阵和工作因变量可以简化为(令 $w_i = 1$)

$$\boldsymbol{W} = \mathrm{diag}\left[\pi_i(1-\pi_i)\right]_{n \times n}$$

$$\boldsymbol{z} = \left[\eta_i + \frac{y_i - \pi_i}{\pi_i(1-\pi_i)}\right]_{n \times 1}$$

应用前述结果,在伯努利分布假设下的逻辑斯谛回归模型中,回归参数可以应用表 9-3 所示的迭代加权最小二乘法进行估计。

表 9-3 伯努利分布假设下估计逻辑斯谛回归模型参数的迭代加权最小二乘算法

1. 设定初始值:
$D = 0$
$\boldsymbol{\pi} = (\boldsymbol{y} + 0.5)/2$
$\boldsymbol{\eta} = \ln[\boldsymbol{\pi}/(1-\boldsymbol{\pi})]$
2. 当偏差变化的绝对值 $\mathrm{abs}(\Delta D) > 10^{-8}$ 时,执行下述循环过程,否则停止循环:
{
$\boldsymbol{W} = \boldsymbol{\pi}(1-\boldsymbol{\pi})$
$\boldsymbol{z} = \boldsymbol{\eta} + (\boldsymbol{y} - \boldsymbol{\pi})/(\boldsymbol{\pi}(1-\boldsymbol{\pi}))$
$\boldsymbol{\beta} = (\boldsymbol{X}^{\mathrm{T}}\boldsymbol{W}\boldsymbol{X})^{-1}\boldsymbol{X}^{\mathrm{T}}\boldsymbol{W}\boldsymbol{z}$
$\boldsymbol{\eta} = \boldsymbol{X}\boldsymbol{\beta}$
$\boldsymbol{\pi} = 1/[1 + \exp(-\boldsymbol{\eta})]$
$D^* = D$
$D_i = \begin{cases} -2\ln\pi_i, & y_i = 1 \\ -2\ln(1-\pi_i), & y_i = 0 \end{cases}$
$D = \sum D_i$
$\Delta D = D^* - D$
}

9.1.4 模拟数据分析

模拟二分类随机变量的 R 程序代码如下，其中 y 表示损失是否发生的随机变量，服从伯努利分布，$x1$ 和 $x2$ 是连续型解释变量，$x3$ 和 $x4$ 是分类解释变量。

```
#模拟解释变量
set.seed(123)
n = 500                       #模拟次数
x1 = rgamma(n, 2, 1)          #解释变量x1,服从伽马分布
x2 = rgamma(n, 2, 3)          #解释变量x2,服从伽马分布
x3 = rbinom(n, 1, 0.4)        #分类解释变量x3,服从二项分布
x4 = rbinom(n, 1, 0.7)        #分类解释变量x4,服从二项分布

#参数的真实值
b0 = 1.5
b1 = -0.25
b2 = -0.5
b3 = 0.15
b4 = -1.4

#线性预测项
eta = b0 + b1 * x1 + b2 * x2 + b3 * x3 + b4 * x4

#事件发生的概率,logit连接函数
p = 1/(1 + exp(-eta))

#因变量的模拟值,服从伯努利分布
y = rbinom(n, size = 1, prob = p)

#模拟的数据集:y = 1表示发生损失事件,y = 0表示没有发生损失
dt = data.frame(y, x1, x2, x3, x4)

#输出部分模拟数据
head(dt)
##   y        x1         x2 x3 x4
## 1 0 0.8920936 1.11069384  0  0
## 2 1 3.3118474 0.87266391  0  0
## 3 1 0.1443750 0.03686042  0  1
## 4 1 1.6625233 0.87423287  1  1
## 5 1 4.3358790 1.31075001  0  0
## 6 0 2.1176157 0.42477306  1  1
```

应用表 9-3 所示的迭代加权最小二乘算法估计逻辑斯谛回归模型参数的 R 程

序代码如下。

```
#初始值
D = 0
p = (y + 0.5)/2
eta = log(p/(1 - p))

#设计矩阵
X = model.matrix( ~ x1 + x2 + x3 + x4)

#迭代过程
repeat {
    W = diag(p * (1 - p))
    z = eta + (y - p)/(p * (1 - p))
    #参数估计值 beta
    beta = solve((t(X) %*% W %*% X)) %*% t(X) %*% W %*% z
    eta = c(X %*% beta)
    p = 1/(1 + exp( - eta))
    Dstar = D
    Di = ifelse(y == 1, -2 * log(p), -2 * log(1 - p))
    D = sum(Di)
    Ddiff = Dstar - D
    if (max(abs(Ddiff)) < 1e - 08)
        break
}

#输出参数估计值
beta
                   [,1]
(Intercept)   1.45913324
x1           - 0.14274337
x2           - 0.58061304
x3             0.02871715
x4           - 1.49162755
```

应用 glm 函数估计逻辑斯谛回归参数的 R 程序代码如下。

```
mod1 = glm(y ~ x1 + x2 + x3 + x4, data = dt, family = binomial(link = logit))
```

应用 gamlss 函数估计逻辑斯谛回归参数的程序代码如下。

```
library(gamlss)
mod2 = gamlss(y ~ x1 + x2 + x3 + x4, data = dt, family = BI, mu.link = logit)
```

上述三种方法求得的参数估计结果是相同的。下面用 summary(mod2)函数输出模型 mod2 的参数估计结果。

```
## -------------------------------------------------------------
## Mu link function:  logit
## Mu Coefficients:
##              Estimate   Std. Error   t value    Pr(>|t|)
## (Intercept)   1.45913     0.28633     5.0961    4.943e-07
## x1           -0.14274     0.07666    -1.8620    6.319e-02
## x2           -0.58061     0.22883    -2.5373    1.148e-02
## x3            0.02872     0.19525     0.1471    8.831e-01
## x4           -1.49163     0.20899    -7.1374    3.407e-12
##
## -------------------------------------------------------------
```

可见,尽管本例的模拟数据是基于逻辑斯谛回归模型生成的,但逻辑斯谛回归模型的参数估计结果(1.46,−0.14,−0.58,0.02,−1.49)与真实参数(1.5,−0.25,−0.5,0.15,−1.4)还是存在较大差距,且 $x3$ 的参数不显著,P 值为 0.88,其中的主要原因在于本例的模拟数据较少(只模拟了 500 个观察值)所致。容易验证,如果把模拟数据的观察值个数增加至 50000 个,则逻辑斯谛回归模型的参数估计值为(1.49,−0.25,−0.53,0.14,−1.39),非常接近真实值,且所有参数都是高度显著的。

由于本例的模拟数据量较小,参数估计值的误差较大,但从图 9-1 来看,逻辑斯谛回归模型的随机分位残差近似服从标准正态分布,表明本例所用的分布假设是合理的。这与本例中模拟数据的生成机理完全吻合。

```
#输出模型 mod2 的分位残差图
plot(mod2)
```

9.1.5 不同风险暴露时期的处理

在前述的逻辑斯谛回归模型中,假设每个观测对象的风险暴露时期是相同的,譬如均为 1 年。在实际数据中,不同观测对象的风险暴露时期可能是不同的。在这种情况下,每个观测对象在风险暴露时期是否发生损失的概率与风险暴露时期成正比,风险暴露时期越长,发生损失的概率越大。如果用 π 表示风险暴露时期为 1 年的观测对象发生损失的概率,则对于风险暴露时期为 $t(0 \leqslant t \leqslant 1)$ 的观测对象,发生损失的概率应该为 $\dot{\pi}=t\pi$,将其代入式(9.11),并省略下标,可得风险暴露时期为 $t(0 \leqslant t \leqslant 1)$ 的观测对象发生损失的概率为

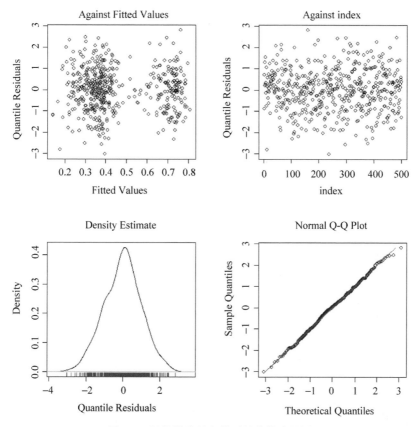

图 9-1 逻辑斯谛回归模型的分位残差图

$$\dot{\pi} = t \frac{\exp(x^{\mathrm{T}}\beta)}{1+\exp(x^{\mathrm{T}}\beta)} \tag{9.18}$$

上式经变形有

$$\ln \frac{\dot{\pi}/t}{1-\dot{\pi}/t} = x^{\mathrm{T}}\beta$$

由此可见,当风险暴露时期为 t 时,逻辑斯谛回归模型的连接函数为

$$g(\dot{\pi}) = \ln \frac{\dot{\pi}/t}{1-\dot{\pi}/t} \tag{9.19}$$

可见,对于风险暴露时期为 t 的观测对象,其连接函数不再是通常意义上的 logit 连接函数。

一般的统计软件只提供标准连接函数。对于特殊的连接函数,用户必须自行定义。

如果使用 R 软件的 glm 函数建模,上述连接函数可以如下定义(命名为 mlogit):

```r
mlogit = function(t = 1) {
    #连接函数
    linkfun = function(mu) log((mu/t)/(1 - mu/t))
    #连接函数的逆函数
    linkinv = function(eta) t/(1 + exp(-eta))
    #连接函数的逆函数关于eta的一阶导数
    mu.eta = function(eta) t * exp(-eta)/(1 + exp(-eta))^2
    valideta = function(eta) TRUE
    link = "mlogit"
    structure(list(linkfun = linkfun, linkinv = linkinv, mu.eta = mu.eta,
    valideta = valideta, name = link), class = "link-glm")
}
```

下面应用自定义的连接函数建立逻辑斯谛回归模型。首先模拟一组包含风险暴露时期的数据集，其中有 5000 个观测值，风险暴露时期 t 服从 $(0.8,2)$ 区间的均匀分布。两个解释变量分别为 type 和 age，其中 type 是分类变量，服从参数为 $(1,0.6)$ 的二项分布；age 是连续型变量，服从均值为 2 的泊松分布。在线性预测项中，三个参数的真实值分别为 $\beta_0=-1.5, \beta_1=0.8, \beta_2=-0.5$。

```r
#模拟数据
set.seed(111)
n = 5000            #模拟次数

#模拟风险暴露时期
t = runif(n, 0.8, 2)

#模拟解释变量:type 和 age
type = rbinom(n, 1, 0.6)
age = rpois(n, 2)

#参数的真实值
b0 = -1.5
b1 = 0.8
b2 = -0.5

#线性预测项
eta = b0 + b1 * type + b2 * age

#事件发生概率
p = t * exp(eta)/(1 + exp(eta))
```

```r
# 因变量 accident
accident = rbinom(n, size = 1, prob = p)

# 数据集 dat
dat = data.frame(accident, type, age, t)

# 输出部分模拟数据
head(dat)
##   accident type age        t
## 1        1    1   2 1.511578
## 2        0    0   1 1.671777
## 3        0    0   3 1.244506
## 4        0    1   2 1.417909
## 5        0    1   2 1.253196
## 6        0    1   2 1.302005

# 使用 logit 连接函数(不考虑风险暴露时期的影响)
mod1 = glm(accident ~ type + age, family = binomial(link = logit), data = dat)

# 使用自定义的 mlogit 连接函数(考虑风险暴露时期的影响)
mod2 = glm(accident ~ type + age, family = binomial(link = mlogit(t = dat$t)),
    data = dat)

# 不考虑风险暴露时期的模型 mod1 的参数估计值
summary(mod1)$coef
##              Estimate  Std. Error   z value    Pr(>|z|)
## (Intercept)  -1.0688      0.08103   -13.19    1.001e-39
## type          0.9401      0.08172    11.50    1.255e-30
## age          -0.5395      0.03199   -16.87    7.909e-64

# 考虑风险暴露时期的模型 mod2 的参数估计值
summary(mod2)$coef
##              Estimate  Std. Error   z value    Pr(>|z|)
## (Intercept)  -1.5150      0.07448   -20.34    5.567e-92
## type          0.8589      0.07491    11.47    1.956e-30
## age          -0.4952      0.02843   -17.42    5.782e-68

# 比较两种模型的预测值
range(fitted(mod1))
## 0.0046 0.4678

range(fitted(mod2))
## 0.0041 0.6831
```

```
#绘图
plot(fitted(mod2), fitted(mod1))
abline(0, 1)
```

模型 mod2 考虑了风险暴露时期,所以其参数估计值与模拟数据使用的真实参数值更加接近。在图 9-2 中,横轴是模型 mod2 的概率预测值,纵轴是模型 mod1 的概率预测值,该图表明,是否考虑风险暴露时期对模型的预测值具有一定影响,模型 mod1 对事件发生概率的预测值落在区间[0.004 6,0.467 8],而模型 mod2 的预测值落在区间[0.004 1,0.683 1],后者的预测区间更大,这就表明,如果不考虑风险暴露时期的影响,模型对损失概率的预测值趋于保守。

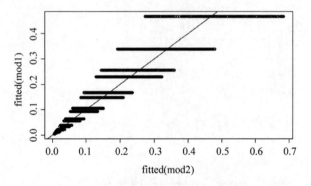

图 9-2　两种逻辑斯谛回归模型的预测值比较

9.2　基于汇总数据的损失概率预测

个体保单是否发生损失的观察数据服从 0 和 1 取值的伯努利分布,将其进行汇总以后,就可以得到服从二项分布的观察数据,该数据记录了保单总数和发生损失的保单数。

如果每份保单发生损失的概率为 π,则在 k 份保单中,发生损失的保单数 y 是一个服从二项分布的随机变量。在二项分布假设下,可以建立损失发生概率的回归模型,该回归模型也就是基于汇总数据建立的损失概率预测模型。

9.2.1　二项分布

二项分布用于描述 k 个独立同分布的伯努利随机变量之和的分布,其概率函数可以表示为

$$f(y;k,\pi) = \binom{k}{y}\pi^y(1-\pi)^{k-y} \tag{9.20}$$

在式(9.20)中，π 可以解释为每份保单发生损失的概率，k 表示保单总数，y 表示发生损失的保单数。

二项分布属于指数分布族，所以可以表示为指数分布族的一般形式，即对式(9.20)变形可得：

$$f(y;k,\pi) = \exp\left[y\ln\pi + k\ln(1-\pi) - y\ln(1-\pi) + \ln\binom{k}{y}\right]$$

$$= \exp\left[y\ln\frac{\pi}{1-\pi} + k\ln(1-\pi) + \ln\binom{k}{y}\right] \quad (9.21)$$

与指数分布族的一般形式进行对比可以看出：

$$\theta = \ln\frac{\pi}{1-\pi} \quad (9.22)$$

$$b(\theta) = -k\ln(1-\pi) \quad (9.23)$$

二项分布的均值和方差可以通过计算函数 $b(\theta)$ 关于 θ 的一阶导数和二阶导数求得。由式(9.22)可知，$\frac{\partial \theta}{\partial \pi} = \frac{1}{\pi(1-\pi)}$，所以有

$$\mu = b'(\theta) = \frac{\partial b}{\partial \pi}\frac{\partial \pi}{\partial \theta} = \frac{k}{1-\pi}\pi(1-\pi) = k\pi \quad (9.24)$$

$$v = b''(\theta) = \frac{\partial b'(\theta)}{\partial \theta} = \frac{\partial (k\pi)}{\partial \theta} = k\frac{\partial \pi}{\partial \theta} = k\pi(1-\pi) \quad (9.25)$$

上式表明，二项分布的均值为 $k\pi$，方差为 $k\pi(1-\pi)$。二项分布的方差也可以用均值表示为

$$v = \mu\left(1 - \frac{\mu}{k}\right) \quad (9.26)$$

9.2.2 二项分布假设下的逻辑斯谛回归

由式(9.24)可知，在二项分布假设下，如果使用 logit 连接函数，可以将损失事件发生的概率表示为

$$\pi_i = \frac{\exp(\boldsymbol{x}_i^\mathrm{T}\boldsymbol{\beta})}{1+\exp(\boldsymbol{x}_i^\mathrm{T}\boldsymbol{\beta})} \quad (9.27)$$

由此可见，在二项分布假设下，逻辑斯谛回归模型对均值的预测值可以表示为

$$\mu_i = k_i\pi_i = k_i\frac{\exp(\boldsymbol{x}_i^\mathrm{T}\boldsymbol{\beta})}{1+\exp(\boldsymbol{x}_i^\mathrm{T}\boldsymbol{\beta})} \quad (9.28)$$

上式表明，二项分布假设下逻辑斯谛回归模型的连接函数可以表示为

$$g(\mu) = \ln\frac{\mu}{k-\mu} \quad (9.29)$$

由式(9.22)和式(9.24)可以看出，上式的连接函数也是二项分布假设下逻辑

斯谛回归模型的正则连接函数，即满足条件 $\theta = \eta$。

由式(9.21)可知，在二项分布假设下，当前模型的对数似然函数可以表示为

$$\ell(\pi;y) = \sum_{i=1}^{n}\left[y_i\ln\frac{\pi_i}{1-\pi_i} + k_i\ln(1-\pi_i) + \ln\binom{k_i}{y_i}\right] \quad (9.30)$$

相应地，饱和模型的对数似然函数为

$$\ell(y;y) = \sum_{i=1}^{n}\left[y_i\ln\frac{y_i/k_i}{1-y_i/k_i} + k_i\ln\left(1-\frac{y_i}{k_i}\right) + \ln\binom{k_i}{y_i}\right] \quad (9.31)$$

由此可以求得二项分布假设下逻辑斯谛回归模型的偏差为

$$\begin{aligned}D &= 2\{\ell(y;y) - \ell(\pi;y)\} \\ &= 2\sum_{i=1}^{n}\left(y_i\ln\frac{y_i}{k_i-y_i}\frac{1-\pi_i}{\pi_i} + k_i\ln\frac{k_i-y_i}{k_i}\frac{1}{1-\pi_i}\right) \\ &= 2\sum_{i=1}^{n}\left[y_i\ln\frac{y_i}{\mu_i} + (k_i-y_i)\ln\frac{k_i-y_i}{k_i-\mu_i}\right]\end{aligned} \quad (9.32)$$

其中，$\mu_i = k_i\pi_i$ 表示二项分布的均值。

在二项分布中，如果 $k_i=1$，二项分布就退化为前一节的伯努利分布，所以下面假设 $k_i>1$。此时，二项分布的偏差具有下述几种特殊形式：

(1) 如果 $y_i=0$，则由式(9.30)可知，在当前模型中，第 i 个观察值的对数似然函数可以表示为

$$\ell(\pi_i;y_i) = k_i\ln(1-\pi_i)$$

在饱和模型中，第 i 个观察值的对数似然函数为

$$\ell(y_i;y_i) = k_i\ln\left(1-\frac{y_i}{k_i}\right) = 0$$

所以，偏差为：

$$D_i = -2k_i\ln(1-\pi_i) = -2k_i\ln\frac{k_i-\mu_i}{k_i}$$

(2) 如果 $y_i=k_i$，则由式(9.30)可知，在当前模型中，第 i 个观察值的对数似然函数可以表示为

$$\ell(\pi_i;y_i) = k_i\ln\pi_i$$

在饱和模型中，第 i 个观察值的对数似然函数为

$$\ell(y_i;y_i) = k_i\ln\frac{y_i}{k_i} = 0$$

所以，偏差为

$$D_i = -2k_i\ln\pi_i = -2k_i\ln\frac{\mu_i}{k_i}$$

(3) 如果 $0 < y_i < k_i$,第 i 个观察值的偏差为

$$D_i = 2y_i \ln \frac{y_i}{k_i - y_i} \frac{1 - \pi_i}{\pi_i} + 2k_i \ln \frac{k_i - y_i}{k_i} \frac{1}{1 - \pi_i}$$

$$= 2y_i \ln \frac{y_i}{\mu_i} + 2(k_i - y_i) \ln \frac{k_i - y_i}{k_i - \mu_i}$$

广义线性模型的偏差是每个观察值的偏差之和,即 $D = \sum_{i=1}^{n} D_i$。

9.2.3 迭代加权最小二乘估计

在广义线性模型中,估计回归参数的迭代加权最小二乘公式为

$$\boldsymbol{X}^{\mathrm{T}} \boldsymbol{W}^{(m-1)} \boldsymbol{X} \boldsymbol{\beta}^{(m)} = \boldsymbol{X}^{\mathrm{T}} \boldsymbol{W}^{(m-1)} \boldsymbol{z}^{(m-1)} \tag{9.33}$$

其中:

$$\boldsymbol{W} = \mathrm{diag} \left\{ \frac{w_i}{\phi v(\mu_i) [g'(\mu_i)]^2} \right\}_{n \times n} \tag{9.34}$$

$$\boldsymbol{z} = [\eta_i + (y_i - \mu_i) g'(\mu_i)]_{n \times 1} \tag{9.35}$$

在二项分布假设下的逻辑斯谛回归模型中,有

$$\phi = 1$$

$$v = \frac{\mu(k - \mu)}{k}$$

$$g'(\mu) = \frac{k}{\mu(k - \mu)}$$

故权数矩阵和工作因变量可以简化为

$$\boldsymbol{W} = \mathrm{diag} \left[\frac{\mu_i(k_i - \mu_i)}{k_i} \right]_{n \times n}$$

$$\boldsymbol{z} = \left[\eta_i + \frac{k_i(y_i - \mu_i)}{\mu_i(k_i - \mu_i)} \right]_{n \times 1}$$

应用前述结果,在二项分布假设下的逻辑斯谛回归模型中,回归参数可以应用表 9-4 所示的迭代加权最小二乘法进行估计。

表 9-4 二项分布假设下估计逻辑斯谛回归模型参数的迭代加权最小二乘算法

1. 设定初始值:
$D = 0$
$\boldsymbol{\mu} = \boldsymbol{k}(\boldsymbol{y}/\boldsymbol{k} + 0.5)/2$
$\boldsymbol{\eta} = \ln[\boldsymbol{\mu}/(\boldsymbol{k} - \boldsymbol{\mu})]$
2. 当偏差变化的绝对值 $\mathrm{abs}(\Delta D) > 10^{-8}$ 时,执行下述循环过程,否则停止循环:
$\boldsymbol{W} = \boldsymbol{\mu}(\boldsymbol{k} - \boldsymbol{\mu})/\boldsymbol{k}$
$\boldsymbol{z} = \boldsymbol{\eta} + \boldsymbol{k}(\boldsymbol{y} - \boldsymbol{\mu})/[\boldsymbol{\mu}(\boldsymbol{k} - \boldsymbol{\mu})]$

续表

$$\beta = (X^T W X)^{-1} X^T W z$$

$$\eta = X\beta$$

$$\mu = k/[1+\exp(-\eta)]$$

$$D^* = D$$

$$D_i = \begin{cases} -2k_i \ln \dfrac{k_i - \mu_i}{k_i}, & y_i = 0 \\ -2k_i \ln \dfrac{\mu_i}{k_i}, & y_i = k_i \\ 2y_i \ln \dfrac{y_i}{\mu_i} + 2(k_i - y_i) \ln \dfrac{k_i - y_i}{k_i - \mu_i}, & 0 < y_i < k_i \end{cases}$$

$$D = \sum D_i$$

$$\Delta D = D^* - D$$

9.2.4 模拟数据分析

本节讨论如何模拟服从二项分布的数据，并据此建立损失发生概率的预测模型。有关 R 程序代码如下。

```
#模拟解释变量
set.seed(123)
n = 500                 #模拟次数
x1 = rgamma(n, 2, 1)    #解释变量 x1
x2 = rgamma(n, 2, 3)    #解释变量 x2
x3 = rbinom(n, 1, 0.4)  #分类解释变量 x3
x4 = rbinom(n, 1, 0.7)  #分类解释变量 x4

#参数的真实值
b0 = 1.5
b1 = -0.25
b2 = -0.5
b3 = 0.15
b4 = -1.4

#线性预测项
eta = b0 + b1 * x1 + b2 * x2 + b3 * x3 + b4 * x4

#模拟总的保单数，从 1 到 10 之间随机抽取
k = sample(1:10, n, replace = TRUE)

#模拟发生索赔的概率，应用 logit 连接函数
p = 1/(1 + exp(-eta))
```

```
# 模拟发生索赔的保单数(因变量的模拟值)
y = rbinom(n, size = k, prob = p)

# 模拟的数据集: k 是总保单数, y 是发生索赔的保单数
dt = data.frame(y, k, x1, x2, x3, x4)

# 输出部分模拟数据
##   y k       x1         x2      x3 x4
## 1 5 8 0.8920936 1.11069384  0  0
## 2 3 6 3.3118474 0.87266391  0  0
## 3 4 5 0.1443750 0.03686042  0  1
## 4 4 9 1.6625233 0.87423287  1  1
## 5 5 7 4.3358790 1.31075001  0  0
## 6 1 1 2.1176157 0.42477306  1  1
```

基于上述模拟数据，应用迭代加权最小二乘法估计逻辑斯谛回归模型参数的 R 程序代码如下。

```
# 初始值
D = 0
mu = k * (y/k + 0.5)/2
eta = log(mu/(k - mu))

# 设计矩阵
X = model.matrix(~x1 + x2 + x3 + x4)

# 迭代过程
repeat {
    W = diag(mu * (k - mu)/k)
    z = eta + k * (y - mu)/(k - mu)/mu
    # 计算参数估计值 beta
    beta = solve((t(X) %*% W %*% X)) %*% t(X) %*% W %*% z
    eta = c(X %*% beta)
    mu = k/(1 + exp(-eta))
    Dstar = D
    Di = ifelse(y == 0, -2 * k * log((k - mu)/k),
        ifelse(y == k, -2 * k * log(mu/k),
        2 * y * log(y/mu) + 2 * (k - y) * log((k - y)/(k - mu))))
    D = sum(Di)
    Ddiff = Dstar - D
    if (max(abs(Ddiff)) < 1e-08)
        break
}
```

```
#输出参数估计值
beta
##              [,1]
##(Intercept)  1.4947
##x1          -0.2194
##x2          -0.5468
##x3           0.2003
##x4          -1.4156
```

在 R 中可以应用 glm 函数估计逻辑斯谛回归模型的参数。在因变量服从二项分布的情况下,模型中需要指定因变量的两个取值,一个是事件发生的次数(如发生索赔的保单数),另一个是事件未发生的次数(如未发生索赔的保单数)。譬如,在下述的 mod1 中,用 cbind(y,k−y) 指定因变量的两个取值,其中 y 表示事件发生的次数,k−y 表示事件未发生的次数,它们的和等于 k,表示试验的总次数。在 mod2 中,因变量用 y/k 表示,并用 weight=k 指定试验总次数。

```
mod1 = glm(cbind(y, k - y) ~ x1 + x2 + x3 + x4, data = dt, family = binomial
(link = logit))
mod2 = glm(y/k ~ x1 + x2 + x3 + x4, data = dt, weight = k, family = binomial
(link = logit))
```

模型 mod1 和 mod2 可以输出完全相同的结果。

也可以应用 gamlss 函数估计逻辑斯谛回归模型的参数,在下述的程序代码中,用 cbind(y,k−y) 指定因变量的两个取值,其中 y 表示事件发生的次数,k−y 表示事件未发生的次数。BI 表示二项分布,mu.link = logit 表示在建立回归模型时使用 logit 连接函数。

```
library(gamlss)
mod3 = gamlss(cbind(y, k - y) ~ x1 + x2 + x3 + x4, data = dt, family = BI, mu.
link = logit)
```

前述的三个模型 mod1,mod2 和 mod3 可以输出相同的参数估计值。下面仅给出 mod3 的输出结果。在本例中,模拟数据的真实参数为(1.5,−0.25,−0.5,0.15,−1.4),而逻辑斯谛回归模型的参数估计值为(1.49,−0.21,−0.54,0.2,−1.41),两者非常接近,且从 P 值来看,所有参数都是显著的。注意,本例虽然仅仅模拟了 500 次,但每次模拟都要进行 k 次试验。如果把每一次试验看做一次观察,本例的观察次数将等于对所有的 k 求和。这也就解释了在 9.1.4 节模拟 500 次的样本量不算大,所以逻辑斯谛回归模型的参数估计值与真实值差距较大,而本例中模拟 500 次的样本量已经足够大,所以逻辑斯谛回归模型的参数估计值与真实值非常接近。

应用 summary(mod3) 输出模型 mod3 的参数估计值如下。

```
## --------------------------------------------------------
## Mu link function:  logit
## Mu Coefficients:
##               Estimate   Std. Error   t value    Pr(>|t|)
## (Intercept)    1.4947     0.12367     12.086    1.197e-29
## x1            -0.2194     0.03344     -6.559    1.364e-10
## x2            -0.5468     0.09841     -5.557    4.492e-08
## x3             0.2003     0.08430      2.376    1.789e-02
## x4            -1.4156     0.09051    -15.639    4.291e-45
## --------------------------------------------------------
```

应用 plot(mod3) 可以输出模型 mod3 的随机分位残差图,结果如图 9-3 所示,比较接近标准正态分布,说明本例使用的分布假设是合理的。

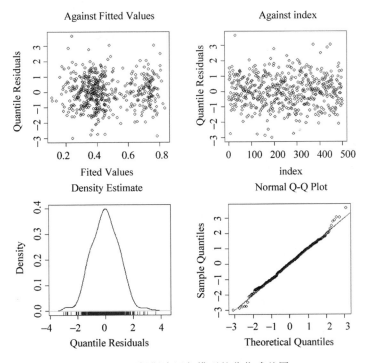

图 9-3　逻辑斯谛回归模型的分位残差图

逻辑斯谛回归模型输出的拟合值是事件发生的概率,将其乘以试验次数才是事件发生次数的拟合值。在前述的模型中,fitted(mod3) 输出事件发生的概率,将

其乘以试验次数 k 就是事件发生次数 y 的拟合值,如图 9-4 所示,绘图的 R 程序代码如下。

```
plot(y, k * fitted(mod3), xlab = '观察值', ylab = '模型的拟合值')
abline(0, 1)
```

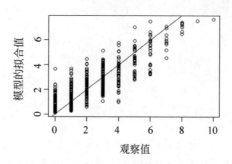

图 9-4　逻辑斯谛回归模型中拟合值与观察值的比较

图 9-4 表明,因变量的观察值是大于或等于零的整数,而模型的拟合值是大于零的实数。当观察值为零时,模型的拟合值都大于零。当观察值是非零整数时,模型的拟合值在观察值上下波动。

9.3　损失概率预测模型的解释

在逻辑斯谛回归模型中,回归系数通常借助发生比和发生比率进行解释。

发生比(odds)等于事件发生的频数与未发生的频数之比,或事件发生的概率(p)与事件未发生的概率($1-p$)之比,即

$$\text{odds} = \frac{事件发生的频数}{事件未发生的频数} = \frac{p}{1-p} \tag{9.36}$$

对于第 k 类事件,上式还可表示为

$$\text{odds} = \frac{p_k}{1-p_k} \tag{9.37}$$

其中,p_k 表示第 k 类事件发生的概率。

发生比的数值大小具有下述含义:

$$\text{odds} = \begin{cases} >1, & 表示事件更可能发生 \\ =1, & 表示事件发生和不发生的可能性相等 \\ <1, & 表示事件更不可能发生 \end{cases}$$

在比较两个事件的发生比时,不是通过相减,而是通过相除的方式进行比较,从而得到**发生比率**(odds ratio):

$$\text{odds ratio} = \frac{\text{odds}_1}{\text{odds}_2} \tag{9.38}$$

譬如,应用表 9-5 的数据可以求得男生考入大学的发生比为

$$\text{odds}_\text{男} = \frac{n_{11}}{n_{12}} = \frac{200}{400} = 0.5$$

女生考入大学的发生比为

$$\text{odds}_\text{女} = \frac{n_{21}}{n_{22}} = \frac{80}{400} = 0.2$$

男生与女生考入大学的发生比率为

$$\text{odds ratio}_\text{性别} = \frac{\text{odds}_\text{男}}{\text{odds}_\text{女}} = 2.5$$

该发生比率表明,男生考入大学的发生比大约是女生考入大学的发生比的 2.5 倍。

表 9-5 分性别的大学入学情况

性别	是否入学	
	是	否
男	$n_{11}=200$	$n_{12}=400$
女	$n_{21}=80$	$n_{22}=400$

在逻辑斯谛回归模型中,回归系数的影响可以通过发生比率进行解释。不妨假设有下述的逻辑斯谛回归模型:

$$\ln \frac{\pi}{1-\pi} = \beta_0 + \beta_1 x_1 + \beta_2 x_2 \tag{9.39}$$

上述模型的发生比可以表示为

$$\text{odds}_0 = e^{\beta_0 + \beta_1 x_1 + \beta_2 x_2} \tag{9.40}$$

如果固定 x_2 不变,则当 x_1 增加 1 个单位时,发生比将变为

$$\text{odds}_1 = e^{\beta_0 + \beta_1 (x_1+1) + \beta_2 x_2} \tag{9.41}$$

用式(9.41)除以式(9.40),即得解释变量 x_1 每增加一个单位的发生比率为

$$\text{oddsratio} = \frac{\text{odds}_1}{\text{odds}_0} = e^{\beta_1} \tag{9.42}$$

上式表明,回归系数的指数变换 e^{β_1} 表示解释变量每增加一个单位的发生比率。发生比率大于 1 表示解释变量增加时,事件发生的可能性会上升。

在实际问题中,解释变量的测量尺度往往不同,所以在考察解释变量对因变量的影响时不宜直接比较它们的系数大小,为此可以计算标准化回归系数。标准化回归系数表示解释变量每发生一个标准差的变化时所导致的因变量以其标准差为单位测量的变化。在逻辑斯谛回归模型中,标准化回归系数 β^* 可以表示为

$$\beta^* = \frac{\beta s}{\sqrt{\pi^2/3}} \tag{9.43}$$

其中,β是未标准化的回归系数,s为相应解释变量的标准差,分母$\sqrt{\pi^2/3}$是标准逻辑斯谛分布的标准差。标准化系数越大说明该解释变量对因变量的影响或贡献越大。

9.4 损失概率预测模型的评价

对逻辑斯谛回归模型的拟合优度进行评价的主要方法包括偏差、分类表和Hosmer-Lemeshow拟合优度统计量。

9.4.1 偏差

在逻辑斯谛回归模型中,用偏差评价模型的拟合优度是不可靠的,原因如下:

(1) 偏差与因变量的取值没有直接关系,仅仅受拟合值的影响。逻辑斯谛回归模型的偏差经过变形以后可以表示为

$$\Delta = -2 \sum_{i=1}^{n} \left[\hat{\pi}_i \ln \frac{\hat{\pi}_i}{1-\hat{\pi}_i} + \ln(1-\hat{\pi}_i) \right] \tag{9.44}$$

其中,$\hat{\pi}_i$表示逻辑斯谛回归模型对事件发生概率的拟合值。

上式表明,偏差仅受拟合值$\hat{\pi}_i$的影响,与因变量的观察值没有直接关系,所以不能很好地度量拟合值与观察值之间的接近程度。

(2) 偏差的大小与因变量的数据格式有关,如果因变量是取值为 0 和 1 的二分类变量,偏差会较大;数据经过汇总以后,因变量将服从二项分布,此时,逻辑斯谛回归模型的参数估计值虽然不会发生变化,但模型的偏差会减小。

在逻辑斯谛回归模型中,卡方统计量近似服从χ^2_{n-p},但近似效果不好,所以也不是评价模型拟合优度的一个可靠指标。

9.4.2 分类表

在逻辑斯谛回归模型的拟合优度评价中,经常使用的一种方法是分类表。逻辑斯谛回归模型的输出结果为事件发生的概率,而因变量的观察值为"1"或"0",分别表示事件是否发生,"1"表示事件发生,"0"表示事件没有发生。根据逻辑斯谛回归模型输出的概率值也可以将观察对象划分为两大类,譬如,如果预测的概率值大于 0.10,则将其划分为"1"或"是",表示事件发生;如果预测的概率值小于 0.1,则将其划分为"0"或"否",表示事件未发生。这里选定的概率值 0.1 称作**分界点**(cutpoint),可以根据需要调整其大小。

观察结果可以表示为"是"和"否",模型的分类结果也可以表示为"是"和"否",这就把所有观察对象划分为四个类别,如表 9-6 所示,该表就是所谓的分类表。

表 9-6 分类表

观察结果	模型的分类结果		
	是	否	合计
是	30	70	100
否	500	4 500	5 000
合计	530	4 570	5 100

根据分类表可以计算下述两个指标:

(1) 分类为"是"的正确率

该指标也称作**敏感度**(sensitivity)或**真阳性率**(true positive rate)。计算公式如下:

$$分类为"是"的正确率 = \frac{分类为"是"的次数}{观察为"是"的次数}$$

对于表 9-6 的数据,该指标的计算结果为

$$分类为"是"的正确率 = \frac{30}{100} = 30\%$$

(2) 分类为"否"的正确率

该指标也称作**指定度**(specificity),计算公式如下:

$$分类为"否"的正确率 = \frac{分类为"否"的次数}{观察为"否"的次数}$$

对于表 9-6 的数据,该指标的计算结果为

$$分类为"否"的正确率 = \frac{4\ 500}{5\ 000} = 90\%$$

由此可见,表 9-6 的分类表可以较好地识别事件没有发生的情况,识别的正确率可以达到 90%,但对于事件发生的情况,识别的正确率仅为 30%。

根据不同的分界点,可以得到不同的分类表,从而可以计算出不同的正确率指标。如果用纵轴表示分类为"是"的正确率(sensitivity),横轴表示分类为"否"的正确率(specificity),并把基于不同分界点计算的结果标示在坐标图中,就得到了所谓的 **ROC 曲线**(receiver operating characteristic),如图 9-5 所示。最理想的情况是,分类为"是"的正确率和分类为"否"的正确率都等于 1,此时,ROC 曲线将通过坐标图的左上角。

如图 9-5 所示的 ROC 曲线下方的面积称作 **AUC**(area under ROC curve),其

大小可以评价逻辑斯谛回归模型的拟合优度,面积越大,拟合优度越好。当分类为"是"的正确率和分类为"否"的正确率都等于 1 时,该曲线下方的面积等于 1,模型的拟合效果最好。如果 ROC 曲线正好经过坐标图的对角线,ROC 曲线下方的面积等于 0.5,表明逻辑斯谛回归模型没有任何预测价值,模型的分类结果与随机抽样的结果无异。

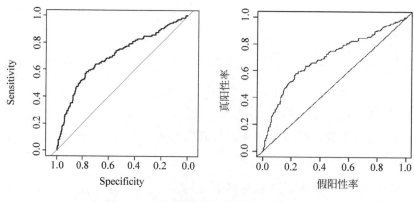

图 9-5　逻辑斯谛回归模型的 ROC 曲线

应用 9.1.4 节中的模拟数据以及逻辑斯谛回归模型 mod1 的输出结果,调用 pROC 程序包中的 roc 函数绘制 ROC 曲线和计算 AUC 的程序代码如下,其中 roc 函数中的三个自变量分别表示二分类因变量的观察值 y,模型 mod1 的预测概率 fitted(mod1),选项 plot=TRUE 表示输出 ROC 曲线。AUC 的计算结果在最后一行给出,为 0.6969。

```
library(pROC)
roc(response = y, predictor = fitted(mod1), plot = TRUE)
## Call:
## roc.default(response = y, predictor = fitted(mod1), plot = TRUE)
## 
## Data: fitted(mod1) in 271 controls (y 0) < 229 cases (y 1).
## Area under the curve: 0.6969
```

在许多文献中,ROC 曲线的纵轴称作**真阳性率**(true positive rate),即观察值为"是",预测值也为"是"的概率;横轴称作**假阳性率**(false positive rate),即观察值为"否"而预测值为"是"的概率。真阳性率等于**敏感度**(sensitivity),假阳性率等于 1 减去**指定度**(specificity)。

以 9.1.4 节中的模拟数据为例,逻辑斯谛回归模型 mod1 的 ROC 曲线可以应用下述 R 程序代码绘制,结果如图 9-5 所示。

```
#模型 mod1 预测的概率值
S = fitted(mod1)

#真阳性率：观察值为"是",分类也为"是"的概率
TP = function(s) sum((S > s) * (y == 1))/sum(y == 1)

#假阳性率：观察值为"否",分类为"是"的概率
FP = function(s) sum((S > s) * (y == 0))/sum(y == 0)

#选择概率的临界点
u = seq(0, 1, length = 1000)

#绘图
plot(Vectorize(FP)(u), Vectorize(TP)(u),type = 's',xlab = '假阳性率', ylab = '真阳性率')
abline(0, 1)
```

9.4.3 Hosmer-Lemeshow 统计量

评价逻辑斯谛回归模型拟合优度还可以使用 Hosmer-Lemeshow 拟合优度统计量(简记为 HL)。该方法首先根据模型预测的概率值将观测案例按升序排列，然后将其分为 10 个组，每组的观察案例数大致相等。第一组包括预测概率最小的那些观察案例，而最后一组包括预测概率最大的那些观察案例。如果很多观察案例具有相同的预测概率，可以将它们放在一个组，这会使得各个组的规模不完全相同。

Hosmer-Lemeshow 拟合优度统计量类似于皮尔逊卡方统计量，可以从观察频数和预测频数构成的 $2 \times G$ 交互表中求得，计算公式如下(Hosmer，2013)：

$$\text{HL} = \sum_{i=0}^{1} \sum_{g=1}^{G} \frac{(O_{ig} - E_{ig})^2}{E_{ig}} \quad (9.45)$$

其中，G 表示分组数；O_{0g} 表示 g 组中观测到"0"的次数，O_{1g} 表示 g 组中观测到"1"的次数；E_{0g} 表示 g 组中预测值为"0"的次数，E_{1g} 表示 g 组中预测值为"1"的次数。

将式(9.45)与自由度为 $G-2$ 的卡方分布进行比较，如果卡方检验不显著，则表示模型的拟合效果较好。

计算 Hosmer-Lemeshow 统计量的函数 HL 可以定义如下：

```
HL = function(y, yhat, G = 10) {
    cutyhat = cut(yhat, breaks = quantile(yhat, probs = seq(0, 1, 1/G)), include.lowest = TRUE)
```

```
    O = xtabs(cbind(1 - y, y) ~ cutyhat)
    E = xtabs(cbind(1 - yhat, yhat) ~ cutyhat)
    HL = sum((O - E)^2/E)
    p.value = 1 - pchisq(HL, G - 2)
    c(HL, p.value)
}
```

应用 5.1.4 节中的模拟数据以及逻辑斯谛回归模型 mod1 的输出结果，HL 统计量的计算结果如下：

```
HL(y = dt$y, yhat = fitted(mod1))
##       HL   p.value
## 10.5534   0.2283
```

模型 mod1 的 HL 统计量为 10.55，相应的 P 值远远大于零，为 0.228 3，表明模型的拟合效果较好。

9.5 其他连接函数

如果因变量 y_i 是取值为 0 或 1 的二分类变量，取 1 的概率为 π_i，则广义线性模型的一般形式可以表示为

$$\begin{cases} y_i \sim \text{Bernouli}(\pi_i) \\ F^{-1}(\pi_i) = \boldsymbol{x}_i^{\mathrm{T}} \boldsymbol{\beta} \end{cases} \tag{9.46}$$

其中，Bernouli 表示伯努利分布，F 表示任意一个随机变量的分布函数，F^{-1} 表示连接函数。

在式(9.46)中，如果 F 是标准逻辑斯谛分布函数，F^{-1} 就是 logit 连接函数。在实际应用中，还可以使用其他连接函数，如表 9-7 所示，其中 F^{-1} 表示连接函数，而 F 表示与连接函数对应的分布函数，也称作**响应函数**（response function）。

表 9-7 常用的连接函数

名 称	连接函数 $g(\mu)=F^{-1}(\mu)$	响应函数 $F(\eta)$
logit 连接	$\eta = g(\mu) = \ln[\mu/(1-\mu)]$	$\mu = \exp(\eta)/[1+\exp(\eta)]$
概率连接	$\eta = g(\mu) = \Phi^{-1}(\mu)$	$\mu = \Phi(\eta)$
补充重对数连接	$\eta = g(\mu) = \ln[-\ln(1-\mu)]$	$\mu = 1 - \exp[-\exp(\eta)]$

图 9-6 比较了表 9-7 中不同的响应函数,绘图的 R 程序代码如下。

```
x = seq(-3, 3, 0.01)
f1 = 1/(1 + exp(-x))          #logit 连接
f2 = pnorm(x)                 #概率连接
f3 = 1 - exp(-exp(x))         #补充重对数连接
plot(x, f1, type = "l", ylab = "F(x)")
lines(x, f2, lty = 2)
lines(x, f3, lty = 3)
legend(-3, 0.9, c('logit 连接', '概率连接', '补充重对数连接'), lty = 1:3, box.col
 = 'white')
```

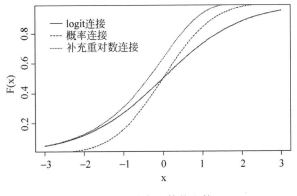

图 9-6　响应函数的比较

从图 9-6 可以看出,logit 连接和概率连接的响应函数都是对称的,它们的区别在于,当 $x\to -\infty$ 或 $x\to \infty$ 时,概率连接的响应函数趋于 0 或 1 的速度快于 logit 连接的响应函数。补充重对数连接的响应函数是非对称的,其趋于 1 的速度快于趋于 0 的速度。

logit 连接和概率连接之间的差异看似较大,但它们对模型预测值的影响并不像响应函数之间的差异那么明显,这是因为图 9-6 没有考虑这两个响应函数的方差是不同的。

在概率连接中,响应函数为标准正态分布函数,均值为 0,方差为 1;在 logit 连接中,响应函数为标准逻辑斯谛分布函数,其均值为 0,方差为 $\pi^2/3$。为了不同响应函数之间的可比性,可以把它们的均值都调整为 0,方差都调整为 $\pi^2/3$。

在使用概率连接函数的广义线性模型中,如果把响应函数调整为均值为 0,方差为 σ^2 的正态分布,则有

$$\pi_i = F(\boldsymbol{x}_i^{\mathrm{T}}\boldsymbol{\beta}) = \Phi(\boldsymbol{x}_i^{\mathrm{T}}\boldsymbol{\beta}/\sigma) = \Phi(\boldsymbol{x}_i^{\mathrm{T}}\tilde{\boldsymbol{\beta}})$$

上式中,$F(\cdot)$ 表示均值为 0,方差为 σ^2 的正态分布函数,而 $\Phi(\cdot)$ 表示标准正

态分布函数,且 $\tilde{\beta} = \beta/\sigma$。

由此可见,无论响应函数是 $F(\cdot)$ 还是 $\Phi(\cdot)$,它们对概率的预测值 π_i 是相同的,只是各自的回归系数相差 σ 倍。换言之,如果把响应函数从标准正态分布调整为方差等于 σ^2 的正态分布,回归系数将扩大为原来的 σ 倍。

如果令 $\sigma^2 = \pi^2/3 \approx 3.29$,则响应函数就是均值为 0、方差为 $\pi^2/3$ 的正态分布,此时,它与逻辑斯谛响应函数非常接近,如图 9-7 所示。

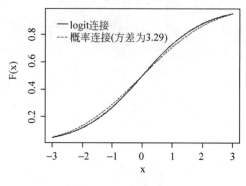

图 9-7　响应函数的比较

图 9-7 表明,使用方差为 $\pi^2/3$ 的正态分布作为响应函数,其结果近似于使用逻辑斯谛响应函数。而用方差为 $\pi^2/3$ 的正态分布代替标准正态分布作为响应函数,回归系数将扩大为原来的 $\pi/\sqrt{3} \approx 1.814$ 倍,所以,逻辑斯谛回归系数大约是概率回归系数的 1.814 倍。

下面以 9.1.4 节的模拟数据为例,使用不同的连接函数建模,并比较它们的参数估计值和预测值。R 程序代码和模型的输出结果如下,模型预测值的比较见图 9-8。

```
#mod1: 使用 logit 连接函数
mod1 = glm(y ~ x1 + x2 + x3 + x4, data = dt, family = binomial(link = logit))

#mod2: 使用概率连接函数
mod2 = glm(y ~ x1 + x2 + x3 + x4, data = dt, family = binomial(link = probit))

#mod3: 使用补充重对数连接函数 cloglog
mod3 = glm(y ~ x1 + x2 + x3 + x4, data = dt, family = binomial(link = cloglog))

# 比较不同模型的参数估计值
cbind(mod1 = coef(mod1), mod2 = coef(mod2), mod3 = coef(mod3))
##                    mod1        mod2       mod3
## (Intercept)     1.45913     0.88768    0.622473
```

```
## x1         -0.14274    -0.08428    -0.100866
## x2         -0.58061    -0.35001    -0.421135
## x3          0.02872     0.01659     0.003705
## x4         -1.49163    -0.91966    -1.040843

#绘图比较模型的预测值(按 mod1 的预测值从小到大排列)
id = order(fitted(mod1))
pred1 = fitted(mod1)[id]
pred2 = fitted(mod2)[id]
pred3 = fitted(mod3)[id]
matplot(cbind(pred1, pred2, pred3), type = "l", lty = 1:3, col = 1:3, ylab = "")
legend(50, 0.9, c("mod1", "mod2", "mod3"), lty = 1:3, col = 1:3, box.col = "white")
```

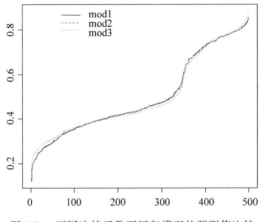

图 9-8　不同连接函数下回归模型的预测值比较

上述结果表明，三个模型的连接函数不同，所以模型的参数估计值差异较大，但三个模型的预测值还是比较接近。此外，如果比较逻辑斯谛回归模型和概率回归模型的参数估计值，它们的比值非常接近，分别为 1.644, 1.694, 1.659, 1.731 和 1.622，与前面求得的理论比值 1.814 也比较接近。由于逻辑斯谛回归模型的参数更加容易解释，所以在实际数据分析中的应用较为普遍。

9.6　过离散问题

过离散是指因变量观察值的方差超过了名义上的方差，如在参数为 π 的伯努利分布假设下，名义方差是 $\pi(1-\pi)$，而实际测量方差大于 $\pi(1-\pi)$，这种现象就叫过离散。譬如，对于取值为 0 和 1 的二分类因变量，第 i 个类别的方差可以用 $\bar{y}_i(1-\bar{y}_i)/n_i$ 进行估计，其中 n_i 是该类别的观察值个数，$\bar{y}_i$ 是样本均值。如果基于经验

数据计算的方差 $\bar{y}_i(1-\bar{y}_i)/n_i$ 超过了基于逻辑斯谛回归模型计算的方差 $\hat{\pi}_i(1-\hat{\pi}_i)/n_i$，其中 $\hat{\pi}_i = g^{-1}(\boldsymbol{x}_i^\mathrm{T}\boldsymbol{\beta})$ 是逻辑斯谛模型对事件发生概率的预测值，则称这种现象为过离散。

过离散会导致回归系数的标准误偏低，进而使得 Wald 统计量的值偏高，而 P 值偏低。这会使得原本不显著的回归系数，在假设检验时变得显著。但是，过离散不会影响回归系数的估计值和发生比率。

过离散产生的原因较多，如：
(1) 某些类别中的观察案例数太少。
(2) 某些重要的解释变量没有纳入模型。
(3) 某些必要的交互项没有纳入模型。
(4) 真实函数为二次或高次项，但在建模过程中使用了线性函数。
(5) 数据中存在异常值。
(6) 没有对某些解释变量进行必要的对数变换或其他变换。

通常可以用皮尔逊卡方统计量除以自由度 $n-p$ 来度量过离散的程度，也可以使用偏差除以自由度 $n-p$ 来度量过离散的程度。如果该比值大于 1，则说明存在过离散；如果该比值小于 1，则说明存在欠离散，欠离散的情况较少发生。皮尔逊卡方统计量与自由度之比称作皮尔逊离散度。

当数据中存在过离散问题时，通常可以进行事后校正，如把原来的标准误乘以皮尔逊离散度的平方根，从而可以在一定程度上矫正过离散导致的标准误偏低的问题（Hardin，2012）。

9.7 应用案例

本节应用某财产保险公司的车损险数据*，建立索赔概率的预测模型。索赔概率是指一份保单在保险期间是否发生索赔的概率。

关于该数据集的结构和变量类型等信息可以参考第 8 章的案例分析，此处不再重复。

在原始数据集 dat 中，没有表示是否发生索赔的二分类变量，只有损失次数变量（num），但可以将其转化为二分类变量。当损失次数 num=0 时，可以令 $I=0$，表示没有发生索赔；当损失次数 num>0 时，令 $I=1$，表示发生了索赔。

下面以 I 为因变量建立预测索赔概率的广义线性模型，R 程序代码如下。

---

* 数据下载地址：http://pan.baidu.com/s/1qYbLEKc。

```r
#加载数据分析所需的程序包
library(data.table)
library(pander)
library(ggplot2)
library(tweedie)
library(gamlss)
library(statmod)
library(car)
library(gridExtra)

#读取数据,记为dat
dat = fread('E:\\风险模型\\dat99.csv')

#生成因变量
dat $ I = ifelse(dat $ num == 0, 0, 1)
dat $ I = factor(dat $ I)

#因变量的分布
table(dat $ I)
##
##    0    1
## 3646 9227

#计算索赔发生概率的平均值
sum(dat $ I == 1)/length(dat $ I)
## 0.7221

#定义索赔发生概率的回归方程 bf1。在该方程中,把年龄和车龄都作为分类变量处理
bf1 = I ~ type + gender + factor(vage) + factor(ageg) + region

#应用 glm 函数估计方程 bf1 中的参数,把结果保存在 lgt1 中
lgt1 = glm(bf1, family = binomial, data = dat)

#重新定义索赔发生概率的回归方程 bf2,把驾驶人年龄和车龄进行平滑处理
bf2 = I ~ type + gender + cs(vage) + cs(age) + region

#应用 glm 函数估计方程 bf2 中的参数,把结果保存在 lgt2 中
lgt2 = glm(bf2, family = binomial, data = dat)

#输出上述两个逻辑斯谛回归模型的 AIC 值
AIC(lgt1, lgt2)
##      df  AIC
## lgt1 25 11127
## lgt2 12 12197
```

可见，lgt1 的 AIC 值较小，表明该模型优于模型 lgt2。下面进一步分析模型 lgt1 的残差。

```
#计算模型 lgt1 的随机分位残差
qrlgt = qresiduals(lgt1)

#绘制随机分位残差的直方图，并用标准正态分布进行拟合.
par(mfrow = c(1, 2))
histDist(qrlgt, nbins = 100, xlab = '', main = 'logistic 回归模型的随机分位残差',
ylab = '')

#绘制随机分位残差的 QQ 图.
qqnorm(qrlgt, main = 'logistic 回归模型的 QQ 图')
qqline(qrlgt)
```

模型 lgt1 的随机分位残差如图 9-9 所示。该图表明，模型 lgt1 的随机分位残差非常接近标准正态分布，说明该模型的分布假设是合理的，模型对数据的拟合效果很好。

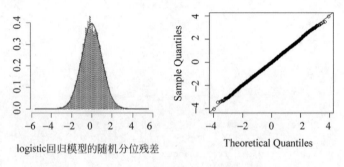

图 9-9　逻辑斯谛回归模型 lgt1 的随机分位残差

应用 car 程序包中的 Anova 函数可以检验模型 lgt1 中的解释变量是否显著，有关 R 程序代码和输出结果如下。

```
Anova(lgt1)
##Analysis of Deviance Table (Type II tests)
##
##Response: I
##            LR Chisq Df Pr(>Chisq)
##type            232  4   <2e-16 ***
##gender          423  1   <2e-16 ***
##factor(vage)   1616  9   <2e-16 ***
##factor(ageg)   1310  6   <2e-16 ***
##region         2677  4   <2e-16 ***
```

```
## ---
## Signif. codes: 0 '***' 0.001 '**' 0.01 '*' 0.05 '.' 0.1 ' ' 1
```

上述输出结果表明，模型 lgt1 中所有解释变量的卡方统计量值都很大，相应的 P 值接近于零，表明模型中的所有解释变量都是高度显著的。

下面应用 summary 函数输出模型 lgt1 的参数估计值。可以看出，只有车龄变量在水平 2 上的回归系数不显著，其 P 值为 0.15，明显大于零，其他回归系数都是高度显著的。

```
summary(lgt1)
## Coefficients:
##                  Estimate    Std. Error    z value    Pr(>|z|)
## (Intercept)       6.7802       0.1712       39.61     < 2e-16 ***
## typeB             1.2100       0.2564        4.72     2.4e-06 ***
## typeC            -0.5345       0.0646       -8.28     < 2e-16 ***
## typeD            -0.8662       0.0688      -12.58     < 2e-16 ***
## typeE            -0.7089       0.0688      -10.31     < 2e-16 ***
## genderF          -1.0055       0.0502      -20.04     < 2e-16 ***
## factor(vage)2    -0.2060       0.1430       -1.44       0.150
## factor(vage)3    -0.9835       0.1328       -7.41     1.3e-13 ***
## factor(vage)4    -1.0372       0.1335       -7.77     7.8e-15 ***
## factor(vage)5    -1.3655       0.1329      -10.27     < 2e-16 ***
## factor(vage)6    -1.8101       0.1331      -13.59     < 2e-16 ***
## factor(vage)7    -2.3299       0.1354      -17.21     < 2e-16 ***
## factor(vage)8    -2.7770       0.1392      -19.95     < 2e-16 ***
## factor(vage)9    -3.1704       0.1464      -21.66     < 2e-16 ***
## factor(vage)10   -3.4830       0.1518      -22.94     < 2e-16 ***
## factor(ageg)1    -2.7779       0.1706      -16.28     < 2e-16 ***
## factor(ageg)2    -1.4085       0.0977      -14.41     < 2e-16 ***
## factor(ageg)3    -0.4278       0.0888       -4.82     1.5e-06 ***
## factor(ageg)4     0.1543       0.0693        2.23       0.026   *
## factor(ageg)6    -0.9633       0.0710      -13.58     < 2e-16 ***
## factor(ageg)7    -2.6287       0.0949      -27.70     < 2e-16 ***
## regionCQ         -3.9431       0.1008      -39.11     < 2e-16 ***
## regionSH         -2.7079       0.0878      -30.84     < 2e-16 ***
## regionSZ         -3.0004       0.0923      -32.52     < 2e-16 ***
## regionTJ         -3.4755       0.0968      -35.91     < 2e-16 ***
```

下面的 R 程序代码绘制了 ROC 曲线，输出结果如图 9-10 所示。AUC 为 0.8472，表明模型的预测效果很好。

```
library(pROC)
roc(response = dat$I, predictor = fitted(lgt1), plot = TRUE)
```

```
## 
## Call:
## roc.default(response = dat $ I, predictor = fitted(lgt1), plot = TRUE)
## 
## Data: fitted(lgt1) in 3646 controls (dat $ I 0) < 9227 cases (dat $ I 1).
## Area under the curve: 0.8472
```

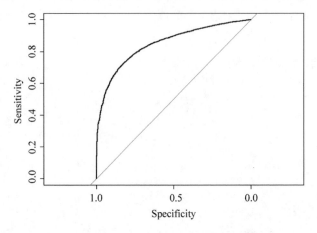

图 9-10　逻辑斯谛回归模型 lgt1 的 ROC 曲线

下述的 R 程序代码可以输出逻辑斯谛回归模型 lgt1 的分类结果。

```
# 计算模型输出的预测概率
class = data.frame(response = dat $ I, fit = fitted(lgt1))

# 把预测概率大于 0.5 的保单划分为发生了索赔
class $ predict1 = ifelse(class $ fit >= 0.5, 1, 0)

# 输出分类表
xtabs( ~ response + predict1, data = class)
##          predict1
## response      0     1
##        0   1805  1841
##        1    938  8289

# 把预测概率大于 0.45 的保单划分为发生了索赔
class $ predict2 = ifelse(class $ fit >= 0.45, 1, 0)

# 输出分类表
xtabs( ~ response + predict2, data = class)
##          predict2
```

```
## response    0    1
##          0 1534 2112
##          1  740 8487
```

上述结果表明,如果把进行分类的阈值设定为 0.5,即当预测概率大于或等于 0.5 时,将保单划分为发生了索赔,否则,划分为没有发生索赔,则对于没有发生索赔的保单而言(response=0),预测正确的概率为 1 805/(1 805+1 841)=49.5%,对于发生索赔的保单而言(response=1),预测正确的概率为 8 289/(938+8 289)=89.8%。

如果把阈值设定为 0.45,则对于没有发生索赔的保单而言(response=0),预测正确的概率为 1 534/(1 534+2 112)=42.1%,对于发生索赔的保单而言,预测正确的概率为 8 487/(740+8 487)=92%。

第10章 损失次数预测模型

损失次数是取值为非负整数的随机变量,通常服从泊松分布或负二项分布。损失次数预测模型主要是在泊松分布或负二项分布假设下建立的广义线性模型,分别称作泊松回归模型或负二项回归模型。当损失次数观察值出现过离散、零膨胀或零截断特征时,指数分布族中的现有分布可能无法满足实际需要,此时,可以将广义线性模型进行推广,如建立广义负二项回归模型、泊松-逆高斯回归模型、零膨胀或零截断泊松回归模型、零膨胀或零截断负二项回归模型,以及有限混合回归模型。

本章主要讨论泊松回归模型、负二项回归模型以及在此基础上的扩展模型,并基于 R 介绍这些回归模型在损失次数预测中的应用。

10.1 泊松回归模型

泊松回归模型是在损失次数服从泊松分布假设下建立的广义线性模型,其一般形式可以表示为:

$$\begin{cases} y_i \sim \text{Poisson}(\mu_i) \\ g(\mu_i) = \boldsymbol{x}_i^\top \boldsymbol{\beta} \end{cases}$$

其中,y_i 表示损失次数的观察值,服从泊松分布,μ_i 是泊松分布的均值,$g(\cdot)$ 是连接函数,$\boldsymbol{x}_i$ 表示解释变量的观察值,$\boldsymbol{\beta}$ 表示模型的回归系数。

10.1.1 泊松分布

如果损失次数随机变量 Y 服从参数为 μ 的泊松分布,则其概率函数可以表示如下。

$$f(y;\mu) = \frac{\mu^y \mathrm{e}^{-\mu}}{y!}, \quad y = 0,1,2,\cdots \tag{10.1}$$

泊松分布的参数越大,其分布的形态越是接近对称分布,如图 10-1 所示。因此,当泊松分布的参数很大时,可以用正态分布近似计算泊松分布的概率。

绘图的 R 程序代码如下,其中 mu 表示泊松分布的均值参数。

```
par(mfrow = c(2, 2))
x = 0:10
for (mu in c(1, 2, 3, 5)) {
barplot(dpois(x, mu), names.arg = x, main = paste("mu = ", mu, sep = " "))}
```

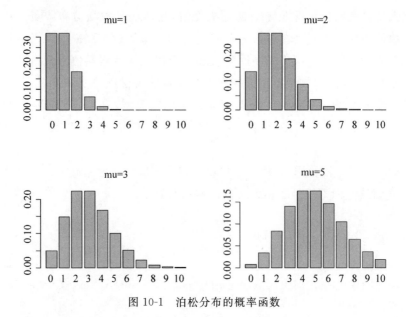

图 10-1 泊松分布的概率函数

10.1.2 模型设定

指数分布族的密度函数可以表示为下述的一般形式:

$$f(y;\theta,\phi) = \exp\left[\frac{y\theta - b(\theta)}{\phi}w + c(y;\phi)\right] \quad (10.2)$$

对式(10.1)变形,泊松分布的概率函数也可以表示为指数分布族的形式,即

$$f(y;\mu) = \exp[y\ln\mu - \mu - \ln\Gamma(y+1)] \quad (10.3)$$

对比式(10.2)和式(10.3),有

$$\begin{cases} \theta = \ln\mu \\ b(\theta) = \mu \\ \phi = 1 \end{cases} \quad (10.4)$$

由式(10.4)可得泊松分布的均值为

$$b(\theta) = \mu = e^\theta \quad \Rightarrow \quad b'(\theta) = e^\theta = \mu \quad (10.5)$$

泊松分布的方差函数为

$$b''(\theta) = e^\theta = \mu \quad (10.6)$$

可见,泊松分布的期望与方差具有相同的形式,都可以表示为 μ。

在广义线性模型中,正则连接函数是使得 $g(\mu)=\theta$ 成立的函数 $g(\cdot)$。在泊松分布假设下,$\theta=\ln\mu$,所以相应的正则连接函数就是对数连接函数,即 $g(\mu)=\ln\mu$。

由式(10.3)可知,泊松回归模型的对数似然函数可以表示为

$$\ell(\mu;y) = \sum_{i=1}^{n}\left[y_i\ln\mu_i - \mu_i - \ln\Gamma(y_i+1)\right] \quad (10.7)$$

当因变量的取值为 0 时,对数似然函数简化为

$$\ell = -\sum_{i=1}^{n}\mu_i \quad (10.8)$$

根据偏差的定义,泊松回归模型的偏差为

$$D = 2\phi[\ell(y,\sigma^2;y) - \ell(\mu,\sigma^2;y)]$$

$$= 2\sum_{i=1}^{n}(y_i\ln y_i - y_i - y_i\ln\mu_i + \mu_i)$$

$$= 2\sum_{i=1}^{n}\left[y_i\ln\frac{y_i}{\mu_i} - (y_i - \mu_i)\right] \quad (10.9)$$

同样地,当因变量取值为 0 时,泊松分布的偏差简化为

$$D = 2\sum_{i=1}^{n}\mu_i \quad (10.10)$$

10.1.3 迭代加权最小二乘估计

在广义线性模型中,参数的迭代加权最小二乘估计公式为

$$\boldsymbol{X}^{\mathrm{T}}\boldsymbol{W}^{(m-1)}\boldsymbol{X}\boldsymbol{\beta}^{(m)} = \boldsymbol{X}^{\mathrm{T}}\boldsymbol{W}^{(m-1)}\boldsymbol{z}^{(m-1)} \quad (10.11)$$

其中:

$$\boldsymbol{W} = \mathrm{diag}\left\{\frac{w_i}{\phi v(\mu_i)[g'(\mu_i)]^2}\right\}_{n\times n} \quad (10.12)$$

$$\boldsymbol{z} = [\eta_i + (y_i - \mu_i)g'(\mu_i)]_{n\times 1} \quad (10.13)$$

在泊松回归模型中,通常使用对数连接函数,即 $g(\mu) = \ln\mu$,故有 $g'(\mu) = 1/\mu$。由式(10.5)和式(10.6)可知,泊松分布的方差函数为 $v = \mu$。离散参数 $\phi = 1$,将它们代入式(10.12)和式(10.13)可得(令 $w_i = 1$):

$$W = \mathrm{diag}\left\{\frac{w_i}{\phi v(\mu_i)[g'(\mu_i)]^2}\right\}_{n\times n} = \mathrm{diag}(\mu)_{n\times n} \quad (10.14)$$

$$z = [\eta_i + (y_i - \mu_i)g'(\mu_i)]_{n\times 1} = \left(\eta_i + \frac{y_i - \mu_i}{\mu_i}\right)_{n\times 1} \quad (10.15)$$

对数连接函数下估计泊松回归参数的迭代加权最小二乘算法如表 10-1 所示。

表 10-1　泊松回归参数的迭代加权最小二乘算法

1. 设定初始值：
$D=0$
$\boldsymbol{\mu}=[\boldsymbol{y}+\mathrm{mean}(\boldsymbol{y})]/2$
$\boldsymbol{\eta}=\ln\boldsymbol{\mu}$

2. 当偏差变化的绝对值 $\mathrm{abs}(\Delta D)>10^{-8}$，执行下述循环过程，否则停止循环：
$\boldsymbol{W}=\boldsymbol{\mu}$
$\boldsymbol{z}=\boldsymbol{\eta}+(\boldsymbol{y}-\boldsymbol{\mu})/\boldsymbol{\mu}$
$\boldsymbol{\beta}=(\boldsymbol{X}^{\mathrm{T}}\boldsymbol{W}\boldsymbol{X})^{-1}\boldsymbol{X}^{\mathrm{T}}\boldsymbol{W}\boldsymbol{z}$
$\boldsymbol{\eta}=\boldsymbol{X}\boldsymbol{\beta}$
$\boldsymbol{\mu}=\exp(\boldsymbol{\eta})$
$D^{*}=D$
$D=\begin{cases} 2\sum[y\ln(y/\mu)-(y-\mu)], & y\geqslant 1 \\ 2\sum\mu, & y=0 \end{cases}$
$\Delta D=D^{*}-D$

10.1.4　抵消项

在广义线性模型中，如果某个解释变量的回归系数是已知的，就可以将其设定为**抵消项**（offset），即广义线性模型的线性预测项可以表示为

$$\eta_i = \boldsymbol{x}_i^{\mathrm{T}}\boldsymbol{\beta} + \mathrm{offset}_i \tag{10.16}$$

在使用对数连接函数的情况下，均值预测值可以表示为

$$\mu_i = \exp(\boldsymbol{x}_i^{\mathrm{T}}\boldsymbol{\beta} + \mathrm{offset}_i) \tag{10.17}$$

譬如，在汽车保险中，索赔频率等于索赔次数 y_i 与车年数 n_i 之比。在使用对数连接函数的情况下，索赔频率模型可以表示为

$$\ln\frac{\mu_i}{n_i} = \boldsymbol{x}_i^{\mathrm{T}}\boldsymbol{\beta} \tag{10.18}$$

其中，μ_i 表示第 i 个风险类别的期望索赔次数，μ_i/n_i 表示期望索赔频率。

式（10.18）经过简单变换，可以得到

$$\ln\mu_i = \eta_i = \boldsymbol{x}_i^{\mathrm{T}}\boldsymbol{\beta} + \ln n_i \tag{10.19}$$

在式（10.19）中，$\ln n_i$ 就是所谓的抵消项。

在式（10.18）中，因变量是索赔频率，在式（10.19）中，因变量是索赔次数，但这两个模型是等价的，即它们的参数估计值 $\boldsymbol{\beta}$ 完全相同。

由此可见，抵消项可以看作是一项无须估计其参数的已知项。抵消项的作用仅仅相当于对模型的截距项进行了平移，因此仅对截距项的估计值会产生影响，而

对模型的其他参数估计值和拟合值都没有任何影响。

在有抵消项的情况下,期望索赔次数将与车年数成比例,即

$$\mu_i = n_i \times \exp(\boldsymbol{x}_i^{\mathrm{T}}\boldsymbol{\beta}) \tag{10.20}$$

上式表明,期望索赔次数等于车年数与期望索赔频率的乘积,而 $\exp(\boldsymbol{x}_i^{\mathrm{T}}\boldsymbol{\beta})$ 表示平均每个车年的索赔次数,即索赔频率。由此可见,在索赔次数模型中引入抵消项,等价于用车年数加权。

10.1.5 模型参数的解释

假设泊松回归模型中包含 x_1 和 x_2 两个解释变量和截距项 β_0,下面分析 x_1 的系数 β_1 的含义。在正则连接下,如果直接考虑泊松回归模型的预测值之差,则有

$$\Delta y_i = \exp[\beta_0 + \beta_1(x_{1i}+1) + \beta_2 x_{2i}] - \exp(\beta_0 + \beta_1 x_{1i} + \beta_2 x_{2i}) \tag{10.21}$$

显然,Δy_i 不仅与 x_{1i} 的变化有关,而且与其他解释变量的取值有关,这使得 Δy_i 解释起来相当困难。

为此,可以定义**事件发生率之比**(incidence-rate ratio)。在对数连接函数下,事件发生率之比就是在 x_1+1 状态下的事件发生频率与 x_1 状态下的事件发生频率之比,即

$$x_1 \text{ 的事件发生率之比} = \frac{\exp[\beta_0 + \beta_1(x_{1i}+1) + \beta_2 x_{2i}]}{\exp(\beta_0 + \beta_1 x_{1i} + \beta_2 x_{2i})} = \exp(\beta_1) \tag{10.22}$$

由此可见,解释变量 x_1 的事件发生率之比是一个常数,等于参数 β_1 的指数变换。换言之,x_1 每增加一个单位,事件发生频率就会提高为原来的 $\exp(\beta_1)$ 倍。

10.1.6 模拟分析

假设因变量 y 服从负二项分布,受四个解释变量 x_1,x_2,x_3,x_4 的影响,其中 x_1,x_2 是连续型解释变量,x_3,x_4 是分类解释变量。模拟因变量的均值还受到风险单位数 w_i 的影响,其均值等于风险单位数 w_i 与平均索赔频率的乘积:

$$\mu_i = w_i \exp(-2 + 0.45x_1 - 0.8x_2 + 0.3x_3 - 0.2x_4)$$

模拟的因变量服从均值为 μ,方差为 $\mu + 2\mu^2$ 的负二项分布。在模拟因变量时,可以使用 gamlss 程序包,其中函数 rNBI(n, mu = mu, sigma = sigma) 可以模拟 n 个均值为 mu,方差为 mu+sigma*mu^2 的负二项分布的随机变量。模拟计数型数据的 R 程序代码如下。

```
# 模拟数据
set.seed(111)
n = 500                  # 模拟次数
x1 = rgamma(n, 2, 1)     # 解释变量 x1
x2 = rgamma(n, 2, 3)     # 解释变量 x2
```

```
x3 = rbinom(n, 1, 0.4)              # 分类解释变量 x3
x4 = rbinom(n, 1, 0.7)              # 分类解释变量 x4

# 参数的真实值
b0 = -2; b1 = 0.45; b2 = -0.8; b3 = 0.3; b4 = -0.2

# 线性预测项
eta = b0 + b1 * x1 + b2 * x2 + b3 * x3 + b4 * x4

# 因变量的均值, 使用对数连接函数
mu = exp(eta)

# 用负二项分布模拟因变量
library(gamlss)
y = rNBI(n, mu = mu, sigma = 2)

# 把 x3 和 x4 转化为因子
x3 = as.factor(x3)
x4 = as.factor(x4)

# 模拟的数据集
dt = data.frame(y, x1, x2, x3, x4)

# 输出部分模拟数据
head(dt)
##   y        x1        x2 x3 x4
## 1 1 1.801918 0.3478125  0  1
## 2 0 1.122279 1.0649188  0  1
## 3 0 1.258145 0.3961750  0  0
## 4 0 1.298020 0.1276798  0  1
## 5 0 1.792416 0.2526067  1  0
## 6 0 2.728734 1.3277555  0  1
```

基于前述的模拟数据, 可以分别应用表 10-1 的迭代算法, glm 函数或 gamlss 函数估计泊松回归模型的参数, 它们的参数估计结果相同。R 程序代码如下。

```
# 初始值
D = 0
mu = (y + mean(y))/2
eta = log(mu)

# 设计矩阵
X = model.matrix(~x1 + x2 + x3 + x4)
```

```
#迭代运算估计模型参数
repeat {
    W = diag(mu)
    z = eta + (y - mu)/mu
    beta = solve((t(X) %*% W %*% X)) %*% t(X) %*% W %*% z
    eta = c(X %*% beta)
    mu = exp(eta)
    Dstar = D
    Di = ifelse(y == 0, 2 * mu, 2 * (y * log(y/mu) - (y - mu)))
    D = sum(Di)
    Ddiff = Dstar - D
    if(max(abs(Ddiff)) < 1e-8) break
}

#输出参数估计值
beta
##                  [,1]
## (Intercept)   -1.9085
## x1             0.4642
## x2            -0.6805
## x31            0.3721
## x41           -0.3267

#应用 glm 函数估计模型参数
mod1 = glm(y ~ x1 + x2 + x3 + x4, data = dt, family = poisson(link = log))
```

应用 summary(mod1) 可以输出模型 mod1 的参数估计值如下。

##	Estimate	Std. Error	z value	Pr(>|z|)	
## (Intercept)	-1.90853	0.24711	-7.724	1.13e-14	***
## x1	0.46417	0.04367	10.628	< 2e-16	***
## x2	-0.68049	0.22708	-2.997	0.00273	**
## x31	0.37208	0.16118	2.308	0.02097	*
## x41	-0.32671	0.16603	-1.968	0.04909	*

对于离散型因变量的广义线性模型，分析分位残差图更加直观。应用 glm 函数建立的模型 mod1 不能输出分位残差图，而应用 gamlss 函数建立的模型 mod2 可以输出分位残差图。模型 mod2 的分位残差图如图 10-2 所示。从 QQ 图可以看出，泊松回归模型对观察数据的右尾拟合不是很好。事实上，本例的数据是基于负二项分布模拟的，数据中存在过离散现象，所以泊松回归对数据的尾部拟合不佳。应用 gamlss 建立泊松回归模型 mod2 的 R 程序代码如下。

```
#应用gamlss函数估计模型参数
mod2 = gamlss(y ~ x1 + x2 + x3 + x4, data = dt, family = PO, mu.link = log)

#输出残差图
plot(mod2)
```

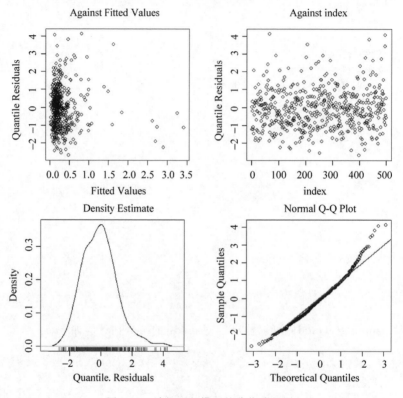

图 10-2 泊松回归模型的分位残差图

10.2 过离散损失次数预测模型

泊松分布的方差等于均值,适用于没有过离散特征的损失次数观察值。当损失次数的方差大于均值,即存在过离散特征时,泊松回归模型将不再适用,此时,就需要建立过离散损失次数预测模型。最常使用的过离散损失预测模型是负二项回归模型。负二项回归模型是在损失次数服从负二项分布假设下建立的广义线性模型。

负二项分布有两种常见的形式,即负二项Ⅰ型分布和负二项Ⅱ型分布*。在实际应用中,负二项Ⅰ型分布的使用较为广泛,所以通常所说的负二项分布也就是指负二项Ⅰ型分布。

10.2.1 负二项Ⅰ型分布

为了简化表述,本节把负二项Ⅰ型分布简称为负二项分布,在 gamlss 程序包中简记为 NBI。

负二项分布的概率函数及其参数有多种不同的表现形式,最常见的形式之一是

$$f(y;r,p) = \binom{y+r-1}{r-1} p^r (1-p)^y \tag{10.23}$$

式(10.23)也可以表示为指数分布族的形式

$$f(y;r,p) = \exp\left[y\ln(1-p) + r\ln p + \ln\binom{y+r-1}{r-1}\right] \tag{10.24}$$

与指数分布族的一般形式进行对比可知:

$$\theta = \ln(1-p) \quad \Leftrightarrow \quad p = 1 - e^\theta \tag{10.25}$$

$$b(\theta) = -r\ln p = -r\ln(1-e^\theta) \tag{10.26}$$

可见,如果把负二项分布表示为指数分布族的形式,则其离散参数为 1。

应用指数分布族的性质,负二项分布的均值可以表示为

$$b'(\theta) = \frac{\partial b}{\partial p} \frac{\partial p}{\partial \theta} = \frac{r(1-p)}{p} = \mu \tag{10.27}$$

负二项分布的方差函数可以表示为

$$b''(\theta) = \frac{\partial b'(\theta)}{\partial p} \frac{\partial p}{\partial \theta} = \frac{r}{p^2} e^\theta = \frac{r(1-p)}{p^2} = \mu + \frac{1}{r}\mu^2 \tag{10.28}$$

负二项分布的离散参数等于 1,所以上式也就是负二项分布的方差。

广义线性模型主要是针对均值参数建立回归模型,所以可以把均值 μ 作为负二项分布的参数之一,并令 $\sigma = 1/r$,则负二项分布的均值和方差可以分别表示为 μ 和 $\mu + \sigma \mu^2$。

由式(10.27)和式(10.28)可知,负二项分布的均值和方差还可以分别表示为 $r(1-p)/p$ 和 $r(1-p)/p^2$,所以两种参数形式之间的变换关系为

---

* 本书关于负二项Ⅰ型分布和负二项Ⅱ型分布的区分与 gamlss 程序包中使用的名称一致。在某些文献中,这里的负二项Ⅱ型分布称作 NB-1 分布,负二项Ⅰ型分布称作 NB-2 分布,因为它们的方差分别是均值的一次幂函数和二次幂函数。

$$\begin{cases} p = \dfrac{1}{1+\sigma\mu} \\ r = 1/\sigma \end{cases} \tag{10.29}$$

负二项回归模型的一般形式可以表示如下。

$$\begin{cases} y_i \sim \mathrm{NB}(\mu_i, \sigma) \\ g(\mu_i) = \eta_i = \boldsymbol{x}_i^{\mathrm{T}} \boldsymbol{\beta} \end{cases}$$

其中,$g(\cdot)$表示连接函数,$\eta_i = \boldsymbol{x}_i^{\mathrm{T}} \boldsymbol{\beta}$为线性预测项,且假设参数$\sigma$对所有的观察个体是相同的。

在广义线性模型中,正则连接函数是使得$g(\mu)=\theta$成立的函数$g(\cdot)$。在负二项分布假设下,由式(10.26)和式(10.29)可知:

$$\theta = \ln(1-p) = \ln\dfrac{\sigma\mu}{1+\sigma\mu}$$

所以负二项回归模型的正则连接函数是

$$g(\mu) = \ln\dfrac{\sigma\mu}{1+\sigma\mu} \tag{10.30}$$

将式(10.29)代入式(10.23),则负二项分布的概率函数还可以表示为

$$f(y;\mu,\sigma) = \dfrac{\Gamma(y+1/\sigma)}{\Gamma(y+1)\Gamma(1/\sigma)} \left(\dfrac{1}{1+\sigma\mu}\right)^{1/\sigma} \left(\dfrac{\sigma\mu}{1+\sigma\mu}\right)^y \tag{10.31}$$

上述负二项分布可以表示为下述指数分布族的形式:

$$f(y;\mu,\sigma) = \exp\left[y\ln\dfrac{\sigma\mu}{1+\sigma\mu} + \dfrac{1}{\sigma}\ln\dfrac{1}{1+\sigma\mu} + \ln\Gamma\left(y+\dfrac{1}{\sigma}\right) - \ln\Gamma(y+1) - \ln\Gamma\left(\dfrac{1}{\sigma}\right)\right] \tag{10.32}$$

与指数分布族的一般形式进行对比可知:

$$\theta = \ln\dfrac{\sigma\mu}{1+\sigma\mu} \tag{10.33}$$

$$b(\theta) = -\dfrac{1}{\sigma}\ln\dfrac{1}{1+\sigma\mu} \tag{10.34}$$

此时,式(10.33)是指数分布族的自然参数,但在该参数的表达式中包含了式(10.31)中负二项分布的两个参数,即均值参数μ和尺度参数σ。这就意味着,只有在尺度参数已知的条件下,负二项分布才可以表示为指数分布族的形式。

由式(10.34)可得负二项分布的均值和方差分别为

$$b'(\theta) = \mu \tag{10.35}$$

$$b''(\theta) = \mu + \sigma\mu^2 \tag{10.36}$$

由式(10.31)可知,负二项分布的对数似然函数可以表示为

$$\ell(\mu;y,\sigma)$$
$$= \sum_{i=1}^{n} \left[y_i \ln\left(\frac{\sigma\mu_i}{1+\sigma\mu_i}\right) - \frac{1}{\sigma}\ln(1+\sigma\mu_i) + \ln\Gamma\left(y_i + \frac{1}{\sigma}\right) - \ln\Gamma(y_i+1) - \ln\Gamma\left(\frac{1}{\sigma}\right) \right] \tag{10.37}$$

故根据偏差的定义,负二项回归模型的偏差可以表示为
$$D = 2\phi[\ell(y,\sigma;y) - \ell(\mu,\sigma;y)]$$
$$= 2\sum_{i=1}^{n}\left[y_i \ln\frac{y_i}{\mu_i} - \left(y_i + \frac{1}{\sigma}\right)\ln\frac{1+\sigma y_i}{1+\sigma\mu_i} \right] \tag{10.38}$$

当 $y_i = 0$ 时,上述偏差简化为
$$D = 2\sum_{i=1}^{n} \frac{\ln(1+\sigma\mu_i)}{\sigma}$$

10.2.2 负二项Ⅱ型分布

负二项Ⅱ型分布的概率函数为
$$f(y;\mu,\sigma) = \frac{\Gamma(y+\mu/\sigma)}{\Gamma(\mu/\sigma)\Gamma(y+1)} \left(\frac{1}{1+\sigma}\right)^{\mu/\sigma} \left(\frac{\sigma}{1+\sigma}\right)^{y} \tag{10.39}$$

负二项Ⅱ型分布的均值为 μ,方差为 $\mu + \sigma\mu = (1+\sigma)\mu$。可见,负二项Ⅱ型分布的方差与均值之比为常数。在 gamlss 程序包中,负二项Ⅱ型分布简记为 NBⅡ。

负二项Ⅰ型分布属于指数分布族,但负二项Ⅱ型分布并不属于指数分布族,所以基于负二项Ⅱ型的回归模型不属于广义线性模型,不能使用第 2 章的迭代加权最小二乘法估计模型参数,而只能使用极大似然法估计模型参数。

由式(10.39)可知,负二项Ⅱ型回归模型的对数似然函数可以表示为
$$\ell = \sum_{i=1}^{n} \left[\ln\Gamma\left(\frac{\mu_i}{\sigma} + y_i\right) - \ln\Gamma(1+y_i) - \ln\Gamma\left(\frac{\mu_i}{\sigma}\right) + y_i \ln\sigma - \left(y_i + \frac{\mu_i}{\sigma}\right)\ln(1+\sigma) \right] \tag{10.40}$$

图 10-3 比较了负二项Ⅰ型分布和负二项Ⅱ型分布的概率函数。第一列的三幅图为负二项Ⅰ型分布的概率函数,第二列的三幅图为负二项Ⅱ型分布的概率函数,它们的均值参数相等,均为 $\mu = 3$,但参数 σ 的取值不同,分别为 0.1、0.3 和 0.5。可以看出,随着参数 σ 的增大,分布的右尾变长,且负二项Ⅰ型分布的右尾比负二项Ⅱ型的右尾更长。

绘制图 10-3 的 R 程序代码如下。

```
library(gamlss)
par(mfrow = c(2, 3))
x = 0:10
for (s in c(0.1, 0.3, 0.5)) {
    barplot(dNBI(x, mu = 3, sigma = s), ylim = c(0, 0.2), names.arg = x, main =
paste("NBI(", "mu = 3, sigma = ", s, ")", sep = " "))}
```

```
for (s in c(0.1, 0.3, 0.5)) {
    barplot(dNBII(x, mu = 3, sigma = s), names.arg = x, main = paste("NBII(", "mu =
3, sigma = ", s, ")", sep = " "))}
```

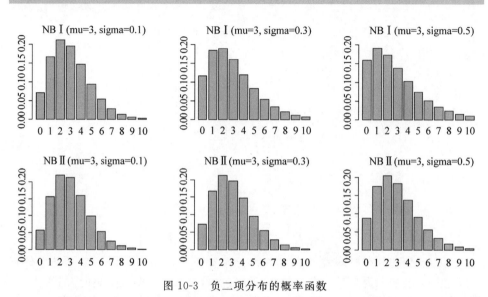

图 10-3　负二项分布的概率函数

10.2.3　迭代加权最小二乘估计

下面主要讨论负二项Ⅰ型回归模型，简称为负二项回归模型。在实际数据分析中，负二项回归模型很少使用正则连接函数，而较常使用对数连接函数，即 $g(\mu)=\ln\mu$，故有 $g'(\mu)=\dfrac{1}{\mu}$。

由式(10.36)可知，负二项分布的方差函数为 $v(\mu)=\mu+\sigma\mu^2$，且 $\phi=1$。令 $\omega_i=1$，并将它们代入式(10.12)和式(10.13)可得

$$\boldsymbol{W} = \mathrm{diag}\left\{\frac{w_i}{\phi v(\mu_i)\,[g'(\mu_i)]^2}\right\}_{n\times n} = \mathrm{diag}\left(\frac{\mu}{1+\sigma\mu}\right)_{n\times n} \tag{10.41}$$

$$\boldsymbol{z} = [\eta_i + (y_i - \mu_i)g'(\mu_i)]_{n\times 1} = \left(\eta_i + \frac{y_i-\mu_i}{\mu_i}\right)_{n\times 1} \tag{10.42}$$

由此可得对数连接函数下估计负二项回归参数的迭代加权最小二乘算法如表 10-2 所示。对于式(10.31)所示的负二项分布，只有在尺度参数 σ 已知的情况下，才可以表示为指数分布族的形式，因此，在应用迭代加权最小二乘法估计负二项回归模型的参数时，必须给定 σ 的参数值。在尺度参数未知的情况下，就应该使用极大似然法对回归参数和尺度参数同时进行估计。

表 10-2　估计负二项回归参数的迭代加权最小二乘算法

1. 设定初始值：
$D = 0$
$\boldsymbol{\mu} = [\boldsymbol{y} + \text{mean}(\boldsymbol{y})]/2$
$\boldsymbol{\eta} = \ln \boldsymbol{\mu}$
2. 当偏差变化的绝对值 $\text{abs}(\Delta D) > 10^{-8}$ 时，执行下述循环过程，否则停止循环：
$\boldsymbol{W} = \boldsymbol{\mu}/(1 + \sigma \boldsymbol{\mu})$
$\boldsymbol{z} = [\boldsymbol{\eta} + (\boldsymbol{y} - \boldsymbol{\mu})/\boldsymbol{\mu}]$
$\boldsymbol{\beta} = (\boldsymbol{X}^{\mathrm{T}} \boldsymbol{W} \boldsymbol{X})^{-1} \boldsymbol{X}^{\mathrm{T}} \boldsymbol{W} \boldsymbol{z}$
$\boldsymbol{\eta} = \boldsymbol{X}\boldsymbol{\beta}$
$\boldsymbol{\mu} = \exp(\boldsymbol{\eta})$
$D^* = D$
$D = \begin{cases} 2\sum \{y\ln(y/\mu) - (y + 1/\sigma)\ln[(1 + \sigma y)/(1 + \sigma\mu)]\}, & y \geqslant 1 \\ 2\sum [\ln(1 + \sigma\mu)]/\sigma, & y = 0 \end{cases}$
$\Delta D = D^* - D$

10.2.4　模型参数的解释

在负二项回归模型中，如果使用式(10.30)的正则连接函数，模型的参数将不易解释，因为均值 μ 与回归参数之间的非线性关系难以找到与其相匹配的实际含义。此外，负二项回归通常需要与泊松回归进行比较，而只有运用相同的连接函数时，比较才具有实际意义。因此，在实际应用中，负二项回归模型通常选用对数连接函数。

不妨假设模型中包含 x_1 和 x_2 两个解释变量和截距项 β_0，在使用对数连接函数的情况下，负二项回归模型对因变量 y_i 的预测值可以表示为

$$\hat{y}_i = \exp(\beta_0 + \beta_1 x_{1i} + \beta_2 x_{2i})$$

现在来看 x_1 的系数 β_1 的含义。在其他解释变量保持不变的情况下，当 x_1 增加一个单位时，如果仿照线性回归模型，直接考虑负二项回归模型的预测值之差，则有

$$\Delta \hat{y}_i = \exp[\beta_0 + \beta_1(x_{1i} + 1) + \beta_2 x_{2i}] - \exp(\beta_0 + \beta_1 x_{1i} + \beta_2 x_{2i}) \quad (10.43)$$

注意到 $\Delta \hat{y}_i$ 不是一个常数，且依赖于其他解释变量，这使得 $\Delta \hat{y}_i$ 不易解释。

为此，与泊松回归模型类似，可以定义事件发生率之比。在对数连接函数下，事件发生率之比就是在 $x_1 + 1$ 状态下的事件发生频率与 x_1 状态下的事件发生频率之比，即

$$x_1 \text{ 的事件发生率之比} = \frac{\exp[\beta_0 + \beta_1(x_{1i} + 1) + \beta_2 x_{2i}]}{\exp(\beta_0 + \beta_1 x_{1i} + \beta_2 x_{2i})} = \exp(\beta_1)$$

$$(10.44)$$

由此可见，解释变量 x_1 的事件发生率之比是一个常数，等于参数 β_1 的指数变换。

这就意味着,x_1 每增加一个单位,事件发生率之比将上升为原来的 $\exp(\beta_1)$。

10.2.5 模拟分析

本节应用 10.1.6 节模拟的数据建立负二项回归模型。可以分别应用表 10-2 中的迭代算法、glm.nb 函数和 gamlss 函数对负二项回归模型的参数进行估计,参数估计结果完全相同。有关 R 程序代码如下。

```
#初始值
D = 0
sigma = exp(0.6665)        #使用 gamlss 建立的下述 mod4 对 sigma 的估计值
mu = (y + mean(y))/2
eta = log(mu)

#设计矩阵
X = model.matrix(~x1 + x2 + x3 + x4)

#迭代运算估计模型参数
repeat {
    W = diag(mu/(1 + sigma * mu))
    z = eta + (y - mu)/mu
    beta = solve((t(X) %*% W %*% X)) %*% t(X) %*% W %*% z
    eta = c(X %*% beta)
    mu = exp(eta)
    Dstar = D
    Di = ifelse(y == 0, 2 * (log(1 + sigma * mu))/sigma, 2 * (y * log(y/mu) -
(y + 1/sigma) * log((1 + sigma * y)/(1 + sigma * mu))))
    D = sum(Di)
    Ddiff = Dstar - D
    if (max(abs(Ddiff)) < 1e - 08)
        break
}

#应用 glm.nb 函数估计模型参数
mod3 = glm.nb(y ~ x1 + x2 + x3 + x4, data = dt, link = log)
summary(mod3)

#应用 gamlss 函数估计模型参数
mod4 = gamlss(y ~ x1 + x2 + x3 + x4, data = dt, family = NBI, mu.link = log)

#输出参数估计值
summary(mod4)

#输出残差图
plot(mod4)
```

运行 summary(mod4) 可以输出应用 gamlss 建立的负二项回归模型的参数估计结果如下。

```
## -------------------------------------------------------------
## Mu link function: log
## Mu Coefficients:
##              Estimate  Std. Error  t value   Pr(>|t|)
## (Intercept)  -2.04443  0.33814     -6.046    2.93e-09 ***
## x1            0.52333  0.07611      6.876    1.87e-11 ***
## x2           -0.87333  0.30957     -2.821    0.00498  **
## x31           0.58068  0.22890      2.537    0.01149  *
## x41          -0.34109  0.23509     -1.451    0.14745
## -------------------------------------------------------------
## Sigma link function: log
## Sigma Coefficients:
##              Estimate  Std. Error  t value   Pr(>|t|)
## (Intercept)  0.6665    0.2540       2.624    0.00896  **
## -------------------------------------------------------------
```

负二项回归模型的分位残差图如图 10-4 所示。与图 10-2 进行比较可见，负二项回归模型的拟合效果优于泊松回归模型。

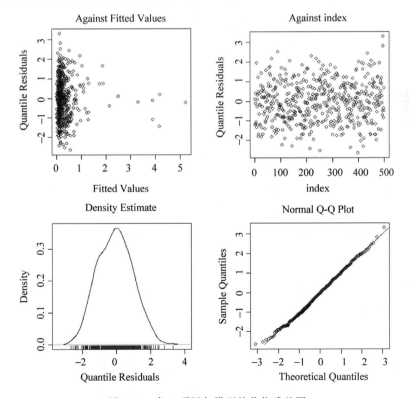

图 10-4　负二项回归模型的分位残差图

对于本例的数据,也可以建立负二项 II 型回归模型,并与负二项 I 型回归模型进行对比,相应的 R 程序代码和输出结果如下。

```
#负二项 II 型回归模型
mod5 = gamlss(y ~ x1 + x2 + x3 + x4, data = dt, family = NBII, mu.link = log)
AIC(mod4, mod5)
##          df    AIC
##mod4       6   631.77
##mod5       6   637.73
```

输出结果表明,负二项 II 型回归模型 mod5 的 AIC 大于负二项 I 型回归模型 mod4 的 AIC,表明负二项 I 型回归模型可以更好地拟合该组数据。

10.3 零截断与零膨胀损失次数预测模型

在损失次数数据中,除了可能存在过离散问题之外,还有可能存在零膨胀或零截断等特征。零膨胀是指观察数据中零值所占的比率超过了通常的概率分布在零点的概率,而零截断是指观察数据中没有零值。对于零膨胀数据,可以建立零膨胀泊松回归模型、零膨胀负二项回归模型或 Hurdle 模型。对于零截断数据,则可以建立零截断泊松回归模型或零截断负二项回归模型。

10.3.1 零截断回归模型

损失次数观察值的一种常见形式是没有零值。譬如,在健康险中,住院天数就是这种类型的数据,其取值为:$1,2,3,4,\cdots$。这种数据称作零截断数据。如果因变量是零截断的计数数据,则相应的回归模型称作零截断回归模型。比较常用的两种零截断回归模型是零截断泊松回归模型和零截断负二项回归模型,当然也可以在其他分布假设下建立零截断回归模型。零截断回归模型不属于指数分布族假设下的广义线性模型,通常使用极大似然法估计模型参数。

首先以零截断泊松回归模型为例。均值为 μ 的泊松分布的概率函数为

$$f(y;\mu) = \frac{e^{-\mu}\mu^y}{y!} \qquad (10.45)$$

泊松分布取零值的概率为 $e^{-\mu}$,不等于零值的概率为 $1-e^{-\mu}$,所以零截断泊松分布的概率函数可以表示为

$$f(y;\mu \mid y>0) = \frac{e^{-\mu}\mu^y}{(1-e^{-\mu})y!} \qquad (10.46)$$

相应地,零截断泊松分布的对数似然函数可以表示如下。

$$\ell(\mu;y \mid y>0) = y\ln\mu - \mu - \ln\Gamma(y+1) - \ln(1-e^{-\mu}) \qquad (10.47)$$

把泊松分布的均值参数表示为解释变量的函数,如令 $\mu_i = \exp(\boldsymbol{x}_i^T \boldsymbol{\beta})$,则零截断泊松回归模型的对数似然函数可以表示如下。

$$\ell(\mu;y \mid y>0)$$
$$= \sum (y(\boldsymbol{x}_i^T \boldsymbol{\beta}) - \exp(\boldsymbol{x}_i^T \boldsymbol{\beta}) - \ln\Gamma(y+1) - \ln\{1 - \exp[-\exp(\boldsymbol{x}_i^T \boldsymbol{\beta})]\}) \quad (10.48)$$

在上式极大化的条件下,即可求得零截断泊松回归模型的参数估计值。

与零截断泊松回归模型类似,也可以建立零截断负二项回归模型。

负二项分布的概率函数为

$$f(y;\mu,\sigma) = \frac{\Gamma(y+1/\sigma)}{\Gamma(y+1)\Gamma(1/\sigma)} \left(\frac{1}{1+\sigma\mu}\right)^{1/\sigma} \left(\frac{\sigma\mu}{1+\sigma\mu}\right)^y \quad (10.49)$$

上述负二项分布取零值的概率为 $(1+\sigma\mu)^{-1/\sigma}$,所以零截断负二项分布的概率函数为

$$f(y;\mu \mid y>0) = \frac{f_{\mathrm{NB}}(y;\mu)}{1 - f_{\mathrm{NB}}(0;\mu)}$$
$$= \frac{\Gamma(y+1/\sigma)}{\Gamma(y+1)\Gamma(1/\sigma)} \left(\frac{1}{1+\sigma\mu}\right)^{1/\sigma} \left(\frac{\sigma\mu}{1+\sigma\mu}\right)^y \frac{1}{1-(1+\sigma\mu)^{-1/\sigma}} \quad (10.50)$$

相应地,零截断负二项分布的对数似然函数为

$$\ell(\mu;y \mid y>0) = \ell_{\mathrm{NB}} - \ln[1-(1+\sigma\mu)^{-1/\sigma}] \quad (10.51)$$

把负二项分布的均值参数表示为解释变量的函数,如令 $\mu_i = \exp(\boldsymbol{x}_i^T \boldsymbol{\beta})$,则零截断负二项回归模型的对数似然函数可以表示如下。

$$\ell(\mu;y \mid y>0) = \sum (\ell_{\mathrm{NB}} - \ln\{1 - [1+\sigma\exp(\boldsymbol{x}_i^T \boldsymbol{\beta})]^{-1/\sigma}\}) \quad (10.52)$$

其中,ℓ_{NB} 表示负二项分布的对数似然函数,如式(10.37)所示。

在式(10.52)极大化的条件下,即可求得零截断负二项回归模型的参数估计值。

在 R 中,建立零截断模型可以应用 gamlss.tr 程序包中的 gen.trun 函数。在 10.1.6 节的模拟数据中删除因变量等于零的观察值,就得到了零截断的模拟数据。基于模拟的零截断数据建立零截断泊松回归模型和零截断负二项回归模型的 R 程序代码如下。

```
#生成零截断数据
dt1 = subset(dt, y > 0)

#生成零截断泊松分布(POtr)
library(gamlss.tr)
```

```
gen.trun(par = c(0), family = PO, type = "left")

#建立零截断泊松回归模型,使用前面生成的 POtr 分布
mod7 = gamlss(y ~ x1 + x2 + x3 + x4, data = dt1, family = POtr, mu.link = log)

#生成零截断负二项分布(NBItr)
gen.trun(par = c(0), family = NBI, type = "left")

#建立零截断负二项回归模型,使用前面生成的 NBItr 分布
mod8 = gamlss(y ~ x1 + x2 + x3 + x4, data = dt1, family = NBItr, mu.link = log,
n.cyc = 100)

#比较零截断泊松回归与零截断负二项回归的 AIC
AIC(mod7, mod8)
##          df       AIC
## mod8      6    204.1556
## mod7      5    211.7296
```

在建立零截断负二项回归模型时,n.cyc = 100 表示把迭代次数增加到 100 次,是为了确保算法收敛。

10.3.2 零膨胀回归模型

当损失次数的观察值存在零膨胀特征时,应该在模型中考虑零膨胀的影响。假设损失次数因变量服从零膨胀分布,相应的回归模型就是零膨胀回归模型。常用的零膨胀回归模型包括零膨胀泊松回归和零膨胀负二项回归。

零膨胀分布也是一种混合分布。假设 K 是一个随机变量,譬如服从泊松分布或负二项分布,Y 是与其对应的零膨胀分布,则 Y 的概率函数 $f_Y(y)$ 可以表示为

$$f_Y(y) = \begin{cases} p + (1-p)f_K(0), & y = 0 \\ (1-p)f_K(y), & y = 1, 2, 3, \cdots \end{cases} \tag{10.53}$$

其中,$0 \leqslant p \leqslant 1$ 称作零膨胀参数,$f_K(y)$ 表示随机变量 K 的概率函数。

1. 零膨胀泊松回归

当 K 服从泊松分布时,式(10.53)就表示**零膨胀泊松分布**(zero inflated poisson distribution),简记为 ZIP;当 K 服从负二项分布时,式(10.53)就表示**零膨胀负二项分布**(zero inflated negative binomial distribution),简记为 ZINB。

均值为 μ 的泊松分布的概率函数为

$$f_K(y; \mu) = \frac{e^{-\mu} \mu^y}{y!}, \quad y = 0, 1, 2, 3, \cdots$$

所以,零膨胀泊松分布的概率函数可以表示为

$$f_Y(y;\mu,p) = \begin{cases} p + (1-p)\mathrm{e}^{-\mu}, & y = 0 \\ (1-p)\dfrac{\mathrm{e}^{-\mu}\mu^y}{y!}, & y = 1,2,3,\cdots \end{cases} \quad (10.54)$$

零膨胀泊松分布的均值和方差分别为

$$E(Y) = (1-p)\mu$$
$$\mathrm{Var}(Y) = E(Y)[1+\mu-E(Y)]$$

因为泊松分布的均值必然大于其对应的零膨胀泊松分布的均值,即 $\mu - E(Y) > 0$,所以零膨胀泊松分布的方差大于其均值,具有过离散特征。

零膨胀泊松回归有两个参数,一个是泊松分布的均值参数 μ,另一个是零膨胀参数 p。

在零膨胀泊松回归中,通常假设零膨胀概率 p 取固定值,即对所有观察值相同,仅对泊松参数建立回归模型。

如果使用对数连接函数,即令第 i 个观察值的泊松参数可以表示为 $\mu_i = \exp(\boldsymbol{x}_i^\mathrm{T}\boldsymbol{\beta})$,且为了保证零膨胀概率的取值在 $(0,1)$ 区间,可以对其进行 logit 变换,即令

$$\mathrm{logit}(p) = \ln\frac{p}{1-p} = a \quad \Rightarrow \quad p = \frac{1}{1+\mathrm{e}^{-a}} \quad (10.55)$$

显然,通过参数 a 的估计值即可求得零膨胀概率 p 的估计值。

由式(10.54)可知,零膨胀泊松回归模型的对数似然函数可以表示为

$$\ell_\mathrm{ZIP} = \ell_\mathrm{ZIP}(y_i = 0) + \ell_\mathrm{ZIP}(y_i > 0) \quad (10.56)$$

其中:

$$\ell_\mathrm{ZIP}(y_i = 0) = \sum_{y_i=0} \ln[p + (1-p)\exp(-\mu_i)]$$

$$\ell_\mathrm{ZIP}(y_i > 0) = \sum_{y_i>0} [\ln(1-p) - \mu_i + y_i\ln\mu_i - \ln\Gamma(y_i+1)]$$

$$p = \frac{1}{1+\mathrm{e}^{-a}}$$

$$\mu_i = \exp(\boldsymbol{x}_i^\mathrm{T}\boldsymbol{\beta})$$

在极大化对数似然函数式(10.56)的条件下,即可求得零膨胀泊松回归模型的参数估计值。

2. 零膨胀负二项回归

如果假设式(10.53)中的随机变量 K 服从负二项分布,则 Y 服从零膨胀负二项分布(ZINB)。

参数为 (μ,σ) 的负二项分布的概率函数可以表示为:

$$f_K(y;\mu,\sigma) = \binom{y+\sigma^{-1}-1}{y}\left(\frac{1}{1+\sigma\mu}\right)^{1/\sigma}\left(\frac{\sigma\mu}{1+\sigma\mu}\right)^y \quad (10.57)$$

负二项分布在零点的概率为$(1+\sigma\mu)^{-1/\sigma}$，所以，零膨胀负二项分布的概率函数为

$$f_Y(y;\mu,\sigma,p) = \begin{cases} p + (1-p)(1+\sigma\mu)^{-1/\sigma}, & y = 0 \\ (1-p)f_K(y;\mu,\sigma), & y = 1,2,3,\cdots \end{cases} \quad (10.58)$$

零膨胀负二项分布的均值和方差分别为

$$E(Y) = (1-p)\mu$$
$$\text{Var}(Y) = E(Y)[1 + \mu(1+\sigma) - E(Y)]$$

负二项分布的均值必然大于其对应的零膨胀负二项分布的均值，所以由上式可知，零膨胀负二项分布的方差大于其均值，具有过离散特征。

假设负二项分布的参数σ和零膨胀参数p都是固定值，对所有观察个体是相同的，且仅对负二项分布的均值参数建立回归模型，使用对数连接函数，则零膨胀负二项回归模型的对数似然函数为

$$\ell_{\text{ZINB}} = \ell_{\text{ZINB}}(y_i = 0) + \ell_{\text{ZINB}}(y_i > 0) \quad (10.59)$$

其中：

$$\ell_{\text{ZINB}}(y_i = 0) = \sum_{y_i=0} \ln[p + (1-p)(1+\sigma\mu_i)^{-1/\sigma}]$$

$$\ell_{\text{ZINB}}(y_i > 0) = \sum_{y_i>0} [\ln(1-p) + y_i \ln\sigma\mu_i - (y_i + \sigma^{-1})\ln(1+\sigma\mu_i) + \ln\Gamma(y_i + \sigma^{-1}) - \ln\Gamma(y_i + 1) - \ln\Gamma(\sigma^{-1})]$$

$$p = \frac{1}{1 + e^{-a}}$$

$$\mu_i = \exp(\boldsymbol{x}_i^T \boldsymbol{\beta})$$

在极大化对数似然函数式(10.59)的条件下，即可求得零膨胀负二项回归模型的参数估计值。

为了说明零膨胀回归模型的应用，本节模拟2 000个损失次数的观察数据。假设损失次数受A和B两个分类变量的影响。A有2个水平，记为A1和A2，其中A1是基准水平。B有3个水平，记为B1、B2和B3，其中B1是基准水平。基准水平的参数用β_0表示，水平A2、B2和B3的参数分别用β_1、β_2和β_3表示。在模拟数据时，假设这些参数的取值分别为$\beta_0 = 0.2, \beta_1 = -0.2, \beta_2 = -0.3, \beta_3 = 0.4$。模拟数据的R程序代码如下。

```
#模拟零膨胀的损失次数数据
n = 2000 #样本量
A = gl(2, 3, length = n)
B = gl(3, 3, length = n)
```

```
#计算零膨胀负二项分布的均值mu,真实的参数为c(0.2, -0.2, -0.3, 0.4)
mu = exp(model.matrix( ~ A + B) %*% as.matrix(c(0.2, -0.2, -0.3, 0.4)))

#模拟零膨胀负二项分布的损失次数数据y
set.seed(100)
y = rZINBI(n, mu, sigma = 0.2, nu = 0.3)
dat = data.frame(A, B, y)
```

图 10-5 是用泊松分布、负二项分布、零膨胀泊松分布和零膨胀负二项分布对模拟损失次数的拟合值,它们的 AIC 值分别为 5 561、5 224、5 246 和 5 215,零膨胀负二项分布的 AIC 值最小,其次是负二项分布。从图形上直观地看,也是零膨胀负二项分布的拟合效果较好。

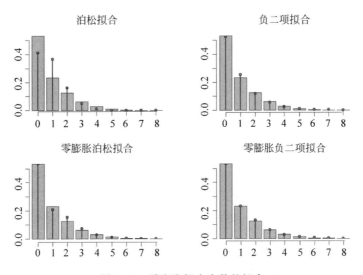

图 10-5 零膨胀损失次数的拟合

绘制图 10-5 的 R 程序代码如下。

```
par(mfrow = c(2, 2))
histDist(y, family = PO, main = '泊松拟合')
histDist(y, family = NBI, main = '负二项拟合')
histDist(y, family = ZIP, main = '零膨胀泊松拟合')
histDist(y, family = ZINBI, main = '零膨胀负二项拟合')
```

建立零膨胀泊松回归模型的 R 程序代码和输出结果如下。

```
# 零膨胀泊松回归
zip = gamlss(y ~ A + B, data = dat, family = ZIP)
```

应用 summary(zip) 可以输出零膨胀泊松回归模型 zip 的参数估计值如下。

```
## -------------------------------------------------------------
## Mu link function: log
## Mu Coefficients:
##                Estimate    Std. Error    t value    Pr(>|t|)
## (Intercept)    0.34066     0.05672       6.006      2.25e-09 ***
## A2            -0.13135     0.05419      -2.424      0.01544  *
## B2            -0.28601     0.07421      -3.854      0.00012  ***
## B3             0.33427     0.06271       5.330      1.09e-07 ***
## -------------------------------------------------------------
## Sigma link function: logit
## Sigma Coefficients:
##                Estimate    Std. Error    t value    Pr(>|t|)
## (Intercept)   -0.57088     0.07748      -7.368      2.52e-13 ***
## -------------------------------------------------------------
```

在零膨胀泊松回归模型的参数估值中，Mu 表示泊松分布的均值参数 λ，Sigma 表示零膨胀概率 p。在泊松的均值回归中使用了对数连接函数，四个回归系数的估计值与模拟数据时所设定的参数值不算很接近。可以验证，如果继续增加模拟数据的样本量，回归系数的估计值将会越来越靠近模拟数据时所设定的参数取值。

本例使用 R 软件中的 gamlss 程序包建立零膨胀泊松回归模型，其中把零膨胀概率用 sigma 表示，使用 logit 连接函数。关于零膨胀概率的回归模型中只有截距项，估计值为 -0.571，故有

$$\ln \frac{p}{1-p} = -0.571$$

由此可以求得零膨胀概率为 $p = 1/[1+\exp(0.571)] = 0.361$。

在模拟数据时使用了零膨胀负二项分布，零膨胀概率被设定为 0.3，这与零膨胀泊松回归模型估计的零膨胀概率还算比较接近。

下面的 R 程序代码建立了零膨胀负二项回归模型。

```
# 零膨胀负二项回归
zinb = gamlss(y ~ A + B, data = dat, family = ZINBI)
```

应用 summary(zinb) 可以输出零膨胀负二项回归模型 zinb 的参数估计值如下。

```
## -------------------------------------------------------------
## Mu link function: log
## Mu Coefficients:
```

```
##                  Estimate    Std. Error    t value      Pr(>|t|)
## (Intercept)       0.19077       0.07879      2.421      0.015557 *
## A2               -0.13264       0.06014     -2.206      0.027515 *
## B2               -0.30239       0.07908     -3.824      0.000136 ***
## B3                0.34179       0.07020      4.869      1.21e-06 ***
## ---
## Sigma link function: log
## Sigma Coefficients:
##                  Estimate    Std. Error    t value      Pr(>|t|)
## (Intercept)      -1.2621        0.3236      -3.9        9.93e-05 ***
## ---
## Nu link function: logit
## Nu Coefficients:
##                  Estimate    Std. Error    t value      Pr(>|t|)
## (Intercept)      -1.0707        0.2188      -4.894      1.07e-06 ***
## ---
```

在零膨胀负二项回归模型的参数估计值中,Mu 表示负二项分布的均值参数 μ,Sigma 表示参数 σ,Nu 表示零膨胀参数 p。

在负二项均值的回归中使用了对数连接函数,有关回归系数的估计值与模拟数据所设定的参数值比较接近。

Sigma 参数使用了对数连接函数,回归模型中只有截距项,估计值为 -1.2621,所以在零膨胀负二项分布中参数 σ 的估计值为 $\exp(-1.2621)=0.283$。

零膨胀概率使用了 logit 连接函数,回归模型中只有截距项,估计值为 -1.0707,故有

$$\ln \frac{p}{1-p} = -1.0707$$

由此可以求得零膨胀概率为

$$p = 1/[1+\exp(1.0707)] = 0.2552。$$

零膨胀负二项分布的 AIC 值为 5143,小于零膨胀泊松回归的 AIC 值 5163,表明零膨胀负二项回归对该组模拟数据的拟合效果相对较好。

10.3.3 零调整回归模型

当损失次数因变量在零点的概率大于泊松分布或负二项分布在零点概率时,既可以建立零膨胀泊松回归模型或零膨胀负二项回归模型,也可以建立相应的零调整回归模型,而当实际观察到的索赔次数在零点的概率小于泊松分布或负二项分布在零点的概率时,就只能建立零调整回归模型。

假设 K 是一个随机变量,譬如服从泊松分布或负二项分布,Y 是与其对应的

零调整分布,则 Y 的概率函数 $f_Y(y)$ 可以表示为

$$f_Y(y) = \begin{cases} \nu, & y = 0 \\ \dfrac{1-\nu}{1-f_K(0)} f_K(y), & y = 1,2,3,\cdots \end{cases} \quad (10.60)$$

其中,$0 \leqslant \nu \leqslant 1$ 表示零点的概率,$f_K(y)$,$y=0,1,2,3,\cdots$ 表示 K 的概率函数。

在式(10.60)中,如果 K 服从泊松分布,则 Y 服从**零调整泊松分布**(zero adjusted poisson distribution),简记为 ZAP;如果 K 服从负二项分布,则 Y 服从**零调整负二项分布**(zero adjusted negative binomial distribution),简记为 ZANB。

譬如,零调整泊松分布的概率函数为

$$f_Y(y;\mu,\nu) = \begin{cases} \nu, & y = 0 \\ \dfrac{1-\nu}{1-e^{-\mu}} \dfrac{e^{-\mu}\mu^y}{y!}, & y = 1,2,3,\cdots \end{cases}$$

零调整负二项分布的概率函数为

$$f_Y(y;\mu,\sigma,\nu) = \begin{cases} \nu, & y = 0 \\ \dfrac{1-\nu}{1-(1+\sigma\mu)^{-1/\sigma}} \binom{y+\sigma^{-1}-1}{y} \left(\dfrac{1}{1+\sigma\mu}\right)^{1/\sigma} \left(\dfrac{\sigma\mu}{1+\sigma\mu}\right)^y, & y = 1,2,3,\cdots \end{cases}$$

相应地,零调整泊松回归模型的对数似然函数可以表示为

$$\ell_{\text{ZAP}} = \sum_{y_i=0} \ln\nu + \sum_{y_i>0} \left[\ln(1-\nu) - \ln(1-e^{\mu_i}) - \mu_i + y_i \ln\mu_i - \ln\Gamma(y_i+1) \right]$$

(10.61)

其中,$\mu_i = \exp(\boldsymbol{x}_i^\mathrm{T} \boldsymbol{\beta})$。

同样可以写出零调整负二项回归模型的对数似然函数,因其表达式较长,此处略去。

在极大化对数似然函数的条件下,即可求得零调整回归模型的参数估计值。

下面仍然使用前一节模拟的零膨胀索赔次数数据建立零调整泊松回归模型和零调整负二项回归模型。建立零调整泊松回归模型的 R 程序代码如下。

```
#零调整泊松回归
zap = gamlss(y  ~  A + B, data = dat, family = ZAP)
```

应用 summary(zap)可以输出零调整泊松回归模型 zap 的参数估计值如下。

```
## -------------------------------------------------------
## Mu link function: log
## Mu Coefficients:
```

```
##                 Estimate   Std. Error   t value   Pr(>|t|)
## (Intercept)     0.32804    0.06500      5.047     4.90e-07 ***
## A2             -0.15544    0.06403     -2.428     0.0153 *
## B2             -0.17646    0.09432     -1.871     0.0615 .
## B3              0.35045    0.07328      4.782     1.86e-06 ***
## ---------------------------------------------------------
## Sigma link function: logit
## Sigma Coefficients:
##                Estimate   Std. Error   t value   Pr(>|t|)
## (Intercept)    0.13018    0.04482      2.905     0.00371 **
## ---------------------------------------------------------
```

在零调整泊松回归模型中，Mu 表示泊松分布的均值，Sigma 表示零调整概率，相当于式(10.60)中的 ν。零调整概率的回归系数估计值为 0.130 2，根据 logit 连接函数可以求得零调整概率的估计值为 $p=1/[1+\exp(-0.130\ 2)]=0.532\ 5$。

建立零调整负二项回归模型的 R 程序代码如下。

```
#零调整负二项回归
zanb = gamlss(y ~ A + B, data = dat, family = ZANBI)
```

应用 summary(zanb) 可以输出零调整负二项回归模型 zanb 的参数估计值如下。

```
## ---------------------------------------------------------
## Mu link function: log
## Mu Coefficients:
##                Estimate   Std. Error   t value   Pr(>|t|)
## (Intercept)    0.17400    0.09086      1.915     0.0556 .
## A2            -0.17339    0.07740     -2.240     0.0252 *
## B2            -0.18567    0.10978     -1.691     0.0909 .
## B3             0.38171    0.08881      4.298     1.81e-05 ***
## ---------------------------------------------------------
## Sigma link function: log
## Sigma Coefficients:
##                Estimate   Std. Error   t value   Pr(>|t|)
## (Intercept)   -1.2991     0.3311      -3.924     9e-05 ***
## ---------------------------------------------------------
## Nu link function: logit
## Nu Coefficients:
##                Estimate   Std. Error   t value   Pr(>|t|)
## (Intercept)    0.13018    0.04482      2.905     0.00371 **
## ---------------------------------------------------------
```

在零调整负二项回归模型中，Mu 表示负二项分布的均值，Sigma 表示负二项分布的参数 σ，Nu 表示零调整概率，相当于式(10.60)中的 ν。零调整负二项回归模型中关于零调整概率的估计值与零调整泊松回归模型相同。

```
#比较不同模型的AIC
AIC(zip, zinb, zap, zanb)
##       df    AIC
##zinb    6    5143.1
##zip     5    5163.4
##zanb    6    5178.7
##zap     5    5197.9
```

可以看出，对于本例的模拟数据而言，零调整负二项回归模型的 AIC 值小于零调整泊松回归模型的 AIC 值。零膨胀负二项回归模型的 AIC 值小于零膨胀泊松回归模型的 AIC。总体上看，零膨胀负二项回归模型的 AIC 值最小，因而可以认为该模型对上述模拟数据的拟合效果最佳。

应用函数 plot(zinb)可以输出最优模型的分位残差图(见图 10-6)。分位残差图表明，零膨胀负二项回归模型(ZINB)可以较好地拟合前述的模拟数据。

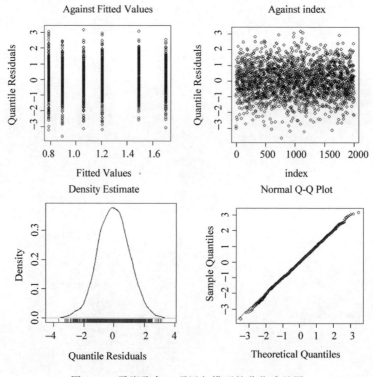

图 10-6 零膨胀负二项回归模型的分位残差图

10.4 混合损失次数预测模型

当损失次数的观察值来自多个不同的分布时,就可以建立**有限混合模型**(Finite mixture models)。譬如,在一个保单组合中,如果 3 000 份保单的索赔次数服从泊松分布,两外 7 000 份保单的索赔次数服从负二项分布,则整个保单组合的索赔次数将服从泊松分布与负二项分布的混合分布,权重分别为 30% 和 70%。在有限混合分布基础上建立的回归模型称作有限混合回归模型。

假设损失次数观察值来自 n 个不同的分布,第 i 个分布的占比为 π_i,且 $\pi_1 + \pi_2 + \cdots + \pi_n = 1$,则有限混合分布的概率函数可以表示为

$$f(x) = \sum_{i=1}^{n} \pi_i f_i(x) \tag{10.62}$$

其中,$f_i(x)$ 是第 i 个分布的概率函数,可以取泊松分布、负二项分布等。

有限混合回归模型就是指因变量服从有限混合分布的回归模型。下面通过模拟数据来介绍有限混合回归模型的应用过程。

假设因变量来自两个不同的泊松分布,它们的均值分别为 μ_1 和 μ_2,各自的权重分别为 $\pi_1 = 0.4$ 和 $\pi_2 = 0.6$。两个解释变量为 x_1, x_2,其中 x_1 是连续型解释变量,x_2 是二分类解释变量。

模拟数据的 R 程序代码如下。

```
set.seed(111)
n = 5000                    #模拟次数
x1 = rgamma(n, 2, 1)        #解释变量 x1
x2 = rbinom(n, 1, 0.4)      #分类解释变量 x2

#参数的真实值
b0 = 2
b1 = -0.15
b2 = -0.2
c0 = -1
c1 = -0.2
c2 = -0.25

#两个泊松分布的均值
mu1 = exp(b0 + b1 * x1 + b2 * x2)
mu2 = exp(c0 + c1 * x1 + c2 * x2)
I = runif(n)                #模拟(0,1)区间的均匀分布的随机变量
dt = data.frame(x1, x2, mu1, mu2, I)
```

```
#模拟因变量 y 的观察值,当 I 小于等于 0.4 时,索赔次数服从第一个泊松分布,否则服从
第二个泊松分布
dt$y = ifelse(I <= 0.4, rpois(n, mu1), rpois(n, mu2))

#因变量的分布图
barplot(table(dt$y))
```

模拟观察值的分布如图 10-7 所示。该图有两个明显不同的峰值,表明索赔次数的观察值来自两个不同的泊松分布。

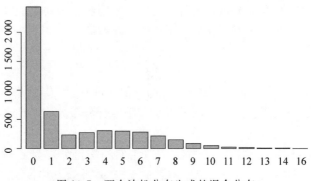

图 10-7 两个泊松分布生成的混合分布

估计有限混合泊松回归模型的参数时,可以使用 gamlss.mx 程序包中的 gamlssMX 函数,R 程序代码如下。

```
library(gamlss)
library(gamlss.mx)
mod = gamlssMX(y ~ x1 + x2, data = dt, family = "PO", K = 2)
mod
```

上述程序代码的输出结果如表 10-3 所示,其中第一个泊松回归模型中三个参数的估计值分别为 1.979 4, −0.165 9 和 −3.557 2,模拟数据的真实参数值为 2, −0.15 和 −0.2。

第二个泊松回归模型中三个参数估计值分别为 −1.144 3, −0.192 4 和 2.940 9,模拟数据的真实参数值为 −1, −0.2 和 −0.25。

在模拟数据时,假设两个泊松模型的占比分别为 0.4 和 0.6,基于模拟数据估计出的比例为 0.486 1 和 0.513 9。

该表同时给出了模型的自由度为 7,残差的自由度为 4 993,以及偏差、AIC 和 SBC(即 BIC)统计量的值。

表 10-3　有限混合泊松回归模型的参数估计结果

```
Mixing Family: c("PO", "PO")

Fitting method: EM algorithm

Call: gamlssMX(formula = y ~ x1 + x2, family = "PO", K = 2, data = dt)

Mu Coefficients for model: 1
(Intercept)          x1              x2
   1.9794         -0.1659         -3.5572
Mu Coefficients for model: 2
(Intercept)          x1              x2
  -1.1443         -0.1924          2.9409

Estimated probabilities: 0.4860881 0.5139119

Degrees of Freedom for the fit: 7 Residual Deg. of Freedom   4993
Global Deviance: 18032.8
            AIC: 18046.8
            SBC: 18092.4
```

10.5　应用案例

本节应用某财产保险公司的车损险数据[*]，建立索赔频率的预测模型。原始数据的介绍可以参见第 8 章的案例分析。

10.5.1　描述性分析

索赔频率是平均每个车年的索赔次数，其观察值为每份保单或每个风险类别的索赔次数与车年数之比。图 10-8 给出了分类变量的各个水平所对应的索赔频率的观察值。可以看出，这些分类变量的不同水平之间存在较为明显的风险差异。绘图的 R 程序代码如下。

```
#加载数据分析所需的程序包
library(data.table)
library(pander)
library(ggplot2)
library(tweedie)
library(gamlss)
```

---

[*]　数据下载地址：http://pan.baidu.com/s/1qYbLEKc。

```
library(statmod)
library(car)
library(gridExtra)

#读取数据,记为dat
dat = fread('E:\\风险模型\\dat99.csv')

#绘制索赔频率的条形图
layout(matrix(c(1, 1, 2, 4, 4, 3, 3, 3, 5, 5), 2, 5, byrow = T))
a1 = c('type', 'gender', 'vage', 'ageg', 'region')
a2 = c('保单类型', '性别', '车龄', '年龄类别', '地区')
for (i in 1:5) {
  dt = dat[, sum(num)/sum(ee), by = c(a1[i])]
  barplot(dt[[2]], names.arg = dt[[1]], xlab = a2[i])
}
```

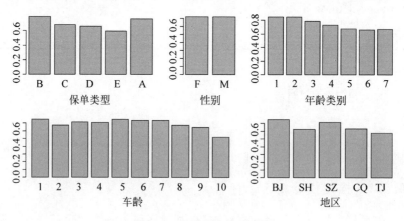

图 10-8　索赔频率的观察值

驾驶人的年龄和汽车的车龄既可以作为分类解释变量使用,也可以作为连续型解释变量使用。为了更加准确反映年龄和车龄对索赔频率的影响,下面把它们作为连续型变量处理,绘制索赔频率的平滑曲线图(图 10-9)。

```
#计算不同年龄的索赔频率,并保存在数据集 dfage 中
dfage = dat[, list(fre = sum(num)/sum(ee)), by = age]

#计算不同车龄的索赔频率,并保存在数据集 dfvage 中
dfvage = dat[, list(fre = sum(num)/sum(ee)), by = vage]

#绘制索赔频率随着驾驶人年龄变化的平滑曲线,保存在 p2 中
```

```
p2 = ggplot(dfage, aes(age, fre)) + geom_point() + geom_smooth() + xlab('驾驶人
年龄') + ylab('索赔频率')

#绘制索赔频率随着车龄变化的平滑曲线,保存在 q2 中
q2 = ggplot(dfvage, aes(factor(vage), fre, group = 1)) + geom_point() + geom_
smooth() + xlab('车龄') + ylab('索赔频率')

#输出前述的绘图结果
grid.arrange(p2, q2)
```

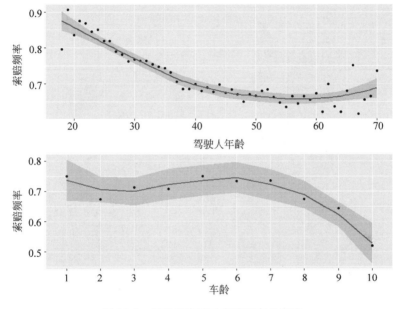

图 10-9　年龄和车龄对索赔频率的影响

图 10-9 表明,索赔频率在总体上随着驾驶人年龄的增加而有所下降,但对于车龄在 7 年以下的保单,索赔频率几乎相同,而对于车龄大于 7 年的保单,索赔频率迅速下降。

10.5.2　索赔频率预测模型

描述索赔次数最常见的分布是泊松分布和负二项分布,所以可以分别在这两种分布假设下建立索赔频率的预测模型。

首先定义索赔频率的回归方程。

```
#定义索赔频率的回归方程 ff1,把车龄和年龄都作为分类变量处理
ff1 = num ~ type + gender + factor(vage) + factor(ageg) + region + offset(log(ee))
```

```
# 重新定义回归方程 ff2, 把年龄和车龄进行平滑处理
ff2 = num ~ type + gender + cs(vage) + cs(age) + region + offset(log(ee))

# 基于前述定义的两个回归方程 ff1 和 ff2, 应用 glm 函数建立泊松回归模型, 分别保存在
po1 和 po2 中
po1 = glm(ff1, family = poisson, data = dat)
po2 = glm(ff2, family = poisson, data = dat)

# 基于前述定义的两个回归方程 ff1 和 ff2, 应用 glm.nb 函数建立负二项回归模型, 分别
保存在 nb1 和 nb2 中
nb1 = glm.nb(ff1, data = dat)
nb2 = glm.nb(ff2, data = dat)

# 基于前述定义的两个回归方程 ff1 和 ff2, 应用 gamlss 函数建立零膨胀泊松回归模型,
分别保存在 zip1 和 zip2 中
zip1 = gamlss(ff1, family = ZIP, data = dat, trace = FALSE)
zip2 = gamlss(ff2, family = ZIP, data = dat, trace = FALSE)

# 输出上述 6 个索赔次数回归模型的 AIC 值
AIC(po1, po2, nb1, nb2, zip1, zip2)
##        df     AIC
## po1    25     50905
## po2    12     51367
## nb1    26     50417
## nb2    13     50674
## zip1   26     50901
## zip2   19     50836
```

在上述 6 个索赔频率的回归模型中,负二项回归模型 nb1 的 AIC 值最小,表明该模型优于其他模型。应用 Anova 函数可以检验该模型中解释变量的显著性, R 程序代码和输出结果如下。

```
Anova(nb1)
## Analysis of Deviance Table (Type II tests)
##
## Response: num
##              LR Chisq Df Pr(>Chisq)
## type              760  4    <2e-16 ***
## gender              1  1      0.23
## factor(vage)      277  9    <2e-16 ***
## factor(ageg)      288  6    <2e-16 ***
## region            879  4    <2e-16 ***
## ---
## Signif. codes: 0 '***' 0.001 '**' 0.01 '*' 0.05 '.' 0.1 ' ' 1
```

上述方差分析结果表明,性别变量 gender 在模型中是不显著的。下面删除模型 nb1 中不显著的性别变量 gender 后重新建模,R 程序代码如下。

```
#从回归方程 ff1 中删除 gender 变量,定义为回归方程 ff3
ff3 = num ~ type + factor(vage) + factor(ageg) + region + offset(log(ee))

#基于回归方程 ff3,应用 glm.nb 函数建立负二项回归模型,保存在 nb3 中
nb3 = glm.nb(ff3, data = dat)

#计算负二项回归模型 nb3 的随机分位残差 qrnb3
qrnb3 = qresiduals(nb3)

#绘制 qrnb3 的直方图,并用标准正态分布进行拟合
par(mfrow = c(1, 2))
histDist(qrnb3, nbins = 100, main = '', xlab = '负二项回归模型的随机分位残差',
ylab = '')

#绘制 qrnb3 的 QQ 图
qqnorm(qrnb3, main = '负二项回归模型的 QQ 图')
qqline(qrnb3)
```

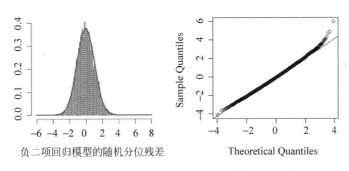

图 10-10　负二项回归模型 nb3 的随机分位残差

从图 10-10 可见,负二项回归模型 nb3 的残差近似服从标准正态分布,表明负二项回归模型 nb3 可以较好地拟合本例的索赔次数数据。

应用 summary(nb3) 输出负二项回归模型 nb3 的参数估计值如下。

```
summary(nb3)
##Coefficients:
##              Estimate   Std. Error   z value    Pr(>|z|)
##(Intercept)   -0.32019     0.01306    -24.52     < 2e-16 ***
##typeB          0.12157     0.01516      8.02     1.1e-15 ***
##typeC         -0.10602     0.00960    -11.05     < 2e-16 ***
```

##typeD	-0.15726	0.01137	-13.84	<2e-16 ***
##typeE	-0.29147	0.01211	-24.06	<2e-16 ***
##factor(vage)2	0.00399	0.01419	0.28	0.77842
##factor(vage)3	0.06561	0.01455	4.51	6.5e-06 ***
##factor(vage)4	0.10548	0.01486	7.10	1.3e-12 ***
##factor(vage)5	0.15955	0.01554	10.27	<2e-16 ***
##factor(vage)6	0.11715	0.01622	7.22	5.1e-13 ***
##factor(vage)7	0.11007	0.01711	6.43	1.2e-10 ***
##factor(vage)8	0.03779	0.01934	1.95	0.05070
##factor(vage)9	-0.00770	0.02417	-0.32	0.74996
##factor(vage)10	-0.14175	0.02737	-5.18	2.2e-07 ***
##factor(ageg)1	0.15476	0.04069	3.80	0.00014 ***
##factor(ageg)2	0.20036	0.01596	12.55	<2e-16 ***
##factor(ageg)3	0.14214	0.01189	11.95	<2e-16 ***
##factor(ageg)4	0.06782	0.00925	7.33	2.3e-13 ***
##factor(ageg)6	0.00300	0.01177	0.26	0.79852
##factor(ageg)7	-0.00495	0.02157	-0.23	0.81863
##regionCQ	-0.24261	0.01610	-15.07	<2e-16 ***
##regionSH	-0.24333	0.01055	-23.06	<2e-16 ***
##regionSZ	-0.10236	0.01240	-8.26	<2e-16 ***
##regionTJ	-0.27427	0.01518	-18.06	<2e-16 ***

下面比较负二项回归模型 nb3 对各个风险类别的索赔次数的预测效果。为此，需要分别计算每个风险类别索赔次数的观察值总和与预测值总和。有关 R 程序代码如下。输出结果表明，所有保单的索赔次数总和与负二项回归模型的预测值总和之比为 0.977 6，表明模型预测值在总体上偏高，需要对所有的预测值乘以调整系数 0.977 6。经过调整以后，各个风险类别的预测值总和与观察值总和的比较如图 10-11 所示，两者的相关系数为 0.997 8，说明负二项回归模型对该组保单的索赔次数具有很好的预测效果。

```
#计算负二项回归模型 nb3 对索赔次数的预测值 pred
dat[, pred: = predict(nb3, type = 'response')]

#计算负二项回归模型 nb3 对总索赔次数的预测值与观察值的相对差异
rate = dat[, sum(num)]/dat[, sum(pred)]
rate
##[1] 0.9776

#计算各个风险类别索赔次数的预测值与观察值，预测值乘以系数 rate，表示在总索赔次数相等的条件下比较各个风险类别的预测值与观察值
com = dat[,list(sumnum = sum(num), sumpred = sum(pred * rate)), by = c('type',
'gender', 'vage', 'ageg', 'region')]
```

```
#绘图比较各个风险类别索赔次数的预测值与观察值
com[, plot(sumnum, sumpred, xlab = '各个风险类别索赔次数的观察值', ylab = '各个
风险类别索赔次数的预测值')]
abline(0, 1, col = 2, lwd = 2)

#计算各个风险类别索赔次数的预测值与观察值的相关系数
com[, cor(sumnum, sumpred)]
##[1] 0.9978
```

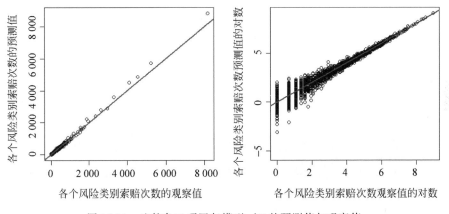

图 10-11　比较负二项回归模型 nb3 的预测值与观察值

第11章 累积损失的预测模型

累积损失是一份保单或一个风险类别在保险期间的损失之和。由于每份保单承保的风险单位数往往不同,所以,为了可比性,通常需要计算平均每个风险单位的累积损失。平均每个风险单位的累积损失也称作纯保费。

累积损失的特点是在零点有一个较大的概率堆积,在大于零的区间又服从连续型分布,所以适合用指数分布族中的 Tweedie 分布进行描述。

Tweedie 分布是泊松分布和伽马分布的复合分布,可以理解为损失次数服从泊松分布、每次的损失金额服从伽马分布时的累积损失分布。如果假设累积损失服从 Tweedie 分布,则相应的预测模型称作 Tweedie 回归。Tweedie 回归是预测累积损失最常使用的模型。

预测累积损失的另一种模型是零调整逆高斯回归模型,即在累积损失服从零调整逆高斯分布的假设下建立的回归模型。零调整逆高斯分布可以看做是伯努利分布与逆高斯分布的混合分布,其中伯努利分布用于描述损失是否发生,而逆高斯分布用于描述在损失发生情况下累积损失金额的分布。零调整逆高斯分布在零点有一个概率堆积,在大于零的区域服从逆高斯分布。零调整逆高斯分布的形状类似于 Tweedie 分布。

与零调整逆高斯回归模型的建模原理类似,也可以在累积损失服从零调整伽马分布或零调整对数正态分布的假设下分别建立零调整伽马回归模型或零调整对数正态回归模型。

本章主要讨论 Tweedie 回归模型和零调整逆高斯回归模型的基本原理及其在累积损失预测中的应用,最后通过汽车保险的一组实际损失数据,讨论各种损失预测模型在汽车保险费率厘定中的应用。

11.1 Tweedie 回归

广义 Tweedie 分布是指数分布族中的一个分布类,其特例包括常见的正态分布、泊松分布、伽马分布和逆高斯分布。广义 Tweedie 分布的一个共同特点是其方差 $\text{Var}(y)$ 与均值 $\mu = E(y)$ 之间具有下述关系:

$$\text{Var}(y) = \phi \mu^p \tag{11.1}$$

其中,ϕ 和 p 都是大于零的常数。

幂参数 p 的取值决定着 Tweedie 分布的具体类型,譬如:

(1) 当 $p=0$ 时,得到正态分布。
(2) 当 $p=1$ 时,得到泊松分布。
(3) 当 $1<p<2$ 时,就是泊松与伽马的复合分布。
(4) 当 $p=2$ 时,得到伽马分布。

(5) 当 $p=3$ 时,得到逆高斯分布。

本章所谓的 Tweedie 分布是指当 $1<p<2$ 时的泊松与伽马的复合分布。

在 Tweedie 分布假设下建立的广义线性模型称作 Tweedie 回归。

为了比较直观地解释 Tweedie 回归模型,下面以一份汽车保单在一个保险期间的累积损失为因变量进行说明。保单的累积损失是指该保单在一个保险期间的所有损失之和,譬如,对于未发生损失的保单,当期的累积损失为零,对于发生两次损失的保单,累积损失就是这两次损失的总和。

用 N 表示保单在保险期间的损失次数,假设 N 服从均值为 $w\lambda$ 的泊松分布,其中 w 表示该保单所承保的车年数(一辆汽车承保一年就是一个车年),λ 表示平均每个车年发生的损失次数,所以泊松分布的均值 $w\lambda$ 就是该保单在保险期间的期望损失次数。用 X_i 表示第 i 次损失的金额,用 Y 表示平均每个车年的损失,即

$$Y = \frac{1}{w}\sum_{i=1}^{N} X_i$$

令 $\mu=E(Y)$,则 N 和 Y 的联合密度函数可以表示为(Jørgensen,1994)

$$f(n,y \mid \mu,p,\phi,w) = b\left(n,y,\frac{\phi}{w},p\right)\exp\left[\frac{w}{\phi}t(y,\mu,p)\right] \quad (11.2)$$

其中,

$$b\left(n,y,\frac{\phi}{w},p\right) = \left[\frac{(w/\phi)^{\alpha+1}y^{\alpha}}{(p-1)^{\alpha}(2-p)}\right]^n \frac{1}{n!\Gamma(n\alpha)y} \quad (11.3)$$

$$\alpha = \frac{2-p}{p-1} \quad (11.4)$$

$$t(y,\mu,p) = y\frac{\mu^{1-p}}{1-p} - \frac{\mu^{2-p}}{2-p} \quad (11.5)$$

通过式(11.2)中的密度函数,可以求得相应的对数似然函数。

注意,当 $n=0, y=0$ 时,对数似然函数应该为

$$\ln f(0,0) = -w\lambda = -\frac{w}{\phi}\frac{\mu^{2-p}}{2-p} = \frac{w}{\phi}t(0,\mu,p) \quad (11.6)$$

使用对数连接函数的 Tweedie 回归模型可以表示如下

$$Y_i \sim \text{Tweedie}(\mu_i, p, \phi)$$
$$\ln \mu_i = \boldsymbol{x}_i'\boldsymbol{\beta} \quad (11.7)$$

式中,Tweedie 分布的均值为 μ_i,方差为 $\phi\mu_i^p$,$\boldsymbol{x}_i$ 为解释变量向量,$\boldsymbol{\beta}$ 为回归系数向量。

在 Tweedie 回归中,如果 Tweedie 分布的幂参数 p 是已知的,则该模型属于广义线性模型。如果对幂参数也要进行极大似然估计,则该模型就不是通常意义上的广义线性模型。下面使用的 cplm 程序包可以对 Tweedie 分布的幂参数进行极

大似然估计。

下面通过模拟数据来分析 Tweedie 回归模型的特点。一共模拟 5000 份保单的累积损失数据,A 和 B 是两个分类变量,A 有 2 个水平,记为 A1 和 A2,其中 A1 是基准水平。B 有 3 个水平,记为 B1,B2 和 B3,其中 B1 是基准水平。上述两个分类变量将所有保单划分为 6 个风险类别。

在模拟数据集中,用 ee 表示每份保单的车年数,用 num 表示每份保单的损失次数,用 sev 表示平均每次损失的金额,用 pure 表示平均每个车年的损失金额(也称作纯保费)。

模拟损失次数时设定的四个参数值为 0.2,−0.2,−0.3 和 0.4,模拟每次的损失金额时设定的四个参数值分别为 7,0.3,−0.4 和 0.6。这 4 个参数分别对应于基准水平、水平 A2、水平 B2 和水平 B3。

模拟数据的 R 程序代码如下。

```
set.seed(123)
n = 5000                                          #样本量
A = gl(2, 3, length = n, labels = c('A1','A2'))   #变量 A 的水平
B = gl(3, 3, length = n, labels = c('B1','B2','B3')) #变量 B 的水平

#泊松回归参数的真实值
beta1 = c(0.2, -0.2, -0.3, 0.4)

#伽马回归参数的真实值
beta2 = c(7, 0.3, -0.4, 0.6)

#泊松分布的均值 mu1
mu1 = exp(model.matrix(~ A + B) %*% as.matrix(beta1))

#伽马分布的均值 mu2
mu2 = exp(model.matrix(~ A + B) %*% as.matrix(beta2))

#模拟车年数 ee
ee = round(runif(n, min = 0.5, max = 1.5), 1)
```

mu1 表示平均每个车年的期望损失次数,对于只有 ee 个车年的保单,其期望损失次数为 mu1 ∗ ee,所以模拟损失次数的 R 程序代码如下。

```
num = rpois(n, mu1 * ee)
```

已知每次损失的金额服从伽马分布,均值为 mu2。如果假设伽马分布的形状参数(shape)为 2,即 $\alpha=2$,则伽马分布的尺度参数(scale)可以表示为 $\gamma=$ mu2$/\alpha$,

据此，模拟累积损失 cost 的 R 程序代码如下。

```
#模拟累积损失 cost
cost = NULL
for (i in 1:n) {
    shape = 2
    scale = mu2[i]/shape
    cost[i] = ifelse(num[i] == 0, 0, sum(rgamma(num[i], shape = shape, scale = scale)))
    cost[i] = round(cost[i])
}

#计算平均每次损失的金额 sev
sev = round(ifelse(num == 0, 0, cost/num))

#模拟的数据集 dt
dt = data.frame(A, B, ee, num, sev, cost)

head(dt)    #显示部分模拟数据
##   A  B  ee num  sev  cost
##1 A1 B1 0.8   0    0     0
##2 A1 B1 1.3   5 1162  5809
##3 A1 B1 0.9   2 1110  2219
##4 A2 B2 1.4   1  497   497
##5 A2 B2 1.4   0    0     0
##6 A2 B2 0.5   0    0     0
```

基于前述的模拟数据集 dt 可以建立三个广义线性模型，即关于损失次数的泊松回归模型，关于每次损失金额的伽马回归模型和关于累积损失的 Tweedie 回归模型。

对损失次数建立泊松回归模型的 R 程序代码和参数估计结果如下，其中 po 表示建立的泊松回归模型。

```
po = glm(num ~ A + B + offset(log(ee)), family = poisson(link = log), data = dt)

summary(po)$coef  #输出模型 po 的参数估计值
##              Estimate  Std. Error   z value     Pr(>|z|)
##(Intercept)    0.1894     0.02641      7.169    7.534e-13
##AA2           -0.2254     0.02630     -8.571    1.028e-17
##BB2           -0.3142     0.03622     -8.674    4.165e-18
##BB3            0.4152     0.03041     13.652    1.967e-42
```

在建立伽马回归模型时，应该从数据集 dt 中删除损失金额 sev＝0 的观察值。对平均每次损失金额建立伽马回归模型的 R 程序代码和输出结果如下，其中 ga 表示建立的伽马回归模型。

```
ga = glm(sev ~ A + B, weights = num, family = Gamma(link = log), data = subset
(dt, sev > 0))

summary(ga) $ coef  #输出模型 ga 的参数估计值
##                Estimate    Std. Error    t value       Pr(>|t|)
## (Intercept)    6.9647      0.01843       377.81        0.000e + 00
## AA2            0.3137      0.01835        17.10        7.191e - 63
## BB2           -0.3628      0.02527       -14.36        2.195e - 45
## BB3            0.6300      0.02122        29.70        7.261e - 172
```

在前述的模拟数据中，假设伽马分布的形状参数为 $\alpha=2$，所以由式 (11.4) 可知，Tweedie 分布的幂参数为

$$p = \frac{\alpha+2}{\alpha+1} = 1.3333$$

建立 Tweedie 回归模型需要调用 cplm 程序包中的 cpglm 函数，其中默认使用对数连接函数。在 Tweedie 回归模型中，如果因变量为累积损失，抵消项应该设定为车年数 (ee) 的对数，即 offset=log(ee)。在给定幂参数为 $p=1.3333$ 的条件下，对累积损失 cost 建立 Tweedie 回归模型的 R 程序代码和参数估计结果如下，其中 tw1 表示建立的 Tweedie 回归模型。

```
library(cplm)
tw1 = cpglm(cost ~ A + B + offset(log(ee)), data = dt, control = list(bound.p =
c(1.3333, 1.3333)))

#输出模型 tw1 的参数估计结果
summary(tw1) $ coef
##                Estimate    Std. Error    t value       Pr(>|t|)
## (Intercept)    7.15244     0.03443       207.742       0.000e + 00
## AA2            0.08995     0.03162         2.844       4.469e - 03
## BB2           -0.67352     0.04835       -13.930       2.674e - 43
## BB3            1.04978     0.03703        28.349       4.521e - 164
```

在 cpglm 函数中，选项 control = list(bound.p = c(1.3333，1.3333)) 是为了把 Tweedie 分布的幂参数控制在 1.3333 的水平，相当于令 $p=1.3333$。

Tweedie 分布由泊松分布与伽马分布复合而成。由式 (7.2) 可知，Tweedie 分布的均值等于泊松分布均值与伽马分布均值的乘积。在前述模拟数据的程序代码中，泊松回归模型的均值表示为

$$\mu_1 = \exp(0.2 - 0.2A_2 - 0.3B_2 + 0.4B_3)$$

伽马回归模型的均值表示为

$$\mu_2 = \exp(7 + 0.3A_2 - 0.4B_2 + 0.6B_3)$$

所以，Tweedie 回归模型的均值可以表示为

$$\mu = \mu_1\mu_2 = \exp(7.2 + 0.1A_2 - 0.7B_2 + 1B_3)$$

这就意味着，模拟数据使用的 Tweedie 回归模型的参数为$(7.2, 0.1, -0.7, 1)$。由此可见，前述 Tweedie 回归模型（tw1）输出的参数估计值与模拟数据使用的真实参数值非常接近。可以验证，前述泊松回归系数的估计值与伽马回归系数的估计值之和也非常接近 Tweedie 回归系数的估计值。

为了预测每个风险单位（如车年）的累积损失，既可以使用泊松回归求得损失频率的预测值，然后应用伽马回归求得平均每次损失金额的预测值，再将两者相乘求得每个风险单位累积损失的预测值，也可以直接应用 Tweedie 回归求得每个风险单位累积损失的预测值。如果损失次数与损失金额之间相互独立，则这两种方法求得的每个风险单位的累积损失预测值应该相等。对于前述的模拟数据，两种方法对每个风险单位的累积损失的预测值分别记为 pred12 和 pred3，则它们的比较结果如图 11-1 所示，有关 R 程序代码如下。

```
#泊松回归对损失频率的预测值
pred1 = predict(po, newdata = dt[, 1:3], "response")

#伽马回归对平均每次损失金额的预测值
pred2 = predict(ga, newdata = dt[, 1:3], "response")

#泊松回归与伽马回归相乘求得对每个风险单位的累积损失的预测值
pred12 = pred1 * pred2

#Tweedie 回归对每个风险单位的累积损失的预测值
pred3 = predict(tw1, newdata = dt[, 1:3], "response")

#比较 pred12 与 pred3
plot(pred12, pred3); abline(0, 1)
```

在图 11-1 中，横轴是应用泊松回归与伽马回归对每个风险单位累积损失的预测值（pred12），纵轴是应用 Tweedie 回归对每个风险单位累积损失的预测值（pred3），两者相差很小。

前述的模拟数据是个体损失数据。如果把这些损失数据按照风险类别进行汇总，可以求得各个风险类别的风险单位数（车年数）、累积损失和平均每个风险单位的损失。基于汇总数据也可以建立相应的泊松回归模型、伽马回归模型和

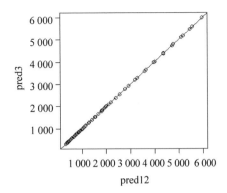

图 11-1 比较 Tweedie 回归的预测值与泊松＋伽马回归的预测值

Tweedie 回归模型，而且它们的参数估计结果与基于个体数据的回归模型几乎相等。应用汇总数据建立预测模型的 R 程序代码和输出结果如下。

```
# 调用 data.table 程序包汇总数据
library(data.table)
dt = data.table(dt)
dts = dt[, list(ees = sum(ee), nums = sum(num), costs = sum(cost), sevs = sum(cost)/sum(num)), by = list(A, B)]

# 输出汇总数据 dts 的结果
dts
##     A  B     ees   nums   costs    sevs
## 1: A1 B1   818.8    987  1052688  1066.6
## 2: A2 B2   844.1    604   596097   986.9
## 3: A1 B3   835.4   1541  3023115  1961.8
## 4: A2 B1   824.7    798  1145285  1435.2
## 5: A1 B2   833.1    726   543964   749.3
## 6: A2 B3   829.4   1200  3318467  2765.4

# 基于汇总数据建立 dts 泊松回归模型
pos = glm(nums ~ A + B + offset(log(ees)), data = dts, family = poisson)

# 输出模型 pos 的参数估计值
summary(pos) $ coef
##              Estimate Std. Error   z value   Pr(>|z|)
## (Intercept)    0.1894    0.02641     7.169  7.535e-13
## AA2           -0.2254    0.02630    -8.571  1.028e-17
## BB2           -0.3142    0.03622    -8.674  4.166e-18
## BB3            0.4152    0.03041    13.652  1.967e-42
```

```
# 基于汇总数据 dts 建立伽马回归模型
gas = glm(sevs ~ A + B, weights = nums, data = dts, family = Gamma(link = log))

# 输出模型 gas 的参数估计值
summary(gas) $ coef
##              Estimate  Std. Error   tvalue    Pr(>||t|)
## (Intercept)  6.9647    0.02046      340.44    8.628e-06
## AA2          0.3137    0.02036      15.41     4.185e-03
## BB2         -0.3628    0.02804     -12.94     5.921e-03
## BB3          0.6300    0.02354      26.76     1.394e-03

# 基于汇总数据 dts 建立 Tweedie 回归模型
tws = cpglm(costs ~ A + B + offset(log(ees)), data = dts, control = list(bound.
p = c(1.3333, 1.3333)))

# 输出模型 tws 的参数估计值
summary(tws) $ coef
##              Estimate  Std. Error   t value   Pr(>||t|)
## (Intercept)  7.15229   0.00873      819.5     1.5e-06  ***
## AA2          0.09021   0.00802      11.2      0.00781  **
## BB2         -0.67689   0.01227     -55.2      0.00033  ***
## BB3          1.04686   0.00939      111.5     8.0e-05  ***
```

比较前述输出结果可见,对于泊松回归和伽马回归而言,基于个体数据和汇总数据的输出结果几乎完全相同,而 tweedie 回归模型的输出结果也仅有很小的变化。

建立 Tweedie 回归模型还可以使用 statmod 程序包。譬如,对于前例的数据,R 程序代码如下,其中 var.power=1.333 3 表示 Tweedie 分布的幂参数,link.power=0 表示使用对数连接函数。

```
# 应用 statmod 程序包建立 Tweedie 回归模型
library(statmod)
tw = glm(cost ~ A + B + offset(log(ee)), data = dt, family = tweedie(var.power =
1.3333, link.power = 0))
```

在 Tweedie 回归模型中,假设 Tweedie 分布的幂参数是已知的。在实际数据分析中,幂参数往往是未知的。在这种情况下,需要基于实际数据估计幂参数,不过,此时的 Tweedie 回归模型将不再是通常意义上的广义线性模型了。程序包 cplm 可以同时对回归参数和幂参数进行极大似然估计。

仍然以前述的模拟数据为例,应用 cplm 程序包对回归参数和幂参数同时进行估计的 R 程序代码和输出结果如下。

```
tw2 = cpglm(cost ~ A + B + offset(log(ee)), data = dt)

# 输出模型 tw2 的参数估计结果
summary(tw2)
##              Estimate Std. Error  t value  Pr(>||t|)
## (Intercept)  7.1526    0.0344    208.03   <2e-16 ***
## AA2          0.0896    0.0317      2.82   0.0048 **
## BB2         -0.6732    0.0480    -14.04   <2e-16 ***
## BB3          1.0500    0.0371     28.29   <2e-16 ***

Estimated dispersion parameter: 151.71
Estimated index parameter: 1.3611
Residual deviance:863043   on 4996   degrees of freedom
AIC:   63631
Number of Fisher Scoring iterations:  5
```

前述 Tweedie 回归模型对幂参数的估计值为 1.361 1,而模拟数据时使用的幂参数为 1.333 3,说明该模型的对幂参数的估计结果非常接近真实值。

11.2 零调整逆高斯回归

在对累积损失数据建模时,通常使用 Tweedie 回归。但在某些情况下,零调整逆高斯回归模型对累积损失数据的拟合效果可能更优。逆高斯的密度函数有多种形式,如果把均值作为参数之一,其密度函数可以表示如下:

$$f(y \mid \mu, \sigma^2) = \frac{1}{\sqrt{2\pi\sigma^2 y^3}} \exp\left[-\frac{(y-\mu)^2}{2\mu^2\sigma^2 y}\right]$$

其中,$y>0, \mu>0, \sigma>0$。

逆高斯分布的均值和方差分别为

$$E(y) = \mu$$
$$\text{Var}(y) = \sigma^2 \mu^3$$

零调整逆高斯分布是在零点的退化分布与逆高斯分布形成的混合分布,密度函数可以表示如下:

$$f(y \mid \mu, \sigma^2, \nu) = \begin{cases} \nu, & y = 0 \\ (1-\nu)\dfrac{1}{\sqrt{2\pi\sigma^2 y^3}}\exp\left[-\dfrac{(y-\mu)^2}{2\mu^2\sigma^2 y}\right], & y > 0 \end{cases}$$

其中,$y \geq 0, \mu>0, \sigma>0, 0<\nu<1$。

零调整逆高斯分布的均值和方差分别为

$$E(y) = (1-\nu)\mu$$
$$\mathrm{Var}(y) = (1-\nu)\mu^2(\nu + \mu\sigma^2)$$

在逆高斯的均值参数和零调整概率中分别引入协变量,即可建立均值参数的回归模型和零调整概率的回归模型,具体形式如下:

$$\ln\mu_i = \boldsymbol{x}_i^{\mathrm{T}}\boldsymbol{\beta},$$
$$\ln\frac{\nu_i}{1-\nu_i} = \boldsymbol{r}_i^{\mathrm{T}}\boldsymbol{\alpha}$$

上式中,x_i 表示均值回归模型中的解释变量;r_i 表示零调整概率回归模型中的解释变量;$\boldsymbol{\beta}$ 和 $\boldsymbol{\alpha}$ 表示各自的回归系数。μ_i 和 ν_i 分别表示对第 i 份保单的均值预测值和零调整概率的预测值。

零调整逆高斯分布不属于指数分布族,所以零调整逆高斯回归也不是通常意义上的广义线性模型。

对于 11.1 节模拟的损失数据集 dt,下面应用零调整逆高斯回归模型进行拟合。建立零调整逆高斯回归模型需要调用 gamlss 程序包。在建立零调整逆高斯回归模型时,既可以仅对逆高斯分布的均值参数建立回归模型(下面简记为 ZAIG1),也可以同时对均值参数和零调整概率参数建立回归模型(下面简记为 ZAIG2)。

仅对逆高斯分布的均值参数建立回归模型(ZAIG1)的 R 程序代码和输出结果如下,分位残差图如图 11-2 所示。

```
library(gamlss)
ZAIG1 = gamlss(cost ~ A + B + offset(log(ee)), data = dt, family = ZAIG, mu.link
    = log)

#输出模型 ZAIG1 的参数估计结果
summary(ZAIG1)
## ******************************************************************
## Mu link function:  log
## Mu Coefficients:
##              Estimate Std. Error  t value  Pr(>|t|)
## (Intercept)  7.6378    0.0378     201.99   <2e-16 ***
## AA2          0.1858    0.0398     4.67     3e-06  ***
## BB2         -0.5188    0.0442    -11.74    <2e-16 ***
## BB3          0.8115    0.0565     14.35    <2e-16 ***
## -----------------------------------------------------------------
## Sigma link function:  log
## Sigma Coefficients:
##              Estimate Std. Error  t value  Pr(>|t|)
## (Intercept) -3.7405    0.0123    -303      <2e-16 ***
```

```
## --------------------------------------------------------
## Nu link function:  logit
## Nu Coefficients:
##             Estimate Std. Error  t value  Pr(>|t|)
## (Intercept)  -0.6535    0.0298   -21.9    <2e-16 ***
## --------------------------------------------------------
## No. of observations in the fit:  5000
## Degrees of Freedom for the fit:  6
##      Residual Deg. of Freedom:   4994
##                    at cycle:    2
##
## Global Deviance:    65349
##            AIC:     65361
##            SBC:     65400
## ******************************************************************

#输出分位残差图
plot(ZAIG1)
```

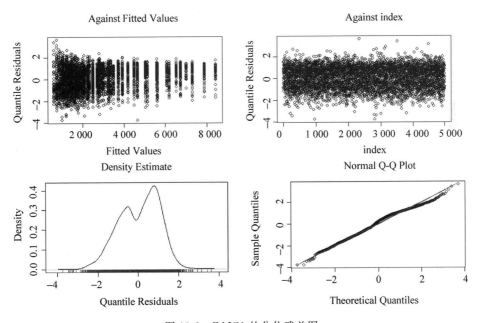

图 11-2 ZAIG1 的分位残差图

同时对均值参数和零调整概率参数建立回归模型(ZAIG2)的 R 程序代码和输出结果如下,分位残差图如图 11-3 所示。

```
ZAIG2 = gamlss(cost ~ A + B + offset(log(ee)), nu.formula = ~ A + B, data = dt,
family = ZAIG, mu.link = log)

#输出模型 ZAIG2 的参数估计结果
summary(ZAIG2)
## ------------------------------------------------------------
## Mu link function:  log
## Mu Coefficients:
##              Estimate Std. Error   t value  Pr(>|t|)
## (Intercept)   7.6378      0.0378    201.99   <2e-16 ***
## AA2           0.1858      0.0398      4.67    3e-06 ***
## BB2          -0.5188      0.0442    -11.74   <2e-16 ***
## BB3           0.8115      0.0565     14.35   <2e-16 ***
## ------------------------------------------------------------
## Sigma link function:  log
## Sigma Coefficients:
##              Estimate Std. Error  t value  Pr(>|t|)
## (Intercept)  -3.7405      0.0123     -303   <2e-16 ***
## ------------------------------------------------------------
## Nu link function:  logit
## Nu Coefficients:
##              Estimate Std. Error  t value  Pr(>|t|)
## (Intercept) -0.7184      0.0602    -11.93   <2e-16 ***
## AA2          0.3530      0.0613      5.76  9.0e-09 ***
## BB2          0.3367      0.0710      4.74  2.2e-06 ***
## BB3         -0.8014      0.0791    -10.13   <2e-16 ***
## ------------------------------------------------------------
## No. of observations in the fit:  5000
## Degrees of Freedom for the fit:  9
##       Residual Deg. of Freedom:  4991
##                       at cycle:  2
##
## Global Deviance:     65085
##             AIC:     65103
##             SBC:     65161
## ******************************************************************
#输出分位残差图
plot(ZAIG2)
#比较 Tweedie 回归和零调整逆高斯回归的 AIC 统计量
cbind(Tweedie1 = AIC(tw1), Tweedie2 = AIC(tw2), ZAIG1 = AIC(ZAIG1), ZAIG2 = AIC
(ZAIG2))
##    Tweedie1  Tweedie2  ZAIG1  ZAIG2
## [1,]  63646    63631   65361  65103
```

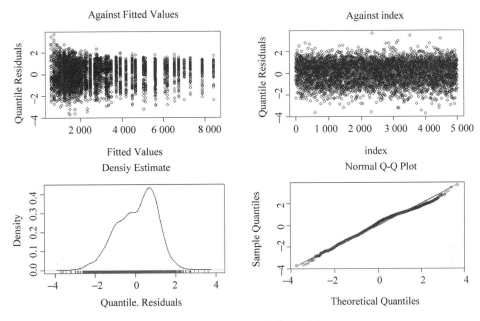

图 11-3 ZAIG2 的分位残差图

比较零调整逆高斯回归模型的 AIC 可以发现，同时对均值参数和零调整概率进行建模可以改善模型的拟合效果，即 ZAIG2 的 AIC 统计量小于 ZAIG1 的 AIC 统计量，但它们都大于 Tweedie 回归模型的 AIC 统计量，说明 Tweedie 回归模型对这组模拟数据的拟合效果较好，这是因为该组数据就是基于 Tweedie 分布假设模拟的。从零调整逆高斯回归模型的分位残差图可以看出，分位残差的方差随着拟合值的增加存在减小的趋势，这也表明对于本例的数据而言，使用零调整逆高斯分布假设不够合理。

在两个 Tweedie 回归模型中，对幂参数进行极大似然估计的模型(tw2)的 AIC 统计量较小，说明在这四个模型中，该模型对前述模拟数据的拟合效果最好。

基于 AIC 统计量的比较结果显示，Tweedie 回归模型的拟合效果优于零调整逆高斯回归模型，但从拟合值来看，两种的差异不是很大(图 11-4)，零调整逆高斯回归模型的拟合值略微偏大一些。

进行上述计算和绘图的 R 程序代码如下，其中 fitted(ZAIG2,'mu')是对逆高斯均值的预测值，fitted(ZAIG2,'nu')是对零调整概率的预测值。

```
#Tweedie 回归模型 tw2 的拟合值
Tweedie 回归 = fitted(tw2, "response")

#零调整逆高斯回归模型 ZAIG2 的拟合值
```

```
零调整逆高斯回归 = fitted(ZAIG2, "mu") * (1 - fitted(ZAIG2, "nu"))
plot(Tweedie 回归, 零调整逆高斯回归)
abline(0, 1)
```

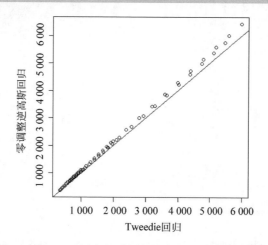

图 11-4 Tweedie 回归与零调整逆高斯回归的拟合值比较

11.3 应用案例

本节应用某财产保险公司的车损险数据[*]，建立累积损失的预测模型。数据介绍可以参见第 8 章的案例分析。

每份保单(或每个风险类别)的累积损失金额与车年数之比称作纯保费。本节直接建立纯保费的预测模型。

11.3.1 描述性分析

图 11-5 给出了分类变量的各个水平所对应的纯保费的观察值。可以看出，这些分类变量的不同水平之间存在较为明显的风险差异。从总体趋势上看，续保年数越长的保单风险越低；男性的风险高于女性，但差异不大；年龄越大的驾驶人风险越低；车龄越长的保单风险越低。不同地区之间的风险差异也比较明显。绘图的 R 程序代码如下。

```
# 加载数据分析所需的程序包
library(data.table)
```

---

[*] 数据下载地址：http://pan.baidu.com/s/1qYbLEKc。

```
library(pander)
library(ggplot2)
library(tweedie)
library(gamlss)
library(statmod)
library(car)
library(gridExtra)

# 读取数据,记为 dat
dat = fread('E:\\风险模型\\dat99.csv')
a1 = c('type','gender','ageg','vage','region')
a2 = c('保单类型','性别','车龄类别','车龄','地区')
layout(matrix(c(1,1,2,4,4,3,3,3,5,5),2,5,byrow = T))

# 绘制纯保费的条形图
for (i in 1:5){
    dt = dat[, sum(cost)/sum(ee), by = c(a1[i])]
    barplot(dt[[2]], names.arg = dt[[1]], xlab = a2[i])
}
```

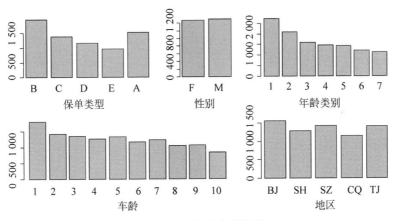

图 11-5　纯保费的观察值

驾驶人的年龄和汽车的车龄既可以作为分类解释变量使用,也可以作为连续型解释变量使用。下面把它们作为连续型变量处理,绘制纯保费的平滑曲线图(图 11-6)。

```
# 计算不同年龄的纯保费,并保存在数据集 dfage 中
dfage = dat[, list(pure = sum(cost)/sum(ee)), by = age]

# 计算不同车龄的纯保费,并保存在数据集 dfvage 中
dfvage = dat[, list(pure = sum(cost)/sum(ee)), by = vage]

# 绘制纯保费随着驾驶人年龄变化的平滑曲线,保存在 p3 中
```

```
p3 = ggplot(dfage, aes(age, pure)) + geom_point() + geom_smooth() + xlab('驾驶人
年龄') + ylab('纯保费')

#绘制纯保费随着车龄变化的平滑曲线,保存在q3中
q3 = ggplot(dfvage, aes(factor(vage), pure, group = 1)) + geom_point() + geom_
smooth() + xlab('车龄') + ylab('纯保费')

#输出前述的绘图结果
grid.arrange(p3, q3)
```

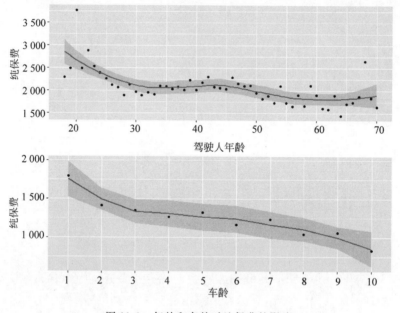

图 11-6　年龄和车龄对纯保费的影响

图 11-6 表明,纯保费在总体上随着驾驶人年龄的增加而有所下降,但在 40 岁附近出现了一个向上增长的小波动。从车龄来看,纯保费随着车龄的增加不断下降。

11.3.2　纯保费的预测模型

累积损失是保单在一个保险期间的损失总和。累积损失与车年数之比就是平均每个车年的累积损失,简称纯保费。因为大量保单在保险期间不会发生损失,所以纯保费的观察值通常在零点有一个较大的概率堆积。纯保费可以用 Tweedie 分布或零调整逆高斯分布进行描述,相应地可以建立 Tweedie 回归模型或零调整逆高斯回归模型。在本例的数据集 dat 中,用 cost 表示累积损失的观察值,用 ee 表示车年数,纯保费的观察值就是 cost 与 ee 之比。

1. Tweedie 回归

在 Tweedie 回归模型中,性别变量 gender 对累积损失 cost 的影响不显著,所以在下面的回归分析中,不再考虑 gender 的影响。

首先写出 Tweedie 回归的方程。在下述的回归方程 tf1 中,把车龄和年龄作为分类变量处理,在回归方程 tf2 中,把车龄和年龄作为连续型变量进行平滑处理。在 Tweedie 回归方程中,使用对数连接函数,并把抵消项设定为车年数的对数,这相当于在对数连接函数下建立纯保费的预测模型。

```
# Tweedie 回归的方程
tf1 = cost ~ type + factor(vage) + factor(ageg) + region + offset(log(ee))
tf2 = cost ~ type + cs(age) + cs(vage) + region + offset(log(ee))
```

在应用 glm 函数建立 Tweedie 回归模型之前,首先需要指定 Tweedie 分布的幂参数,该参数的取值通常在 $(1, 2)$ 区间,下面使用不同的幂参数 power 建立 Tweedie 回归模型,并从中选出使得偏差最小的幂参数 power。幂参数 power 对 Tweedie 回归模型偏差的影响如图 11-7 所示,该图表明,模型 tw1 的偏差总是小于模型 tw2,且当幂参数 power = 1.88 时,模型 tw1 的偏差最小。绘图的 R 程序代码如下。

```
# 设定 Tweedie 分布的幂参数 power
power = seq(1.86, 1.89, 0.001)

# 在不同的 power 参数下建立 tweedie 回归模型
tw1 = tw2 = NULL
dev1 = dev2 = NULL
for (i in 1:length(power)) {
  tw1[[i]] = glm(tf1, family = tweedie(var.power = power[i], link.power = 0), data = dat)
  tw2[[i]] = glm(tf2, family = tweedie(var.power = power[i], link.power = 0), data = dat)
  dev1[i] = deviance(tw1[[i]])
  dev2[i] = deviance(tw2[[i]])
}

# 比较 Tweedie 回归模型的偏差
plot(power, dev1, type = 'l', lty = 1, ylab = 'Deviance')
lines(power, dev2, lty = 2)
legend(1.88, 170500, c('tw1', 'tw2'), lty = 1:2, box.col = 'white')
```

下面的 R 程序代码基于使得偏差最小的幂参数 power = 1.884 建立最优的 Tweedie 回归模型 tw,并进一步分析该模型的残差,结果如图 11-8 所示。该图显示,模型 tw 的 Deviance 残差远远偏离标准正态分布,表明 Tweedie 分布假设不适合拟合本例的累积损失数据。

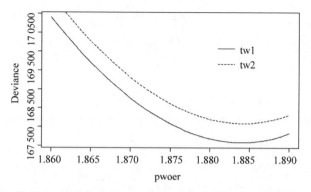

图 11-7 幂参数 power 对 Tweedie 回归模型偏差的影响

```
# 选择使得模型 tw1 的偏差最小化的 power 参数
power[dev1 == min(dev1)]
## [1] 1.884

# 根据选定的 power,应用 glm 函数建立最优的 tweedie 回归模型 tw
tw = glm(tf1, family = tweedie(var.power = 1.884, link.power = 0), data = dat)

# 输出最优 Tweedie 回归模型 tw 的偏差残差
qrtw = residuals(tw, type = 'deviance')

# 输出最优 Tweedie 回归模型 tw 的残差的直方图,并用标准正态分布进行拟合
par(mfrow = c(1,2))
histDist(qrtw, nbins = 100, xlab = '', ylab = '', main = 'Tweedie 回归的分位残差'
)

# 输出 qrtw 的 QQ 图
qqnorm(qrtw, main = 'Tweedie 回归模型的 QQ 图')
qqline(qrtw)
```

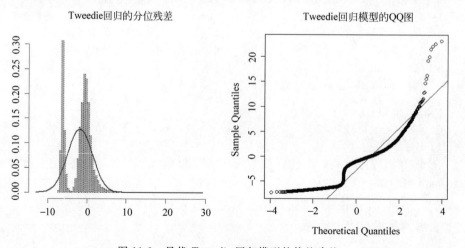

图 11-8 最优 Tweedie 回归模型的偏差残差

最优 Tweedie 回归模型 tw 的参数估计值如下所示。

```
# 输出 tw 模型的参数估计值
summary(tw)
##
## Call:
## glm(formula = tf1, family = tweedie(var.power = 1.88, link.power = 0), data
= dat)
##
## Deviance Residuals:
##     Min      1Q   Median      3Q     Max
## -7.2363  -5.6295  -0.9713  0.0991  23.1833
##
## Coefficients:
##                Estimate  Std. Error  t value  Pr(>|t|)
## (Intercept)     7.97502    0.19948   39.980   <2e-16  ***
## typeB           0.04047    0.14301    0.283   0.777191
## typeC          -0.29925    0.06596   -4.537   5.75e-06 ***
## typeD          -0.32616    0.07263   -4.491   7.16e-06 ***
## typeE          -0.48478    0.07535   -6.434   1.29e-10 ***
## factor(vage)2  -0.06247    0.11544   -0.541   0.588403
## factor(vage)3  -0.01162    0.11272   -0.103   0.917896
## factor(vage)4  -0.02114    0.11363   -0.186   0.852434
## factor(vage)5  -0.06036    0.11511   -0.524   0.599997
## factor(vage)6  -0.16188    0.11727   -1.380   0.167501
## factor(vage)7  -0.25619    0.12102   -2.117   0.034284 *
## factor(vage)8  -0.40239    0.12654   -3.180   0.001476 **
## factor(vage)9  -0.31826    0.13543   -2.350   0.018784 *
## factor(vage)10 -0.53093    0.14258   -3.724   0.000197 ***
## factor(ageg)2   0.04344    0.20064    0.217   0.828590
## factor(ageg)3  -0.29376    0.19526   -1.504   0.132502
## factor(ageg)4  -0.48158    0.18729   -2.571   0.010145 *
## factor(ageg)5  -0.47964    0.18745   -2.559   0.010515 *
## factor(ageg)6  -0.53758    0.18939   -2.838   0.004540 **
## factor(ageg)7  -0.64135    0.19908   -3.222   0.001278 **
## regionCQ       -0.35017    0.08304   -4.217   2.50e-05 ***
## regionSH       -0.15169    0.06910   -2.195   0.028176 *
## regionSZ       -0.11823    0.07371   -1.604   0.108739
## regionTJ       -0.01916    0.07782   -0.246   0.805533
## ---
## Signif. codes:  0 '***' 0.001 '**' 0.01 '*' 0.05 '.' 0.1 ' ' 1
##
## (Dispersion parameter for Tweedie family taken to be 22.2787)
##
```

```
## Null deviance:171998  on 12872  degrees of freedom
## Residual deviance:167684  on 12849  degrees of freedom
## AIC: NA
##
## Number of Fisher Scoring iterations: 14
```

2. 零调整逆高斯回归

除了 Tweedie 回归模型之外,还可以用零调整逆高斯回归模型对累积损失数据建立预测建模。

在零调整逆高斯回归模型中,既可以把车龄和年龄作为分类变量处理,也可以把它们作为连续型变量进行平滑处理,相应的回归方程分别记为 zf1 和 zf2。

```
#零调整逆高斯回归模型的回归方程
zf1 = cost ~ type + gender + factor(vage) + factor(ageg) + region + offset(log(ee))
zf2 = cost ~ type + gender + cs(age) + cs(vage) + region + offset(log(ee))

#应用 gamlss 函数估计零调整逆高斯回归模型
zaig1 = gamlss(zf1, family = ZAIG, data = dat, trace = FALSE)
zaig2 = gamlss(zf2, family = ZAIG, data = dat, trace = FALSE)

#输出 zaig1 和 zaig2 的 AIC 值
AIC(zaig1, zaig2)
##       df    AIC
## zaig1 27 215498
## zaig2 20 215548
```

可见,zaig1 的 AIC 相对较小,表明该模型优于 zaig2。下面进一步分析 zaig1 模型的残差。

```
#计算零调整逆高斯回归模型 zaig1 的分位残差 qrzg1
qrzg1 = residuals(zaig1)

#计算零调整逆高斯回归模型的分位残差 qrzg1 的概要性统计量
summary(qrzg1)
##   Min.  1st Qu. Median   Mean 3rd Qu.  Max.
##    -4      -1      0    Inf     1    Inf
```

可见,零调整逆高斯回归模型 zaig1 输出的分位残差中有无穷大量(Inf),表明零调整逆高斯模型对部分观察值的拟合不佳。为了绘制残差图,可以删除分位残差为 Inf 的值。

```
# 删除等于 Inf 的分位残差
qrzg1 = subset(qrzg1, qrzg1 != Inf)

# 绘制零调整逆高斯回归模型分位残差 qrzg1 的直方图
par(mfrow = c(1, 2))
histDist(qrzg1, nbins = 100, main = '', xlab = '零调整逆高斯回归模型的分位残差',
    ylab = '')

# 绘制零调整逆高斯回归模型分位残差 qrzg1 的 QQ 图
qqnorm(qrzg1, main = '')
qqline(qrzg1)
```

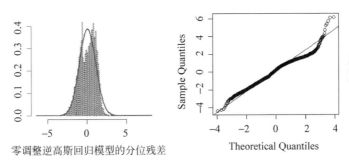

图 11-9　零调整逆高斯回归模型的分位残差

图 11-9 显示，零调整逆高斯回归模型的残差与标准正态分布有较大差异，表明零调整逆高斯分布仍然不能准确描述本例的累积损失数据，但比前述的 Tweedie 分布有了很大改进。

下面输出零调整逆高斯回归模型 zaig1 的参数估计值。

```
summary(zaig1)
## *******************************************************
## Mu link function:  log
## Mu Coefficients:
##                  Estimate  Std. Error  t value  Pr(>|t|)
## (Intercept)       7.28572     0.12800    56.92  < 2e-16 ***
## typeB            -0.74731     0.17870    -4.18  2.9e-05 ***
## typeC            -0.82450     0.07901   -10.44  < 2e-16 ***
## typeD            -0.39853     0.08799    -4.53  6.0e-06 ***
## typeE            -0.78515     0.09358    -8.39  < 2e-16 ***
## genderF           0.29866     0.05163     5.78  7.4e-09 ***
## factor(vage)2    -0.44298     0.11352    -3.90  9.6e-05 ***
## factor(vage)3    -0.11435     0.12324    -0.93  0.35348
## factor(vage)4     0.36625     0.13037     2.81  0.00497 **
```

```
## factor(vage)5      0.00272    0.11435      0.02   0.98104
## factor(vage)6      0.01871    0.12331      0.15   0.87938
## factor(vage)7      0.16211    0.12480      1.30   0.19400
## factor(vage)8      0.29792    0.12817      2.32   0.02012 *
## factor(vage)9      0.66984    0.13479      4.97   6.8e-07 ***
## factor(vage)10     0.03760    0.12471      0.30   0.76304
## factor(ageg)1      1.38210    0.15851      8.72   <2e-16 ***
## factor(ageg)2      2.29935    0.21957     10.47   <2e-16 ***
## factor(ageg)3      0.51319    0.10443      4.91   9.0e-07 ***
## factor(ageg)4     -0.02752    0.07430     -0.37   0.71107
## factor(ageg)6      0.25659    0.07331      3.50   0.00047 ***
## factor(ageg)7      0.47771    0.07864      6.07   1.3e-09 ***
## regionCQ           1.04555    0.08397     12.45   <2e-16 ***
## regionSH           0.93181    0.07137     13.06   <2e-16 ***
## regionSZ           0.80550    0.06798     11.85   <2e-16 ***
## regionTJ           0.97079    0.08170     11.88   <2e-16 ***
## -------------------------------------------------------------
## Sigma link function:   log
## Sigma Coefficients:
##               Estimate  Std. Error  t value  Pr(>|t|)
## (Intercept)  -3.99483    0.00736     -543    <2e-16 ***
## -------------------------------------------------------------
## Nu link function:   logit
## Nu Coefficients:
##               Estimate  Std. Error  t value  Pr(>|t|)
## (Intercept)  -0.9285     0.0196     -47.5    <2e-16 ***
## *************************************************************
```

在前述的零调整逆高斯回归模型中,参数 Mu 的回归方程中使用了对数连接函数;参数 Sigma 的回归方程中仅有截距项,使用了对数连接函数,所以模型对 Sigma 参数的估计值为 $\exp(-3.99483)=0.01841$;参数 Nu 是零膨胀概率,回归方程中仅有截距项,且使用了 logit 连接函数,所以模型对零膨胀概率参数 Nu 的估计值为 $1/[1+\exp(0.9285)]=0.2832$。

对于前述的零调整逆高斯回归模型,也可以比较各个风险类别的预测值与观察值,有关 R 程序代码如下,输出结果如图 11-10 所示。

```
#计算零调整逆高斯回归模型 zaig1 的预测值 pred
dat[, pred: = fitted(zaig1)]

#计算零调整逆高斯回归模型 zaig1 的预测值总和与观察值总和的相对差异
rate = dat[, sum(cost)]/dat[, sum(pred)]
```

```
rate
## [1] 0.977476

#计算各个风险类别的预测值总和与观察值总和,对所有保单的预测值都乘以系数 rate
进行调整.
com = dat[,list(sumcost = sum(cost), sumpred = sum(pred * rate)), by = c('type',
'gender', 'vage', 'ageg', 'region')]

#绘图比较各个风险类别的预测值总和与观察值总和
com[, plot(sumcost, sumpred, xlab = '各个风险类别累积损失的观察值', ylab = '各个
风险类别累积损失的预测值')]
abline(0, 1, col = 2, lwd = 2)

#计算各个风险类别的预测值总和与观察值总和的相关系数
com[, cor(sumcost, sumpred)]
## [1] 0.9888
```

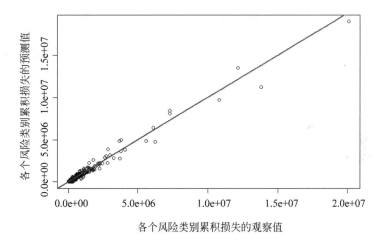

图 11-10　比较零调整逆高斯回归模型的预测值与观察值

从图 11-10 可以看出,零调整逆高斯回归模型的预测值与观察值比较接近,两者的线性相关系数为 0.988 8,说明零调整逆高斯回归模型可以较好地预测各个风险类别的累积损失。

第12章　相依风险模型

在保险领域,损失随机变量之间存在着较为普遍的相依关系,譬如,赔付金额与理赔费用之间,损失次数与损失金额之间,车损险与第三者责任险之间都可能存在着相依关系。这种相依关系对风险的评估、定价和管理具有重要影响,因此,如何描述风险之间的相依关系,是建立损失模型的一个重要环节。

损失随机变量之间的相依关系可以通过联合分布函数进行描述,所以,建立相依风险模型的关键在于求得多个风险之间的联合分布函数。根据 Copula 理论,多个随机变量的联合分布函数可以分解为边际分布和 Copula 函数的组合,其中边际分布用于描述单个随机变量的分布,而 Copula 函数用于描述了随机变量之间的相依关系。Copula 理论对联合分布的这种分解方式为建立相依风险模型创造了十分便利的条件,因此,本章主要讨论 Copula 函数及其在相依风险模型中的应用。

12.1 Copula

对于 m 维的随机变量,其联合分布函数定义如下:
$$F(x_1, x_2, \cdots, x_m) = \Pr(X_1 \leqslant x_1, \cdots, X_m \leqslant x_m)$$
相应的生存函数定义为
$$\overline{F}(x_1, x_2, \cdots, x_m) = \Pr(X_1 > x_1, \cdots, X_m > x_m)$$

Copula 函数事实上就是一个特殊形式的多元分布函数,它与一般联合分布函数的区别在于,要求每个边际分布是定义在[0,1]区间上的均匀分布。m 维的 Copula 函数可以记为 $C(u_1, \cdots, u_m)$,即
$$C(u_1, \cdots, u_m) = \Pr(U_1 \leqslant u_1, \cdots, U_m \leqslant u_m)$$
其中,$U_i(i=1,2,\cdots,m)$ 是定义在[0,1] 区间上的均匀分布。

在联合分布函数的研究中,Copula 理论的重要性体现在两个方面:一方面,所有的联合分布函数中都隐含着一个 Copula 函数,另一方面,应用 Copula 函数可以将一元的边际分布函数连接为多元分布函数。这就是下述 Sklar 定理的主要结论(Nelsen,2006)。

【定理 12-1】 令 $F(x_1, \cdots, x_m)$ 表示联合分布函数,其边际分布函数为 $F_1, F_2, \cdots, F_m$,则存在 Copula 函数 C,使得
$$F(x_1, \cdots, x_m) = C[F_1(x_1), \cdots, F_m(x_m)] \tag{12.1}$$
反之,如果 C 是一个 Copula 函数,$F_1, F_2, \cdots, F_m$ 是一元分布函数,则式(12.1)定义的函数是一个联合分布函数,边际分布函数为 $F_1, F_2, \cdots, F_m$。

【证明】 下面仅给出边际分布函数在满足连续性假设条件下的证明。如果边际分布函数 $F_1, F_2, \cdots, F_m$ 是连续的,则联合分布函数可以用 Copula 表示为
$$F(x_1, x_2, \cdots, x_m) = \Pr(X_1 \leqslant x_1, \cdots, X_m \leqslant x_m)$$
$$= \Pr[F_1(X_1) \leqslant F_1(x_1), \cdots, F_m(X_m) \leqslant F_m(x_m)]$$

$$= \Pr[U_1 \leqslant F_1(x_1), \cdots, U_m \leqslant F_m(x_m)]$$
$$= C[F_1(x_1), \cdots, F_m(x_m)]$$

如果 C 是一个 Copula 函数,$F_1, F_2, \cdots, F_m$ 是一元连续分布函数,则
$$C[F_1(x_1), \cdots, F_m(x_m)] = \Pr[U_1 \leqslant F_1(x_1), \cdots, U_m \leqslant F_m(x_m)]$$
$$= \Pr[F_1^{-1}(U_1) \leqslant x_1, \cdots, F_m^{-1}(U_m) \leqslant x_m]$$
$$= \Pr(X_1 \leqslant x_1, \cdots, X_m \leqslant x_m)$$
$$= F(x_1, \cdots, x_m)$$

上式表明,式(12.1)是边际分布函数为 $F_1, F_2, \cdots, F_m$ 的一个联合分布函数。

如果令 $x_i = F^{-1}(u_i)$,并将其代入式(12.1)中,即可得到相应的 Copula 函数为
$$C(u_1, \cdots, u_m) = F[F_1^{-1}(u_1), \cdots, F_m^{-1}(u_m)] \tag{12.2}$$

在多元联合分布函数中,如果每个边际分布函数 $F(x_i)$ 是连续的,那么对应的 Copula 函数是唯一的,相应的 Copula 函数可以由式(12.2)求得。在边际分布不连续的情况下,尽管联合分布函数也可以表示为式(12.1)的形式,但在这种情况下,Copula 函数不是唯一的,即存在多个不同的 Copula 函数可以对边际分布进行连接且形成完全相同的联合分布函数。

由式(12.1)可以看出,如果联合分布函数 F 的边际分布函数 $F_1, F_2, \cdots, F_m$ 是连续的,则联合分布函数 F 中隐含的 Copula 函数就是 $F_1(x_1), F_2(x_2), \cdots, F_m(x_m)$ 的联合分布函数。

【例 12-1】 假设 (X_1, X_2) 服从二元正态分布 $\Phi(x_1, x_2)$,边际分布分别为 $\Phi_1(x_1)$ 和 $\Phi_2(x_2)$,求 (X_1, X_2) 之间的 Copula 函数。

【解】 由式(12.2)容易求得 Copula 函数为
$$C(u_1, u_2) = \Phi[\Phi_1^{-1}(u_1), \Phi_2^{-1}(u_2)]$$

【定理 12-2】 令随机变量 $X_1, X_2, \cdots, X_m$ 的分布函数是连续的,分别为 $F_1, F_2, \cdots, F_m$,它们之间的 Copula 函数为 C。如果 $t_1, t_2, \cdots, t_m$ 是连续递增函数,则 $t_1(X_1), t_1(X_2), \cdots, t_1(X_m)$ 之间的 Copula 函数仍然为 C。

【证明】 $(X_1, X_2, \cdots, X_m)$ 之间的 Copula 函数为 C,所以联合分布函数可以表示为
$$\Pr(X_1 \leqslant x_1, \cdots, X_m \leqslant x_m) = C[F_1(x_1), \cdots, F_m(x_m)]$$

$t_i(X_i)$ 的分布函数可以表示为
$$G_i(x_i) = \Pr[t_i(X_i) \leqslant x_i] = \Pr[X_i \leqslant t_i^{-1}(x_i)] = F_i[t_i^{-1}(x_i)]$$

所以 $t_1(X_1), t_1(X_2), \cdots, t_1(X_m)$ 的联合分布函数可以表示为
$$\Pr[t_1(X_1) \leqslant x_1, \cdots, t_m(X_m) \leqslant x_m] = \Pr[X_1 \leqslant t_1^{-1}(x_1), \cdots, X_m \leqslant t_m^{-1}(x_m)]$$
$$= C\{F_1[t_1^{-1}(x_1)], \cdots, F_m[t_m^{-1}(x_m)]\}$$
$$= C[G_1(x_1), \cdots, G_m(x_m)]$$

上式表明，$t_1(X_1),t_1(X_2),\cdots,t_1(X_m)$ 之间的 Copula 函数为 C。

该定理表明，单调变换不会改变随机变量之间的相依性关系。譬如，正态分布经过指数变换以后就是对数正态分布，所以多元对数正态分布与其对应的多元正态分布具有相同的 Copula 函数。

【定理 12-3】 对于每一个 Copula 函数，其 Fréchet 上下界为

$$\max\left(\sum_{i=1}^m u_i - m + 1, 0\right) \leqslant C(x_1,\cdots,x_m) \leqslant \min(u_1,\cdots,u_m) \quad (12.3)$$

【证明】 由 $\bigcap_{i=1}^m (U_i \leqslant u_i) \subset (U_i \leqslant u_i)$ 容易证明 Fréchet 上界成立，即

$$C(u_1,\cdots,u_m) \leqslant \min(u_1,\cdots,u_m)$$

下面证明 Fréchet 下界：

$$\begin{aligned}
C(u_1,\cdots,u_m) &= \Pr\Big[\bigcap_{i=1}^m (U_i \leqslant u_i)\Big] \\
&= 1 - \Pr\Big[\bigcup_{i=1}^m (U_i > u_i)\Big] \\
&\geqslant 1 - \bigcup_{i=1}^m \Pr(U_i > u_i) \\
&= 1 - \bigcup_{i=1}^m [1 - \Pr(U_i \leqslant u_i)] \\
&= 1 - m + \sum_{i=1}^m u_i
\end{aligned}$$

即

$$\max\left(\sum_{i=1}^m u_i - m + 1, 0\right) \leqslant C(x_1,\cdots,x_m)$$

对于一般的联合分布函数 F，令其边际分布函数为 $F_1,F_2,\cdots,F_m$，也存在下述的 Frechet 边界条件：

$$\max\left[\sum_{i=1}^m F_i(x_i) + 1 - m, 0\right] \leqslant F(x_1,\cdots,x_m) \leqslant \min[F_1(x_1),\cdots,F_m(x_m)] \quad (12.4)$$

【例 12-2】 Fréchet 上界 Copula 是同单调 Copula，也是 $(U,U,\cdots,U)$ 的联合分布函数，其中 U 是在 $(0,1)$ 区间上服从均匀分布的随机变量，记为 $U \sim U(0,1)$。

【解】 Fréchet 上界 Copula 可以表示为

$$C_U(x_1,\cdots,x_m) = \min(u_1,\cdots,u_m)$$

如果随机变量 $X_1,X_2,\cdots,X_m$ 具有连续的分布函数且完全正相依，则每个 X_i 可以表示为 X_1 的增函数，即 $X_i = t_i(X_1), i = 1, \cdots, m$。

由前述定理可知，$X_1, X_1, \cdots, X_1$ 与 $t_1(X_1), t_1(X_2), \cdots, t_1(X_m)$ 具有相同的 Copula，而 $X_1, X_1, \cdots, X_1$ 的 Copula 就是 $U, U, \cdots, U$ 的联合分布函数。

对于二元分布，同单调 Copula 的分布函数如图 12-1 所示，该图从两个不同角度展示了同单调 Copula 的分布函数。

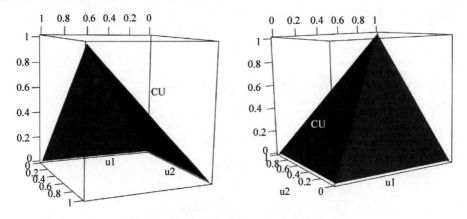

图 12-1　同单调 Copula 的分布函数

对于二元分布，Fréchet 下界就是反单调 Copula，记为

$$C_L(u_1, u_2) = \max(u_1 + u_2 - 1, 0)$$

反单调 Copula 是随机变量 $(U, 1-U)$ 的联合分布函数，其中 U 是在 $(0, 1)$ 区间上服从均匀分布的随机变量，记为 $U \sim U(0, 1)$。

当 X_1 和 X_2 具有连续分布函数，且 X_2 可以表示为 X_1 的严格递减函数时，它们之间的 Copula 就是反单调 Copula。

反单调 Copula 的分布函数如图 12-2 所示，该图从两个不同角度展示了反单调 Copula 的分布函数。

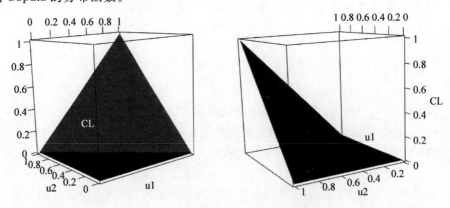

图 12-2　反单调 Copula 的分布函数

除了 Fréchet 上下界之外，另一个基本的 Copula 函数是独立 Copula：
$$C_I(u_1, u_2, \cdots, u_m) = u_1 u_2 \cdots u_m$$

当随机变量之间相互独立时，它们之间的 Copula 就是独立 Copula。二元独立 Copula 的分布函数如图 12-3 所示，该图从两个不同角度展示了独立 Copula 的分布函数。

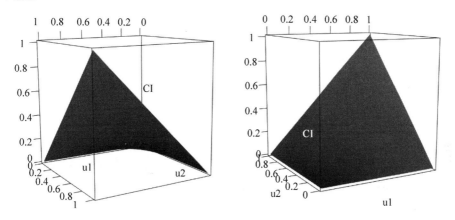

图 12-3　独立 Copula 的分布函数

绘制图 12-1～图 12-3 的 R 程序代码如下。

```
library(rgl)
#独立 Copula
u1 <- seq(0, 1, length = 100)
u2 <- seq(0, 1, length = 100)
f <- function(u1, u2) u1 * u2
CI <- outer(u1, u2, f)
persp3d(u1, u2, CI, col = "red")

#同单调 Copula
CU <- array(NA, dim = c(100, 100))
for (i in 1:100) {
    for (j in 1:100) CU[i, j] = min(u1[i], u2[j])
}
persp3d(u1, u2, CU, col = "red")

#反单调 Copula
CL <- array(NA, dim = c(100, 100))
for (i in 1:100) {
    for (j in 1:100) CL[i, j] = max(u1[i] + u2[j] - 1, 0)
}
persp3d(u1, u2, CL, col = "red")
```

为了简化表述,下面以二元联合分布为例,讨论 Copula 的条件分布和密度函数。Copula 的条件分布函数 $\Pr(U_2 \leqslant u_2 | U_1 = u_1)$ 可以表示为

$$\begin{aligned}
&\Pr(U_2 \leqslant u_2 \mid U_1 = u_1) \\
&= \lim_{\Delta u_1 \to 0} \frac{\Pr(u_1 \leqslant U_1 \leqslant u_1 + \Delta u_1, U_2 \leqslant u_2)}{\Pr(u_1 \leqslant U_1 \leqslant u_1 + \Delta u_1)} \\
&= \lim_{\Delta u_1 \to 0} \frac{C(u_1 + \Delta u_1, u_2) - C(u_1, u_2)}{\Delta u_1} \\
&= \frac{\partial}{\partial u_1} C(u_1, u_2)
\end{aligned}$$

上式表明,在给定 $U_1 = u_1$ 的条件下,U_2 的条件分布就是 Copula 函数关于 u_1 的偏导数,记为

$$C_{2|1}(u_2 \mid u_1) = \frac{\partial}{\partial u_1} C(u_1, u_2) \tag{12.5}$$

如果将边际分布函数 $F_1(x_1)$ 和 $F_2(x_2)$ 分别代入 Copula 的条件分布函数 $C_{2|1}(u_2 | u_1)$,即可求得 X 的条件分布为

$$\begin{aligned}
C_{2|1}[F_2(x_2) \mid F_1(x_1)] &= \Pr[F_2(X_2) \leqslant u_2 \mid F_1(X_1) = u_1] \\
&= \Pr(X_2 \leqslant x_2 \mid X_1 = x_1)
\end{aligned}$$

上式表明,条件分布函数 $\Pr(X_2 \leqslant x_2 | X_1 = x_1)$ 可以用 Copula 的条件分布进行表示,即

$$\Pr(X_2 \leqslant x_2 \mid X_1 = x_1) = C_{2|1}[F_2(x_2) \mid F_1(x_1)]$$

条件 Copula 是一个一元函数,可以继续对其关于 u_2 求偏导,从而得到 Copula 密度函数为 $c(u_1, u_2)$,即

$$c(u_1, u_2) = \frac{\partial^2 C(u_1, u_2)}{\partial u_1 \partial u_2} \tag{12.6}$$

由于 $C(u_1, u_2) = F[F_{X_1}^{-1}(u_1), F_{X_2}^{-1}(u_2)]$,所以,此式右边对 u_1 和 u_2 求偏导,还可以将 Copula 的密度函数表示为

$$c(u_1, u_2) = \frac{f_{X_1, X_2}[F_{X_1}^{-1}(u_1), F_{X_2}^{-1}(u_2)]}{f_{X_1}[F_{X_1}^{-1}(u_1)] f_{X_2}[F_{X_2}^{-1}(u_2)]} \tag{12.7}$$

利用 Copula 的密度函数,$F(x, y)$ 的联合密度函数可以表示为

$$f_{X_1, X_2}(x_1, x_2) = f_{X_1}(x_1) f_{X_2}(x_2) c[F_{X_1}(x_1), F_{X_2}(x_2)] \tag{12.8}$$

12.2　生存 Copula

如果 U 的 Copula 是 C,则 $1-U$ 的 Copula 就是生存 Copula,记为 $\overline{C}$。注意,生存 Copula 并不是 Copula 对应的生存函数。

【定理 12-4】 二元联合分布的生存函数可以用生存 Copula 表示如下：
$$\bar{F}_X(x_1,x_2) = \bar{C}[\bar{F}_1(x_1),\bar{F}_2(x_2)] \tag{12.9}$$

【证明】 二元联合分布的生存函数可以表示为

$$\begin{aligned}\bar{F}_X(x_1,x_2) &= \Pr(X_1 > x_1, X_2 > x_2)\\ &= \Pr[F_1(X_1) > F_1(x_1), F_2(X_2) > F_2(x_2)]\\ &= \Pr[1 - F_1(X_1) \leqslant 1 - F_1(x_1), 1 - F_2(X_2) \leqslant 1 - F_2(x_2)]\\ &= \Pr[1 - F_1(X_1) \leqslant \bar{F}_1(x_1), 1 - F_2(X_2) \leqslant \bar{F}_2(x_2)]\\ &= \Pr[1 - U_1 \leqslant \bar{F}_1(x_1), 1 - U_2 \leqslant \bar{F}_2(x_2)]\end{aligned}$$

上式就是 $(1-U_1, 1-U_2)$ 的联合生存函数，所以就是生存 Copula，从而可以表示为式(12.9)的形式。

如果边际分布函数连续且严格递增，则生存 Copula 可以由生存函数求得。在式(12.9)中，若令 $x_i = \bar{F}_i^{-1}(u_i)$，即可得到生存 Copula 为

$$\bar{C}(u_1, u_2) = \bar{F}[\bar{F}_1^{-1}(u_1), \bar{F}_2^{-1}(u_2)]$$

【例 12-3】 二元 Pareto 分布的生存 Copula 就是 Clayton Copula。

【解】 帕累托分布的生存函数为

$$\bar{F}_i(x) = \left(\frac{\theta_i}{x+\theta_i}\right)^\alpha, \quad i=1,2$$

上述生存函数的逆函数可以表示为

$$\bar{F}_i^{-1}(u_i) = \theta(u_i^{-1/\alpha} - 1)$$

二元帕累托分布的生存函数为

$$\bar{F}_X(x_1,x_2) = \left(\frac{x_1+\theta_1}{\theta_1} + \frac{x_2+\theta_2}{\theta_2} - 1\right)^{-\alpha}$$

应用式(12.9)，即得二元帕累托分布的生存 Copula 为

$$\bar{C}(u_1,u_2) = \bar{F}[\bar{F}_1^{-1}(u_1), \bar{F}_2^{-1}(u_2)] = (u_1^{-1/\alpha} + u_2^{-1/\alpha} - 1)^{-\alpha}$$

上式就是 Clayton Copula 函数。

【例 12-4】 二元生存 Copula 与 Copula 之间存在下述关系：
$$\bar{C}(u_1,u_2) = C(1-u_1, 1-u_2) + u_1 + u_2 - 1$$

【解】 应用生存 Copula 的定义，有

$$\begin{aligned}\bar{C}(u_1,u_2) &= \Pr(1-U_1 \leqslant u_1, 1-U_2 \leqslant u_2)\\ &= \Pr(U_1 \geqslant 1-u_1, U_2 \geqslant 1-u_2)\\ &= 1 - (1-u_1) - (1-u_2) + C(1-u_1, 1-u_2)\\ &= C(1-u_1, 1-u_2) + u_1 + u_2 - 1\end{aligned}$$

假设 X_1 与 X_2 是连续型随机变量，它们的 Copula 为 C，生存 Copula 为 $\bar{C}$，t_1 与 t_2 是连续的单调函数，则容易验证，$t_1(X_1)$ 和 $t_2(X_2)$ 的 Copula 具有下述性质：

(1) 如果 t_1 与 t_2 非减，则 $t_1(X_1)$ 和 $t_2(X_2)$ 的 Copula 是 C。

(2) 如果 t_1 非减,t_2 非增,则 $t_1(X_1)$ 和 $t_2(X_2)$ 的 Copula 是 $u_1 - C(u_1, 1-u_2)$。

(3) 如果 t_1 非增,t_2 非减,则 $t_1(X_1)$ 和 $t_2(X_2)$ 的 Copula 是 $u_2 - C(1-u_1, u_2)$。

(4) 如果 t_1 与 t_2 非增,则 $t_1(X_1)$ 和 $t_2(X_2)$ 的 Copula 是 $\bar{C}$。

12.3 相依性的度量

随机变量之间的相依关系可以通过多种方法进行度量,如线性相关系数、秩相关系数和尾部相关指数等。本节讨论这些相依性度量与 Copula 函数之间的关系。

12.3.1 线性相关系数

线性相关系数是最常见的相依性度量。X 与 Y 之间的线性相关系数定义为

$$\rho_{XY} = \frac{\text{cov}(X,Y)}{\sigma_X \sigma_Y}$$

式中,$\text{cov}(X,Y) = E(XY) - E(X)E(Y)$,且 $\sigma_X > 0$,$\sigma_Y > 0$ 分别表示 X 和 Y 的标准差。

线性相关系数 ρ_{XY} 是对称的,且 $-1 \leqslant \rho_{XY} \leqslant 1$,不等式的上界和下界分别表示完全正相关和完全负相关,$\rho_{XY} = 0$ 表示两个随机变量之间不存在线性相关关系。

若令随机变量 X 的分布函数为 $F_X(x)$,Y 的分布函数为 $F_Y(y)$,X 与 Y 之间的 Copula 为 C,则 X 与 Y 之间的线性相关系数可以表示为

$$\rho_{XY} = \frac{1}{\sigma_X \sigma_Y} \int_{(u_1, u_2) \in [0,1]^2} [C(u_1, u_2) - u_1 u_2] \mathrm{d} F_X^{-1}(u_1) \mathrm{d} F_Y^{-1}(u_2) \quad (12.10)$$

上式表明,线性相关系数不仅与 Copula 有关,而且与边际分布有关,所以线性相关系数不是一种广泛适用的相依性度量工具。譬如,如果 $\ln X$ 服从标准正态分布,$\ln Y$ 服从均值为零,标准差为 σ 的正态分布,则 X 和 Y 的线性相关系数与 σ 有关,且将落在下述区间(McNeil,2015),如图 12-4 所示。

$$(\omega(\mathrm{e}^{-\sigma} - 1), \omega(\mathrm{e}^{\sigma} - 1))$$

式中,$\omega = [(\mathrm{e}-1)(\mathrm{e}^{\sigma^2}-1)]^{-1/2}$。

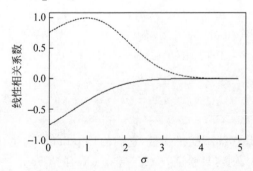

图 12-4 两个对数正态随机变量之间的线性相关系数

图 12-4 表明,对于大多数的 σ 取值,上述两个对数正态随机变量之间的线性相关系数将落在一个很小的范围内。

如果 X 与 Y 都是椭圆分布,则线性相关系数可以准确度量 X 与 Y 之间的相依关系。

12.3.2 秩相关系数

度量两个随机变量 X 和 Y 之间非线性相依关系的两个常用指标是**斯皮尔曼秩相关系数**(Spearman's rho)和**肯德尔秩相关性系数**(Kendall's tau),分别记为 $\rho_s(X,Y)$ 和 $\rho_\tau(X,Y)$。

假设随机变量 X 和 Y 都服从连续分布,边际分布函数分别为 $F_X(x)$ 和 $F_Y(y)$,则斯皮尔曼秩相关系数定义为:

$$\rho_s(X,Y) = \rho[F_X(X), F_Y(Y)] \tag{12.11}$$

可见,$\rho_s(X,Y)$ 度量的是 $F_X(X)$ 和 $F_Y(Y)$ 之间的线性相关关系。

肯德尔秩相关性定义为

$$\rho_\tau(X,Y) = \Pr[(X_1-X_2)(Y_1-Y_2)>0] - \Pr[(X_1-X_2)(Y_1-Y_2)<0] \tag{12.12}$$

式中,(X_1,Y_1) 和 (X_2,Y_2) 是两对来自 (X,Y) 的相互独立的随机变量。

斯皮尔曼秩相关系数 $\rho_s(X,Y)$ 可以用 Copula 表示为

$$\begin{aligned}
\rho_s(X_1,X_2) &= \frac{E[F_X(X)F_Y(Y)] - E[F_X(X)]E[F_Y(Y)]}{\sqrt{\mathrm{Var}[F_X(X)]\mathrm{Var}[F_Y(Y)]}} \\
&= 12E[F_X(X)F_Y(Y)] - 3 \\
&= 12E(U_1 U_2) - 3 \\
&= 12 \int_0^1 \int_0^1 u_1 u_2 \mathrm{d}C(u_1,u_2) - 3
\end{aligned} \tag{12.13}$$

上式经变形,斯皮尔曼秩相关系数 $\rho_s(X,Y)$ 还可以表示为

$$\rho_s(X,Y) = 12 \int_0^1 \int_0^1 [C(u_1,u_2) - u_1 u_2] \mathrm{d}u_1 \mathrm{d}u_2 \tag{12.14}$$

肯德尔秩相关性系数 $\rho_\tau(X,Y)$ 也可以用 Copula 表示如下:

$$\begin{aligned}
\rho_\tau(X,Y) &= \Pr[(X_1-X_2)(Y_1-Y_2)>0] - \Pr[(X_1-X_2)(Y_1-Y_2)<0] \\
&= 2\Pr[(X_1-X_2)(Y_1-Y_2)>0] - 1 \\
&= 4\Pr(X_1 \leqslant X_2, Y_1 \leqslant Y_2) - 1 \\
&= 4\Pr[F_X(X_1) \leqslant F_X(X_2), F_Y(Y_1) \leqslant F_Y(Y_2)] - 1 \\
&= 4\Pr(U_1 \leqslant U_1^*, U_2 \leqslant U_2^*) - 1 \\
&= 4\int_0^1 \int_0^1 C(u_1,u_2) \mathrm{d}C(u_1,u_2) - 1 \\
&= 4E[C(U_1,U_2)] - 1
\end{aligned} \tag{12.15}$$

上述结果表明,斯皮尔曼秩相关系数 $\rho_s(X,Y)$ 和肯德尔秩相关性系数 $\rho_\tau(X,Y)$ 仅与 Copula 有关,与边际分布无关,所以它们比线性相关系数能够更好地度量两个随机变量之间的相依关系。

可以验证,下界 Copula 的秩相关系数等于 -1,即当 $C=C_L$ 时,$\rho_s(X,Y)=\rho_\tau(X,Y)=-1$;上界 Copula 的秩相关系数等于 1,即当 $C=C_U$ 时,$\rho_s(X,Y)=\rho_\tau(X,Y)=1$。

12.3.3 尾部相依指数

尾部相依指数度量了两个随机变量在尾部的相依关系。在精算应用中,最常使用的是**右尾相依指数**(index of upper tail dependence),用于度量当一个随机变量超过某个接近 100% 水平的分位数时,另一个随机变量超过相同水平分位数的概率。

令随机变量 X_1 和 X_2 的分布函数分别为 F_1 和 F_2,则它们之间的右尾相依指数可以定义为

$$\lambda_U = \lim_{u \to 1} \Pr[X_1 > F_1^{-1}(u) \mid X_2 > F_2^{-1}(u)] \tag{12.16}$$

【定理 12-5】 如果 X_1 和 X_2 的 Copula 函数为 C,则右尾相依指数可以用 Copula 表示为

$$\lambda_U = \lim_{u \to 1} \frac{1 - 2u + C(u,u)}{1 - u} \tag{12.17}$$

【证明】
$$\begin{aligned}
\lambda_U &= \lim_{u \to 1} \Pr[X_1 > F_1^{-1}(u) \mid X_2 > F_2^{-1}(u)] \\
&= \lim_{u \to 1} \Pr[F_1(X_1) > u \mid F_2(Y_2) > u] \\
&= \lim_{u \to 1} \Pr(U > u \mid V > u) \\
&= \lim_{u \to 1} \frac{1 - \Pr(U \leqslant u) - \Pr(V \leqslant u) + \Pr(U \leqslant u, V \leqslant u)}{1 - \Pr(V \leqslant u)} \\
&= \lim_{u \to 1} \frac{1 - 2u + C(u,u)}{1 - u}
\end{aligned}$$

【例 12-5】 对于独立 Copula,右尾相依指数为零。

【解】 对于独立 Copula,$C(u,u)=u^2$,所以右尾相依指数为

$$\begin{aligned}
\lambda_U &= \lim_{u \to 1} \frac{1 - 2u + C(u,u)}{1 - u} \\
&= \lim_{u \to 1} \frac{1 - 2u + u^2}{1 - u} \\
&= \lim_{u \to 1} 1 - u \\
&= 0
\end{aligned}$$

12.4 常见的 Copula 函数

本节给出几个常用的二元 Copula 函数以及它们的条件分布函数和密度函数。下面用 $C(u_1,u_2)$ 表示 Copula 的分布函数,用 $C_{2|1}(u_2|u_1)$ 表示条件 Copula 的分布函数,用 $c(u_1,u_2)$ 表示 Copula 的密度函数,用 $\rho_\tau(X_1,X_2)$ 表示肯德尔秩相关系数。

12.4.1 正态 Copula

二元正态 Copula 可以表示为
$$C(u_1,u_2) = \Phi_\theta[\Phi^{-1}(u_1),\Phi^{-1}(u_2)], \quad \theta \in (-1,1)$$
上式中,Φ 是标准正态分布的分布函数,Φ_θ 是二元联合标准正态分布的分布函数,θ 表示线性相关系数。

正态 Copula 的肯德尔秩相关系数 $\rho_\tau(X_1,X_2)$ 与线性相关系数 θ 之间存在下述的一一对应关系:

$$\rho_\tau(X_1,X_2) = \frac{2}{\pi}\arcsin\theta \tag{12.18}$$

如果两个随机变量之间不是完全的正相关关系,则正态 Copula 的尾部相依指数为零,即 $\lambda_U = 0$。

12.4.2 t-Copula

二元 t-Copula 可以表示为
$$C(u_1,u_2) = t_{v,\theta}[t_v^{-1}(u_1),t_v^{-1}(u_2)]$$
式中,t_v 是自由度为 v 的标准 t 分布的分布函数,$t_{v,\theta}$ 是自由度为 v 的二元联合标准 t 分布的分布函数,θ 表示线性相关系数。

t-Copula 的肯德尔秩相关系数 $\rho_\tau(X_1,X_2)$ 与线性相关系数 θ 之间存在下述的一一对应关系:

$$\rho_\tau(X_1,X_2) = \frac{2}{\pi}\arcsin\theta \tag{12.19}$$

t-Copula 的右尾相依指数为

$$\lambda_U = 2t_{v+1}\left[-\sqrt{\frac{1-\theta}{1+\theta}(v+1)}\right] \tag{12.20}$$

12.4.3 Clayton Copula

Clayton Copula 的有关函数如下:
$$C(u_1,u_2) = (u_1^{-1/\theta} + u_2^{-1/\theta} - 1)^{-\theta}$$

$$C_{2|1}(u_2 \mid u_1) = u_1^{-1-1/\theta}(u_1^{-1/\theta} + u_2^{-1/\theta} - 1)^{-\theta-1}$$

$$c(u_1,u_2) = \left(1 + \frac{1}{a}\right)(u_1 u_2)^{-1-1/\theta}(u_1^{-1/\theta} + u_2^{-1/\theta} - 1)^{-\theta-2}$$

$$\rho_\tau(\theta) = \frac{1}{2\theta + 1}$$

在 Clayton Copula 中,相依性参数 θ 的取值范围是 $(0,\infty)$。

ClaytonCopula 可以揭示较强的左尾相依性以及相对较弱的右尾相依性,但无法描述随机变量之间的负相依关系。

12.4.4　Frank Copula

Frank Copula 的有关函数如下:

$$C(u_1,u_2) = -\frac{1}{\theta}\ln\left\{1 + \frac{[\exp(-\theta u_1) - 1][\exp(-\theta u_2) - 1]}{\exp(-\theta) - 1}\right\}, \quad \theta \neq 0$$

$$C_{2|1}(u_2 \mid u_1) = \frac{\exp(-\theta u_1) - \exp[-\theta(u_1 + u_2)]}{1 - \exp(-\theta) - [1 - \exp(-\theta u_1)][1 - \exp(-\theta u_2)]}$$

$$c(u_1,u_2) = \frac{\theta \exp[-\theta(u_1 + u_2)][1 - \exp(-\theta)]}{\{\exp[-\theta(u_1 + u_2)] - \exp(-\theta u_1) - \exp(-\theta u_2) + \exp(-\theta)\}^2}$$

$$\rho_\tau(\theta) = 1 - \frac{4}{\theta} + \frac{4}{\theta^2}\int_0^\theta \frac{t}{e^t - 1}dt$$

在 Frank Copula 中,相依性参数 θ 的取值范围是 $(-\infty,\infty)$ 上的任意实数。当相依性参数取值为 $-\infty$,0 和 ∞ 时,分别对应着下界 Copula,独立 Copula 和上界 Copula,即

$$\lim_{\theta \to -\infty} C_\alpha = C_L$$

$$\lim_{\theta \to \infty} C_\alpha = C_U$$

$$\lim_{\theta \to 0} C_\alpha = C_I$$

Frank Copula 是对称的,可以解释随机变量之间的负相依关系。

与正态 Copula 相比,Frank Copula 的尾部相依性较弱,但中间部分的相依性相对较强,比较适合描述尾部相依性较弱的数据。

12.4.5　Gumbel Copula

Gumbel Copula 的有关函数如下:

$$C(u_1,u_2) = \exp\{-[(-\ln u_1)^\theta + (-\ln u_2)^\theta]^{1/\theta}\}$$

$$C_{2|1}(u_2 \mid u_1) = C(u_1,u_2)[(-\ln u_1)^\theta + (-\ln u_2)^\theta]^{-1+1/\theta} u_1^{-1}(-\ln u_1)^{\theta-1}$$

$$c(u_1,u_2) = C(u_1,u_2) u_1^{-1} u_2^{-1}[(-\ln u_1)^\theta + (-\ln u_2)^\theta]^{-2+2/\theta}(\ln u_1 \ln u_2)^{\theta-1}$$
$$\{1 + (\theta - 1)[(-\ln u_1)^\theta + (-\ln u_2)^\theta]^{-1/\theta}\}$$

$$\rho_\tau(\theta) = 1 - \frac{1}{\theta}$$

在 Gumbel Copula 中，相依性参数 θ 取值范围是 $[1,\infty)$。当相依性参数取值为 1 时，表示两个随机变量相互独立；当相依性参数的取值为 ∞ 时，得到上界 Copula(同单调 Copula)。但是，无论相依性参数的取值是多少，都达不到下界 Copula。

与 Clayton Copula 相似，Gumbel Copula 也不能揭示随机变量之间的负相依关系。但是，与 Clayton 不同的是，Gumbel Copula 具有很强的右尾相依性和相对较弱的左尾相依性。

12.4.6　FGM Copula

FGM Copula 的有关函数如下：
$$C(u_1,u_2) = u_1 u_2 [1 + \theta(1-u_1)(1-u_2)], \quad -1 \leqslant \theta \leqslant 1$$
$$C_{2|1}(u_2 \mid u_1) = u_2 + \theta u_2 + 2\theta u_2^2 - 2\theta u_1 u_2 - \theta u_2^2$$
$$c(u_1,u_2) = 1 + \theta + 2\theta u_1^2 - 2\theta u_1 - 2\theta u_2$$

FGM Copula 的斯皮尔曼秩相关系数和肯德尔秩相关系数分别为
$$\rho_s = \frac{\theta}{3}$$
$$\rho_\tau = \frac{2\theta}{9}$$

由于 $-1 \leqslant \theta \leqslant 1$，所以 FGM Copula 只能描述两个随机变量之间的弱相依性。当相依性参数 θ 等于 0 时，FGM Copula 就转化为独立 Copula。

12.4.7　厚尾 Copula

厚尾 Copula 的有关函数如下：
$$C(u_1,u_2) = u_1 + u_2 - 1 + [(1-u_1)^{-1/\theta} + (1-u_2)^{-1/\theta} - 1]^{-\theta}$$
$$C_1(u_1,u_2) = 1 - [(1-u_1)^{-1/\theta} + (1-u_2)^{-1/\theta} - 1]^{-\theta-1}(1-u_1)^{-1-1/\theta}$$
$$c(u_1,u_2) = \left(1 + \frac{1}{\theta}\right)[(1-u_1)^{-1/\theta} + (1-u_2)^{-1/\theta} - 1]^{-\theta-2}[(1-u_1)(1-u_2)]^{-1-1/\theta}$$
$$\rho_\tau(\theta) = \frac{1}{2\theta+1}$$

12.5　阿基米德 Copula

阿基米德 Copula 是通过生成函数构造的一类 Copula 函数。生成函数 $\varphi(t)$ 是从 $[0,1]$ 到 $[0,\infty]$ 的映射，在 $(0,1)$ 上有连续导数，且对所有的 $0<t<1$，满足下述

条件：
$$\varphi(1)=0, \quad \varphi'(t)<0, \quad \varphi''(t)>0$$

上式表明，生成函数 $\varphi(t)$ 是凸递减函数。

譬如，$\varphi(t)=-\ln t, \varphi(t)=(1-t)^\theta$ 和 $\varphi(t)=t^{-\theta}, \theta>1$ 都是满足上述条件的生成函数。图 12-5 是生成函数的一个图示。

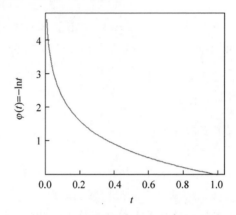

图 12-5 阿基米德 Copula 的生成函数

基于生成函数构造的 Copula 如下：
$$C(u_1,u_2;\theta) = \varphi^{-1}[\varphi(u_1)+\varphi(u_2)] \tag{12.21}$$

二元阿基米德 Copula 的密度函数为
$$c(u_1,u_2) = \frac{\varphi''[C(u_1,u_2)]\varphi'(u_1)\varphi'(u_2)}{\{\varphi'[C(u_1,u_2)]\}^3}$$

其中，导数在边界 $\varphi(u_1)+\varphi(u_2)=\varphi(0)$ 上不存在。

阿基米德 Copula 的条件密度函数为
$$\frac{\partial}{\partial u_2}C(u_1,u_2) = \frac{\varphi'(u_2)}{\varphi'[C(u_1,u_2)]}$$

应用不同的生成函数，将产生不同的阿基米德 Copula。譬如，对于生成函数 $\varphi(t)=-\ln t, 0\leqslant t\leqslant 1$，有 $\varphi^{-1}(t)=\exp(-t)$，所以应用式 (12.21)，求得的 Copula 为
$$C(u_1,u_2) = u_1 u_2$$

又如，对于生成函数 $\varphi(t;\theta)=\ln(1-\theta\ln t), 0\leqslant\theta\leqslant 1$，有 $\varphi^{-1}(t)=\exp[(1-e^t)/\theta]$，所以应用式 (12.21) 求得的 Copula 为
$$C(u_1,u_2;\theta) = u_1 u_2 \exp(-\theta\ln u_1 \ln u_2)$$

在阿基米德 Copula 中，应用不同的生成函数会产生不同的相依性。表 12-1 是几个常见的阿基米德 Copula 及其相应的生成函数。

表 12-1　阿基米德 Copula 及其生成函数

	$C(u_1,u_2)$	生成函数 $\varphi(t)$	θ 的取值范围
Clayton	$(u_1^{-\theta}+u_2^{-\theta}-1)^{-1/\theta}$	$\theta^{-1}(t^{-\theta}-1)$	$(0,\infty)$
Frank	$-\dfrac{1}{\theta}\ln\left[1+\dfrac{(e^{-\theta u_1}-1)(e^{-\theta u_2}-1)}{e^{-\theta}-1}\right]$	$-\ln\dfrac{e^{-\theta t}-1}{e^{-\theta}-1}$	$(-\infty,\infty)$
Gumbel	$\exp\{-[(-\ln u_1)^\theta+(-\ln u_2)^\theta]^{1/\theta}\}$	$(-\ln t)^\theta$	$[1,\infty)$

阿基米德 Copula 的肯德尔秩相关系数可以用生成函数表示为

$$\rho_\tau(X,Y) = 1 + 4\int_0^1 \frac{\varphi(u)}{\varphi'(u)}du$$

12.6　Copula 的随机模拟

假设 X_1 和 X_2 的分布函数分别为 F_1 和 F_2，Copula 为 $C(u_1,u_2)$，则它们的联合分布函数可以表示为

$$F(x_1,x_2) = C[F_1(x_1),F_2(x_2)]$$

模拟 X_1 和 X_2 的基本步骤如下：

(1) 从均匀分布 $U(0,1)$ 中模拟 u_1。

(2) 在给定 u_1 的条件下，从条件分布 $C_{2|1}(u_2|u_1)$ 中模拟 u_2。

(3) 通过 $[F_1^{-1}(u_1),F_2^{-1}(u_2)]$ 将 (u_1,u_2) 的模拟值转化为 (x_1,x_2) 的模拟值，其中 $F^{-1}(p)=\inf[x|F(x)\geqslant p]$。

【例 12-6】　在给定 u_1 的条件下，如何从 Frank Copula 的条件分布 $C_{2|1}(u_2|u_1)$ 中模拟 u_2。

【解】　在给定 u_1 的条件下，Frank Copula 的条件分布函数为

$$C_{2|1}(u_2\mid u_1) = \frac{\exp(-\theta u_1)-\exp[-\theta(u_1+u_2)]}{1-\exp(-\theta)-[1-\exp(-\theta u_1)][1-\exp(-\theta u_2)]}$$

令上述的条件分布函数等于 q，即可从中求解得到 u_2 的模拟值为

$$u_2 = -\frac{1}{\theta}\ln\left[1-\frac{1-\exp(-\theta)}{1+(q^{-1}-1)\exp(-\theta u_1)}\right]$$

上式中，q 是来自均匀分布 $U(0,1)$ 的随机模拟值。

【例 12-7】　假设 X_1 服从伽马分布（shape=2，scale=500），X_2 服从对数正态分布（meanlog=5，sdlog=1），它们之间的相依关系用 Frank Copula（$\theta=10$）描述。

(1) 模拟 10 对 (X_1,X_2) 的观察值。

(2) 绘制 (X_1,X_2) 的联合分布的密度函数。

(3) 当 $X_1>100$ 且 $X_2>100$ 时，超额损失（X_1+X_2-200）由再保险公司负责

赔付,计算再保险的纯保费。

【**解**】 本例的 R 程序代码和输出结果如下,图 12-6 和图 12-7 为输出的联合密度函数图和 image 图。

```
# 参数取值
shape = 2
scale = 500
meanlog = 5
sdlog = 1
theta = 10

# 模拟 u1
set.seed(111)
n = 10                # 模拟 n 个观察值
u1 = runif(n, 0, 1)   # 模拟 u1

# 模拟 u2
q = runif(n)
u2 = -1/theta * log(1 - (1 - exp(-theta))/(1 + (1/q - 1) * exp(-theta *
u1)))

# 模拟 x1 和 X2
x1 = qgamma(u1, shape = shape, scale = scale)
x2 = qlnorm(u2, meanlog = meanlog, sdlog = sdlog)

# 输出(x1,x2)的模拟值
cbind(x1, x2)
##            x1    x2
##  [1,]     998   198
##  [2,]    1284   295
##  [3,]     646    50
##  [4,]     863    70
##  [5,]     656    69
##  [6,]     715   115
##  [7,]      77    19
##  [8,]     892   409
##  [9,]     735   102
## [10,]     256    55

# 定义 frank Copula 的密度函数
pdffrank = function(theta, u1, u2) {
    theta * exp(-theta * (u1 + u2)) * (1 - exp(-theta))/(exp(-theta * (u1 +
u2)) - exp(-theta * u1) - exp(-theta * u2) + exp(-theta))^2
}
```

```r
#定义(x1,x2)的联合密度函数
pdf = function(x1, x2) {
    f1 = function(x1) dgamma(x1, shape = shape, scale = scale)
    F1 = function(x1) pgamma(x1, shape = shape, scale = scale)
    f2 = function(x2) dlnorm(x2, meanlog = meanlog, sdlog = sdlog)
    F2 = function(x2) plnorm(x2, meanlog = meanlog, sdlog = sdlog)
    return(f1(x1) * f2(x2) * pdffrank(theta, F1(x1), F2(x2)))
}

#绘制(x1,x2)的密度函数图
x1 = seq(0, 5000, 50)
x2 = seq(0, 2000, 50)
D = outer(x1, x2, pdf)
#library(rgl)
persp(x1, x2, D, col = "lightblue", theta = 20, phi = 40, expand = 0.5)

# image 图
x1 = seq(0, 4000, 10)
x2 = seq(0, 2000, 10)
D = outer(x1, x2, pdf)
image(x1, x2, D)

#用随机模拟的方法计算再保险的纯保费
set.seed(111)
nsim = 1000      #模拟 sim 次
n = 5000         #每次模拟 n 个样本
prem = NULL
for (i in 1:nsim) {
    #模拟 u1 和 X1 的随机数
    u1 = runif(n, 0, 1)
    x1 = qgamma(u1, shape = shape, scale = scale)
    #模拟 u2 和 x2 的随机数
    q = runif(n)
    u2 = -1/theta * log(1 - (1 - exp(-theta))/(1 + (1/q - 1) * exp(-theta
* u1)))
    x2 = qlnorm(u2, meanlog = meanlog, sdlog = sdlog)
    #计算再保险的纯保费
    dt = data.frame(x1, x2)
    dt1 = subset(dt, x1 > 100 & x2 > 100)
    prem[i] = sum(dt1 $ x1 + dt1 $ x2 - 200)/n
}

#输出纯保费的模拟值
summary(prem)
##     Min. 1st Qu. Median    Mean 3rd Qu.    Max.
##      842     874    882     882     891     928
```

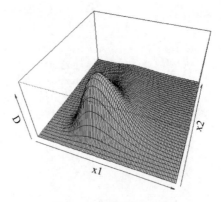

图 12-6 联合密度函数

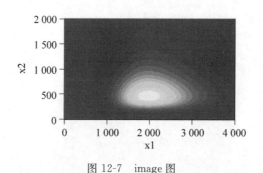

图 12-7 image 图

上述输出结果表明,纯保费模拟值的均值为 882,最大值为 928,最小值为 842。

【例 12-8】 已知 (Z_1, Z_2) 服从二元正态分布,边际分布的均值分别为 $(10, 20)$,标准差分别为 $(5, 8)$,相关系数为 0.6。

(1) 应用 Copula 程序包模拟上述二元正态分布中隐含的正态 Copula 的随机观察值。

(2) 假设 (X_1, X_2) 服从伽马分布,形状参数分别为 10 和 20,尺度参数分别为 30 和 40,相依关系用上述的正态 Copula 进行描述。绘制该联合分布的密度函数。

【解】 求解本例的 R 程序代码和输出结果如下,其中 (X_1, X_2) 的联合密度函数如图 12-8 所示。

```
#参数取值
library(copula)
shape1 = 10
scale1 = 30
shape2 = 20
scale2 = 40
```

```r
#定义正态 Copula
mycop = normalCopula(0.6)
mycop
## NormalCopula family
## Dimension:  2
## Parameters:
##   rho.1  =   0.6

#模拟10组随机观察值
rCopula(10, mycop)
##             [,1]      [,2]
##  [1,] 0.1170084 0.0590396
##  [2,] 0.6548327 0.6800933
##  [3,] 0.7881053 0.9825156
##  [4,] 0.7952650 0.7017855
##  [5,] 0.7863595 0.9159724
##  [6,] 0.4980601 0.9260252
##  [7,] 0.5881244 0.3097951
##  [8,] 0.3386877 0.3640966
##  [9,] 0.1793558 0.1523569
## [10,] 0.5399122 0.5520019

#定义伽马分布的密度函数和分布函数
f1 = function(x1)dgamma(x1, shape = shape1, scale = scale1)
F1 = function(x1) pgamma(x1, shape = shape1, scale = scale1)
f2 = function(x2) dgamma(x2, shape = shape2, scale = scale2)
F2 = function(x2) pgamma(x2, shape = shape2, scale = scale2)

#计算联合分布的密度函数
x1 = seq(0, 1000, 10)
x2 = seq(0, 2000, 10)
D = array(NA, dim = c(length(x1), length(x2)))
for (i in 1:length(x1)) {
    for (j in 1:length(x2)) D[i, j] = f1(x1[i]) * f2(x2[j]) * dCopula(c(F1(x1
[i]), F2(x2[j])), mycop)
}

#绘制联合密度函数
persp(x1, x2, D, col = 2)
```

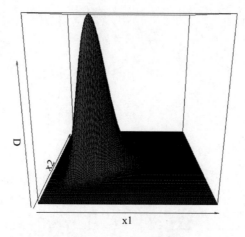

图 12-8　联合密度函数

12.7　Copula 的参数估计

本节以二元 Copula 为例,讨论 Copula 的参数估计问题。

二元随机变量(X_1, X_2)的联合分布函数可以用 Copula 表示为

$$F(x_1, x_2) = C[F_1(x_1), F_1(x_2); \theta]$$

上式中,θ 表示 Copula 的参数。

相应地,密度函数为

$$f(x_1, x_2) = f_1(x_1) f_2(x_2) c[F_1(x_1), F_2(x_2); \theta]$$

对数似然函数为

$$\ln f(x_1, x_2) = \sum_{i=1}^{2} \ln f_i(x_i) + \ln c[F_1(x_1), F_2(x_2); \theta]$$

假设有 n 个样本观察值,则对数似然函数可以表示为

$$l = \sum_{j=1}^{n} \ln f(x_{1,j}, x_{2,j})$$

$$= \sum_{j=1}^{n} \sum_{i=1}^{2} \ln f_i(x_{i,j}) + \sum_{j=1}^{n} \ln c[F_1(x_{1,j}), F_2(x_{2,j}); \theta]$$

在上式中,令

$$l_w = \sum_{j=1}^{n} \sum_{i=1}^{2} \ln f_i(x_{i,j}) \tag{12.22}$$

$$l_c = \sum_{j=1}^{n} \ln c[F_1(x_{1,j}), F_2(x_{2,j}); \theta] \tag{12.23}$$

可见，l_w 仅与边际分布有关，所以极大化 l_w 即可求得边际分布的参数估计值。将该参数估计值代入式(12.23)中的边际分布函数，并令 $\tilde{u}_{i,j} = \tilde{F}_i(x_{i,j})$ 为相应的边际分布函数，则式(12.23)可以表示为：

$$\tilde{l}_c = \sum_{j=1}^n \ln c(\tilde{u}_{1,j}, \tilde{u}_{2,j}; \theta)$$

上式中仅有 Copula 参数 θ 是未知的，所以极大化上式即可求得 Copula 参数的极大似然估计值。

在上述方法中，我们用极大似然法估计边际分布的参数，再将其代入式(12.23)求得 Copula 参数的极大似然估计值。如果用基于样本数据的经验分布代替前述的边际分布，即令

$$\hat{u}_{i,j} = \hat{F}_i(x_{i,j}) = \frac{\mathrm{rank}(x_{i,j})}{n+1}$$

则极大化下式也可以求得 Copula 参数的极大似然估计：

$$\hat{l}_c = \sum_{j=1}^n \ln c(\hat{u}_{1,j}, \hat{u}_{2,j}; \theta)$$

在某些特殊的 Copula 函数中，Copula 参数与秩相关系数 ρ_τ 之间存在一一对应关系，在这种情况下，只要求得秩相关系数 ρ_τ 的估计值，即可求得 Copula 参数的估计值。根据秩相关系数 ρ_τ 的定义，有

$$\begin{aligned}\rho_\tau(X_1, X_2) &= \Pr[(X_1 - X_1^*)(X_2 - X_2^*) > 0] - \Pr[(X_1 - X_1^*)(X_2 - X_2^*) < 0] \\ &= E\{\mathrm{sign}[(X_1 - X_1^*)(X_2 - X_2^*)]\}\end{aligned}$$

所以，对于样本观察值 $(X_{1j}, X_{2j}), j = 1, 2, \cdots, n$，可以求得秩相关系数 ρ_τ 的一个非参数估计值为

$$\hat{\rho}_\tau(X_1, X_2) = \frac{2\sum_{j<k}[\mathrm{sign}(X_{1j} - X_{1k})(X_{2j} - X_{2k})]}{n(n-1)} \quad (12.24)$$

在保险损失数据中，由于免赔额的影响，样本观察值的似然函数也会发生相应变化。假设两种保险责任的损失分别为 X_1 和 X_2，它们的免赔额分别为 d_1 和 d_2，则它们的似然函数主要存在下述三种情况：

(1) X_1 和 X_2 都有完整的观测值，则它们的似然函数可以表示为

$$\begin{aligned}L_1 &= \frac{f(x_1, x_2)}{\Pr(X_1 > d_1, X_2 > d_2)} \\ &= \frac{f(x_1, x_2)}{1 - F_1(d_1) - F_2(d_2) + F(d_1, d_2)} \\ &= \frac{f_1(x_1) f_2(x_2) c[F_1(x_1), F_2(x_2)]}{1 - F_1(d_1) - F_2(d_2) + C[F_1(d_1), F_2(d_2)]}\end{aligned}$$

(2) X_1 有完整观测值,但 X_2 是区间观察值 (v_2, w_2),则它们的似然函数可以表示为

$$L_2 = \frac{\frac{\partial}{\partial x_1}F(x_1, w_2) - \frac{\partial}{\partial x_1}F(x_1, v_2)}{\Pr(X_1 > d_1, X_2 > d_2)}$$

$$= \frac{\frac{\partial}{\partial x_1}F(x_1, w_2) - \frac{\partial}{\partial x_1}F(x_1, v_2)}{1 - F_1(d_1) - F_2(d_2) + F(d_1, d_2)}$$

$$= \frac{f_1(x_1)\{C_{2|1}[F_1(x_1), F_2(w_2)] - C_{2|1}[F_1(x_1), F_2(v_2)]\}}{1 - F_1(d_1) - F_1(d_2) + C[F_1(d_1), F_2(d_2)]}$$

式中:

$$\frac{\partial}{\partial x_1}F(x_1, x_2) = \frac{\partial C[F_1(x_1), F_2(x_2)]}{\partial x_1}$$

$$= \frac{\partial C(u_1, u_2)}{\partial u_1}\frac{\partial u_1}{\partial x_1}$$

$$= C_{2|1}(u_1, u_2)f_1(x_1)$$

$$= C_{2|1}[F_1(x_1), F_2(w_2)]f_1(x_1)$$

(3) X_1 和 X_2 都是区间观察值,分别属于区间 (v_1, w_1) 和 (v_2, w_2),则它们的似然函数可以表示为

$$L_3 = \frac{\Pr(v_1 < X_1 \leqslant w_1, v_2 < X_2 \leqslant w_2)}{\Pr(X_1 > d_1, X_2 > d_2)}$$

$$= \frac{F(w_1, w_2) - F(v_1, w_2) - F(w_1, v_2) + F(v_1, v_2)}{1 - F_1(d_1) - F_2(d_2) + F(d_1, d_2)}$$

$$= \frac{C[F_1(w_1), F_2(w_2)] - C[F_1(v_1), F_2(w_2)] - C[F_1(w_1), F_2(v_2)] + C[F_1(v_1), F_2(v_2)]}{1 - F_1(d_1) - F_1(d_2) + C[F_1(d_1), F_2(d_2)]}$$

式中:

$$\Pr(v_1 < X_1 \leqslant w_1, v_2 < X_2 \leqslant w_2)$$
$$= F(w_1, w_2) - F(v_1, w_2) - F(w_1, v_2) + F(v_1, v_2)$$

12.8 Copula 的应用

本节通过一个案例来说明 Copula 在相依性风险建模中的应用。

本节的数据来自 Frees(1997),该组数据集中包括了赔款和理赔费用的 1 500 对观察值*。基于该组数据,下面首先应用 Frank Copula 建立赔款和理赔费用之

---

* 数据下载地址:http://pan.baidu.com/s/1qYNKouo。

间的相依关系,并用帕累托分布拟合赔款和理赔费用的边际分布;然后假设原保险人的自留额为 $R=2000$,再保险人的赔偿限额为 $L=10000$,理赔费用按照原保险人和再保险各自承担的赔款金额的比例进行分摊,计算再保险的纯保费。

帕累托分布的密度函数 $f(x)$ 和分布函数 $F(x)$ 可以分别表示为

$$f(x) = \frac{\alpha \beta^\alpha}{(x+\beta)^{\alpha+1}}$$

$$F(x) = 1 - \left(\frac{\beta}{x+\beta}\right)^\alpha$$

如果用帕累托分布拟合赔款和理赔费用的边际分布,可以用极大似然法估计分布模型的参数。如果赔款数据不存在删失,则观察值的似然函数可以表示为

$$f_1(x_1) f_2(x_2) c[F_1(x_1), F_2(x_2)]$$

对数似然函数可以表示为

$$\ln f_1(x_1) + \ln f_2(x_2) + \ln c[F_1(x_1), F_2(x_2)]$$

上式中,$f_1(x)$ 和 $f_2(x)$ 分别表示赔款和理赔费用的密度函数,$F_1(x)$ 和 $F_2(x)$ 分别表示赔款和理赔费用的分布函数,c 表示 Copula 的密度函数。

如果赔款数据存在删失,即赔款金额等于保单规定的赔偿限额,则观察值的似然函数可以表示为

$$f_2(x_2) \Pr(X_1 > x_1 \mid X_2 = x_2) = f_2(x_2)\{1 - C_{1|2}[F_1(x_1), F_2(x_2)]\}$$

对数似然函数可以表示为

$$\ln f_2(x_2) + \ln\{1 - C_{1|2}[F_1(x_1), F_2(x_2)]\}$$

式中,$C_{1|2}$ 是条件 Copula 函数,$C_{1|2}[F_1(x_1), F_2(x_2)]$ 表示在给定理赔费用观察值 X_2 的条件下,赔款 X_1 的分布函数。

在本例的数据集中,LOSS 表示赔款,ALAE 表示理赔费用,LIMIT 表示保单规定的赔偿限额,CENSORED 是个二分类变量,CENSORED 等于 1 表示实际损失超过了赔偿限额,因此赔款等于赔偿限额,CENSORED 等于 0 表示实际损失小于赔偿限额,所以赔款等于实际损失。

下面的 R 程序代码读取数据并输出数据的基本信息。

```
#读取数据
library(data.table)
dat = fread("C:\\LOSS_ALAE.txt")

#显示数据结构
str(dat)
## Classes 'data.table' and 'data.frame': 1500 obs. of 4 variables:
```

```
##  $ LOSS     : int 10 24 45 51 60 74 75 78 87 100 ...
##  $ ALAE     : int 3806 5658 321 305 758 8768 1805 78 46534 489 ...
##  $ LIMIT    : int 500000 1000000 1000000 500000 500000 2000000 500000 500000
500000 300000 ...
##  $ CENSORED : int 0 0 0 0 0 0 0 0 0 0 ...
##  - attr(*, ".internal.selfref")=<externalptr>

#计算删失数据(CENSORED=1)和未删失数据(CENSORED=0)的平均赔款
dat[, list(平均赔款 = mean(LOSS)), by = CENSORED]
##    CENSORED   平均赔款
## 1:        0   37109.58
## 2:        1  217941.18

#统计删失赔款(CENSORED=1)和未删失赔款(CENSORED=0)的观察值个数
dat[, length(LOSS), by = CENSORED]
##    CENSORED   V1
## 1:        0  1466
## 2:        1    34
```

上述输出结果表明,数据集中有 4 个变量的 1 500 个样本观察值,其中 1 466 个观察值是完整的,它们的平均赔款为 37 109,另外 34 个观察值有删失,它们的平均赔款为 217 941,后者远远大于前者。

下面的 R 程序代码绘制赔款与理赔费用的散点图,结果如图 12-9 所示。

```
#重新定义变量
loss = dat$LOSS
ALAE = dat$ALAE
limit = dat$LIMIT
censor = dat$CENSORED

#绘制赔款的对数与理赔费用的对数的散点图
plot(log(loss), log(ALAE))
```

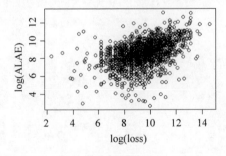

图 12-9 赔款对数和理赔费用对数的散点图

图 12-9 表明，赔款与理赔费用之间存在一定的正向相依关系，即赔款越大，相应的理赔费用也会越高。

下面的 R 程序代码用帕累托分布拟合赔款和理赔费用，结果如图 12-10 所示。

```r
# 定义帕累托分布的密度函数 dpareto
dpareto = function(x, alpha, beta) {
    alpha * (beta^alpha)/((x + beta)^(alpha + 1))
}

# 定义帕累托分布的分布函数 ppareto
ppareto = function(q, alpha, beta) {
    1 - (beta/(q + beta))^alpha
}

# 计算赔款数据 loss 的对数似然函数
loss_loglik = function(par) {
    alpha = par[1]
    beta = par[2]
    L = 0
    for (i in 1:length(loss)) {
        if (censor[i] == 0) {
            L = L + log(dpareto(loss[i], alpha, beta))
        } else {
            L = L + log(1 - ppareto(loss[i], alpha, beta))
        }
    }
    return(-L)
}

# 用帕累托分布拟合 loss 的参数估计值
loss_par = optim(c(2, 16000), loss_loglik) $ par

# 用帕累托分布拟合 ALAE 的参数估计值
library(fitdistrplus)
ALAE_par = fitdist(ALAE, "pareto", method = "mle", start = list(alpha = 1, beta = 15000)) $ estimate

# 输出用帕累托分布拟合 loss 的参数估计结果
rbind(alpha = loss_par[1], beta = loss_par[2])
##                [,1]
## alpha      1.134828
## beta   14440.671391

# 输出用帕累托分布拟合 ALAE 的参数估计结果
data.frame(ALAE_par)
## ALAE_par
```

```
## alpha      2.208993
## beta  15000.371537

#输出 loss 的经验分布函数和拟合的帕累托分布函数
plot(ecdf(loss), xlim = c(0, 1e + 06), pch = ".", xlab = "赔款")
curve(ppareto(x, alpha = loss_par[1], beta = loss_par[2]), col = 2, add = TRUE)

#输出 ALAE 的经验分布函数和拟合的帕累托分布函数
plot(ecdf(ALAE), xlim = c(0, 1e + 05), pch = ".", xlab = "理赔费用")
curve(ppareto(x, alpha = ALAE_par[1], beta = ALAE_par[2]), col = 2, add = TRUE)
```

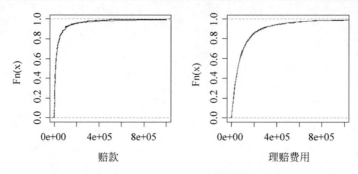

图 12-10　帕累托分布对赔款和理赔费用的拟合

在图 12-10 中，平滑的实线是拟合的帕累托分布函数，阶梯型折线是经验分布函数，两者几乎重合，表明应用帕累托分布拟合赔款和理赔费用的效果都很好。

下面的 R 程序代码定义了联合分布的对数似然函数，并输出了所有参数的极大似然估计值。

```
#定义联合分布的对数似然函数
loglik = function(par) {
    alpha1 = par[1]
    beta1 = par[2]
    alpha2 = par[3]
    beta2 = par[4]
    theta = par[5]
    L = 0
    for (i in 1:length(loss)) {
        u1 = ppareto(loss[i], alpha1, beta1)
        u2 = ppareto(ALAE[i], alpha2, beta2)
        if (censor[i] == 0) {
            c = theta * exp(-theta * (u1 + u2)) * (1 - exp(-theta))/
((exp(-theta * (u1 + u2)) - exp(-theta * u1) - exp(-theta * u2) + exp(-theta))^2)
            f = dpareto(loss[i], alpha1, beta1) * dpareto(ALAE[i], alpha2, beta2)
* c
```

```
            L = L + log(f)
        } else {
            C12 = (exp(-theta * u2) - exp(-theta * (u1 + u2)))/
(1 - exp(-theta) - (1 - exp(-theta * u2)) * (1 - exp(-theta * u1)))
            f = dpareto(ALAE[i], alpha2, beta2) * (1 - C12)
            L = L + log(f)
        }
    }
    return(-L)
}

#计算联合分布的极大似然估计,初值使用边际分布的估计结果
par = optim(c(1, 15000, 2, 16000, 3), loglik) $ par
alpha1 = par[1]
beta1 = par[2]
alpha2 = par[3]
beta2 = par[4]
theta = par[5]
data.frame(alpha1, beta1, alpha2, beta2, theta)
##     alpha1    beta1    alpha2    beta2    theta
##1  1.135819  15002.38  2.239544  16004.77  3.152425
```

上述输出结果表明,应用帕累托分布拟合赔款数据的参数估计值为 $\alpha=1.1358, \beta=15\,002.38$,应用帕累托拟合理赔费用的参数估计值为 $\alpha=2.2395, \beta=16\,004.77$,Frank Copula 的参数估计值为 3.1524。

如果用 X_1 和 X_2 分别表示赔款和理赔费用,则再保险人承担的损失可以表示如下:

$$g(X_1, X_2) = \begin{cases} 0, & X_1 < R \\ X_1 - R + \dfrac{X_1 - R}{X_1} X_2, & R \leqslant X_1 < L \\ L - R + \dfrac{L - R}{L} X_2, & X_1 \geqslant L \end{cases}$$

再保险的纯保费就是上述损失的期望值,即为 $E[g(X_1, X_2)]$,其中 $R=2\,000$,$L=10\,000$。

下面是模拟赔款和理赔费用的 R 程序代码,输出结果如图 12-11 所示。

```
#模拟次数
nsim = 10000
```

```
#模拟 Frank Copula 的随机数
theta = 3.1524
u1 = runif(nsim)
q = runif(nsim)
u2 = -(1/theta) * log(1 - (1 - exp(-theta))/(1 + (q^(-1) - 1) *
exp(-theta * u1)))

#模拟赔款 x1 的随机数
alpha1 = 1.1358
beta1 = 15002.38
x1 = beta1 * ((1 - u1)^(-1/alpha1) - 1)

#模拟理赔费用 x2 的随机数
alpha2 = 2.2395
beta2 = 16004.77
x2 = beta2 * ((1 - u2)^(-1/alpha2) - 1)

#模拟的赔款 x1 和理赔费用 x2 的对数的散点图
plot(log(x1), log(x2))
```

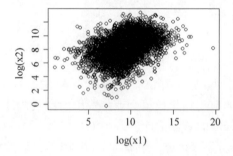

图 12-11　模拟的赔款对数和理赔费用对数的散点图

比较图 12-9 和图 12-11 可以发现，基于经验数据的散点图与基于模拟数据的散点图比较相似，表明应用 Frank Copula 描述赔款和理赔费用之间的相依关系是比较合理的。

基于前面的模拟数据计算再保险纯保费的 R 程序代码和输出结果如下。

```
#计算再保险人承担的赔款金额
R = 2000
L = 10000
g = function(x1, x2) {
    if (x1 < R)
        return(0) else if (x1 >= R & x1 < L)
        return(x1 - R + (x1 - R)/x1 * x2) else if (x1 >= L)
```

```
        return(L - R + (L - R)/L * x2)
}

#计算再保险的纯保费,等于再保险人承担的赔款金额的平均数
mean(Vectorize(g)(x1, x2))
    ##[1] 14993.51
```

上述输出结果表明,再保险纯保费的模拟值为 14 993。

第13章　贝叶斯风险模型

前面各章主要在经典统计的框架下讨论损失模型,本章简要介绍贝叶斯统计的基本原理及其在损失模型中的应用。

贝叶斯统计的基本思想是,任何一个未知量,包括模型参数 θ,都是一个随机变量。关于该随机变量的信息可以来自两个方面,一方面是来自样本的信息,另一方面是来自先验知识的信息,称为先验信息。先验信息通常用一个分布函数 $\pi(\theta)$ 来描述,称作先验分布。先验分布是关于未知参数 θ 的一个概率分布,是在抽样前就已知的关于 θ 的先验信息的概率描述。先验分布不必有客观的依据,可以部分地或完全地基于主观信念。

基于样本信息 X 和 θ 的先验分布 $\pi(\theta)$,可以求得在已知 $X=x$ 的条件下,θ 的条件分布 $\pi(\theta|x)$。这个条件分布是在抽样以后得到的,所以称之为后验分布。一般来说,先验分布 $\pi(\theta)$ 反映了在抽样前对 θ 的认识,后验分布 $\pi(\theta|x)$ 反映的则是在抽样后对 θ 的认识,所以,后验分布 $\pi(\theta|x)$ 可以看作是用样本信息对先验分布 $\pi(\theta)$ 进行调整的结果。贝叶斯统计就是基于后验分布对未知参数 θ 进行各种统计推断。

假设 θ 是未知参数,在给定样本 $\boldsymbol{x}=\{x_1,x_2,\cdots,x_n\}$ 的条件下,关于参数 θ 的贝叶斯推断可以归纳如下:

(1) 根据已有的先验信息,确定 θ 的先验分布 $\pi(\theta)$。
(2) 在给定样本 $\boldsymbol{x}$ 的条件下,计算 θ 的后验分布

$$\pi(\theta \mid \boldsymbol{x}) = \frac{\pi(\theta,\boldsymbol{x})}{f(\boldsymbol{x})} = \frac{f(\boldsymbol{x} \mid \theta)\pi(\theta)}{\int f(\boldsymbol{x} \mid \theta)\pi(\theta)\mathrm{d}\theta} \tag{13.1}$$

(3) 利用后验分布 $\pi(\theta|\boldsymbol{x})$,对 θ 或它的某个函数 $g(\theta)$ 进行统计推断。

应用贝叶斯方法的关键在于如何求得未知参数的后验分布。在实际应用中,很难求得后验分布的解析表达式,所以,通常使用的方法是基于**马尔可夫链蒙特卡洛**(Markov Chain Monto Carlo,MCMC)随机模拟的方法获得后验分布的随机样本,然后基于随机模拟的样本对后验分布进行各种统计推断,如计算未知参数的后验均值或后验分位数。

13.1 先验分布的选择

先验信息体现的是在抽样之前对参数的主观认识和经验判断。如果不希望主观地确定先验分布,而是让数据自己来说话,可以使用无信息先验。如果认为主观确定具体的先验分布能得到更合理的结果,就可以使用提供信息的先验分布。

参数 θ 的无信息先验分布是指除参数 θ 的取值范围和 θ 在总体分布中的地位之外,再也不包含 θ 的任何信息的先验分布。一般说来,无信息先验不是唯一的,

但它们对贝叶斯统计推断结果的影响都很小。在统计理论研究和应用研究中,采用无信息先验分布越来越多。经典统计学者也认为无信息先验是"客观"的。

当对参数 θ 一无所知时,可以认为 θ 的取值均匀地分布在其变化范围内,密度函数为常数,即可以表示为 $\pi(\theta)=c$。当先验分布为常数时,后验分布仅仅与似然函数有关,即后验分布完全取决于样本观察值。

譬如,假设每次试验成功的概率为 p,则在 n 次试验中,成功的次数 X 服从参数为 p 的二项分布,似然函数可以表示为

$$L(p;x) = p^x(1-p)^{n-x} \tag{13.2}$$

如果进一步假设 p 的先验分布为无信息先验,即 $\pi(p)=1$,则 p 的后验分布可以表示为

$$\pi(p\mid x) \propto p^x(1-p)^{n-x}$$

用上述方法确定的先验分布在计算上简单,但不一定能保证后验密度的积分收敛,而且不满足变换的不变性,即如果对 θ 进行一一对应的变换 $\tau = h(\theta)$,则 τ 的分布不一定是均匀分布。有鉴于此,不能在任何时候都随意设定一个常数作为参数的先验分布。

Jeffrey(1961)提出了一种确定先验分布的一般性方法。设 $x=\{x_1,x_2,\cdots,x_n\}$ 是来自密度函数 $f(x\mid\theta)$ 的一个随机样本,在对 θ 无先验信息可用时,Jeffrey 用 Fisher 信息矩阵的行列式的平方根作为 θ 的无信息先验分布,即

$$\pi(\theta) = [\det I(\theta)]^{1/2}$$

上式中,$\det I(\theta)$ 表示信息矩阵 $I(\theta)$ 的行列式。

可以证明,Jeffrey 先验分布满足变换的不变性。

对式(13.2)中的似然函数求对数可得

$$l(p) = x\ln p + (n-x)\ln(1-p)$$

关于 p 求二阶导有

$$\frac{\partial^2 l(p)}{\partial^2 p^2} = -\frac{x}{p^2} - \frac{n-x}{(1-p)^2}$$

因此信息矩阵为

$$I(p) = -E\left[\frac{\partial^2 l(p)}{\partial^2 p^2}\right] = \frac{-n}{p(1-p)}$$

由此可得 Jeffrey 先验分布为

$$\pi(p) \propto p^{-1/2}(1-p)^{-1/2}$$

由式(13.1)可知,后验分布正比于似然函数与先验分布的乘积,故有

$$\pi(p\mid x) \propto L(p)\pi(p) \propto p^{x-1/2}(1-p)^{n-x-1/2}$$

提供信息的先验分布一般由历史经验或专家意见等信息综合起来得到。使用提供信息的先验分布更好地体现了贝叶斯统计的基本特点。合理选用有信息的先

验分布可以更准确地做出估计和推断,但过多先验信息的加入也可能造成最后的推断和预测变得没有意义。

在前面的讨论中,为了简化表述,我们仅讨论了一元随机变量。在多元随机变量的情况下,式(13.1)的分母将涉及一个不易处理的多维积分计算问题,这是应用贝叶斯方法求解后验分布首先需要解决的困难之一,实践中通常应用 MCMC 方法模拟式(13.1)所示的后验分布。

13.2 MCMC 方法简介

在需要进行高维积分运算的贝叶斯分析领域,马尔可夫链蒙特卡洛(MCMC)随机模拟的应用十分广泛。

【定义 13-1】 假设一个随机序列 $\{\theta^{(0)}, \theta^{(1)}, \theta^{(2)}, \cdots\}$,在任一时刻 $t(t \geqslant 0)$,序列下一时刻 $t+1$ 的状态 $\theta^{(t+1)}$ 只依赖于时刻 t 的状态而与时刻 t 以前的历史状态 $\{\theta^{(0)}, \theta^{(1)}, \cdots, \theta^{(t-1)}\}$ 无关,即 $\Pr(\theta^{(t+1)} | \theta^{(0)}, \theta^{(1)}, \cdots, \theta^{(t)}) = \Pr(\theta^{(t+1)} | \theta^{(t)})$,则称这个随机序列为马尔可夫链,其转移核定义为 $p(\theta' | \theta) \triangleq \Pr(\theta^{(t+1)} = \theta' | \theta^{(t)} = \theta)$。

【定义 13-2】 如果 $\pi(\theta)$ 满足 $\int p(\theta' | \theta) \pi(\theta) \mathrm{d}\theta = \pi(\theta')$,则称 $\pi(\theta)$ 为转移核 $p(\theta' | \theta)$ 的平稳分布。对任意的 $\theta^{(0)}$,经过一段时间以后,马尔可夫链 $\{\theta^{(0)}, \theta^{(1)}, \theta^{(2)}, \cdots\}$ 的边际分布总能收敛到平稳分布 $\pi(\theta)$。

【定义 13-3】 在条件分布 $p(\theta_J | \theta_{-J})$ 中,如果所有的变量都出现了,即要么出现在条件中,要么出现在变元中,则这种条件分布称为满条件分布。其中 $\theta_J = \{\theta_i, i \in J\}$,$\theta_{-J} = \{\theta_i, i \notin J\}$。

应用 MCMC 方法进行贝叶斯推断的基本思想是通过建立一个平稳分布为后验分布 $\pi(\theta | \boldsymbol{x})$ 的马尔可夫链来得到 $\pi(\theta | \boldsymbol{x})$ 的样本,然后基于这些样本对参数 θ 或它的某个函数进行统计推断。主要分为以下三步:

(1) 选择一个合适的马尔可夫链,使其转移核为 $p(\cdot, \cdot)$。这里的"合适"是指后验分布 $\pi(\theta | \boldsymbol{x})$ 是其平稳分布。

(2) 从某一点 $\theta^{(0)}$ 出发,用(1)中的马尔可夫链产生序列 $\theta^{(1)}, \theta^{(2)}, \cdots, \theta^{(n)}$。

(3) 对某个 m 和足够大的 n,对函数 $g(\theta)$ 的估计为:$\dfrac{1}{n-m} \sum_{t=m+1}^{n} g(\theta^{(t)})$。

在进行统计推断时,为了降低最初产生的非稳定样本对后验推断的影响,通常需要将最初的 m 个样本丢弃,因此剩余的样本量为 $n-m$。

应用马尔可夫链产生的样本往往存在一定的自相关性。如果样本是高度自相关的,则马尔可夫链的收敛速度会非常缓慢,该链难以快速遍历整个参数空间。为此,在模拟中可以每隔 k 次迭代保留一个样本,即对样本进行稀释,从而减弱由样本自相关性带来的影响,当然这同时也会浪费一部分样本。是否需要进行稀释可以通过路径图和自相关系数来判断。

常用的 MCMC 抽样法包括 Gibbs 抽样、Metropolis-Hastings 算法和 HMC 算法。

13.2.1 Gibbs 抽样

Gibbs 抽样适用于联合后验密度 $\pi(\boldsymbol{\theta}|\boldsymbol{x})$ 未知,或者很难从其中进行随机抽样,但每一个参数的满条件分布 $\pi(\theta_i|\theta_{-i},\boldsymbol{x})$ 都可以求得的情形。

每个满条件分布都正比于联合后验密度,即
$$\pi(\theta_i\mid\theta_{-i},\boldsymbol{x})\propto\pi(\boldsymbol{\theta}\mid\boldsymbol{x})$$

所以,当我们很难从联合后验密度函数 $\pi(\boldsymbol{\theta}|\boldsymbol{x})$ 中抽取随机样本时,就可以从满条件分布中抽取随机样本。

Gibbs 抽样过程可以概括如下:

1. 令 $t=0$,并任意设定参数的初值 $\boldsymbol{\theta}^{(0)}=(\theta_1^{(0)},\theta_2^{(0)},\cdots,\theta_m^{(0)})$。

2. 在已知 $\boldsymbol{\theta}^{(t)}=(\theta_1^{(t)},\theta_2^{(t)},\cdots,\theta_m^{(t)})$ 的情况下,从各个满条件分布中依次抽取随机样本:

(1) 从满条件分布 $\pi(\theta_1|\theta_2^{(t)},\cdots,\theta_m^{(t)},\boldsymbol{x})$ 中随机抽取一个样本,记为 $\theta_1^{(t+1)}$。

(2) 用 $\theta_1^{(t+1)}$ 替换 $\theta_1^{(t)}$,从满条件分布 $\pi(\theta_2|\theta_1^{(t+1)},\theta_3^{(t)},\cdots,\theta_m^{(t)},\boldsymbol{x})$ 中随机抽取一个样本,记为 $\theta_2^{(t+1)}$。

(3) 用 $\theta_2^{(t+1)}$ 替换 $\theta_2^{(t)}$,从满条件分布 $\pi(\theta_3|\theta_1^{(t+1)},\theta_2^{(t+1)},\theta_4^{(t)},\cdots,\theta_m^{(t)},\boldsymbol{x})$ 中随机抽取一个样本,记为 $\theta_3^{(t+1)}$。

……

(4) 用 $\theta_m^{(t+1)}$ 替换 $\theta_m^{(t)}$,从满条件分布 $\pi(\theta_m|\theta_1^{(t+1)},\theta_2^{(t+1)},\cdots,\theta_{m-1}^{(t+1)},\boldsymbol{x})$ 中随机抽取一个样本,记为 $\theta_m^{(t+1)}$。

由此可得 $\boldsymbol{\theta}^{(t+1)}=(\theta_1^{(t+1)},\theta_2^{(t+1)},\cdots,\theta_m^{(t+1)})$

3. 令 $t=t+1$,重复第(2)步的迭代,直至序列 $\boldsymbol{\theta}^{(t)}=(\theta_1^{(t)},\cdots,\theta_m^{(t)})$ 收敛。

可以证明,上述 Gibbs 抽样产生的随机序列 $\{\boldsymbol{\theta}^{(t)}\}$ 构成一个马尔可夫链,且该链的平稳分布就是后验分布 $\pi(\boldsymbol{\theta}|\boldsymbol{x})$。

13.2.2 Metropolis-Hastings 算法

对于联合后验密度 $\pi(\boldsymbol{\theta}|\boldsymbol{x})$,如果它与另外一个函数 $f(\boldsymbol{\theta})$ 成比例,且可以求得 $f(\boldsymbol{\theta})$ 的值,则 Metropolis-Hastings(简称 MH)算法就可以生成来自 $\pi(\boldsymbol{\theta}|\boldsymbol{x})$ 的随机样本。

MH 抽样需要借助于一个辅助的概率密度函数,称为**提议分布**(proposal distribution)。提议分布可以是任意分布。最常使用的提议分布是正态分布。

MH 抽样的步骤可以概括如下:

(1) 假设当前状态为 $\boldsymbol{\theta}^{(t)}=\boldsymbol{\theta}$,从提议分布中随机产生一个新状态 $\boldsymbol{\theta}'$。

(2) 计算接受概率

$$\alpha = \frac{f(\boldsymbol{\theta}')}{f(\boldsymbol{\theta})}$$

如果 $\alpha \geqslant 1$,则接受 $\boldsymbol{\theta}'$ 作为该链在下一时刻的状态 $\boldsymbol{\theta}^{(t+1)}=\boldsymbol{\theta}'$。如果 $\alpha < 1$,则以概率 α 接受 $\boldsymbol{\theta}'$ 作为该链在下一时刻的状态,以概率 $1-\alpha$ 拒绝转移到 $\boldsymbol{\theta}'$,即仍然保留在原状态。

(3) 重复迭代步骤(1)和(2),直至序列 $\{\boldsymbol{\theta}^{(t)}\}$ 收敛。

可以证明,应用 MH 算法生成的马尔可夫链的平稳分布就是后验分布 $\pi(\boldsymbol{\theta}|\boldsymbol{x})$。

13.2.3 Hamiltonian Monte Carlo 算法

在 MH 算法中,如果提议分布没有生成远离当前状态的样本,则马尔可夫链会存在较高的自相关性,从而降低抽样效率。此外,由于 MH 算法总会拒绝一部分样本,即以一个概率从当前状态转移到新的状态,这也会导致抽样效率不高。Hamiltonian Monte Carlo 算法(简称为 HMC 算法)无论从任何状态出发,几乎都可以遍历后验分布的取值空间,所以显著改进了抽样效率。HMC 算法的缺陷是不能用于离散参数,对模型的调试较为敏感。

关于 HMC 算法的详细介绍可以参见 Gelman(2014)。

13.2.4 收敛性的诊断

在进行 MCMC 模拟时,必须回答下述问题:链要多久才可以不依赖于其初始值且能完全挖掘目标分布的所有信息?在一个序列中,观测值之间要隔多远才可以看作是近似独立的?该链是否近似达到其平稳分布?收敛性的诊断就是为了回答这些问题。

检验 MCMC 的收敛性是非常重要的一步,因为一条不收敛的马尔可夫链难以在参数空间有效地寻找参数,所抽取的样本也不能很好地近似目标分布。统计推断必须建立在收敛的马尔可夫链的基础上,否则结果会出现很大误差。应该注意的是,对于所有待估计的参数都要进行收敛性诊断,而不是只对所关注的参数,只有当所有参数都达到平稳分布时才能保证贝叶斯推断的准确性。

检验 MCMC 收敛性的一种直观方法是观测样本路径,即对多个不同的初始值产生多条马尔可夫链,并观测样本路径。一条好的链无论以何值开始,都能快速地远离初始值,并最终收敛,没有明显的趋势和周期。譬如,在图13-1中,(a)图在零值附近随机波动,没有明显的趋势和周期,表现出比较好的收敛性;相反,在(b)图中向上的波动性大于向下的波动性,表明该链没有收敛。

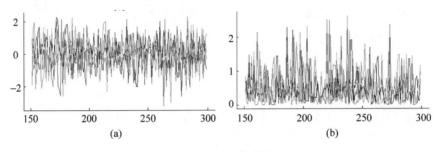

图13-1　样本路径图

检验收敛性的另一种常用方法是 Gelman-Rubin 方差比检验。Gelman-Rubin 方差比检验使用不同的初始值建立多条平行的链,并测试它们是否会收敛到同一个目标函数。如果不同链之间的方差很小,即后验方差 $\mathrm{Var}(\theta|\mathbf{y})$ 几乎等于链内方差,则说明 MCMC 链是收敛的。假设有 M 条马尔可夫链,且每条链有 N 个样本,则 Gelman-Rubin 方差比检验统计量定义为:

$$\hat{R} = \sqrt{\frac{\frac{N-1}{N}W + \frac{1}{N}B}{W}} \tag{13.3}$$

其中,W 和 B 分别为样本的组内方差和组间方差。$\hat{R}$ 是马尔可夫链的组内平均方差相对于组间方差的比率。如果所有的马尔可夫链均收敛到均衡点,则 $\hat{R}$ 约等于1,否则,$\hat{R}$ 将大于1。

检验 MCMC 抽样效率的第三种方法是计算有效样本比例 ESS/N,其中 N 表示马尔可夫链中保留的样本数,有效样本 ESS 定义为

$$\mathrm{ESS} = \frac{N}{1 + 2\sum_{k}\rho_{(k)}(\theta)} \tag{13.4}$$

上式中,$\rho_{(k)}(\theta)$ 表示滞后 k 期的样本自相关系数。ESS 给出了马尔可夫链中独立同分布样本数量的估计值,因此,ESS/N 是衡量 MCMC 方法优良性的重要指标,该值越接近1,表明抽样效率越高。

检验收敛性的其他方法还包括 Geweke 检验,Heidelberger and Welch 检验,Raftery and Lewis 检验。不过结合图形和经验是最直观有效的检验方法。比较保守的做法是同时进行多种检验,并综合各种检验的结果得出结论。如果发现马尔可夫链在抽样停止时尚未收敛,根据实际情况,可采取的措施包括舍弃更多的初期

样本、稀释样本、增大 MCMC 样本量以及重新进行参数化等。

13.3 模型评价

如果已知后验分布的密度函数，便可以进行统计推断，但是，只有在非常特殊的情况下，才有可能求得后验分布的解析表达式。在贝叶斯方法中，通常采用 MCMC 方法模拟后验分布。

对于模型的评价和选择，经典统计中有 AIC 或 BIC 等信息准则，而在贝叶斯框架下，尤其是当后验密度通过 MCMC 方法得出时，通常采用**偏差信息准则**(deviance information criterion, DIC)来评价不同的模型。

在给定观测 y 的情况下，偏差定义为

$$D(\theta) = -2\ln L(y\mid\theta) + C \tag{13.5}$$

式中，$L(y\mid\theta)$ 是似然函数，C 是一个常数，仅依赖于样本数据，在比较不同模型时可以不用明确求出。

基于后验分布对偏差求期望可得 $\overline{D}(\theta) = E[D(\theta)]$。$\overline{D}(\theta)$ 越小，说明模型拟合得越好，但另一方面，也要关注模型的复杂程度，选择合适的参数个数。参数的有效个数为

$$p_D = \overline{D}(\theta) - D(\overline{\theta}) \tag{13.6}$$

式中，$\overline{\theta} = E(\theta\mid y)$ 是后验分布的均值，$D(\overline{\theta})$ 就是当参数 $\theta = \overline{\theta}$ 时的偏差。

一般来说，参数越多模型的拟合效果会越好，但这样模型就越复杂，为了平衡模型的简洁性和拟合效果，DIC 定义为 $\overline{D}(\theta)$ 和 p_D 之和，即

$$\text{DIC} = \overline{D}(\theta) + p_D = D(\overline{\theta}) + 2p_D \tag{13.7}$$

DIC 越小，说明模型越好。

13.4 贝叶斯模型的应用

建立贝叶斯模型可以使用的软件有多种，如 Stan、WinBUGS 和 OpenBUGS 等。Stan 使用 HMC 算法进行抽样，效率较高，所以本节简要介绍 Stan 在建立贝叶斯模型中的应用，可以通过在 R 中安装 Rstan 程序包来实现。关于 RStan 的安装和使用说明可以参见 http://mc-stan.org/interfaces/rstan。下面通过几个例子介绍如何应用 RStan 估计模型的参数，并与极大似然法的参数估计结果进行比较。

【例 13-1】 假设伽马分布的均值为 15，形状参数(shape)和比率参数(rate)分别为 30 和 2。请模拟 1 000 个服从该伽马分布的随机数，并基于这组随机数应用

Rstan 估计伽马分布的两个参数。

【解】 模拟数据的 R 程序代码如下。

```
#模拟服从伽马分布的随机数
set.seed(111)
N = 1000    #模拟次数

#参数的真实值
shape = 30
rate = 2

#模拟 N 个伽马分布的随机数,记为 y
y = rgamma(N, shape = shape, rate = rate)
```

下面调用 fitdistrplus 程序包,用极大似然法估计伽马分布的参数,R 程序代码如下。

```
library(fitdistrplus)
fit = fitdist(data = y, distr = 'gamma')
```

应用 summary(fit)输出参数的极大似然估计值如下,与模拟数据的两个参数值(30,2)比较接近。同时还输出了对数似然函数(log-likelihood function)的值,以及 AIC 和 BIC 的值。

```
##Parameters :
##          estimate Std. Error
##shape     32.96    1.4667
##rate       2.20    0.0986
##Loglikelihood:  -2368.387   AIC:  4740.774   BIC: 4750.59
```

下面调用 rstan 程序包,用 rstan 估计伽马分布的两个参数。不妨把应用 rstan 建立的模型记为 gamod,该模型由三部分构成,即 data,parameters 和 model。R 程序代码如下。

```
library(rstan)              #调用程序包
mydat = list(y = y, N = N)  #用 list 封装模拟数据
gamod = '
  data{
    int N;
    vector[N] y;
  }
```

```
parameters{
  real < lower = 0 > shape;
  real < lower = 0 > rate;
}

model{
  target += gamma_lpdf(y|shape, rate);
}
'
```

应用 stan 函数估计模型 gamod 的程序代码如下,其中 iter=2 000 表示迭代 2 000 次,生成 2 000 个样本,warmup=200 表示丢弃最初生成的 200 个样本,用剩余的 1 800 个样本进行统计推断。

```
sfit = stan(model_code = gamod, data = mydat, iter = 2000, warmup = 200, seed = 111)
```

应用 print() 函数可以输出模拟样本的均值 mean,随机抽样所导致的均值估计的标准误 se_mean,模拟样本的标准差 sd 和分位数,以及有效样本量 n_eff 和检验收敛性的统计量 Rhat。下面的程序代码中仅要求输出 5%,50% 和 95% 分位数。

```
print(sfit, probs = c(0.05, 0.5, 0.95))
## Inference for Stan model:gamod.
## 4 chains, each with iter = 2000; warmup = 200; thin = 1;
## post-warmup draws per chain = 1800, total post-warmup draws = 7200.
##
##              mean   se_mean    sd      5%        50%       95%     n_eff  Rhat
## shape       33.10     0.04    1.40    30.83     33.07     35.52    1076    1
## rate         2.21     0.00    0.09     2.06      2.21      2.37    1068    1
## lp__     -2365.03     0.02    0.92 -2366.96  -2364.74  -2364.14    1706    1
```

模拟样本的均值 mean 可以作为参数估计值使用。在本例中,伽马分布的两个参数估计值分别为 33.10 和 2.21,与参数的极大似然估计值比较接近。lp__ 表示后验密度函数的对数,与前述极大似然估计方法中的对数似然函数值 -2 368.06 也很接近。

应用函数 traceplot() 可以输出参数的样本路径图,程序代码和输出结果如下。图 13-2 中的样本路径图表明,伽马分布的 shape 参数和 rate 参数的马尔可夫链都是收敛的。

```
traceplot(sfit, pars = c('shape','rate'), inc_warmup = FALSE)
```

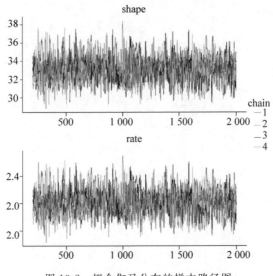

图 13-2 拟合伽马分布的样本路径图

【例 13-2】 假设 y 服从正态分布,标准差为 2,均值可以表示为三个协变量的线性函数,即 $\mu = 10 + 0.2x_1 - 0.3x_2 + 0.4x_3$,其中三个协变量都服从标准正态分布。模拟 1 000 个因变量和协变量的观察值,并基于这组模拟数据应用 Rstan 建立线性回归模型。

```
#模拟数据
set.seed(111)
N = 1000                              #样本量

#生成协变量
covariates = replicate(3, rnorm(n = N))
colnames(covariates) = c('x1', 'x2', 'x3')

#设计矩阵
X = cbind(Intercept = 1, covariates)
coefs = c(10, 0.2, -0.3, 0.4)          #回归系数的真实值
mu = X %*% coefs                       #因变量的均值(真实值)
sigma = 2                              #因变量的标准差

#模拟因变量的观察值,假设服从正态分布
y = rnorm(N, mu, sigma)
dt = data.frame(y, X)                  #模拟的数据集
```

为了便于比较极大似然法和贝叶斯方法的参数估计值,下面首先应用 lm( ) 函数给出参数的极大似然估计值,R 程序代码和输出结果如下。

```
fit = lm(y ~ x1 + x2 + x3, data = dt)
summary(fit)
##
## Call:
## lm(formula = y ~ x1 + x2 + x3, data = dt)
##
## Residuals:
##     Min      1Q  Median      3Q     Max
## -5.6225 -1.3377  0.0774  1.3767  7.8575
##
## Coefficients:
##              Estimate Std. Error t value Pr(>|t|)
## (Intercept) 10.09720    0.06285 160.666  < 2e-16 ***
## x1           0.21124    0.06357   3.323 0.000923 ***
## x2          -0.26128    0.06384  -4.093 4.61e-05 ***
## x3           0.31059    0.06132   5.065 4.87e-07 ***
## ---
## Signif. codes: 0 '***' 0.001 '**' 0.01 '*' 0.05 '.' 0.1 ' ' 1
##
## Residual standard error: 1.983 on 996 degrees of freedom
## Multiple R-squared: 0.04943,   Adjusted R-squared: 0.04657
## F-statistic: 17.26 on 3 and 996 DF,  p-value: 6.2e-11
```

上述结果表明,线性回归模型的所有参数都是显著的,且参数的估计值与模拟数据的真实值非常接近。但线性回归模型的判定系数仅为 0.04943,调整的判定系数仅为 0.04657,这表明解释变量对因变量的预测能力非常有限。这是由于因变量的变异性太大所致。在模拟因变量时使用的标准差是 2,而解释变量都是用标准正态分布模拟的,所以线性预测项 $\mu = 10 + 0.2x_1 - 0.3x_2 + 0.4x_3$ 的标准差仅为 0.29,远远小于因变量的标准差。可以验证,如果把模拟因变量的标准差调整为 0.2,则线性回归模型的判定系数将会上升为 0.8759。

当模型的判定系数很小时,表明解释变量对因变量的预测能力有限。譬如本例中,虽然所有解释变量都是高度显著的,但模型的预测值与观察值的散点图仍然远远偏离对角线,表明两者相差较大,如图 13-3 所示。

下面应用 rstan 估计模型的参数。首先把数据封装在 mydat 中,并把相应的贝叶斯模型记为 lmod。

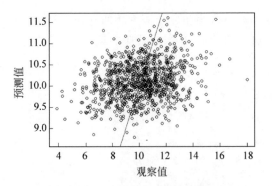

图 13-3　预测值与观察值的比较

```
#用list封装数据,并建立贝叶斯模型(lmod)
mydat = list(N = N, K = ncol(X), y = y, X = X)
lmod = "
  data{
    int N;
    int K;
    matrix[N,K] X;
    vector[N] y;
  }

  parameters{
    vector[K] beta;
    real<lower = 0> sigma;
  }

  model{
    vector[N] mu;
    mu = X * beta;
    target += normal_lpdf(beta|0, 100);
    target += cauchy_lpdf(sigma|0, 5);
    target += normal_lpdf(y|mu, sigma);
  }
"
```

下面应用 stan 函数估计模型 lmod 的参数,使用的数据为 mydat,其中 iter＝2 000 表示迭代 2 000 次,生成 2 000 个样本,warmup＝200 表示丢弃最初生成的 200 个样本,用剩余的 1 800 个样本进行统计推断。

```
#估计模型参数
sfit = stan(model_code = lmod, data = mydat, iter = 2000, warmup = 200, seed = 111)
```

```
# 输出模型的参数估计值
print(sfit, probs = c(0.05, 0.5, 0.95))
## Inference for Stan model:lmod.
## 4 chains, each with iter = 2000; warmup = 200; thin = 1;
## post-warmup draws per chain = 1800, total post-warmup draws = 7200.
##
##             mean   se_mean   sd     5%        50%       95%       n_eff  Rhat
## beta[1]    10.10    0.00    0.06   10.00     10.10     10.20      7200    1
## beta[2]     0.21    0.00    0.06    0.11      0.21      0.31      7200    1
## beta[3]    -0.26    0.00    0.06   -0.36     -0.26     -0.16      4415    1
## beta[4]     0.31    0.00    0.06    0.22      0.31      0.41      5381    1
## sigma       1.99    0.00    0.04    1.92      1.98      2.06      6483    1
## lp__    -2128.04    0.03    1.49 -2130.94 -2127.72  -2126.26      3416    1
```

前面应用 lm 函数求得回归参数的极大似然估计值为 (10.097, 0.211, −0.261, 0.311)，应用 rstan 求得的参数估计值为 (10.10, 0.21, −0.26, 0.31)，两者几乎相等，也接近模拟数据的真实参数值 (10, 0.2, −0.3, 0.4)。

输出线性回归模型的样本路径的 R 程序代码如下，输出结果如图 13-4 所示。

```
# 输出回归系数的样本路径图
traceplot(sfit, pars = 'beta', inc_warmup = FALSE)
```

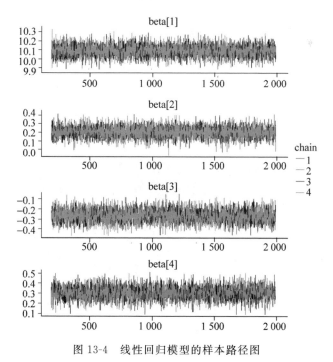

图 13-4　线性回归模型的样本路径图

图 13-4 中的样本路径图表明，线性回归模型的四个参数估计值都是收敛的，前面的 print 函数输出的 Rhat＝1，也表明参数估计值收敛。

【例 13-3】 假设因变量 y 服从伽马分布，均值可以表示为三个协变量的线性函数，即 $\mu = 5 + 1.2x_1 + 1.3x_2 + 1.4x_3$，其中三个协变量都服从均值为 0.1 的指数分布。请模拟 1000 个因变量和协变量的观察值，并基于这组模拟数据应用 rstan 建立回归模型。

```
#模拟数据
set.seed(111)
N = 1000                    #样本量

#生成协变量
covariates = replicate(3, rexp(n = N, rate = 10))
colnames(covariates) = c('x1','x2','x3')

#设计矩阵
X = cbind(Intercept = 1, covariates)
coefs = c(5, 1.2, 1.3, 1.4)    #回归系数的真实值
mu = exp(X %*% coefs)           #因变量的均值(真实值)
sigma = 0.2                     #伽马分布的离散参数

#模拟因变量的观察值，服从伽马分布
library(gamlss)
y = rGA(N, mu = mu, sigma = sigma)
dt = data.frame(y, X)           #模拟的数据集
```

为了便于比较，下面首先应用 glm() 函数给出参数的极大似然估计值，R 程序代码和输出结果如下。

```
#应用 glm 函数建立广义线性模型 glmfit
glmfit = glm(y ~ x1 + x2 + x3, family = Gamma(link = "log"),data = dt)

#输出参数估计值
summary(glmfit)
##
##Call:
##glm(formula = y ~ x1 + x2 + x3, family = Gamma(link = "log"),
##    data = dt)
```

```
## 
## Deviance Residuals: 
##      Min        1Q    Median        3Q       Max
## -0.62184  -0.16127  -0.01982   0.12769   0.58896
## 
## Coefficients:
##              Estimate  Std. Error  t value  Pr(>|t|)
## (Intercept)   4.99705     0.01345   371.64   <2e-16 ***
## x1            1.19772     0.06597    18.15   <2e-16 ***
## x2            1.45124     0.06666    21.77   <2e-16 ***
## x3            1.41969     0.06512    21.80   <2e-16 ***
## ---
## Signif. codes:  0 '***' 0.001 '**' 0.01 '*' 0.05 '.' 0.1 ' ' 1
## 
## (Dispersion parameter for Gamma family taken to be 0.0450232)
## 
##     Null deviance:109.564  on 999  degrees of freedom
## Residual deviance: 44.951  on 996  degrees of freedom
## AIC: 10539
## 
## Number of Fisher Scoring iterations:4
```

下面应用 rstan 估计模型的参数。首先把数据封装在 mydat 中，并把相应的贝叶斯模型记为 glmod。

```
mydat = list(N = N, K = ncol(X), y = y, X = X)
glmod = "
  data{
    int N;
    int K;
    matrix[N,K] X;
    vector[N] y;
  }
  parameters{
    vector[K] beta;
    real<lower=0> sigma2;
  }
  transformed parameters {
    vector[N] mu;
```

```
    vector[N] loglike;              //定义 loglikelihood function
    mu = exp(X * beta);
    for (i in 1:N){
      loglike[i] = gamma_lpdf(y[i]|1/sigma2, 1/(mu[i]*sigma2));
    }
  }
  model{
    target += normal_lpdf(beta|0, 100);
    target += cauchy_lpdf(sigma2|0, 5);
    target += loglike;
  }
"
```

下面应用 stan 函数建立贝叶斯广义线性模型 glmod，应用 print 函数输出参数估计结果。R 程序代码如下。

```
#估计模型参数
sfit = stan(model_code = glmod, data = mydat, iter = 2000, warmup = 200, seed = 111)

#输出模型的参数估计值
print(sfit, pars = c('beta', 'sigma2'), probs = c(0.05, 0.5, 0.95))
##Inference for Stan model:gmod.
##4 chains, each with iter = 2000; warmup = 200; thin = 1;
##post-warmup draws per chain = 1800, total post-warmup draws = 7200.
##           mean  se_mean   sd    5%    50%   95%   n_eff  Rhat
##beta[1]    5.00    0      0.01  4.98  5.00  5.02   4208    1
##beta[2]    1.20    0      0.06  1.09  1.20  1.30   5173    1
##beta[3]    1.45    0      0.06  1.35  1.45  1.56   5689    1
##beta[4]    1.42    0      0.06  1.31  1.42  1.52   4525    1
##sigma2     0.04    0      0.00  0.04  0.04  0.05   5446    1
```

前面应用 glm 函数求得广义线性模型参数的极大似然估计值为 (4.997, 1.198, 1.451, 1.420)，应用 rstan 求得的参数估计值为 (5.00, 1.20, 1.45, 1.42)，两者几乎相等，也接近模拟数据的真实参数值 (5, 1.2, 1.3, 1.4)。

应用 print 函数输出的 Rhat = 1，表明贝叶斯广义线性模型的参数估计值收敛，这也可以从图 13-5 中的样本路径图得到验证。

```
#输出回归系数的样本路径图
traceplot(sfit, pars = 'beta', inc_warmup = FALSE)
```

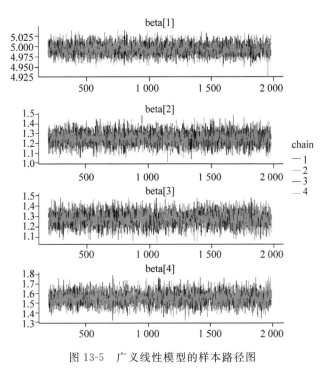

图 13-5　广义线性模型的样本路径图

【例 13-4】　表 13-1 是一家保险公司私家车业务的增量赔款流量三角形数据。分别应用链梯法和贝叶斯泊松回归模型预测未决赔款准备金。

表 13-1　增量赔款的流量三角形

事故年	已赚保费	进展年									
		0	1	2	3	4	5	6	7	8	9
1988	4 711	1 376	1 211	536	314	168	80	39	15	11	4
1989	5 336	1 576	1 437	652	343	189	77	35	17	13	
1990	5 948	1 763	1 540	679	364	177	78	47	25		
1991	6 354	1 780	1 499	661	321	163	85	53			
1992	6 738	1 843	1 574	613	299	177	106				
1993	7 079	1 962	1 520	582	347	238					
1994	7 255	2 033	1 431	634	432						
1995	7 739	2 072	1 459	727							
1996	8 154	2 211	1 518								
1997	8 436	2 207									

【解】　如果使用加权平均法计算进展因子,链梯法与泊松回归模型对未决赔款准备金的预测结果完全等价,为此,下面用泊松回归模型代替传统的链梯法。在

应用泊松回归模型时,需要将流量三角形的数据格式转换为数据框的格式,其中因变量是增量赔款,解释变量包括事故年和进展年[*]。同时,考虑到每年的业务规模不同,可以把增量赔款转化为单位已赚保费的增量赔款,也就是在泊松回归模型中,把已赚保费的对数设定为抵消项。

应用泊松回归模型预测未决赔款准备金的程序代码和输出结果如下,其中 ac 表示事故年,de 表示进展年,prem 表示已赚保费,loss 表示流量三角形中的增量赔款。

```
#读取数据
dt0 = read.csv("E:\\triangle_data.csv")

#提取上三角的数据 dt
dt1 = subset(dt0, loss > 0)

#基于上三角的数据建立泊松回归模型
mod = glm(loss ~ factor(ac) + factor(de) + offset(log(prem)), data = dt1, family
    = poisson)

#输出泊松回归模型的参数估计值
summary(mod)
##
##Call:
##glm(formula = loss ~ factor(ac) + factor(de) + offset(log(prem)),
##     family = poisson(link = log), data = dt1)
##
##Deviance Residuals:
##     Min       1Q   Median       3Q      Max
## -3.3358  -1.2871   0.0351   1.2355   2.9331
##
##Coefficients:
##             Estimate  Std. Error  z value  Pr(>|z|)
##(Intercept)  -1.15803    0.01751   -66.136   <2e-16 ***
##factor(ac)2   0.02131    0.02230     0.956    0.339
##factor(ac)3  -0.01014    0.02193    -0.462    0.644
##factor(ac)4  -0.09572    0.02206    -4.339  1.43e-05 ***
##factor(ac)5  -0.13336    0.02202    -6.057  1.39e-09 ***
##factor(ac)6  -0.15489    0.02200    -7.041  1.91e-12 ***
##factor(ac)7  -0.16151    0.02217    -7.286  3.20e-13 ***
##factor(ac)8  -0.20187    0.02255    -8.952   <2e-16 ***
```

---

[*] 数据下载网址:http://pan.baidu.com/s/1bpcjxEn。

```
## factor(ac)9     -0.20865    0.02341   -8.912  <2e-16 ***
## factor(ac)10    -0.18284    0.02756   -6.634 3.27e-11 ***
## factor(de)1     -0.23098    0.01166  -19.806  <2e-16 ***
## factor(de)2     -1.05061    0.01618  -64.947  <2e-16 ***
## factor(de)3     -1.64600    0.02198  -74.874  <2e-16 ***
## factor(de)4     -2.25579    0.03123  -72.222  <2e-16 ***
## factor(de)5     -3.01746    0.04932  -61.185  <2e-16 ***
## factor(de)6     -3.67368    0.07645  -48.054  <2e-16 ***
## factor(de)7     -4.48238    0.13290  -33.728  <2e-16 ***
## factor(de)8     -4.89032    0.20452  -23.911  <2e-16 ***
## factor(de)9     -5.91333    0.50031  -11.819  <2e-16 ***
## ---
## Signif. codes:  0 '***' 0.001 '**' 0.01 '*' 0.05 '.' 0.1 ' ' 1
##
## (Dispersion parameter for poisson family taken to be 1)
##
##     Null deviance: 35236.77  on 54  degrees of freedom
## Residual deviance:   164.11  on 36  degrees of freedom
## AIC: 620.32
##
## Number of Fisher Scoring iterations: 4

#提取下三角的数据 dt2
dt2 = subset(dt0, loss == 0)

#基于下三角数据 dt2,预测未决赔款准备金
pred.po = exp(predict(mod, newdata = dt2))
sum(pred.po)
## [1] 6439.532
```

上述输出结果表明,基于泊松回归模型的未决赔款准备金预测值为 6439,其等价于应用链梯法对未决赔款准备金的预测值。

下面应用 rstan 建立贝叶斯泊松回归模型估计未决赔款准备金。首先把数据封装在 mydat 中,并把相应的贝叶斯模型记为 bmod。

```
library(rstan)
#基于上三角数据 dt1 建立模型,X 为设计矩阵
X = model.matrix(~ factor(ac) + factor(de), data = dt1)

#封装数据
mydat = list(N = nrow(X), K = ncol(X), y = dt1$loss, prem = dt1$prem
)
```

```
#建立贝叶斯模型(bmod)
bmod = "
data{
int N;
int K;
matrix[N, K] X;
int y[N];
vector[N] prem;
}
parameters{
vector[K] beta;
}
transformed parameters {
vector[N] mu;
vector[N] loglike;
mu = exp(X * beta + log(prem));
for (i in 1:N){
loglike[i] = poisson_lpmf(y[i]|mu[i]);
}
}
model{
target += normal_lpdf(beta|0, 100);
target += loglike;
}
"
```

下面应用 stan 函数估计模型参数,其中 iter=5 000 表示每条马尔可夫链模拟 5 000 个样本,warmup=1 000 表示删除前 1 000 个样本,thin=5 表示每 5 个模拟样本中保留其中一个,从而减小模拟样本之间的自相关性,最后每条链剩余 800 个样本。

```
#估计模型参数
sfit = stan(model_code = bmod, data = mydat, iter = 5000, warmup = 1000, thin = 5)
```

应用 print 函数可以输出参数的估计值,其中 pars = c('beta')表示输出回归系数的估计值,probs = c(0.05, 0.5, 0.95)表示输出参数估计值的 5%,50% 和 95% 分位数。

```
#输出参数估计值
print(sfit, pars = c('beta'), probs = c(0.05, 0.5, 0.95))
```

```
##              mean  se_mean    sd     5%     50%     95%   n_eff  Rhat
## beta[1]    -1.16    0.00    0.02  -1.19   -1.16   -1.13   2870    1
## beta[2]     0.02    0.00    0.02  -0.01    0.02    0.06   2970    1
## beta[3]    -0.01    0.00    0.02  -0.05   -0.01    0.03   3147    1
## beta[4]    -0.10    0.00    0.02  -0.13   -0.10   -0.06   2654    1
## beta[5]    -0.13    0.00    0.02  -0.17   -0.13   -0.10   2970    1
## beta[6]    -0.15    0.00    0.02  -0.19   -0.15   -0.12   2948    1
## beta[7]    -0.16    0.00    0.02  -0.20   -0.16   -0.13   3157    1
## beta[8]    -0.20    0.00    0.02  -0.24   -0.20   -0.17   3041    1
## beta[9]    -0.21    0.00    0.02  -0.25   -0.21   -0.17   3081    1
## beta[10]   -0.18    0.00    0.03  -0.23   -0.18   -0.14   2963    1
## beta[11]   -0.23    0.00    0.01  -0.25   -0.23   -0.21   3088    1
## beta[12]   -1.05    0.00    0.02  -1.08   -1.05   -1.02   3136    1
## beta[13]   -1.65    0.00    0.02  -1.68   -1.65   -1.61   3001    1
## beta[14]   -2.26    0.00    0.03  -2.31   -2.26   -2.21   3161    1
## beta[15]   -3.02    0.00    0.05  -3.10   -3.02   -2.94   3046    1
## beta[16]   -3.68    0.00    0.08  -3.80   -3.68   -3.55   3180    1
## beta[17]   -4.49    0.00    0.13  -4.72   -4.49   -4.28   2917    1
## beta[18]   -4.91    0.00    0.21  -5.26   -4.90   -4.58   3200    1
## beta[19]   -6.04    0.01    0.54  -7.00   -5.99   -5.25   2940    1
```

所有参数估计值的 Rhat 值等于 1，表示模拟样本已经收敛到了平稳分布，可以用于统计推断。参数估计结果表明，贝叶斯模型的参数估计值与前述广义线性模型的参数估计值非常接近。

为了检验模型的收敛性，还可以应用 traceplot 函数输出每个参数的样本路径图，如图 13-6 所示。可以看出，每个回归参数的 4 条模拟样本路径图充分混合，也表明模拟样本收敛到了平稳分布。绘图的 R 程序代码如下。

```
# 输出回归系数的样本路径图
traceplot(sfit, pars = c('beta'), inc_warmup = FALSE)
```

运用前述的贝叶斯模型预测未决赔款准备金的 R 程序代码如下。

```
# 应用全数据 dt0 拟合上三角的增量赔款，预测下三角的未决赔款
set.seed(1123)
beta.mcmc = extract(sfit, pars = 'beta')$beta    # 参数的模拟值
sims = nrow(beta.mcmc)                            # 模拟次数
y = matrix(NA, nrow = nrow(dt0), ncol = sims)     # 设置增量赔款的模拟值矩阵
for (s in 1:sims){
```

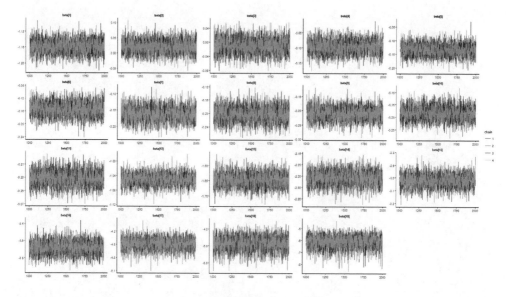

图 13-6　模型参数的模拟样本路径图

```
        beta = beta.mcmc[s,]
        Xpred =   model.matrix(~ factor(ac) + factor(de), data = dt0)
        mu = exp(Xpred% * %matrix(beta) + log(dt0$prem))#泊松的均值
        y[, s] = rpois(nrow(dt0), lambda = mu)#增量赔款和未决赔款的模拟值
}

#提取下三角数据的下标
lower = (dt0$ac + dt0$de>10)

#下三角未决赔款预测值,等于对矩阵 y 按行计算平均值
pred.bayes = apply(y[lower,], 1, mean)

#准备金的预测值,等于下三角未决赔款的预测值之和
sum(pred.bayes)
##[1] 6437.85
```

上述输出结果表明,贝叶斯泊松回归模型对未决赔款准备金的预测值为 6 438,与前述泊松回归模型的预测值 6 439 非常接近。

贝叶斯准备金评估模型的一个主要优点是可以输出准备金的预测分布(直方图),从而可以很方便地计算准备金的均值和各种分位数。有关 R 程序代码如下,输出结果如图 13-7 所示。

```
#提取下三角数据的下标
lower = (dt0 $ ac + dt0 $ de > 10)

#准备金的模拟值,等于对矩阵 y 按列求和
reserve = apply(y[lower,], 2, sum)

#计算准备金的 75% 分位数
quantile(reserve, 0.75)
##[1] 6533

#绘制准备金的分布(直方图)
hist(reserve, xlab = '未决赔款准备金', ylab = '频数', main = '', col = 'grey',
breaks = 30)
```

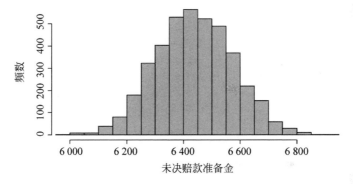

图 13-7　未决赔款准备金预测值的分布

索　引

$(a,b,0)$ 分布类　　71, 86
$(a,b,1)$ 分布类　　80, 86
AIC　　162, 220
Anderson-Darling 距离　　158
Anderson-Darling 统计量　　162
AUC　　293
BIC　　162, 220
Clayton Copula　　377
Cook 距离　　225
Copula　　367
Cramer-von Mises 距离　　158
Cramer-von Mises 统计量　　162
DIC　　403
FGM Copula　　379
Fisher 信息　　199
Frank Copula　　378
Frechet 分布　　169
gamlss　　244, 250
Gelman-Rubin 方差比检验　　402
Gibbs 抽样　　400
Gumbel Copula　　378
Gumbel 分布　　169
Hamiltonian Monte Carlo 算法　　401
Hill 估计　　180, 182
HMC 算法　　401
Hosmer-Lemeshow 统计量　　295
Jeffrey 先验分布　　398
Kolmogorov-Smirnov 距离　　158
Kolmogorov-Smirnov 统计量　　162
logit 变换　　274
logit 连接函数　　279, 283
MCMC　　397, 399
Metropolis-Hastings 算法　　400
Panjer 递推法　　117

PH 变换　　23
PP 图　　162
QQ 图　　162
ROC 曲线　　293
TVaR　　14, 178
Tweedie 分布　　108, 111, 197, 343
Tweedie 回归　　343, 358
Tweedie 回归模型　　344
VaR　　10, 178
Wilson-Hilfery 近似　　115, 141
t-Copula　　377
阿基米德 Copula　　379
饱和模型　　214
比例危险率变换　　23
标准化皮尔逊残差　　224
标准化偏差残差　　224
伯努利分布　　273, 296, 343
泊松分布　　71, 197, 307, 343
泊松回归模型　　307
重现期　　173
重现水平　　173
参数近似法　　138, 141
超额损失　　174, 175, 177
尺度变换　　44
尺度化偏差　　214
纯保费　　343, 356, 358
得分　　199
得分向量　　206-208
等值连接函数　　229
抵消项　　310
迭代加权最小二乘法　　207-209, 212
迭代加权最小二乘估计　　204, 235, 241, 275, 309, 318
对数正态分布　　39

多元分布函数　367
二项分布　74,197,198
发生比　290
发生比率　290,311
发生率之比　319
反单调 Copula　370
方差函数　200,229
分布函数　2,162
分界点　292
分类表　292
分位残差　225
分位数配比法　148,157
风险度量　9,178
负二项分布　76
负二项回归　314
复合泊松分布　86,143
复合泊松近似法　138,142
复合二项分布　86
复合分布　85,343
复合负二项分布　86
傅里叶变换　126
傅里叶近似　126
伽马分布　35,197,199,234,343
伽马回归　234
概率母函数　6
个体风险模型　104,138,143
工作因变量　208
广义极值分布　167,170,171
广义帕累托分布　173,175
广义线性模型　196
过离散　299
黑塞矩阵　207,212
后验分布　397
厚尾 Copula　379
混合分布　50,324
极大似然法　148
极大似然估计　179,204
极大吸引域　171
集体风险模型　104
几何分布　79

假阳性率　294
经济资本　15
矩估计法　148,156
矩母函数　7
卷积法　105,138
肯德尔秩相关性系数　375
空模型　218
累积母函数　201
累积损失　104,105,126,131,138,143,343
累积危险率函数　8
离散参数　197,206
连接函数　197,230,296
联合分布函数　367
零调整泊松分布　330
零调整泊松回归模型　330
零调整分布　83
零调整负二项分布　330
零调整负二项回归模型　330
零调整回归模型　329
零调整逆高斯分布　343,351
零调整逆高斯回归　362,351
零截断泊松分布　322
零截断泊松回归模型　322,323
零截断分布　81
零截断负二项分布　323
零截断负二项回归模型　323
零截断回归模型　322
零膨胀泊松分布　324
零膨胀泊松回归　324
零膨胀分布　84,324
零膨胀负二项分布　324
零膨胀负二项回归　325
逻辑斯谛分布　274
逻辑斯谛回归　272,273
逻辑斯谛回归模型　274
慢变函数　171
密度函数　4,162
幂变换　45
免赔额　53
敏感度　293,294

逆变换 45	无信息先验 397
逆高斯分布 37,197,199,343,351	无信息先验分布 397
逆高斯回归 238	先验分布 397
牛顿迭代法 212	先验信息 397
扭曲函数 19	线性相关系数 374
帕累托分布 41,389	响应函数 197,296
赔偿限额 60,248	向上离散化 117
皮尔逊残差 223	向下离散化 117
偏 t 分布 189	信息矩阵 207
偏差 214,218,229,274,292,309	信息准则 220
偏差残差 224	因变量残差 223
偏正态分布 189	有限混合分布 333
平均超额损失函数 55,59	有限混合回归模型 333
平移伽马近似 113,141	有限混合模型 252,333
期望黑塞矩阵 212	有限期望函数 60,65
期望损失 53	有限期望赔款 60
区块最大化方法 172	有效样本比例 402
生成函数 379	右尾相依指数 376
生存 Copula 372	原始残差 223
生存函数 5,367	增限因子 62
斯皮尔曼秩相关系数 375	折中离散化 117,118
随机变量 2	真阳性率 293,294
随机化分位残差 225	正态 Copula 377
随机模拟 131	正态分布 32,197,198
索赔频率预测模型 337	正态近似 111,141
特征函数 126	正态幂近似 115,141
提议分布 401	正则参数 197
同单调 Copula 369	正则连接函数 204,206,212,229,230,274
王变换 23,24	止损保费 54
危险率函数 8,59	指定度 294
韦布尔分布 42,169	指数分布 33
伪判定系数 221,222	指数分布族 197
尾部生存函数 178	秩相关系数 375
尾部相依指数 376	自然参数 197
尾部指数 181	最小距离法 148,158
无偏离散化 117,118	

参 考 文 献

[1] 刘新红,孟生旺.相依风险条件下的医疗费用预测模型及其应用[J].数理统计与管理,2015(5):761-768.

[2] 孟生旺,李政宵.基于随机效应零调整回归模型的保险损失预测[J].统计与信息论坛,2015,30(12):11-7.

[3] 孟生旺,刘新红.基于copula回归模型的损失预测[J].统计与信息论坛,2013,28(9):27-31.

[4] 孟生旺,杨亮.随机效应零膨胀索赔次数回归模型[J].统计研究,2015,32(11):97-103.

[5] 孟生旺.非寿险定价[M].北京:中国财政经济出版社,2011.

[6] 孟生旺.回归模型[M].北京:中国人民大学出版社,2015.

[7] 孟生旺,李政宵.基于随机效应零调整回归模型的保险损失预测[J].统计与信息论坛.2015(12):11-17.

[8] 孟生旺,李政宵.偏t分布假设下的空间效应模型及其应用[J].数理统计与管理,2016,35(6):1028-1037.

[9] 孟生旺,李政宵.索赔频率与索赔强度的相依性模型[J].统计研究,2017,34(1):55-66.

[10] 孟生旺,刘乐平,肖争艳.非寿险精算学[M].3版.北京:中国人民大学出版社,2015.

[11] 孟生旺.汽车保险的精算统计模型[M].北京:中国统计出版社,2014.

[12] 孟生旺,王选鹤.GAMLSS模型及其在车损险费率厘定中的应用[J].数理统计与管理,2014(04):583-591.

[13] 孟生旺,杨亮.随机效应零膨胀索赔次数回归模型[J].统计研究,2015(11):97-103.

[14] 王明高,孟生旺.尖峰厚尾保险损失数据的统计建模[J].数学的实践与认识,2014,44(22):185-194.

[15] 肖海清,孟生旺.极值理论及其在巨灾再保险定价中的应用[J].数理统计与管理.2013(02):240-246.

[16] 徐昕,袁卫,孟生旺.零膨胀负二项回归模型的推广与费率厘定[J].系统工程理论与实践.2012,32(1):127-133.

[17] ATKINSON A, RIANI M. Robust diagnostics and regression analysis[M]. New York: Springer, 2000.

[18] BAUMGARTNER C, GRUBER L F, CZADO C. Bayesian total loss estimation using shared random effects[J]. Insurance: Mathematics and Economics, 2015, 62: 194-201.

[19] CHARPENTIER A. Computational actuarial science with R[M]. New York: CRC Press, 2015.

[20] COLE T J, GREEN P J. Smoothing reference centile curves: the LMS method and penalized likelihood[J]. Statistics in medicine, 1992, 11(10): 1305-1319.

[21] COLES S G. An introduction to statisticalmodelling of extreme values[M]. London:

Springer,2001.

[22] de JONG P, HELLER G. Generalized linear models for insurance data[M]. Cambridge: Cambridge University Press, 2008.

[23] DELIGNETTE-MULLER M L, DUTANG C. fitdistrplus: An R package for fitting distributions. Journal of Statistical Software, 2015, 64(4): 1-34.

[24] DENUIT M, MARECHAL X, PITREBOIS S, WALHIN J F. Actuarial modelling of claim counts[M]. John Wiley & Sons, Ltd., 2007.

[25] DOBSON A J, BARBNETT A G. An introduction to generalized linear models[M]. London: Chapman & Hall/CRC, 2008.

[26] DOWLE M, SRINIVASAN A. data.table: extension of 'data.frame'. R package version 1.10.4[OL]. 2017. https://CRAN.R-project.org/package=data.table.

[27] DUNN P K, SMYTH G K. Randomized quantile residuals[J]. Journal of Computational and Graphical Statistics, 1996, 5(3): 236-244.

[28] DUNN P K, SMYTH G K. Series evaluation of Tweedie exponential dispersion models[J]. Statistics and Computing, 2005, 15(4): 267-280.

[29] DUNN, P K, SMYTH G K. Evaluation of Tweedie exponential dispersion models using Fourier inversion[J]. Statistics and Computing, 2008, 18(1): 73-86.

[30] DUTANG C, GOULET V, PIGEON M. actuar: An R package for actuarial science[J]. Journal of Statistical Software, 2008, 25(7): 1-37.

[31] ELING M. Fitting insurance claims to skewed distributions: Are the skew-normal and skew-student good models? [J]. Insurance Mathematics & Economics, 2012, 51(2): 239-248.

[32] FOX J, WEISBERG S. An {R} companion to applied regression[M]. 2nd ed. Thousand Oaks CA: Sage. 2011.

[33] FREES E W, LEE G, YANG L. Multivariate frequency-severity regression models in insurance[J]. Risks. 2016(1): 1-36.

[34] FREES E W, VALDEZ E A. Understanding relationships using copulas[J]. North American Actuarial Journal, 1997, 2(1): 1-25.

[35] FREES E W. Regression modeling with actuarial and financial application [M]. Cambridge, New York: Cambridge University Press, 2010.

[36] GELMAN A, CARLIN J, STERN H, et al. Bayesian data analysis[M]. 3rd ed. New York: CRC Press, 2014.

[37] GINER G, SMYTH G K. statmod: probability calculations for the inverse Gaussian distribution[J]. R Journal, 2016, 8(1): 339-351.

[38] CZADO C. Spatial modelling of claim frequency and claim size in non-life insurance[J]. Scandinavian Actuarial Journal, 2007, 2007(3): 202-225.

[39] HARDIN J, HILBE J. Generalized linear models and extensions[M]. College Station: Stata Press, 2007.

[40] HELLER G Z, STASINOPOULOS D M, RIGBY R A. The zero adjusted inverse gaussian distribution as a model for insurance data[J]. Proceedings of the international

workshop on statistical modelling, Galway, 2006: 226-233.

[41] HILBE J M. Logistic regression models[M]. Chapman & Hall/CRC, 2009.

[42] HOFERT M, KOJADINOVIC I, MAECHLER M, YAN J. copula: Multivariate dependence with copulas. R package version 0.999-16[OL]. https://CRAN.R-project.org/package=copula.

[43] ISMAIL N, JEMAIN A. Handling overdispersion with negative binomial and generalized poisson regression models[J]. Casualty Actuarial Society Forum, 2007, Winter: 103-158.

[44] JØRGENSEN B. Fitting Tweedie's compound Poisson model to insurance claims data[J]. Scandinavian Actuarial Journal, 1994, 1: 69-93.

[45] KAAS R, GOOVAERTS M, DHAENE J, DENUIT M. Modern actuarial risk theory: using R[M]. Springer, 2009.

[46] KLEIN N, DENUIT M, LANG S, et al. Nonlife ratemaking and risk management with Bayesian generalized additive models for location, scale, and shape[J]. Insurance Mathematics & Economics, 2014, 55(1): 225-249.

[47] KLEIN N, KNEIB T, LANG S. Bayesian generalized additive models for location, scale, and shape for zero-Inflated and overdispersed count data[J]. Journal of the American Statistical Association, 2015, 110(509): 405-419.

[48] KLUGMAN S A., PANJER H, WILLMOT G E. Loss models: From data to decisions [M]. New Jersey: John Wiley & Sons, Inc., 2012.

[49] KOJADINOVIC I, YAN J. Modeling multivariate distributions with continuous margins using the copula R package. Journal of Statistical Software, 2010, 34(9): 1-20.

[50] KRÄMER N, BRECHMANN E C, SILVESTRINI D, CZADO C. Total loss estimation using copula-based regression models[J]. Insurance: Mathematics and Economics. 2013(3): 829-839.

[51] KULLBACK S, LEIBLER R A. On information and sufficiency[J]. Annals of Mathematical Statistics, 1951, 22 (1): 79-86.

[52] MADSEN H, THYREGOD P. Introduction to general and generalized linear models[M]. Chapman & Hall/CRC. 2011.

[53] MCCULLAGH P, NELDER J A. Genaralized linear models(second edition)[M]. New York: Chapman and Hall, 1989.

[54] MCDONALD J B, XU Y J. A generalization of the beta distribution with applications [J]. Journal of Econometrics, 1995, 66(1-2): 133-152.

[55] MCNEIL A J, FREY R., EMBRECHTS P. Quantitative risk management [M]. Princeton University Press, 2015.

[56] NELSEN R B. An introduction to copulas[M]. New York: Springer-Verlag, 2006.

[57] OHLSSON E., JOHANSSON B. Non-life insurance pricing with generalized linear models[M]. Heidelberg: Springer, 2010.

[58] R Core Team. R: A language and environment for statistical computing. R Foundation for Statistical Computing, Vienna, Austria[OL]. 2017. https://www.R-project.org/.

[59] RAFTERY A E. Bayesian model selection in social research[J]. Sociological methodology, 1995, 25: 111-163.
[60] RIGBY B, STASINOPOULOS M, HELLER G, VOUDOURIS V. The distribution toolbox of GAMLSS[J]. The GAMLSS Team, 2014.
[61] RIGBY R A, STASINOPOULOS D M. Generalized additive models for location, scale and shape[J], Appl. Statist. , 2005, 54: 507-554.
[62] ROBIN X, TURCK N, HAINARD A, et al. pROC: An open-source package for R and S+ to analyze and compare ROC curves. BMC Bioinformatics, 2011, 12: 77.
[63] SHI P, FENG X, IVANTSOVA A. Dependent frequency-severity modeling of insurance claims[J]. Insurance: Mathematics and Economics, 2015, 64: 417-428.
[64] SHI P, VALDEZ E A. Longitudinal modeling of insurance claim counts usingjitters[J]. Scandinavian Actuarial Journal, 2014, (2): 159-79.
[65] SHI P. Insurance ratemaking using a copula-based multivariate Tweedie model[J]. Scandinavian Actuarial Journal, 2016, (3): 198-215.
[66] SHI S G. Direct analysis of pre-adjusted loss cost, frequency or severity intweedie models [J]. Casualty Actuarial Society E-Forum, 2010, Winter: 1-13.
[67] SMYTH G, JOGENSEN B. Fitting Tweedie's compound poisson model to insurance claims data: Dispersion modelling[J]. ASTIN Bulletin, 2002, 32(1): 143-157.
[68] Stan Development Team. RStan: the R interface to Stan. R package version 2.14.1[OL]. 2016. http://mc-stan.org/.
[69] VENTER G. Generalized linear models beyond the exponential family with loss reserve applications[J]. ASTIN Bulletin, 2007, 37(2): 345-364.
[70] WICKHAM H. ggplot2: Elegant graphics for data analysis. New York: Springer-Verlag 2009.
[71] WOOD S. Generalized additive models: An introduction withR[M]. Chapman & Hall/CRC, 2006.
[72] XACUR O A Q, GARRIDO J. Generalised linear models for aggregate claims: To Tweedie or not[J]. European Actuarial Journal, 2015, 5(1): 181-202.
[73] YAN J, GUSZCZA J, FLYNN M, WU C P. Applications of the offset in property-casualty predictive modeling[J]. Casualty Actuarial Society E-Forum, 2009, Winter: 366-385.
[74] YAN J. Enjoy the joy of Copulas: With a package copula. Journal of Statistical Software, 2007, 21(4): 1-21.
[75] YIP K, YAU K. On modeling claim frequency data in general insurance with extra zeros [J]. Insurance: Mathematics and Economics, 2005, 36(2): 153-163.
[76] ZHANG Y. Likelihood-based andbayesian methods for tweedie compound poisson linear mixed models[J]. Statistics and Computing, 2012, 23(6): 743-757.